世界で一番やさしい

住宅性能評価

2025年大改正対応版

ビューローベリタスジャパン
建築認証事業本部＝著

31

はじめに

平成12年に施行された品確法（住宅の品質確保の促進等に関する法律）は、新築住宅の基本構造部分についての瑕疵担保期間を10年間以上とすることを定め、また住宅購入者等がその住宅の性能を比較できるよう統一の基準による住宅性能表示制度を導入した。また、この制度が安定的に運用されるよう住宅紛争処理体制の整備について定めている。

住宅性能表示制度に基づく住宅性能評価は、全国共通の基準である「日本住宅性能表示基準」に基づき、住宅性能評価のマニュアルとなる「評価方法基準」により行われ、第三者である登録住宅性能評価機関はそれを確認して表示する。

この制度は任意のものであるが、現在、新築分譲マンションのほとんどが住宅性能表示制度を利用し、自社マンションの性能を住宅購入者に訴求しており、戸建て住宅についても建売住宅を中心に住宅性能表示制度を利用するところが増えている。

また、「フラット35Ｓ」「地震保険」「火災保険」「贈与税非課税枠拡大」「長期優良住宅」などを利用する場合には、住宅性能評価の等級の基準を満たしていなければならないため、設計者や施工者はこの基準を考慮した住宅の設計・施工をしていく必要がある。

本書は、住宅の設計者や施工者を対象に住宅性能評価の方法を項目ごとに図や表を多用し、初心でもわかりやすく解説したもので、住宅性能評価の実務を担当しているビューローベリタスジャパン㈱建築認証事業本部の住宅性能評価業務部のスタッフが協力して執筆を担当した。

本書が皆様の参考となり一助となれば幸いである。

また、執筆でご協力いただいた関係者の皆様に、この場をお借りして心からお礼を申し上げたい。

本書の改善について今後努力を続けるのはもちろんであるが、読者各位からのご助言を仰ぐ次第である。

二〇二五年四月

ビューローベリタスジャパン株式会社
建築認証事業部
住宅性能評価業務部部長兼省エネ判定部部長
茂山文枝

目次

第1章 しくみ

基礎知識

住宅性能評価の仕組

第2章 構造・火災

構造

火災

第3章 劣化・維持管理

劣化

維持管理

第4章 室内環境

第5章 高齢者・防犯

DTP：ユーホーワークス　カバー・表紙デザイン：ネウシトラ　印刷・製本：シナノ書籍印刷

第1章

しくみ

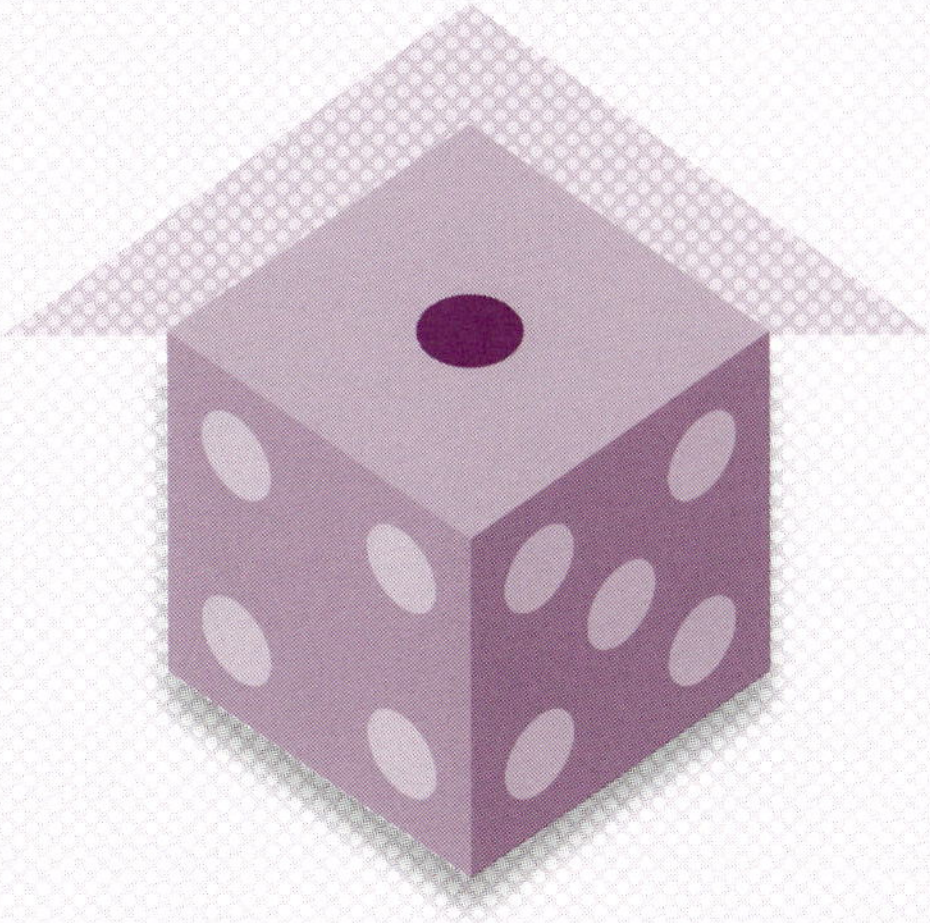

品確法

POINT

住宅3新法をはじめとする、住宅関連法の基本となる法律。主な柱は3つで構成！

品確法の目的と内容

従来、住宅売買に関しては、法律が未整備であったため、さまざまな問題があるといわれていた。そこで、このような問題を解消するためには、住宅の生産からアフターサービスまで、一貫してその品質が確保されるような、新たな枠組みが必要とされた。

このような状況の下、

①住宅の品質確保の促進
②住宅購入者等の利益の保護
③住宅にかかわる紛争の発展に寄与すること

を目的として、「住宅の品質確保の促進等に関する法律」（通称：品確法）が、平成11年6月23日に公布された（図1）。

主だった内容は

①住宅性能表示制度の創設
②住宅にかかわる紛争処理体制の整備
③瑕疵担保責任の特例

の3つである。①・②については選択制（任意）となっているが、③についてはすべての新築住宅に適用される。

また、図2にある通り、長期優良住宅法・瑕疵担保履行法・省エネ法は、間接的にではあるが品確法を軸として連動している。また、法律ではないが、住宅金融支援機構のフラット35の技術基準の一部にも、品確法の「住宅性能表示制度」基準の一部が利用されている。すなわち、品確法の骨子をきちんと押えておく事により、それらの法律・基準に対応する事が容易となる訳だ。

図1 品確法にもとづく制度の性格

品確法にもとづく制度	制度の性格
①住宅性能表示制度 (1) 日本住宅性能表示基準等の適用 (2) 登録住宅性能評価機関等への申請 (3) 契約みなし規定	任意(選択制) 任意(選択制) (契約書に添付するなどした場合に限り)すべての新築住宅に適用
②住宅にかかわる紛争処理体制 (指定住宅紛争処理機関への申請)	任意(選択制)
③瑕疵担保責任の特例 (1) 10年の瑕疵担保期間の義務づけ (2) 20年までの瑕疵担保期間の長期特例	すべての新築住宅に適用 すべての新築住宅について任意(選択制)

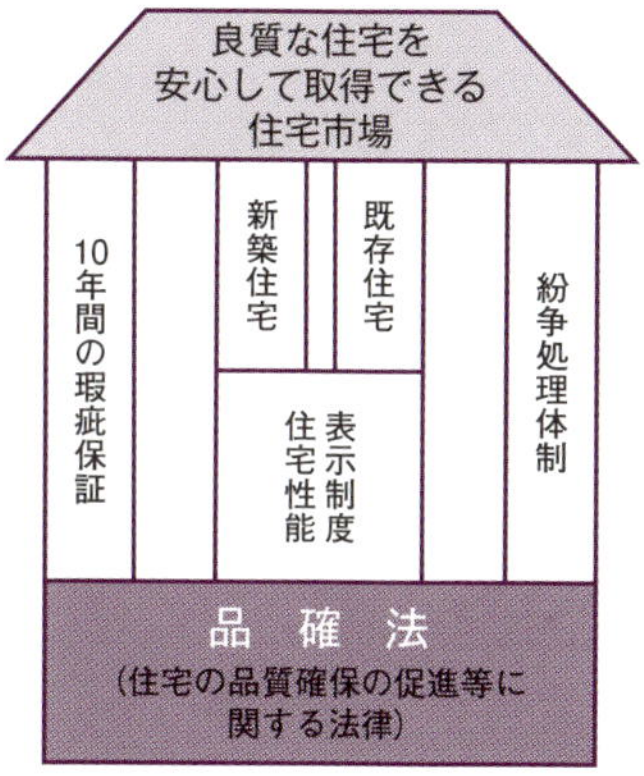

図2 品確法の位置付け

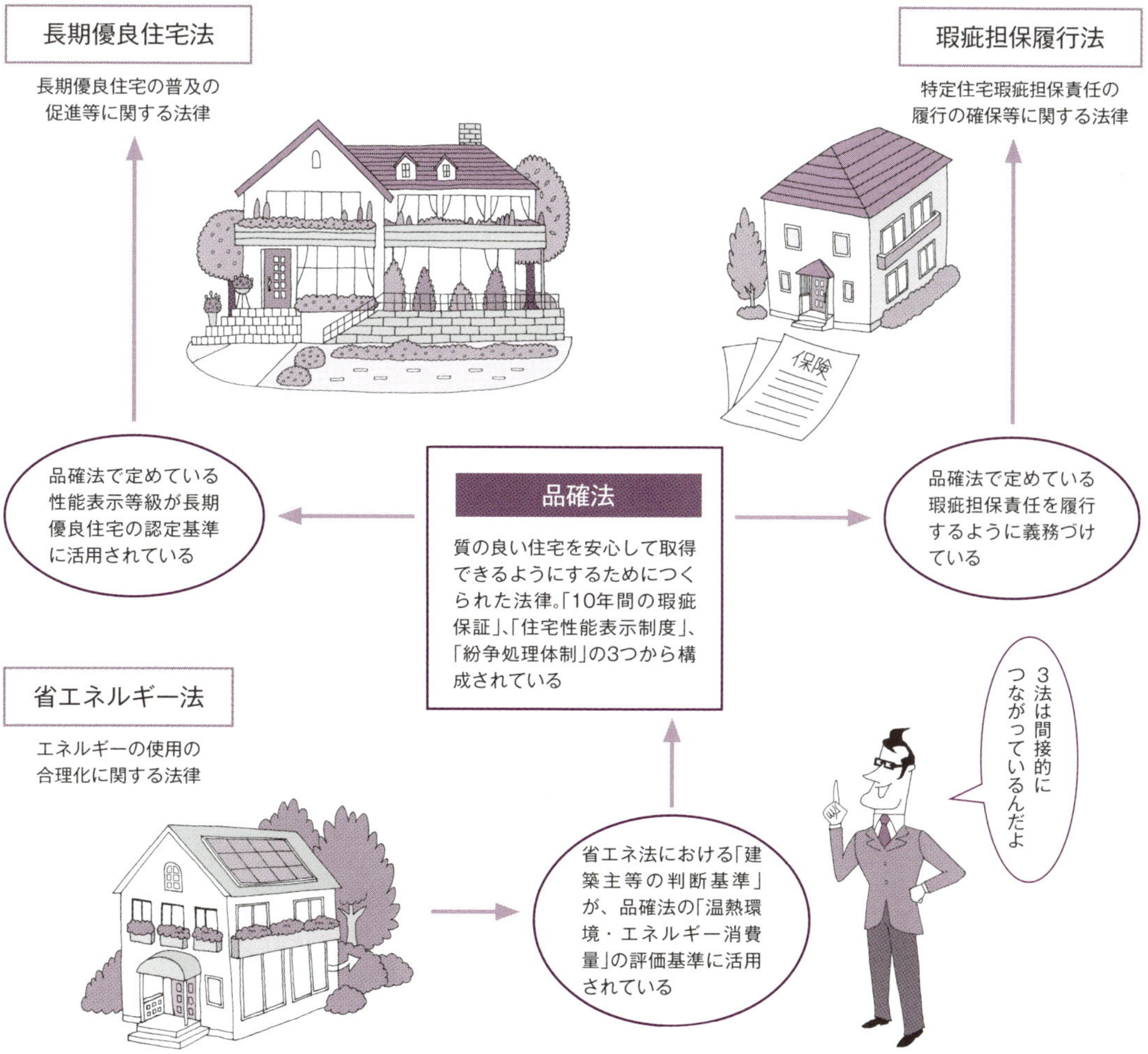

瑕疵担保責任※

POINT

新築住宅の取得契約（請負・売買）において、基本構造部分の瑕疵担保責任を10年間義務づけ

期間と対象部分

これまで住宅の瑕疵担保期間は、契約で自由に変更することができたが、品確法により、「全ての新築住宅の基本構造部分の瑕疵担保期間については、引渡しから最低10年間」となった。

建設業者や宅地建物取引業者などの事業者に限らず、一般の売主も、この瑕疵担保責任が適用される（表）。

対象となる部分は、新築住宅の基本構造部分、すなわち構造耐力上主要な部分「建築基準法施行令第1条第1項第3号と同様の内容」、および雨水の浸入を防止する部分「①住宅の屋根または外壁、②①の開口部に設ける戸、枠その他の建具、③雨水を排除するため住宅に設ける排水管のうち、当該住宅の屋根もしくは外壁の内部または屋内にある部分」になる（図）。

地盤については、本来基本構造部分には含まれないが、〝地盤が軟弱であるにもかかわらず、地盤の状況を配慮しない基礎を設計、施工したために不同沈下が生じた〟などという場合は、「基礎の瑕疵」として、本法の対象となる。

ただし、①仮設住宅のように一時的な利用のために建設されたもの、②展示用住宅（後に居住用として売却される場合を除く）に該当する住宅は、瑕疵担保責任から除外される。

瑕疵期間は、引渡しから最低10年間（期間短縮の特約は不可）となる。また、相互の了解があれば、この期間を20年まで延長することができる。

資力確保の義務

品確法では、責任を果たすために必要な資力確保措置にまでは言及されていなかった。そのため、平成21年10月1日より「瑕疵担保履行法」によって、その資力確保が義務づけられることになった。

※　修補請求権等

表　瑕疵担保責任に関する規定の比較（民法・宅建業法・品確法）

		民法（請負）	品確法（請負）	民法（売買）	宅建業法	品確法（売買）
請負人または売主		すべて	住宅の新築工事の請負人（法人・個人を問わない）	すべて	宅建業者	新築住宅の売主（法人・個人を問わない）
対　象		土地工作物	新築住宅の構造耐力上主要な部分等	すべて	宅地・建築物（新築・既存、住宅・非住宅をすべて含む）	新築住宅の構造耐力上主要な部分等
瑕　疵		隠れたる瑕疵に限定されない	民法（請負）に同じ	隠れたる瑕疵	民法（売買）に同じ	民法（売買）に同じ
瑕疵担保責任の内容	修補請求	○	民法（請負）に同じ	×	民法（売買）に同じ	品確法により請負の場合と同様修補請求を可能とした
	賠償請求	○ 修補に代えて、または修補と共にする損害賠償	民法（請負）に同じ	○	民法（売買）に同じ	品確法により請負の場合と同様の損害賠償請求権とした
	解　除	×	民法（請負）に同じ	○ （契約目的達成不可能の場合のみ）	民法（売買）に同じ	民法（売買）に同じ
	期　間	引渡しから5年または10年	引渡しから10年（短縮不可）	― （引渡しから10年とする説あり）	民法（売買）に同じ	引渡しから10年（短縮不可）
		滅失、損傷時から1年以内	民法（請負）に同じ	瑕疵を知ってから1年以内	民法（売買）に同じ（引渡しから2年以上とする契約は可）	民法（売買）に同じ
	特　約	注文者に不利な特約も可能	不利な特約は不可	買主に不利な特約も可能	不利な特約は不可	不利な特約は不可

※下線部分が、品確法により民法上の瑕疵担保責任を強化した部分

図　新築住宅の瑕疵担保責任を10年間義務づける部分

●木造（在来軸組工法）の戸建住宅の例
2階建ての場合の骨組（小屋組、軸組、床組）等の構成

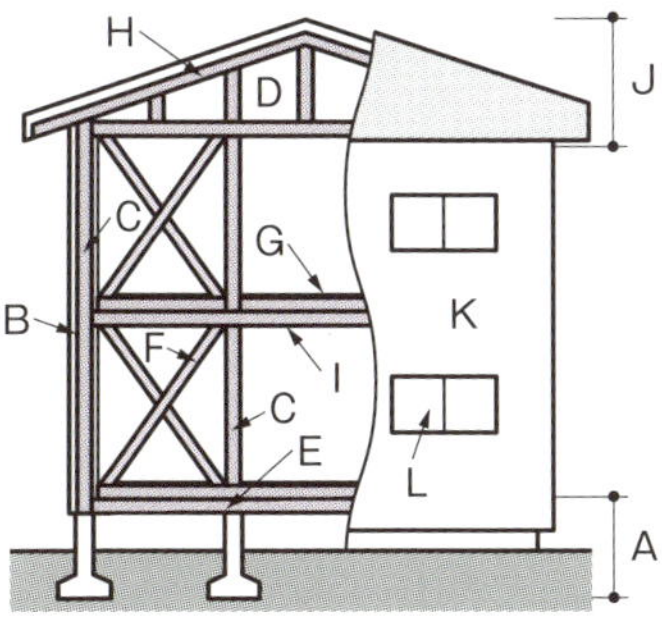

【構造耐力上主要な部分】

基礎	A
壁	B
柱	C
小屋組	D
土台	E
斜材	F
床版	G
屋根版	H
横架材	I

【雨水の浸入を防止する部分】

屋根	J
外壁	K
開口部	L

●鉄筋コンクリート造（壁式工法）の共同住宅の例
2階建ての場合の骨組（壁、床版）等の構成

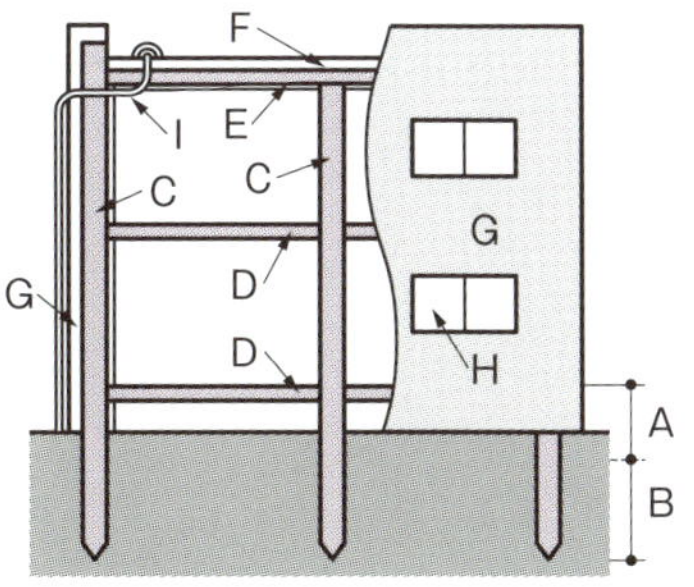

【構造耐力上主要な部分】

基礎	A
基礎ぐい	B
壁	C
床版	D
屋根版	E

【雨水の浸入を防止する部分】

屋根	F
外壁	G
開口部	H
排水管	I

住宅性能表示制度

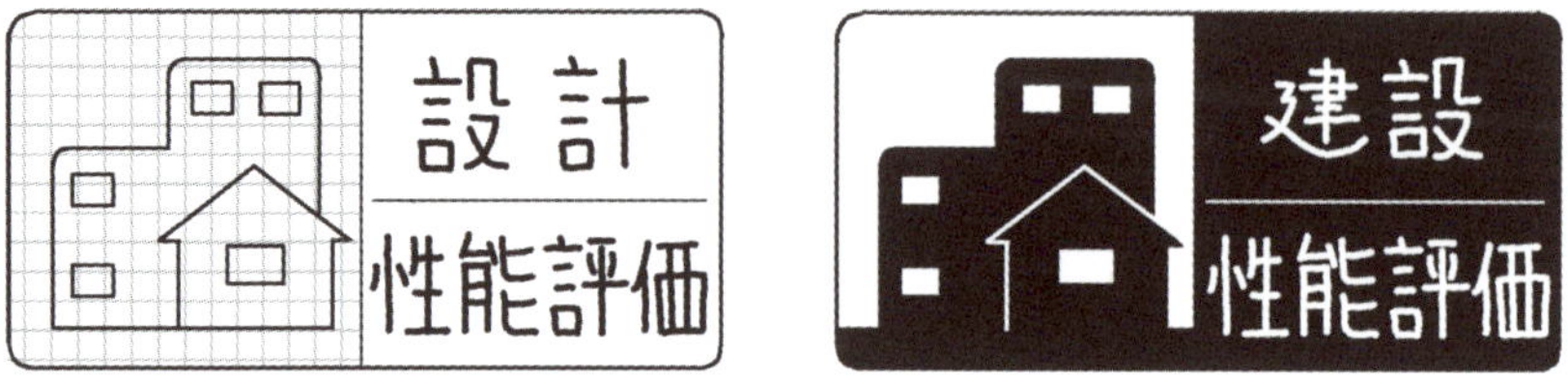

POINT

住宅の性能を10分野のモノサシで測ることにより比較しやすくする

住宅性能表示制度とは

①住宅の性能（構造耐力、遮音性、省エネルギー性等）に関する表示の適正化を図るための共通ルール（表示の方法、評価方法の基準）を設け、消費者による住宅の性能の相互比較を可能にする（図1）。

②住宅の性能に関する評価を客観的に行う第三者機関を整備し、評価結果の信頼性を確保する。

③評価書に表示された住宅の性能は、契約内容とされることを原則とする※ことにより、表示された性能を実現する。

以上のことを定めたのが「住宅性能表示制度」である。

この制度は、すべての住宅に義務づけられるものではなく、制度を利用するか否かは、住宅取得者、住宅供給者や既存住宅の取引者等の選択に委ねられる任意の制度である。

①の共通ルールを「住宅性能表示基準・評価方法基準」といい、別途告示で定められている。

②の第三者機関は「住宅性能評価機関」と呼ばれ、国土交通大臣が法律で定めた基準のすべてに適合する機関を「登録住宅性能評価機関」として登録している。この住宅性能評価機関より①にもとづいて交付されるのが、「住宅性能評価書」である（図2）。

住宅性能評価書と契約内容との関係が曖昧であると無用なトラブルの発生原因となるため、新築住宅においては、住宅供給者が契約書面に住宅性能評価書やこの写しを添付した場合は、〝住宅性能評価書に表示された性能を有する住宅の建設工事を行う（またはそのような住宅を引き渡す）ことを契約したもの〟とみなされる。ただし、住宅性能評価書の記載事項について契約内容から排除する旨を契約書面で明らかにした場合は、この限りではない。

※ 新築住宅において住宅供給者が契約書面に住宅性能評価書やその写しを添付した場合や、消費者に住宅性能評価書やその写しを交付した場合には、住宅性能評価書に表示された性能を有する住宅の建設を行う（又はそのような住宅を引き渡す）ことを契約したものとみなしたことになる。ただし、住宅性能評価書の記載事項について契約内容からは削除する等の反対の意思を契約書面で明らかにした場合は、この限りではない

図1 住宅性能表示の対象箇所

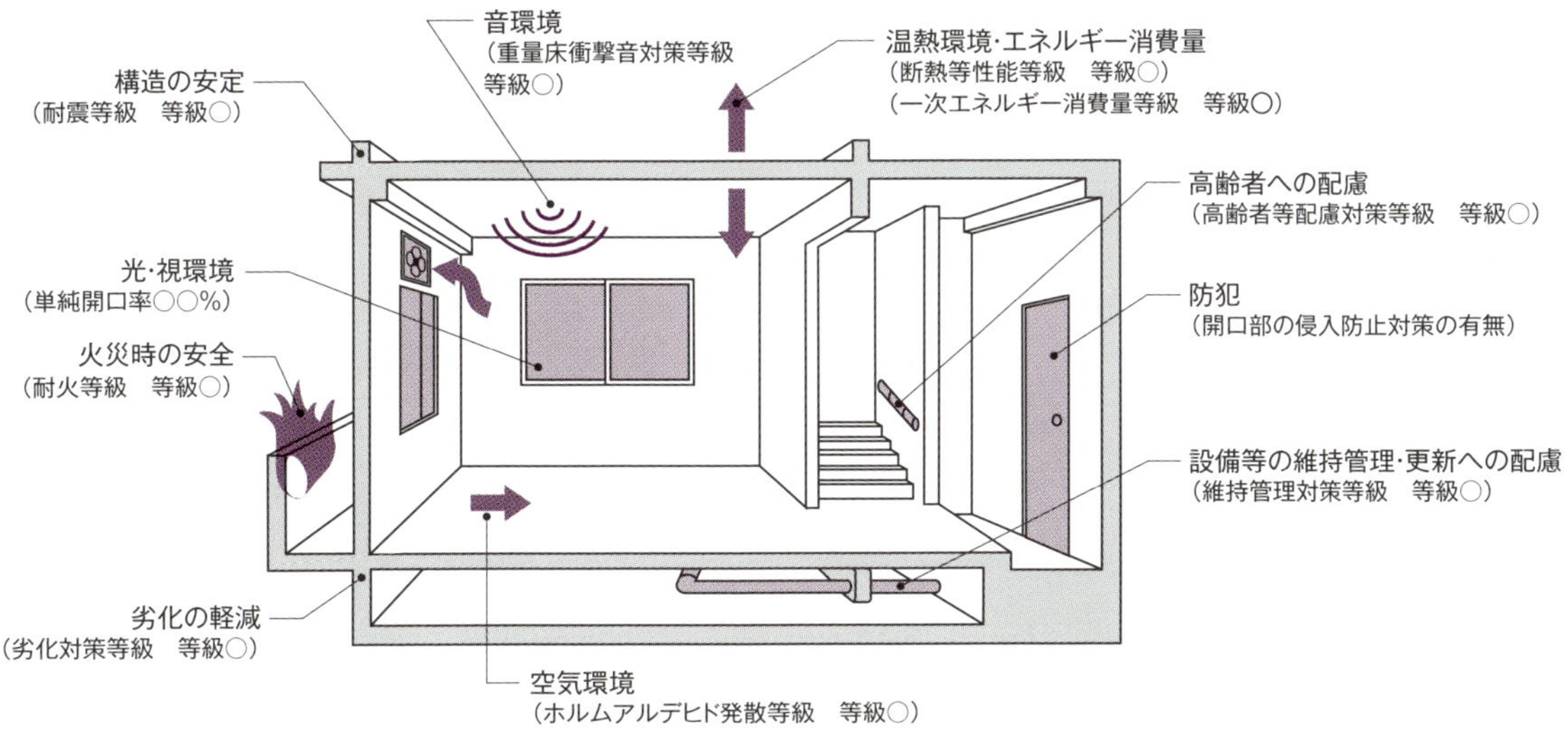

図2 登録住宅性能評価機関の評価の流れ

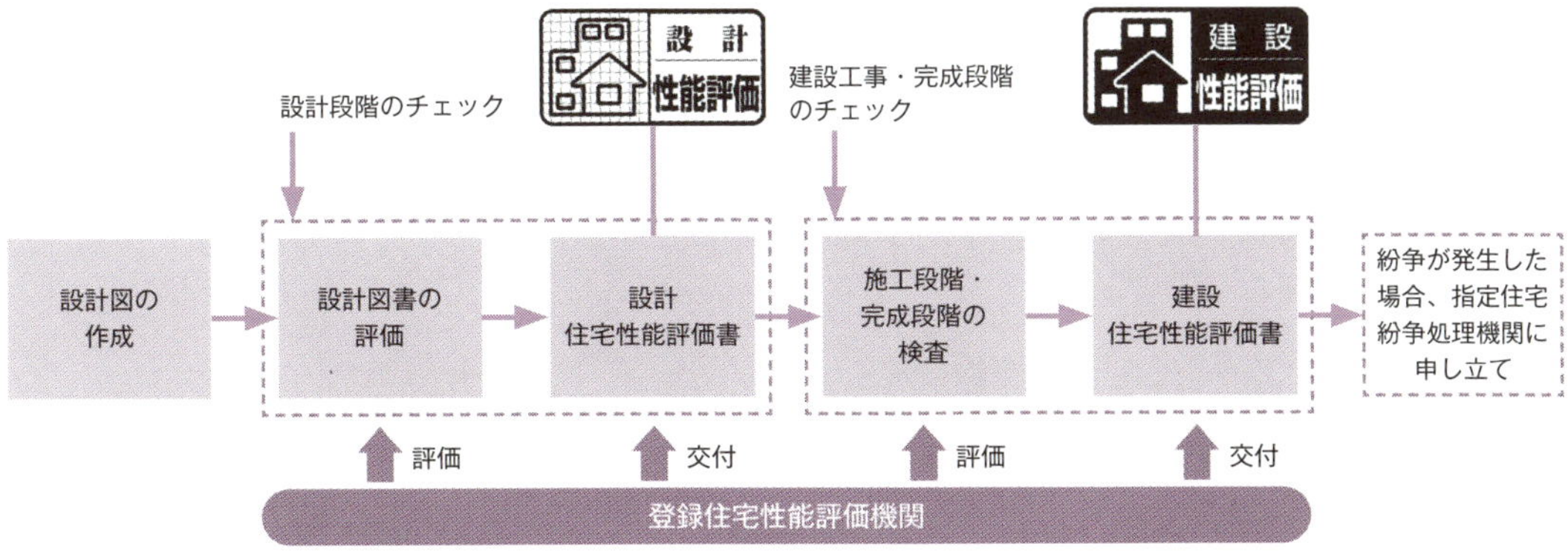

性能評価は設計段階のチェックと建設工事・完成段階の2段階の検査があり、求められている性能どおりに設計がなされ、また評価を受けた設計どおりに工事が進められているかどうかチェックする

紛争処理支援機関

POINT

万一のトラブル発生時には、紛争処理支援機関により円滑かつ迅速に処理する

紛争処理支援機関の役割

性能の評価を受けた住宅について、表示された性能が達成されていなかったといったトラブルの発生が考えられる。こうした紛争を簡易・迅速に処理できるよう国土交通大臣が住宅の性能に関する紛争処理を実施する単位弁護士会等を「指定住宅紛争処理機関」に指定している（図）。

その業務は、建設住宅性能評価を取得した住宅の建設工事の請負契約または売買契約に関する紛争の斡旋・調停・仲裁である。住宅性能評価書に記載された事項に関する瑕疵の存否のみならず、当該住宅に関する当事者間のすべての紛争について取り扱われる。

この紛争処理支援機関は契約当事者のどちらか一方、つまり建築主、建築業者のどちらかが申請者であれば、利用可能になる。ただし、住宅を転売した場合は、転売主－転売買主間での機関利用はできない。

紛争処理は、指名紛争処理委員により実施され、最低1人は弁護士が指名される。申請手数料は、令和7年現在、一定額の申請手数料を支払う（1件につき1万円）となっている。

バックアップのための機関

また、国土交通省は、指定住宅紛争処理機関が紛争処理の業務を効率的に実施できるようバックアップするための機関を「住宅紛争処理支援センター」として指定する。現在では㈶住宅リフォーム紛争処理支援センターが指定されている。

主な業務は①登録住宅性能評価機関からの負担金の徴収と指定住宅紛争処理機関への助成、②紛争処理に必要となる情報・資料の収集・整理・提供、③紛争処理委員等の研修、④紛争処理と情報整理とデータベース化、などが主な業務になる。

図 性能評価を受けた住宅にかかわる紛争処理の運営イメージ

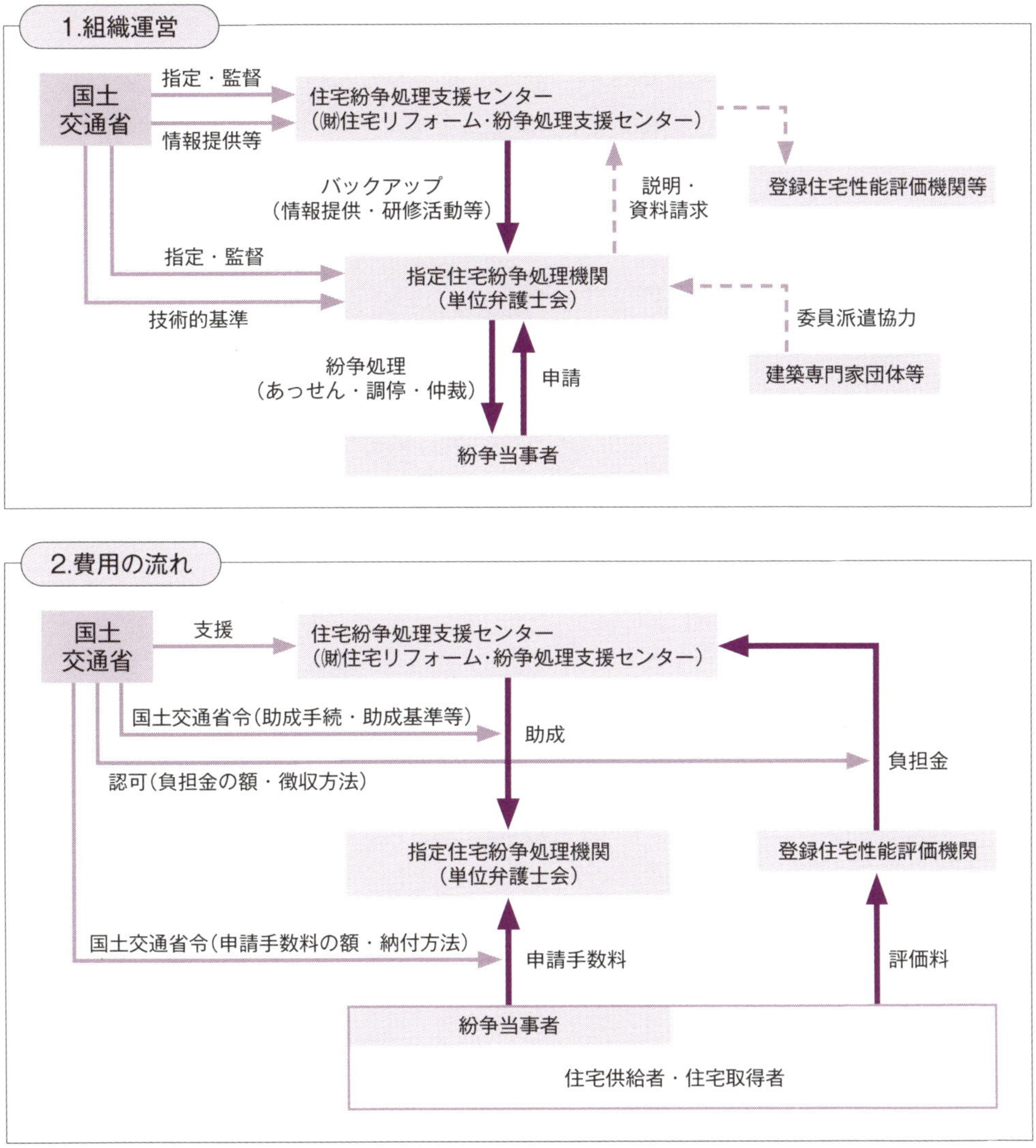

第1章 しくみ

住宅性能表示基準※

POINT

住宅の性能レベルを、所定の方法で分かりやすく表示する

性能表示基準の対象

住宅の諸性能について、客観的な指標を用いた表示のための共通ルールとして国土交通大臣が定めたのが「日本住宅性能表示基準」である（表）。

対象となる建築物は新築住宅および既存住宅（平成14年度に追加）。あくまで住宅が対象であるため、商業施設・事務所ビル等は対象とはならない。

新築住宅においては様々なニーズにもとづいて、構造の安定・火災時の安全・高齢者等への配慮等、10分野35項目（新築住宅については33項目）が定められており（令和7年1月現在）、うち必須項目は4分野10項目、残りが選択項目となっている。

既存（中古）住宅においては、外壁・屋根など住宅の部位毎に生じているひび割れ・欠損などの劣化等の状況を評価し、表示する項目として位置付けられている。また、既存住宅の場合、新築住宅で定められた項目のうち、劣化事象等による影響を技術的に信頼度を持って評価可能な項目に限定して、9分野28項目と既存住宅のみを対象とした2項目が設定されている。

性能の表示方法は、①性能のレベルがどの程度であるか、消費者にわかりやすく示すこと、②数段階の等級や、数値による表示、③建築基準法に定める最低限のレベルだけでなく、それを上回るレベルについての基準を定めること、を前提に定められている。

紛らわしい名称の禁止

日本住宅性能表示基準についての信頼性を確保するため、住宅供給者等の独自基準について紛らわしい名称（例：大日本住宅性能表示基準など）を用いることは、法律で禁止されている。また、本基準に従って交付された住宅性能評価書には特別なマーク表示がされている。

※ 住宅の性能に関し表示すべき事項及びその表示方法の基準

表　性能表示基準の一例

	表示すべき事項	適用範囲	表示の方法	説明する事項	説明に用いる文字
2火災時の安全に関すること	2−4 脱出対策(火災時)	地上階数3以上の一戸建ての住宅又は共同住宅等(避難階に存する住戸を除く。)	次のイからニまでのうち、該当する脱出対策を明示する。この場合において、ハ又はニを明示するときは、具体的な脱出手段を併せて明示する。 イ. 直通階段に直接通ずるバルコニー ロ. 隣戸に通ずるバルコニー ハ. 避難器具 ニ. その他	脱出対策(火災時)	通常の歩行経路が使用できない場合の緊急的な脱出のための対策
	2−5 耐火等級(延焼のおそれのある部分(開口部))	一戸建ての住宅又は共同住宅等	等級(1、2又は3)による。	耐火等級(延焼のおそれのある部分(開口部))	延焼のおそれのある部分の開口部に係る火炎を遮る時間の長さ
				等級3	火炎を遮る時間が 60 分相当以上
				等級2	火炎を遮る時間が 20 分相当以上
				等級1	その他
	2−6 耐火等級(延焼のおそれのある部分(開口部以外))	一戸建ての住宅又は共同住宅等	等級(1、2、3又は4)による。	耐火等級(延焼のおそれのある部分(開口部以外))	延焼のおそれのある部分の外壁等(開口部以外)に係る火災による火熱を遮る時間の長さ
				等級4	火熱を遮る時間が 60 分相当以上
				等級3	火熱を遮る時間が 45 分相当以上
				等級2	火熱を遮る時間が 20 分相当以上
				等級1	その他
	2−7 耐火等級(界壁及び界床)	共同住宅等	等級(1、2、3又は4)による。	耐火等級(界壁及び界床)	住戸間の界壁及び界床に係る火災による火熱を遮る時間の長さ
				等級4	火熱を遮る時間が60分相当以上
				等級3	火熱を遮る時間が45分相当以上
				等級2	火熱を遮る時間が20分相当以上
				等級1	その他
3劣化の軽減に関すること	3−1 劣化対策等級(構造く躯体等)	一戸建ての住宅又は共同住宅等	等級(1、2又は3)による。	劣化対策等級く(構造 躯体等)	構造躯体等に使用する材料の交換等大規模な改修工事を必要とするまでの期間を伸長するため必要な対策の程度
				等級3	通常想定される自然条件及び維持管理の条件の下で3世代(おおむね 75〜90 年)まで、大規模な改修工事を必要とするまでの期間を伸長するため必要な対策が講じられている
				等級2	通常想定される自然条件及び維持管理の条件の下で2世代(おおむね 50〜60 年)まで、大規模な改修工事を必要とするまでの期間を伸長するため必要な対策が講じられている
				等級1	建築基準法に定める対策が講じられている

評価方法基準

POINT

**住宅性能評価の審査基準。
内容は構造や一戸建て・共同住宅の別により一部異なる**

評価方法基準とは

日本住宅性能表示基準が住宅の諸性能についての表示のための共通ルールであるのに対し、「評価方法基準」は評価・検査の方法を定めた共通ルールである（図・表）。

新築住宅の性能に関する評価は、①設計段階での評価、②現場における施工段階での検査、がそろって、はじめて信頼性があるものとなりえる。

設計段階では、設計図書等の住宅の性能に関連のある資料をもとに評価を実施し、施工段階では設計図書のとおりに施工が実施されていることを現場で検査することにより性能の発揮等を確認することになる。

設計評価（図面審査）における必要図書の一部である「設計内容説明書」もこの基準により定められている。同時に建設評価（現場検査）の必要図書「施工状況報告書」の書式や、検査実施時期なども同様である。

同一の評価機関が建築基準法にもとづく確認検査と品確法にもとづく住宅性能評価、住宅品質支援機構の検査を実施しようとする場合において、同時に効率的な検査ができるよう、検査時期等の整合も図られている。

基準は構造方法や一戸建て・共同住宅の別により異なる場合があるので注意する。

既存住宅の検査と評価

既存住宅の性能に関する評価は、①※1外壁・屋根など住宅の部位毎に生じているひび割れ・欠損などの劣化事象や不具合事象の状況を評価する「現況検査により認められる劣化等の状況に関する評価（検査）」※2、②新築住宅を対象とする基準と基本的には同様の評価を行う「個別性能に関する評価」、に大きく分けられる。

※1 既存住宅の劣化等の状況に関する評価（検査）は、目視・計測等により外壁・屋根など住宅の部位ごとに生じているひび割れ・欠損など劣化の状況を検査

※2 新築住宅における評価と同じ考え方により、個別性能ごとに評価を実施。ただし、新築の場合と異なり評価結果には経年による劣化事象等の有無を反映

図　評価方法基準の一例

1　構造の安定に関すること

1－1　耐震等級（構造躯体の倒壊等防止）

(1) 適用範囲
　新築住宅及び既存住宅について適用する

(2) 基本原則
　イ 定義
　　①「構造躯体」とは、建築基準法施行令（昭和25年政令第338号。以下「令」という。）第1条第3号に規定する構造耐力上主要な部分をいう（以下1－1から1－5まで及び3－1、4-1から4-4までにおいて同じ）
　　②「極めて稀に発生する地震による力」とは、令第82条の5第5号に規定する地震力に相当する力をいう
　ロ 評価事項
　　①この性能表示事項において評価すべきものは、極めて稀に発生する地震による力に対する構造躯体の倒壊、崩壊等のしにくさとする
　　②新築住宅に係る各等級に要求される水準は、極めて稀に発生する地震による力に、次の表の（い）項に掲げる等級に応じて少なくとも（ろ）項に掲げる倍率を乗じて得た数値となる力の作用に対し、構造躯体が倒壊、崩壊等しないこととする

（い）	（ろ）
等級	倍率
3	1.50
2	1.25
1	1.00

　　③既存住宅に係る各等級に要求される水準は、等級0の場合を除き構造耐力に大きく影響すると見込まれる劣化事象等が認められず、極めて稀に発生する地震による力に、次の表の（い）項に掲げる等級に応じて少なくとも（ろ）項に掲げる倍率を乗じて得た数値となる力の作用に対し、構造躯体が倒壊、崩壊等しないこととする

（い）	（ろ）
等級	倍率
3	1.50
2	1.25
1	1.00
0	0.00

(3) 評価基準（新築住宅）
　評価対象建築物のうち建築基準法第20条第1項第1号に規定する建築物以外の評価対象建築物について、次のイからトまでのいずれかに定めるところにより各等級への適合判定（ある等級に要求される水準を満たしているか否かを判断することをいう。以下同じ。）を行うこと。この場合において、構造計算を行う場合には、平成19年国土交通省告示第592号の規定によること。ただし、建築基準法第20条第1項各号に定める基準に適合している評価対象建築物は、等級1を満たすものとすることができる。また、一の評価対象建築物について、階、方向又は部分により等級が異なる場合においては、それぞれの等級のうち、最も低いものを当該評価対象建築物の等級とすること
　イ 限界耐力計算による場合
　　次の①から③まで（等級1への適合判定にあっては②及び③）に掲げる基準に適合していること

表　日本住宅性能表示基準と評価方法基準の主な内容

	表示事項（日本住宅性能表示基準で規定）	評価の方法（評価方法基準で規定）
①構造の安定に関すること（7項目）	地震や風などで力が加わった時の建物の強さに関連すること…【耐震等級】【耐風等級】など	壁量、壁の配置のつりあい等
②火災時の安全に関すること（7項目）	火災が発生した場合の避難のしやすさ・建物の燃えにくさに関連すること…【感知警報装置設置等級】【耐火等級】など	感知警報装置の設置、延燃のおそれのある部分の耐火時間等
③劣化の軽減に関すること（1項目）	建物の構造躯体等の劣化（木材の腐食・鉄のさび等）のしにくさに関連すること…【劣化対策等級（構造躯体）】など	防蟻・防腐処置、床下・小屋組の換気等
④維持管理への配慮に関すること（4項目）	配置等の日常の維持管理（点検・清掃・修繕）のしやすさに関連すること…【維持管理対策等級（専用配管）】など	地中埋設管の配管方法等
⑤温熱環境・エネルギー消費量に関すること（2項目）	防寒防暑等、室内の温度や暖冷房時の省エネルギーに関連すること…【断熱等性能等級】【一次エネルギー消費量等級】	躯体・開口部の断熱等、暖冷房等の設備
⑥空気環境に関すること（3項目）	化学物質等の影響の抑制等室内の空気の清浄さに関連すること…【ホルムアルデヒド対策等級】【全般（局所）換気方法】など	居室の内装材の仕様、換気措置等
⑦光・視環境に関すること（2項目）	採光等の視覚に関連すること…【単純開口率】【方位別開口比】	居室の床面積に対する開口部分の面積割合等
⑧音環境に関すること（4項目）	騒音の防止等聴覚に関連すること…【透過損失等級】など	サッシ等の遮音等級
⑨高齢者等への配慮に関すること（2項目）	加齢等に伴う身体機能の低下に配慮した移動・介助のしやすさ、転落等事故の防止に関連すること…【高齢者等配慮対策等級（専用）】など	部屋の位置、段差の解消、階段の安全性、手すりの設置、通路・出入口の幅員等
⑩防犯に関すること（1項目）	開口部の侵入防止に関連すること…【開口部の侵入防止対策】	開口部の鍵やガラスの仕様等

新築住宅と既存住宅

POINT

新築住宅とは未入居かつ完成から1年未満の住宅をいう。既存住宅は建設住宅性能評価しかできない

新築住宅とは

品確法第二条に、「住宅」「新築住宅」の定義が記載されている。

住宅とは、人の居住の用に供する家屋または家屋の部分（人の居住の用以外の用に供する家屋の部分との共用に供する部分を含む）であり（図1）、新築住宅とは、新たに建設された住宅で、まだ人の居住の用に供したことのないもの（建設工事の完了の日から起算して1年を経過したものを除く）、となっている（図2）。言い換えると、新築住宅とは「未入居の住宅で、かつ工事完了から1年を経過していないもの」と、いうことになる。

新築住宅については、設計住宅性能評価・建設住宅性能評価の両方の対象となる。

既存住宅とは

新築住宅以外の住宅については「既存住宅」と呼称される。

既存住宅の場合は、（工事中の検査が不可能なこともあるため）設計住宅性能評価の対象からは外されている。したがって、既存住宅については建設住宅性能評価のみしか実施できないことになる。

性能評価を行うタイミング

たまに「分譲住宅が売れ残っているので、既存住宅の住宅性能評価を付けたい」という要望が発生するケースもあるが、「未入居の住宅で、かつ工事完了から1年を経過していないものは新築住宅扱い」となる。そのため、工事完了後1年を経過していないと、既存住宅性能評価実施することは不可能である。

この場合、工事が完了しているので、新築の建設評価もできない。ただし、設計住宅性能評価のみであれば、実施可能である。

図1 「住宅」の定義

■住宅
　人の居住の用に供する家屋または家屋の部分（人の居住の用以外の用に供する家屋の部分との共用に供する部分を含む）

事務所等との併用住宅の扱い

　事務所等との併用住宅の場合は、住戸等の専用部分に加え、構造耐力を有する柱などの共用部分も「住宅」として扱われるため、住宅性能表示制度や瑕疵担保責任の特例の対象となる

表　住宅の主な分類

種類		住居の戸数	用途	共有部分	界壁の設置義務	特殊建築物扱い
戸建住宅		1戸	住居	×	×	×
長屋	連続建て長屋	複数戸が水平方向に連続	住居	×	○（小屋裏まで）	×
	重層長屋	複数戸が垂直方向に連続	住居	×	−	×
共同住宅		複数戸	住居	○	○	○
兼用住宅		1戸　または　複数戸	住居＋事務所、店舗等	×	×	×

注1：連続建て長屋は「テラスハウス」「タウンハウス」、重層長屋は平屋の上に独立したほかの平屋を載せて、専用階段で地上とつなぐ。なお、二世帯住宅に関しては建築基準法に定義がなく、機能・形態によって上表のいずれかに判断される
注2：特殊建築物になりうるか否かで分類すると、廊下や階段などに共有部分を持つ共同住宅は、特殊建築物扱いとなるが、戸建住宅や長屋は特殊建築物にはならない

図2 「新築住宅」の定義

■新築住宅
　新たに建設された住宅で、まだ人の居住の用に供したことのないもの（建設工事の完了の日から起算して1年を経過したものを除く）

本法以外で用いられている「新築住宅」の例

　「不動産の表示に関する公正競争規約」（根拠法：不当景品類及び不当表示防止法）においても、「新築という文言は、建築後1年未満であって、使用されたことがないものであるという意味で用いること。」とされている
本法の規定のうち新築住宅に関連があるもの
　①住宅性能評価書の内容の契約みなし（詳しくはNo. 003を参照）
　　新築住宅の売主等が、住宅性能評価書もしくはその写しを売買契約書等に添付し、または買主等に対しそれらを交付した場合に、原則として、表示された性能を有する新築住宅を引き渡すこと等を契約したものとみなされる
　②瑕疵担保責任の10年間義務づけ（詳しくはNo. 002を参照）
　　新築住宅の売買契約等において、売主等は、買主等に引き渡した時から10年

登録住宅性能評価機関

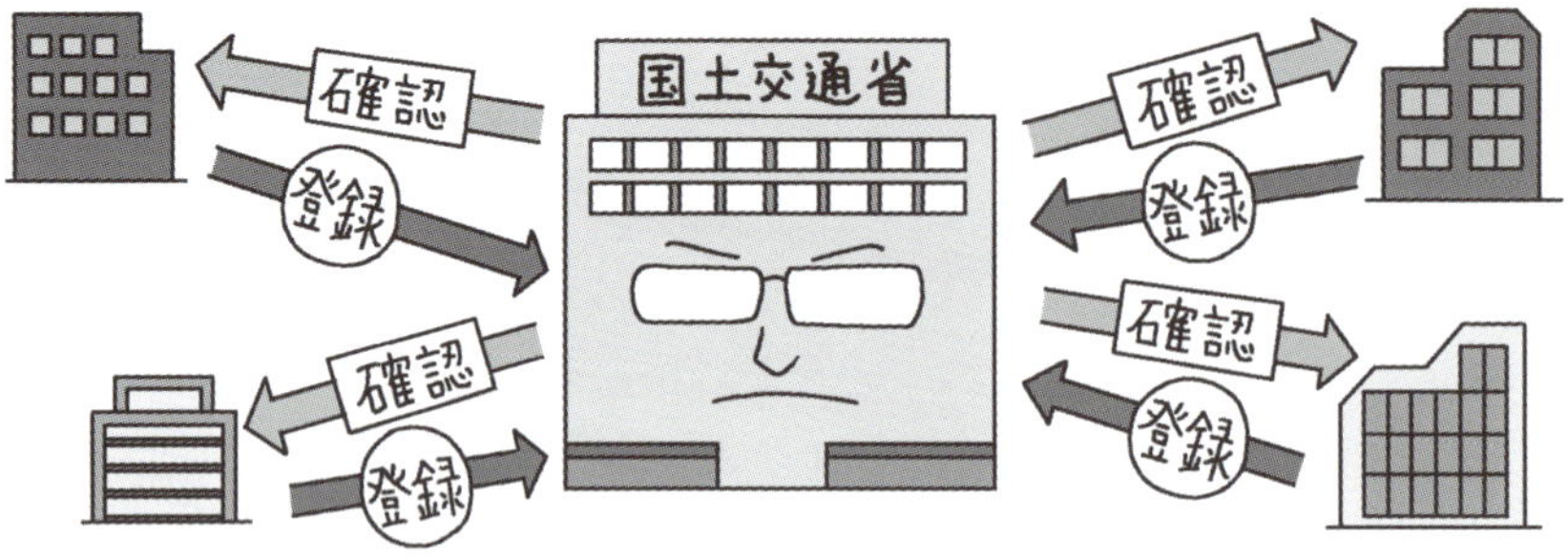

POINT

住宅性能評価書を交付する第三者機関。全国に120以上の機関が存在する

評価機関の公平性と信頼性

表示基準・評価方法基準に従って、客観的に住宅の評価を実施し住宅性能評価書を交付する第三者機関が「登録住宅性能評価機関」である。現在127の機関が国土交通省に登録されている（令和6年12月18日現在）。

評価機関は、国土交通省の定める次の基準のすべてに適合した場合に登録できる。①機関の親法人は住宅関連事業者ではないこと、②機関の役職員のうち住宅関連事業者の占める割合が1／2以下であること、③機関の代表権を持つ役員が（過去2年間を含め）住宅関連事業者の役職員ではないこと。これにより第三者機関としての公平性を確保している。

評価機関には定められた数以上（最低2名以上）の評価員の確保、専任の管理者の設置、債務超過状態にないことが要求される。また、評価機関の役員、評価員氏名等は公示され、財務諸表等の備え付けおよび閲覧等も義務付けられている。

評価機関に対しては、信頼性を確保するため秘密保持義務・公正かつ基準に適合する方法により業務を行う義務（みなし公務員規定）が課されるほか、必要に応じて国土交通大臣の適合命令・改善命令を受けることがある。

主な業務は品確法にもとづく設計住宅性能評価及び建設住宅性能評価（図）、長期優良住宅にかかわる長期使用構造等である旨の確認審査、住宅紛争処理機関に対する情報提供など。

主だった住宅性能評価機関は「住宅性能評価・表示協会」の会員となり、この協会を利用して相互の情報交換・審査基準の整合等を図っている。

評価機関の定める手数料等については、法律上特に規定はない。また、確認検査業務とは異なり、手数料には消費税が加算される。

図 住宅品質確保促進法による住宅の性能表示を利用する場合の実施フロー例

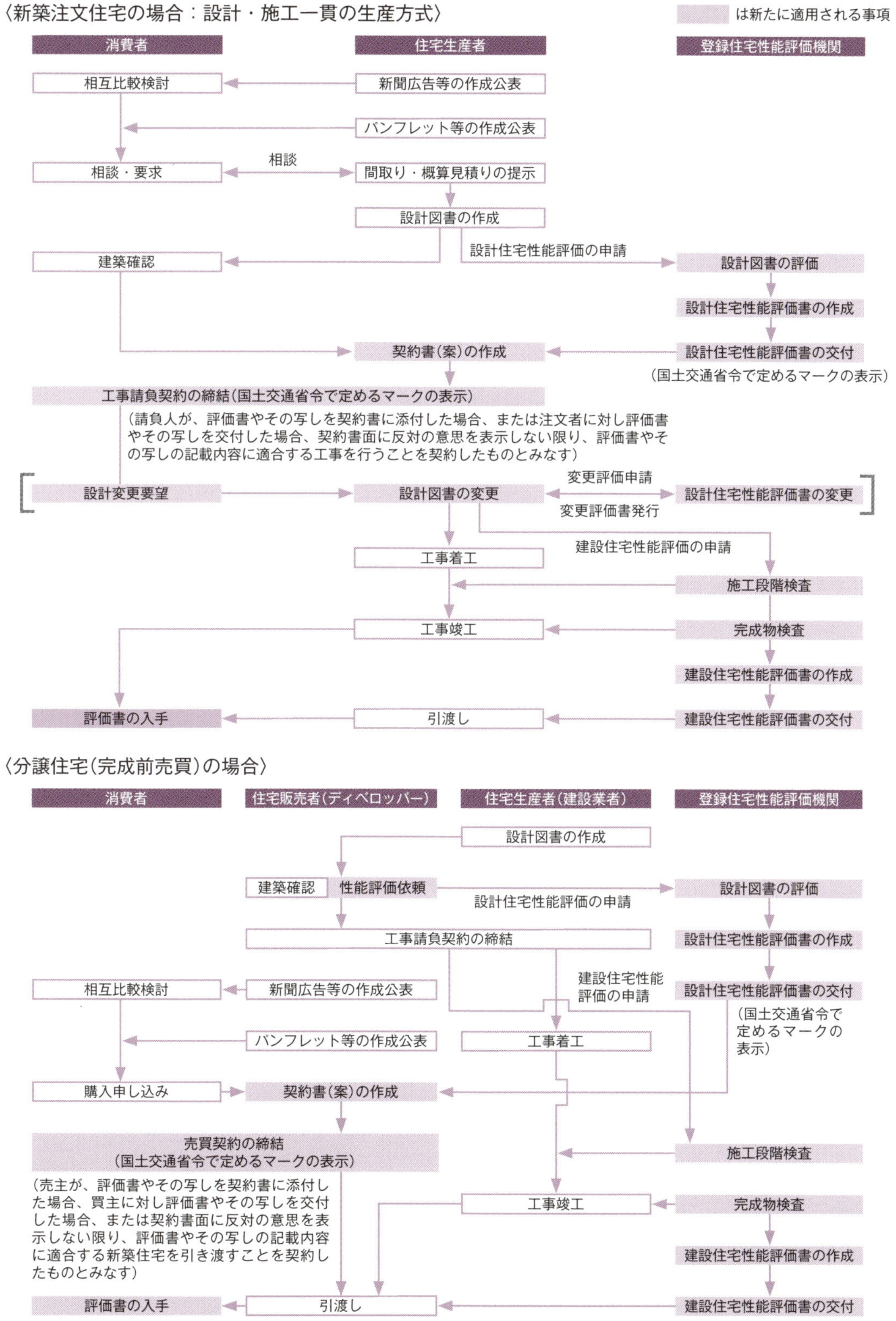

設計評価と建設評価

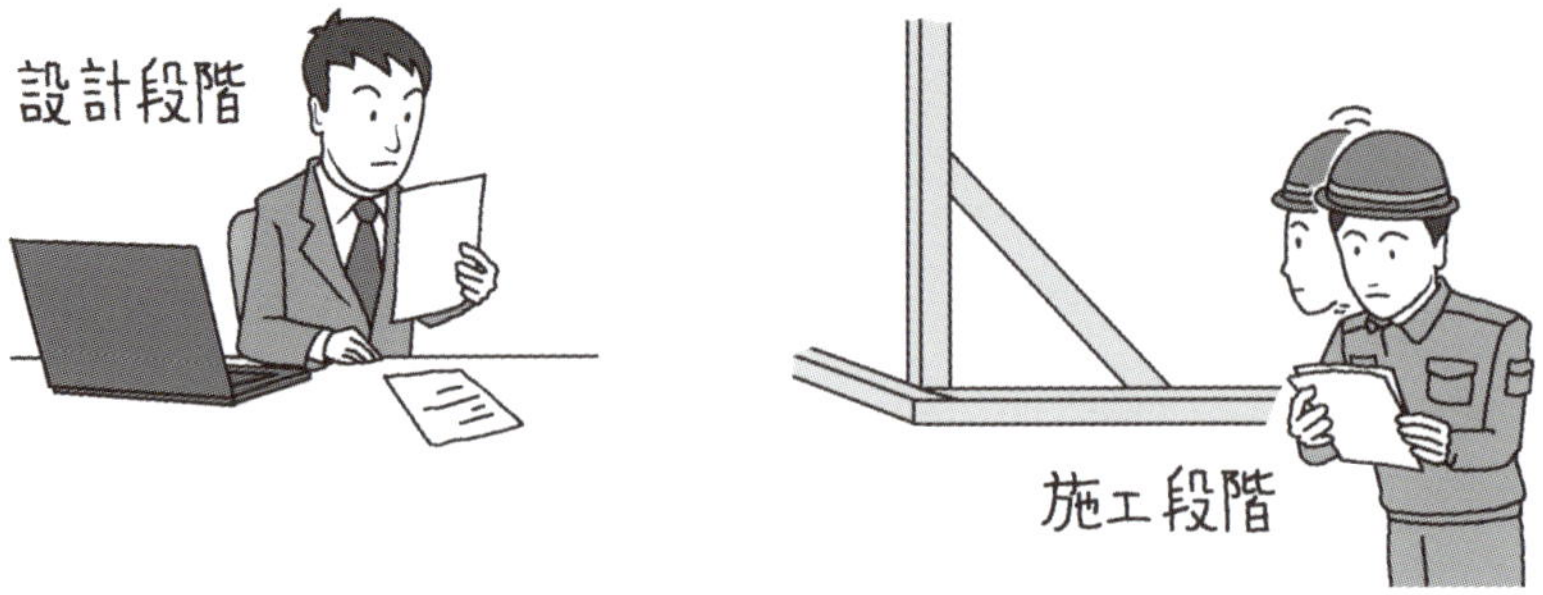

POINT

設計評価は図面審査、建設評価は現場審査に相当する。それぞれに専用のマークが表示される

各段階での性能評価

設計段階で設計図書等の住宅の性能に関連のある資料をもとに評価を実施したものが「設計住宅性能評価」、施工段階で設計図書のとおりに施工が実施されていることを現場で検査することにより性能の発揮等を確認したものが「建設住宅性能評価」である。

すなわち、設計住宅性能評価書は図面審査段階、建設住宅性能評価書は現場検査段階での評価書ということになる。

評価のための申請について

設計評価・建設評価を希望する者は、住宅性能評価機関に申請を行い、住宅性能評価員がこれを審査のうえ、評価書を交付することになる（図1・2）。この際の申請者は、住宅の施工業者や売主だけではなく、設計者・建築主・住宅購入者などさまざまな場合が想定されるため、特に限定されていない。つまり、誰の名前で申請しても構わない。

交付された住宅性能評価書、設計住宅性能評価・建設住宅性能評価・既存住宅性能評価には、それぞれに特別なマーク表示がされている（図3）。

※新築住宅の場合は、住宅供給者が契約書面に住宅性能評価書やその写しを添付した場合や消費者に住宅性能評価書やその写しを交付した場合には、住宅性能評価書に表示された性能を有する住宅の建設工事を行う（またはそのような住宅を引き渡す）ことを契約したものとみなされる。すなわち、契約書に住宅性能評価書を添付=評価書に記載された性能どおりの住宅を建築する、ということを契約したことになる。ただし、住宅性能評価書の記載事項について契約内容から排除する旨を契約書面上で明らかにしている場合は、この限りではない。

※　既存住宅に係る住宅性能評価書については、この取扱いとはならない。

2025年4月以降に着工する原則すべての建築物を新築・増改築する際について、省エネ基準への適合が義務付けられる。ただし、確認済証の交付前に設計住宅性能評価を受ける場合等は、省エネ適判は不要となり、建築確認の手続きの中で省エネ基準適合を確認することとなる。なお、建設性能評価を活用する場合には、建設性能評価の現場検査に係る検査報告書を完了検査時に提出することで、検査報告書を活用して建築確認の完了検査を合理的に行うことが可能。

図1 全体の流れ

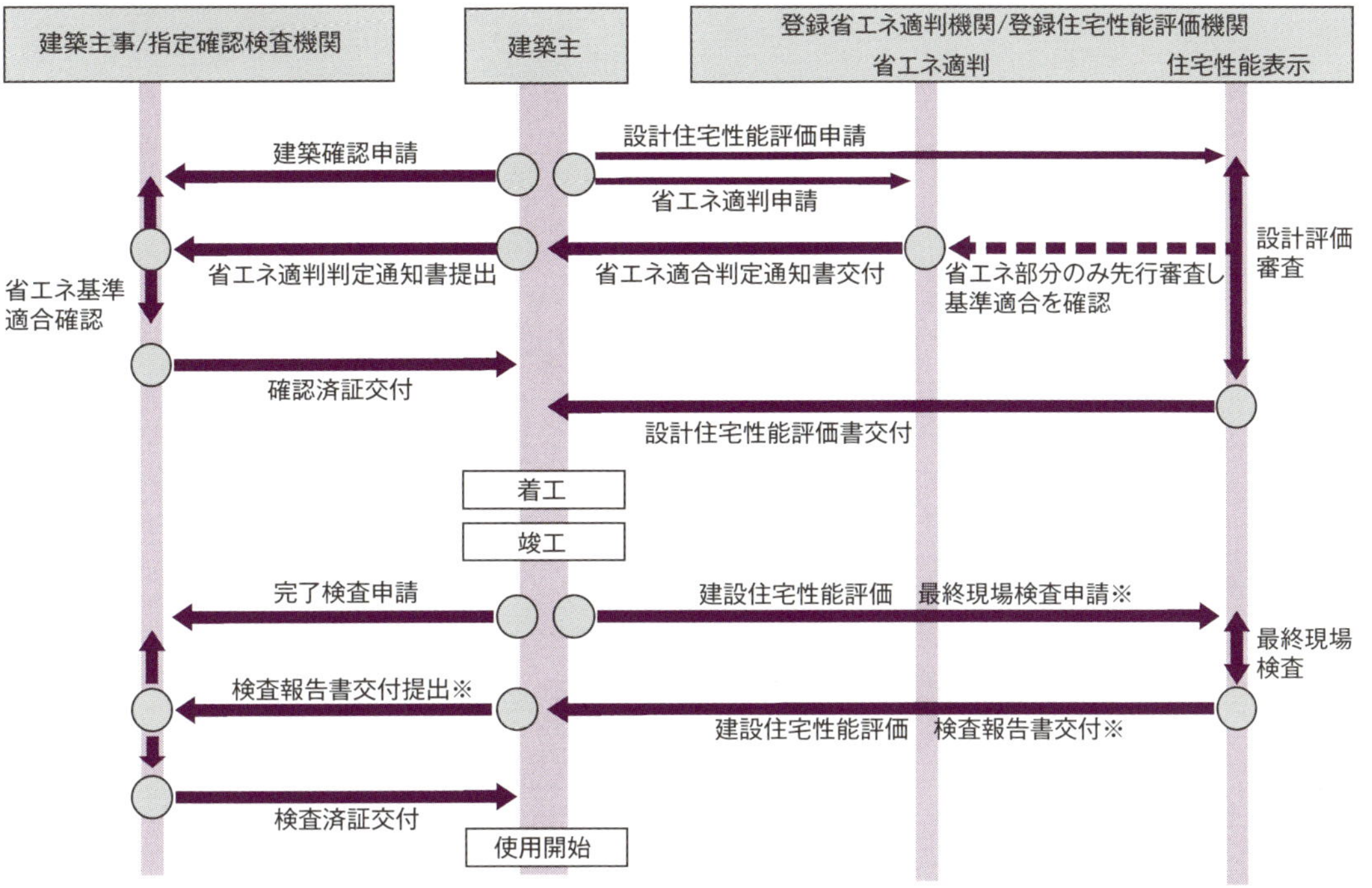

※建設住宅性能評価書を取得する場合

図2 住宅性能評価に係るフロー(戸建注文住宅(新築)の例)

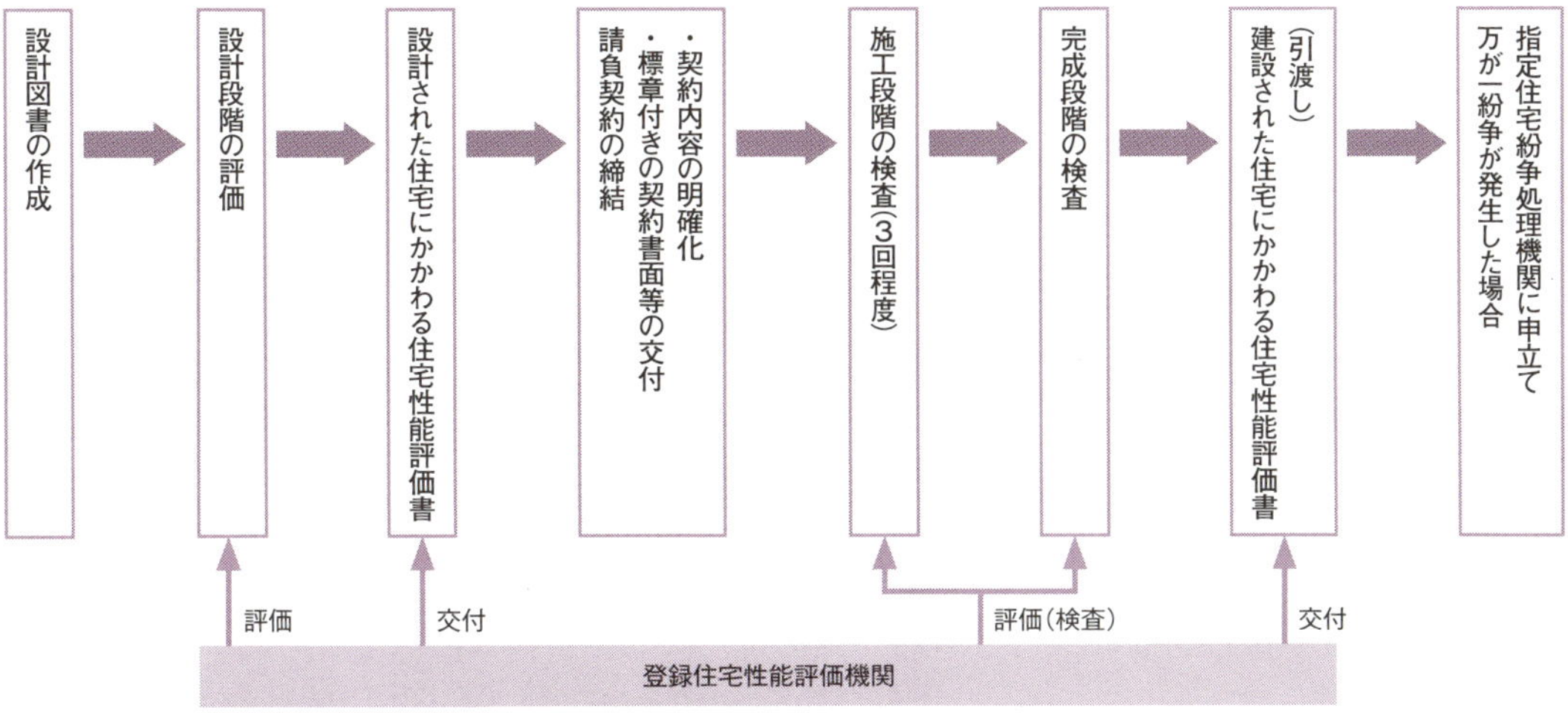

図3 住宅性能評価書に表示されるマーク

設計住宅性能評価用のマーク　建設住宅性能評価(新築住宅)用のマーク　建設住宅性能評価(既存住宅)用のマーク

メリット

POINT

統一基準により他の住宅との比較が可能になる。等級により、ローン優遇や保険料割引のメリットも！

他の住宅と同じものさしで性能の比較ができる

住宅の場合でも、「地震に強い家」「省エネの家」など、その住宅の特徴が書かれていることがあるが、これらの性能は、ハウスメーカーや販売会社によって強さや省エネの定義が異なっていることが多いため、比較が困難であった。

しかし、新築住宅の性能表示制度を使って建設された住宅であれば、住宅の性能が同じ基準で評価されているので、性能の比較が可能になる（図）。

第三者機関の評価員が性能をチェックする安心感

評価は、制度にもとづく登録住宅性能評価機関に所属する第三者である評価員が行う。

しかも、設計段階のチェックと建設工事・完成段階の2段階の検査があり、求められている性能どおりに設計がなされ、また評価を受けた設計どおりに工事が進められているかどうかをチェックする。

万一のトラブルにも専門機関が対応

建設住宅性能評価を受けると、万一、その住宅の請負契約または売買契約に関連するトラブルが起きても裁判によらず指定住宅紛争処理機関が迅速・公正に対応してくれるので安心である（1件につき1万円で利用可能）。

住宅ローンの優遇や保険料の割引

建設住宅性能評価書の交付を受けた住宅は、民間金融機関や公共団体の住宅ローンの優遇を受けられる場合がある。また、地震に対する強さの程度（耐震等級）に応じた地震保険料の割引などもある（表1・2）。

図　住宅性能評価レーダーチャート

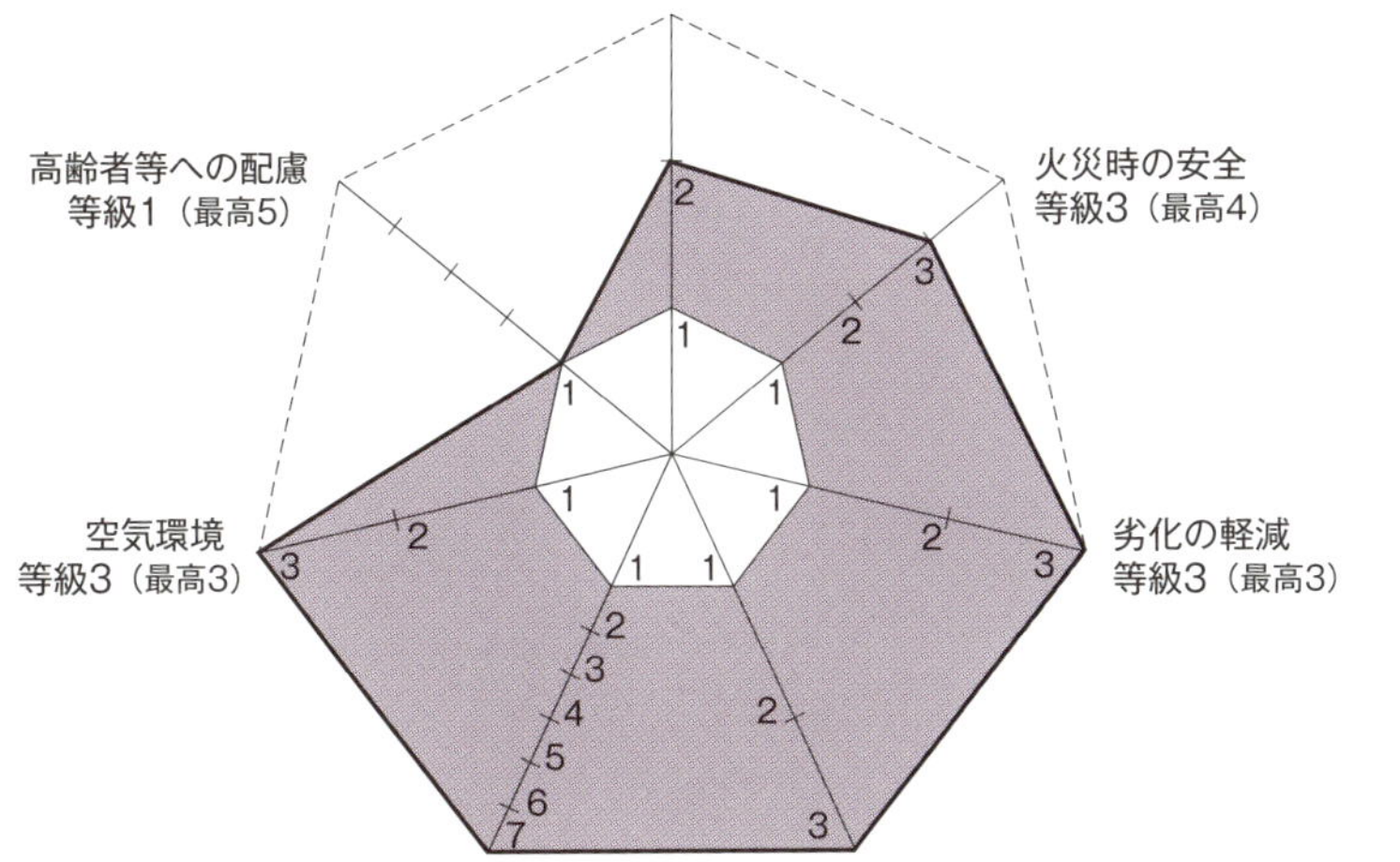

光・視環境（単純開口率）：27%以上

防犯（1階：住戸の出入口）：その他

長期使用構造等である旨の
確認書

設計住宅性能評価書

表1　住宅性能評価を受けた住宅に対するメリット

- 民間金融機関による「住宅ローン」の金利引き下げ（例：フラット35）
- 耐震等級に応じた「地震保険料」の割引
- 「贈与税」の非課税枠の拡大
- 「住宅かし保険」の加入や「長期優良住宅」の認定手続きの簡略化　…等

表2　地震保険料の割引

種　別	割引率
耐震等級割引	耐震等級3：50% 耐震等級2：30% 耐震等級1：10% ※2014年7月1日～始期契約
免震建築物割引	2014年7月1日～始期契約：50%

設計住宅性能評価

POINT

設計住宅性能評価は、10の評価項目について、自己評価を行って登録住宅性能評価機関に申請する

評価項目の種類

設計住宅性能評価とは、設計段階で評価が可能なものについて、日本住宅性能表示基準にもとづいて、10の項目で評価する（図1）。

①構造の安定に関すること：地震や風などで力が加わったときの建物の強さ（壊れにくさ）に関連すること

②火災時の安全に関すること：火災が発生した場合の避難のしやすさや建物の燃えにくさなどに関連すること

③劣化の軽減に関すること：建物の構造躯体等の劣化（木材の腐食、鉄のさびなど）のしにくさに関連すること

④維持管理・更新への配慮に関すること：配管などの日常における維持管理（点検、清掃、修繕）、更新（交換、変更）のしやすさに関連すること

⑤温熱環境エネルギー消費量に関すること：防暑、防寒など、室内の温度や暖冷房時の省エネルギーなどに関連すること

⑥空気環境に関すること：化学物質などの影響の抑制など室内空気の清浄に関連すること

⑦光・視環境に関すること：採光などの視覚に関連すること

⑧音環境に関すること：騒音の防止などの聴覚に関連すること

⑨高齢者等への配慮に関すること：加齢等に伴う身体機能の低下等に配慮した移動のしやすさや転落、転倒などの事故の防止などに関連すること

⑩防犯に関すること：犯罪企図者による外部からの侵入のしにくさなど、住宅における犯罪の防止に関連すること

設計住宅性能評価の流れ

設計住宅性能評価を申請しようとするものは、所定の書式に必要な書類を添付して登録住宅性能評価機関に申請する（図2）。

図1 住宅性能表示のイメージ

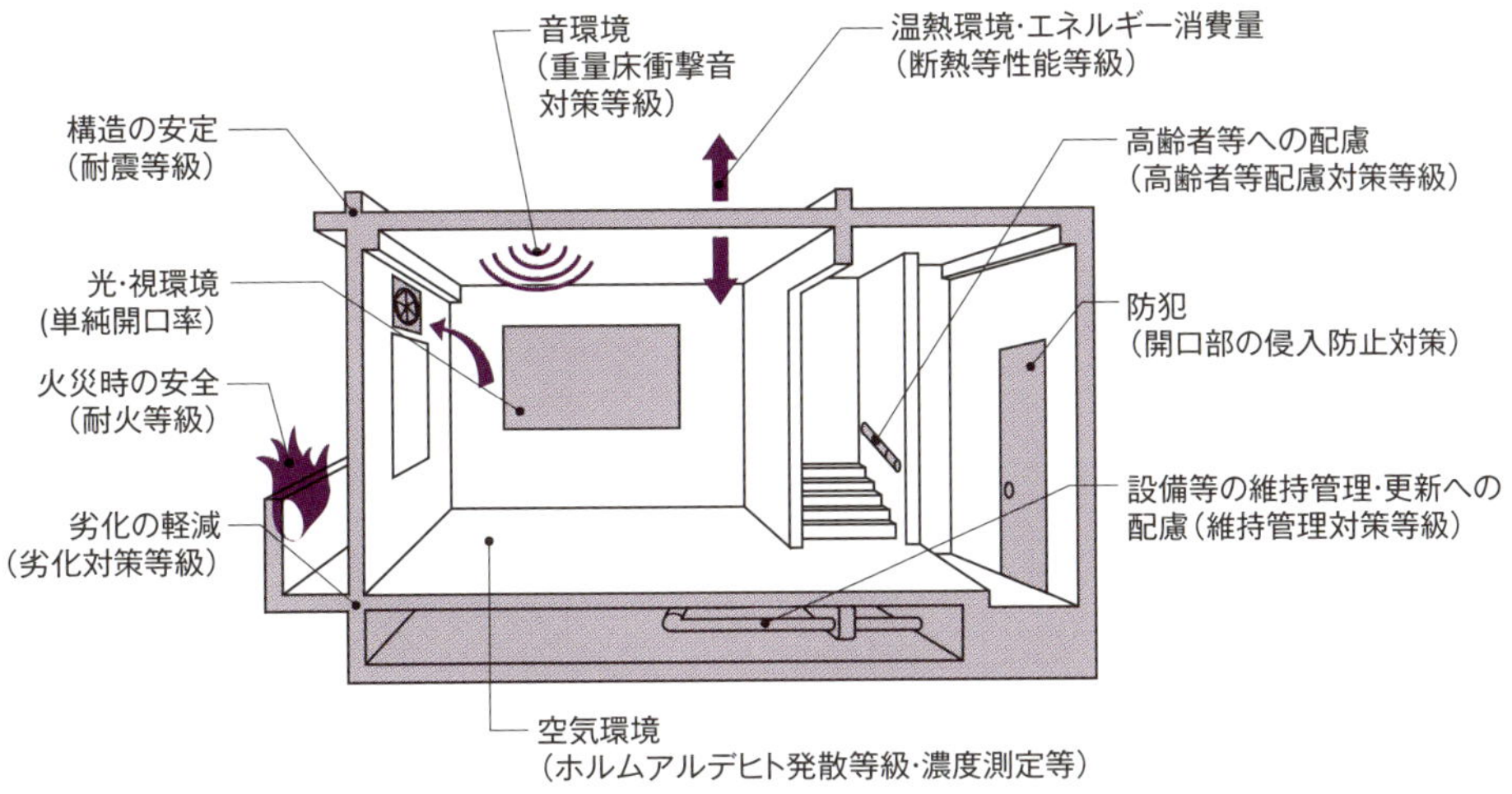

図2 設計住宅性能評価の流れ

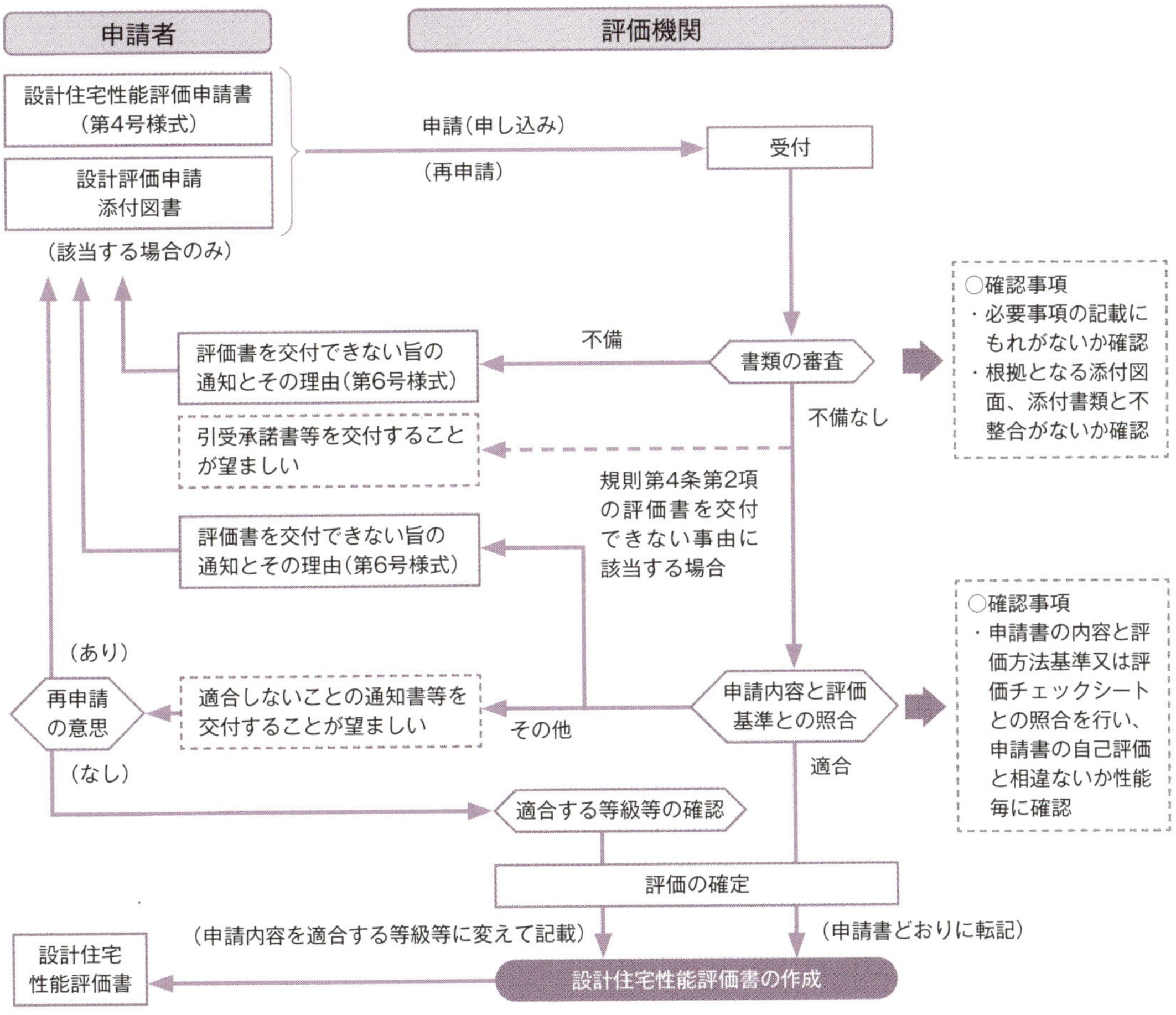

自己評価書

POINT

設計住宅性能評価の申請にあたっては、申請者が自己評価を決めて申請する

自己評価は申請者が決める

設計住宅性能評価の申請にあたって、必須項目の4分野10項目それぞれについて（それ以外の項目については選択項目）申請者は、等級や設計表示値を記載した自己評価書を添えて申請する（図）。

登録住宅性能評価機関は、自己評価の内容を日本住宅性能表示基準にもとづいて、審査を行う。自己評価を決めるのは、あくまで申請者であり、評価機関ではないのでどういう意図で評価するのか、慎重な検討が必要である。

自己評価にあたっての考え方

新築住宅における性能の表示項目には10分野33項目がある。これらのモノサシは、住宅の外見や簡単な間取図からでは判断しにくい項目が優先的に採用されている。

高い等級を実現するためには、それなりの費用が必要である。また、たとえば窓を広くすると地震などに対する強さの等級が低くなる可能性があるなど、10分野の性能の中には、相反する関係のものもある。

また、建築基準法にもともと定められている性能項目については、最低等級である等級1は建築基準法程度の性能として設定されている。

したがって、費用と自分自身の希望を考慮しつつ、どの性能を重要と考えるかが決め手となる。

自己評価書に記載する内容

自己評価書には次の3つの項目を記載する。

・性能表示事項
・自己評価結果
・評価方法

また、共同住宅については、棟全体についての評価項目と、申請する各住戸毎の評価項目がある。

図 自己評価書の参考様式

〈参考様式：自己評価書(一戸建ての住宅用)〉

評価対象建築物の名称	
評価対象建築物の所在地	
設計者等の氏名	
評価者氏名	

必須項目

	性能表示事項	自己評価結果	評価方法
1 構造の安定に関すること	1-1 耐震等級 (構造躯体の倒壊等防止) □評価対象外 (免震建築物)	等級：3・2・1	□評価方法基準による □特別評価方法認定による □住宅型式性能認定による □型式住宅部分等製造者の認証による
	1-2 耐震等級 (構造躯体の損傷防止) □評価対象外 (免震建築物) □選択せず	等級：3・2・1	□評価方法基準による □特別評価方法認定による □住宅型式性能認定による □型式住宅部分等製造者の認証による
	1-3 その他(地震に対する構造躯体の倒壊等防止及び損傷防止)	□免震建築物 □その他	□評価方法基準による □特別評価方法認定による □住宅型式性能認定による □型式住宅部分等製造者の認証による
	1-4 耐風等級 (構造躯体の倒壊等防止及び損傷防止) □選択せず	等級：2・1	□評価方法基準による □特別評価方法認定による □住宅型式性能認定による □型式住宅部分等製造者の認証による
	1-5 耐積雪等級 (構造躯体の倒壊等防止及び損傷防止) □該当区域外 □選択せず	等級：2・1	□評価方法基準による □特別評価方法認定による □住宅型式性能認定による □型式住宅部分等製造者の認証による
	1-6 地盤又は杭の許容支持力等及びその設定方法	□地盤の許容応力度[kN/㎡] □杭の許容支持力 [kN/本] □杭状改良地盤の許容支持力度 [kN/㎡] □杭状改良地盤の許容支持力 [kN/本] □地盤調査方法等 [ ] □地盤改良方法 [ ]	—
	1-7 基礎の構造方法及び形式等	□直接基礎 構造方法[ ] 形 式[ ]	—
		□杭基礎 杭 種[ ] 杭 径[cm] 杭 長[m]	—
2 火災時の安全に関すること	2-1 感知警報装置設置等級(自住戸火災時) □選択せず	等級：4・3・2・1	□評価方法基準による □特別評価方法認定による □住宅型式性能認定による □型式住宅部分等製造者の認証による
	2-4 脱出対策 (火災時) □該当なし □選択せず	□直通階段に直接通ずるバルコニー □避難器具 □その他	□評価方法基準による □特別評価方法認定による □住宅型式性能認定による □型式住宅部分等製造者の認証による

	性能表示事項	自己評価結果	評価方法
2 火災時の安全に関すること	2-5 耐火等級 (延焼のおそれのある部分(開口部)) □該当なし □選択せず	等級：3・2・1	□評価方法基準による □特別評価方法認定による □住宅型式性能認定による □型式住宅部分等製造者の認証による
	2-6 耐火等級 (延焼のおそれのある部分(開口部以外)) □該当なし □選択せず	等級：4・3・2・1	□評価方法基準による □特別評価方法認定による □住宅型式性能認定による □型式住宅部分等製造者の認証による
3 劣化の軽減に関する事	3-1 劣化対策等級 (構造躯体等)	等級：3・2・1	□評価方法基準による □特別評価方法認定による □住宅型式性能認定による □型式住宅部分等製造者の認証による
4 維持管理・更新への配慮に関すること	4-1 維持管理対策等級(専用配管) □該当なし	等級：3・2・1	□評価方法基準による □特別評価方法認定による □住宅型式性能認定による □型式住宅部分等製造者の認証による
5 温熱環境・エネルギー消費量に関すること	5-1 断熱等性能等級	等級：□7・□6・□5・□4・□3・□2・□1 地域の区分 □1・□2・□3・□4・□5・□6・□7・□8 外皮平均熱貫流率※1 〔 W/(㎡・K)〕 冷房機の平均日射熱取得率※2 〔 〕	□評価方法基準による □特別評価方法認定による □住宅型式性能認定による □型式住宅部分等製造者の認証による
	5−2一次エネルギー消費量等級	等級：□6・□5・□4・□1 地域の区分 □1・□2・□3・□4・□5・□6・□7・□8 床面積当たりの設計一次エネルギー消費量※3 〔 MJ/(㎡・年)〕	
6 空気環境に関すること	6-1 ホルムアルデヒド対策(内装及び天井裏等)	□製材等(製材、丸太、単層フローリング)を使用 □特定建材を使用 □その他の建材を使用	□評価方法基準による □特別評価方法認定による □住宅型式性能認定による □型式住宅部分等製造者の認証による
	ホルムアルデヒド発散等級 □該当なし (内装) □該当なし (天井裏等)	内装 等級：3・2・1 天井裏等 等級：3・2	□評価方法基準による □特別評価方法認定による □住宅型式性能認定による □型式住宅部分等製造者の認証による

※1：等級7の場合のみ明示することができる。(地域区分の8地域を除く。)
※2：等級7の場合のみ明示することができる。(地域区分の1、2、3及び4地域を除く。)
※3：等級6の場合のみ明示することができる。

設計内容説明書

POINT

設計内容説明書は、自己評価書の評価の根拠やどの設計図書に記載されているかを説明する文章である

設計内容説明書の書式

設計内容説明書は、自己評価書で決めた各評価項目の等級と表示事項の内容および数値について、評価の根拠やどの設計図書に記載されているかを説明する設計住宅性能評価の申請図書のひとつである。その書式については、各住宅性能評価機関で用意されているので、それを活用して申請することになる。

設計内容説明書に記載する項目（図）

※（　）内は「構造の安定に関すること」の一例

①性能表示事項

（耐震等級、その他、耐風等級、耐積雪等級）

②確認項目

（構造躯体、地盤・杭、基礎）

③設計内容説明欄

・項目（コンクリートおよび配筋、地盤の種類・支持力、基礎の形式等）

・設計内容（コンクリートの種類、強度、地盤の種類・許容応力度、杭の種類・径・長さ）

・記載図書（計算書、仕様書、構造図、平面図）

④設計内容確認欄

この欄は、評価機関の評価員が、設計内容説明書と評価基準・記載図書を照合審査し結果を確認する欄となる。

設計内容説明書は、設計図書ではないので、説明した内容が記載図書に記載されていることが必要となる。

図 設計内容説明書の告示様式

別記　第1号様式—1　設計内容説明書【一戸建ての住宅用】

評価対象建築物の名称	
評価対象建築物の所在地	
設計者等の氏名	
評価者氏名	

	性能表示事項	確認項目	設計内容説明欄			設計内容確認欄
			項目	設計内容	記載図書	
構造の安定に関すること	耐震等級、その他、耐風等級、耐積雪等級並びに基礎の構造方法及び形式	構造躯体及び基礎等	1)部材の種類、寸法及び位置 2)部材相互の構成方法及び接合方法 3)その他必要な事項			
	地盤又は杭の許容支持等及びその設定方法	地盤及び地業	1)地盤の種類及び許容支持力 2)地業の種類 3)その他必要な事項			
火災時の安全に関すること	感知警報装置設置等級(自住戸火災時)	感知警報装置	1)装置の種類、性能・品質及び位置 2)その他の必要な事項			
		寝室	1)寝室の位置			
	脱出対策	バルコニー及び避難器具	1)バルコニーの種類 2)避難器具の種類			
	耐火等級(延焼のおそれのある部分(開口部))及び耐火等級(延焼のおそれのある部分(開口部以外))	外壁、軒裏及び開口部	1)部材の種類、寸法及び位置 2)部材相互の構成方法及び接合方法 3)その他必要な事項			
劣化の軽減に関すること	劣化対策等級	構造躯体等及びこれを保護する部分	1)部材の種類、寸法及び位置 2)部材相互の構成方法及び接合方法 3)その他必要な事項			
維持管理・更新への配慮に関すること	維持管理対策等級(専用配管)	配管	1)配管の種類及び位置 2)配管の設置方法 3)その他必要な事項			
		配管に関係する仕上げ等	1)仕上げ等の開口の寸法及び位置 2)その他必要な事項			
温熱環境・エネルギー消費量に関すること	断熱等性能等級	断熱構造とする部分	1)部材の種類、性能・品質、寸法及び位置 2)部材相互の構成方法及び接合方法 3)その他必要な事項			
		開口部	1)建具の種類、性能・品質、寸法及び位置 2)付属部材の種類、寸法及び位置 3)その他必要な事項			
	一次エネルギー消費量等級	断熱構造とする部分	1)部材の種類、性能・品質、寸法及び位置 2)部材相互の構成方法及び接合方法 3)その他必要な事項			
		開口部	1)建具の種類、性能・品質、寸法及び位置 2)付属部材の種類、寸法及び位置 3)その他必要な事項			
		設備	1)設備の種類、性能・品質及び位置 2)その他必要な事項			
空気環境に関すること	ホルムアルデヒド対策	内装及び天井裏等	1)部材の種類、性能・品質及び位置 2)その他必要な事項			
	換気対策	居室の換気対策	1)換気設備の種類、性能・品質、寸法及び位置 2)その他必要な事項			
		局所換気対策	1)換気設備の種類及び位置			
光・視環境に関すること	単純開口率及び方位別開口比	開口部	1)開口部の種類、寸法及び位置			
音環境に関すること	透過損失等級(外壁開口部)	開口部	1)建具の種類、性能・品質、寸法及び位置			
高齢者等への配慮に関すること	高齢者等配慮対策等級部(専用部分)	平面計画	1)各室の配置 2)各室、廊下、出入口その他の寸法 3)段差の寸法及び位置 4)その他必要な事項			
		階段	1)階段の形状及び寸法 2)その他必要な事項			
		設備・器具	1)設備・器具の種類、寸法及び位置 2)その他必要な事項			
防犯に関すること	開口部の侵入防止対策	開口部	1)建具の種類、性能・品質、寸法及び位置 2)その他必要な事項			

建設住宅性能評価

POINT

建設住宅性能評価では、設計住宅性能評価の内容を建設段階の検査により確認する

建設住宅性能評価と設計住宅性能評価

建設住宅性能評価のための検査とは、日本住宅性能表示基準に従って設計住宅性能評価を受けた住宅の性能について、建設段階において確実に基準を達成しているか否かを確認するものである。

したがって、新築住宅の建設住宅性能評価は、設計住宅性能評価書を交付された物件でなければ、申請できない。言い換えると、建設住宅性能評価単独での評価取得は不可能である。

検査の手順

新築住宅の建設住宅性能評価の手順は、つぎのようになる（図）。

①建設住宅性能評価を申請しようとするものは、所定の書式に必要な書類を添付して登録住宅性能評価機関に申請する。申請に必要な申請書類および図書は、以下のとおり。

・建設住宅性能評価申請書
・設計住宅性能評価書または評価書の写し（設計評価と同じ評価機関に申請する場合は、不要）
・設計評価申請添付図書（前記に同じ）
・確認済証
・施工状況報告書の書式
・委任状

②建設住宅性能評価の申請者は、検査時期が近づくと、あらかじめ検査対象工程に係る工事が完了する日または完了した日を評価機関に通知する。

③登録住宅性能評価機関は、通知を受理した日または通知された日のいずれか遅い日から7日以内に、評価員を現地に派遣して検査を行う。

④定められたすべての検査を行い、検査に合格し、かつ建築基準法の検査済証が交付されると、建設住宅性能評価書が交付される。

図 住宅性能評価業務の流れ

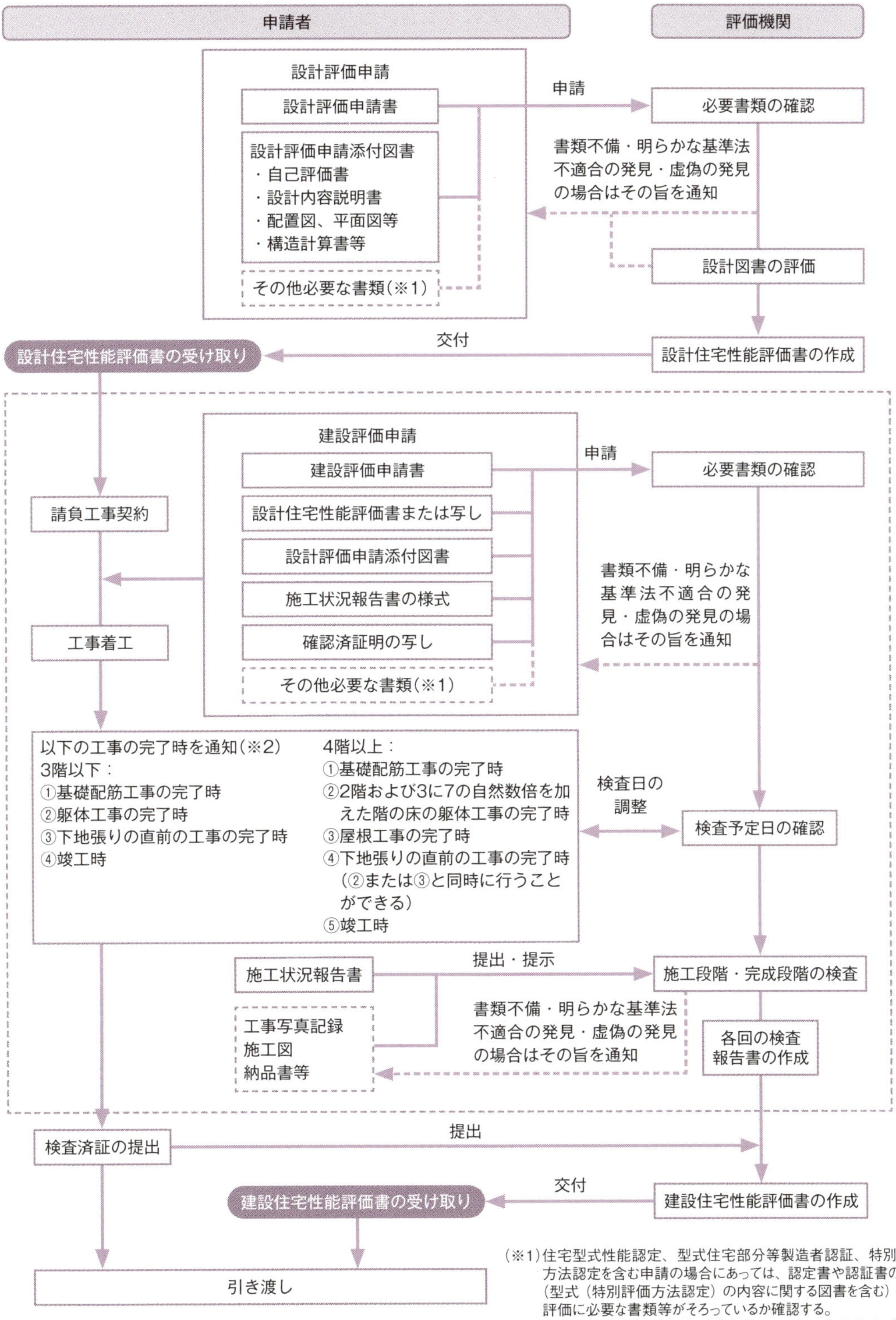

(※1)住宅型式性能認定、型式住宅部分等製造者認証、特別評価方法認定を含む申請の場合にあっては、認定書や認証書の写し(型式(特別評価方法認定)の内容に関する図書を含む)など、評価に必要な書類等がそろっているか確認する。
(※2)室内空気中の化学物質の濃度等については内装仕上げ工事完了後とする(申請があった場合のみ)。

施工状況報告書

POINT

施工状況報告書は、現場検査にあたり、施工者が作成し、評価員が検査の判定をするための書類である

施工状況の現場検査

施工状況報告書（図）は、建設住宅性能評価の現場検査にあたり、施工者が作成し、評価員が検査の判定をするための書類である。施工者は、設計住宅性能評価の申請内容を良く理解したうえで、施工状況の事実を記載することが必要である。

①施工状況報告書は、施工者が設計住宅性能評価書および申請図書に記載された等級、設計内容説明書の内容、設計図書にもとづいて、各項目の施工状況報告と施工状況の確認を記入し、検査の時に提出する。

②評価員は、施工状況報告書を確認し、設計図書等と関連図書（施工記録等）や写真・現地の施工状況との照合をし、A：目視、B：計測、C：施工関連図書の確認のいずれかの方法により、その記載内容の信頼性を確認する。

③施工状況の確認

・検査の方法を記載する。（A、B、C）

・設計図書等と同一の工事が確認された場合

施工状況確認欄の判定結果欄（一次）に「適」と記載する。

・設計図書等と異なる工事が確認された場合

施工状況確認欄の判定結果欄（一次）に「不適」と記載し、工事の修正（是正）などが必要なことを検査記録シートに記録して、後日に工事の修正が提出されて設計図書等と同一の確認ができれば、判定結果欄（二次）に「適」と記載し、適合の検査報告書を発行する。

施工状況の書式について

・一戸建ての住宅用と共同住宅用で書式が異なる。

・共同住宅用は、建物全体を評価する住棟用と、各住戸を評価する住戸用がある。

図 施工状況報告書の例示様式

【一戸建ての木造軸組住宅用】

建設住宅性能評価の申請を行うに当たり、施工状況報告書を提出します。施工状況報告書に記載する内容は、事実に相違ありません。

評価対象建築物の名称※		
評価対象建築物の所在地※		
工事施工者※	住所 氏名又は名称	電話　(　　)

	検査対象工程	検査年月日	評価員の署名	施工(管理)者の署名
第1回目				
第2回目				
第3回目				
第4回目				

[記入要領]

1. ※の付されている欄は、建設住宅性能評価の申請の際に申請者が記入してください。
2. 「評価対象建築物の名称」欄には、建設住宅性能評価の対象となる一戸建ての住宅が特定できる名称を記載してください。未定の場合は、その旨を記入してください。
3. 「評価対象建築物の所在地」欄には、建設住宅性能評価の対象となる一戸建ての住宅が特定できる住居表示を記載してください。未定の場合は、その旨を記入してください。
4. 「工事施工者」欄には、建設住宅性能評価の対象となる一戸建ての住宅の工事を行う工事施工者の氏名又は名称、住所及び電話番号を記入してください。
5. 「検査対象工程」欄、「検査年月日」欄及び「評価員の署名」欄は、検査を行った評価員が各検査終了後に記入してください。
6. 「検査対象工程」欄には、検査を実施したときの工程を記入してください。
7. 「検査年月日」欄には、検査を実施した年月日を記入してください。
8. 「評価員の署名」欄には、各検査終了後に検査を行った評価員自らが署名を行ってください。
9. 「施工(管理)者の署名」欄には、各検査終了後に施工(管理)者自らが署名を行ってください。

検査の方法-A：実物の目視、B：実物の計測、C：施工関連図書の確認

【一戸建ての木造軸組住宅用】　　※の欄を施工管理者が記入のこと

	性能表示事項	検査項目	施工状況報告欄※ 変更等の内容	関連図書	管理の時期 1	2	3	4	施工状況確認欄 確認内容	検査の方法	判定結果(適・不適)及び指摘事項の記録 [一次]	[二次]
構造の安定に関すること	耐震等級・その他、耐風等級、耐積雪等級	部材の品質	□無			□			○部材の品質	A	適・不適	適・不適
		土台・柱等	□無			□			□柱の小径	A B	適・不適	適・不適
				□	□	□			○土台の継手位置	A　C		
				□	□	□			□アンカーボルトの品質	A　C		
				□	□	□			□アンカーボルトの埋め込み長さ	A B C		
				□	□	□			□アンカーボルトの位置	A　C		
		耐力壁	□無			□			□筋かい耐力壁の位置・長さ	A B	適・不適	適・不適
						□			□筋かいの種類・断面	A B		
				□		□	□	□	□面材耐力壁の位置・長さ	A B C		
				□		□	□	□	□面材の種類・厚さ	A B C		
				□		□	□	□	□釘の種類と面材の止め付け状態	A B C		
		準耐力壁等	□無	□		□	□	□	□準耐力壁の位置・長さ	A B C	適・不適	適・不適
				□		□	□	□	□たれ壁・腰壁の位置・長さ	A B C		
				□		□	□	□	□たれ壁・腰壁の幅と両隣の状況	A B C		
				□		□	□	□	□面材の種類・厚さ	A B C		
				□		□	□	□	□面材の高さ	A B C		
				□		□	□	□	□釘の種類と止め付け状態	A B C		
		床組等	□無	□		□			□火打ちの位置・種類	A B C	適・不適	適・不適
				□		□			□火打ちと取り合うはり	A B C		
						□			○火打ち材の止め付け状態	A B		
				□		□			□面材の種類・厚さ	A B C		
				□		□			□根太の寸法・間隔	A B C		
				□		□			□根太の取付け工法	A　C		
				□		□			□釘の種類と止め付け状態	A B C		
		屋根面	□無			□			□屋根勾配	A B	適・不適	適・不適
				□		□			□面材の種類・厚さ	A B C		
				□		□			□たる木の寸法・間隔	A B C		
				□		□			□釘の種類と止め付け状態	A B C		

工事完了通知と検査報告書

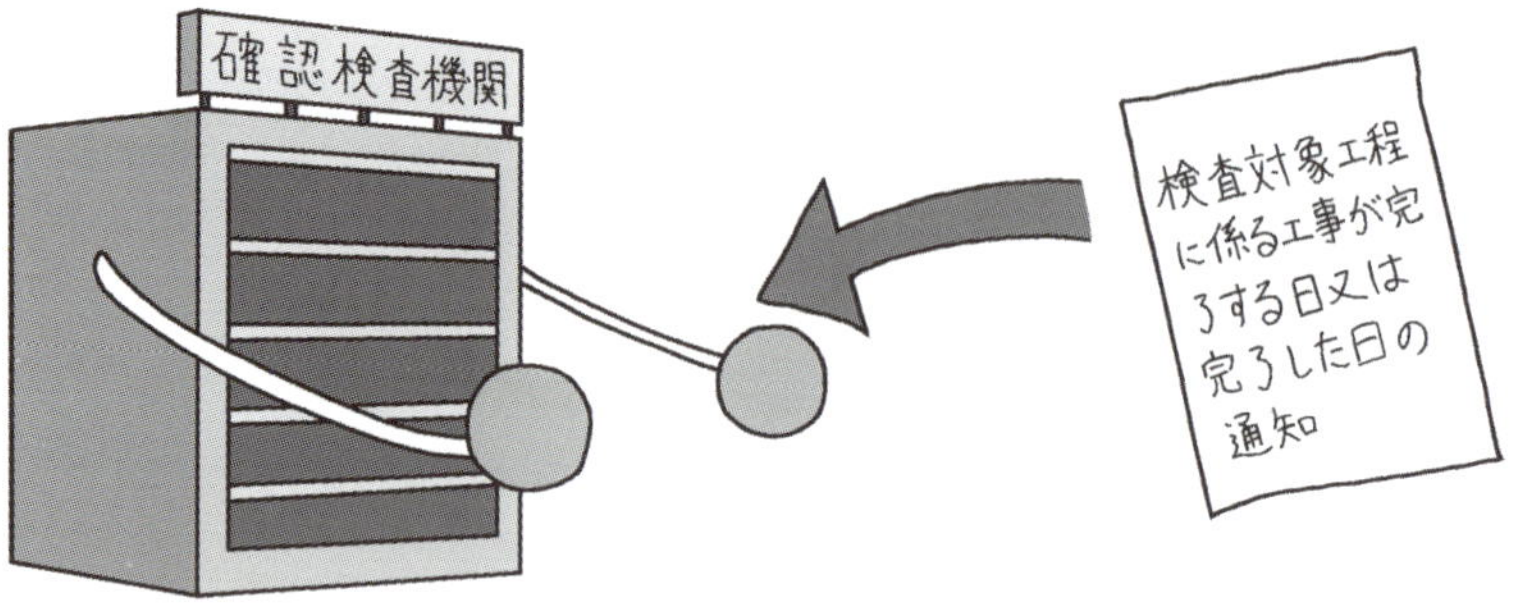

POINT

申請者は検査の申し込みを工事完了通知で行い、評価機関は検査の結果を検査報告書により行う

申し込みと結果報告に関する書類

検査を行うために必要な書類としては、申請者が検査の前に評価機関に提出する「検査対象工程に係る工事が完了する日又は完了した日の通知」(検査の申し込みの書類)(図1)と、検査時に施工者が評価員に提出する「施工状況報告書」がある。また、検査の結果は評価機関により「検査報告書」(検査の結果の書類)(図2)が申請者に交付される。

(施工状況報告書については、No.015参照。)

「検査対象工程に係る工事が完了する日又は完了した日の通知」

建設住宅性能評価の申請担当者は、検査の時期が確定したら、「検査対象工程に係る工事が完了する日又は完了した日の通知」を提出し検査の申し込みをする。

評価機関は、通知書に記載された日または受領した日のいずれか遅いほうの日から7日以内に評価員に検査を行わせることになる。

「検査報告書」

検査を行った評価員は、施工状況報告書と検査記録シートおよび検査時の受領書類(施工記録など)を評価機関に提出する。

評価機関では、施工状況報告書の判定結果を確認し、(一次)判定が「適」または、(一次)判定が「不適」で工事の修正結果を受領し、(二次)判定で「適」になることが確認できれば、「検査報告書」を申請者宛に発行する。

「検査報告書」は、各検査ごとに交付する。

すべての検査を受検し、その検査結果が合格になり、かつ建築基準法の検査済証が交付されないと建設住宅性能評価書の交付はできない。

第1章 しくみ

図1 検査対象工程に係る工事が完了する日又は完了した日の通知

（見本）

（参考書式）
住宅の品質確保の促進等に関する法律施行規則第６条第１項の規定による
検査対象工程に係る工事が完了する日又は完了した日の通知

年　月　日

登録住宅性能評価機関　殿

申請者の氏名又は名称
代表者の氏名

住宅の品質確保の促進等に関する法律施行規則第６条第１項の規定に基づき、検査対象工程に係る工事が完了する日（完了した日）を通知します。

記

1. 設計住宅性能評価書交付番号　第　号
2. 設計住宅性能評価書交付年月日　年　月　日
3. 設計住宅性能評価書交付者
4. 検査対象工程に係る工事
5. 検査対象工程に係る工事の完了（予定）年月日　年　月　日
6. 建築場所

（注意）
数字は算用数字を用いてください。

備考　1　この用紙の大きさは、日本産業規格Ａ４としてください。
2　一の申請者が、共同住宅等の複数の住戸に係る通知を行う場合、この通知書一部をもって通知を行うことができます。

図2 検査報告書

（見本）

第十号様式（第六条関係）
検査報告書

年　月　日

申請者　様

登録住宅性能評価機関

下記の検査対象工程に係る工事について、評価方法基準に基づく検査を行ったので、その結果を報告します。

記

1. 設計住宅性能評価書交付番号　第　号
2. 設計住宅性能評価書交付年月日　年　月　日
3. 設計住宅性能評価書交付者
4. 建築場所
5. 検査を行った住宅の名称、構造の種別その他概要
6. 検査対象工程に係る工事
7. 検査年月日　年　月　日
8. 検査を行った評価員の氏名
9. 検査結果（不適合の場合は事由を記載）
10. 備考

備考　1　この用紙の大きさは、日本産業規格Ａ４としてください。
2　数字は算用数字を用いてください。
3　一の申請者に対し、共同住宅等の複数の住戸に係る報告を行う場合、この報告書を一部とすることができます。

検査の時期

POINT

検査の時期は建築物の規模により異なるが、基礎配筋・躯体・下地張り直前・竣工時期に実施する

建築物規模による検査の時期

建設住宅性能評価の検査の時期（図）は、建築物の規模により次のように区分される。

①階数が３以下（地階を含む）の住宅

・基礎配筋工事の完了時：コンクリートを打設する前の段階で、主に地盤の状態、基礎構造の施工状況を中心にした検査を想定している。

・躯体工事の完了時：構造躯体に関連する工事の検査を想定している。木造住宅では、棟上げの段階にあたる。

・下地張り直前の工事の完了時：内装下地張りが行われる前の段階で、主に壁等の層を構成する部材のうち、仕上げ等により、見え隠れとなる部分を検査することを想定している。断熱材の施工の検査などが中心となる。

・竣工時：見えがかりとなる部分を検査する。内装の仕上げや仕上がり寸法の検査などが中心となる。

②階数が４以上（地階を含む）の住宅

・基礎配筋工事の完了時：①の場合と原則として同じ。

・最下階から数えて2階の床の躯体工事の完了時および3に7の自然倍数を加えた階（10、17、24、…）の躯体工事の完了時：できるだけ早い段階で、構造躯体に関する工事を検査することを想定している。鉄筋コンクリート造の床の場合は、配筋工事後のコンクリート打設される前が適当である。

・屋根工事の完了時：構造躯体の検査をすることを想定している。（屋根防水の工程の前後）

・下地張り直前の工事の完了時：①の場合と原則として同じ。

・竣工時：①の場合と原則として同じ。

検査の対象部分と対象性能

各回の検査における主な対象部分と性能は、一般的な施工工程を想定したときに、表のように整理できる。

図　木造軸組住宅の施工工程と検査時期の概要

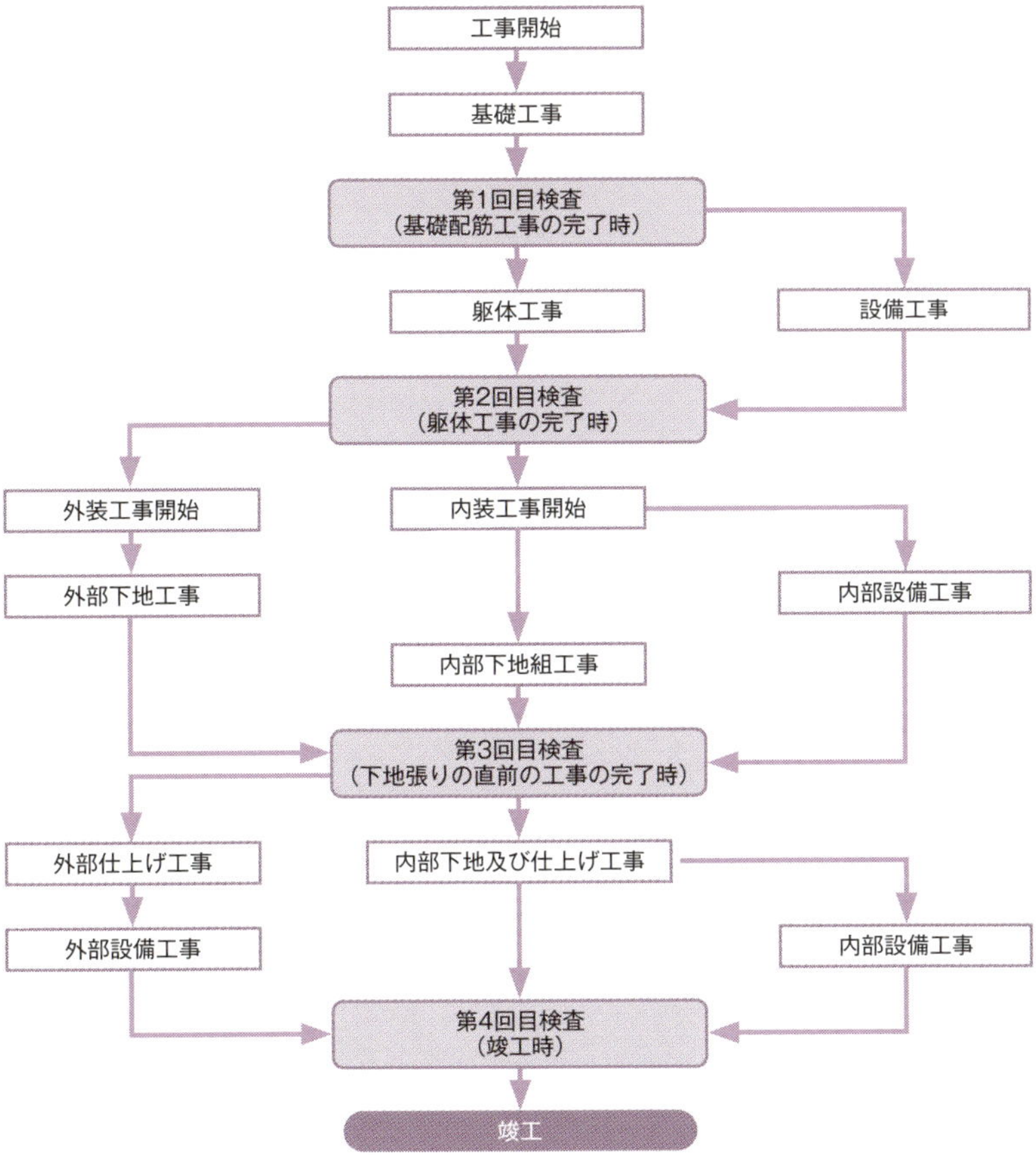

表　検査の対象部分と対象性能

	第１回目検査 基礎配筋工事の完了時	第２回目検査 躯体工事の完了時	第３回目検査 内装下地張りの直前の工事の完了時	第４回目検査 竣工時
1. 構造の安定に関すること	●地盤　●地業 ●基礎	●基礎（アンカーボルト）　●軸組 ●耐力壁　●床組等　●屋根面 ●仕口、接合金物		
2. 火災時の安全に関すること			●外壁、軒裏の構造	●自火報、住警器　●脱出対策 ●外壁、軒裏の構造　●開口部の耐火性能
3. 劣化の軽減に関すること	●地盤の防蟻措置	●地盤の防蟻措置　●基礎高さ ●構造部材等の防腐・防蟻処理 ●床下換気　●床下防湿	●小屋裏換気 ●基礎高さ	●小屋裏換気　●浴室、脱衣室の防水
4. 維持管理・更新への配慮に関すること		●地中埋設管	●排水管の仕様等	●排水管掃除口　●トラップ　●配管点検口
5. 温熱環境・エネルギー消費量に関すること			●断熱構造　●気密施工	●開口部の断熱性能　●日射遮蔽措置 ●設備機器設置状況
6. 空気環境に関すること		●内装材（下地材） ●天井裏等の下地材等	●内装材（下地材） ●天井裏等の下地材等	●内装の仕上げ材　●機械換気設備 ●給排気口　●局所換気設備 ●室内空気中の化学物質濃度※
7. 光・視環境に関すること			●開口部の位置・大きさ	●開口部の位置　●大きさ
8. 音環境に関すること				●開口部の遮音性能
9. 高齢者等への配慮に関すること				●部屋の配置　●段差　●階段　●手すり ●通路・出入口の幅員　●浴室、便所、寝室の広さ
10. 防犯に関すること				●開口部の侵入防止措置

※この検査は居室の内装仕上げ工事（造付け家具の取付けその他これに類する工事を含む）の完了後（造付け家具以外の家具その他の物品が室内に搬入される前に限る）に行う。

変更について

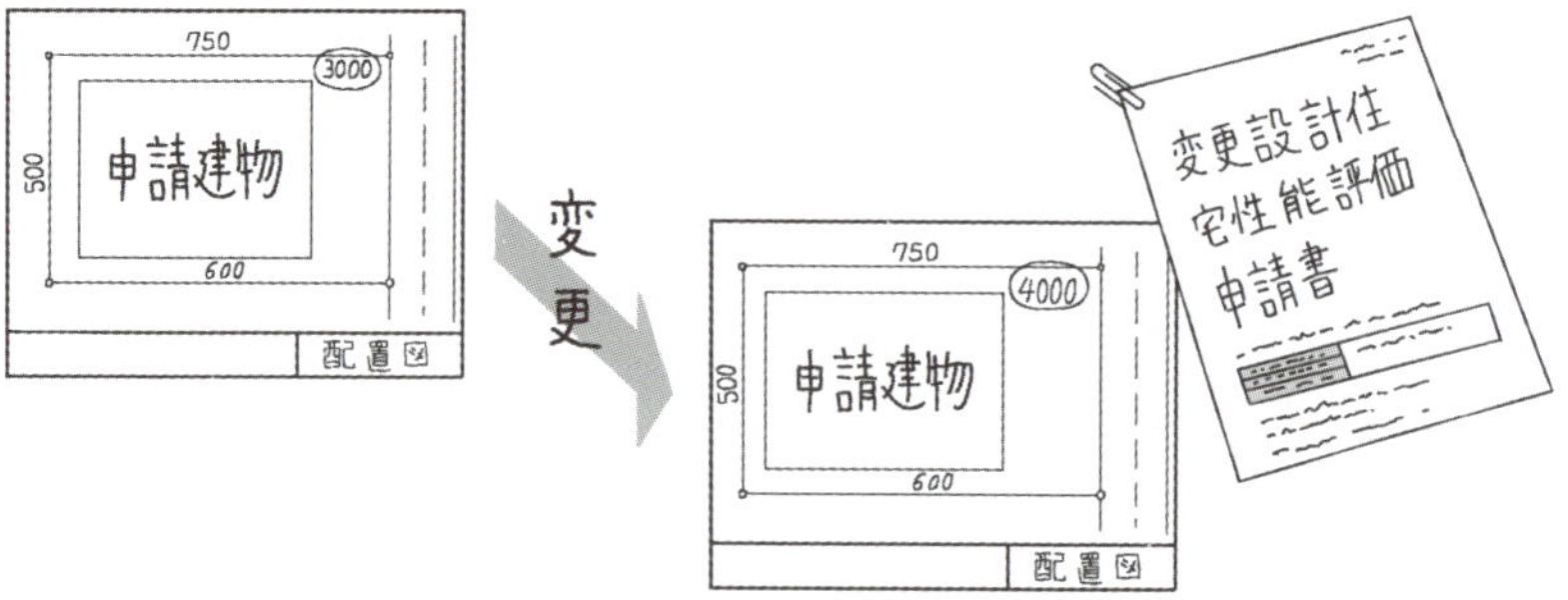

POINT

設計住宅性能評価書の交付後に設計内容の変更があった場合は、変更の手続きが必要である

変更設計住宅性能評価

設計住宅性能評価書を交付後に設計内容に変更があった場合は、変更設計住宅性能評価の申請が必要になる場合がある。

設計住宅性能評価書を交付して、建設住宅性能評価の申請後に、性能評価の等級が変更になるような設計変更があった場合、また、検査の段階で設計住宅性能評価の内容と異なる施工がなされていることが発見された場合（図1）で工事の修正がされなかった場合は、変更設計住宅性能評価の申請が必要になる（図2）。

なお、設計住宅性能評価の内容の変更でも、評価の等級に影響がない場合は、変更設計住宅性能評価の申請は必要ないが、設計内容が変わっているので変更の届け（軽微変更、変更申告）が必要である。その届出の方法については、申請した登録住宅性能評価機関に問い合わせる。

変更設計住宅性能評価がなされない場合は、該当する項目については建設住宅性能評価において、最低等級になることがあるので注意が必要である。

変更設計住宅性能評価の申請については、当初の設計住宅性能評価申請と同様の手続きが必要で、費用と時間がかかる。そのため建設住宅性能評価を申請した工事の施工にあたっては、設計住宅性能評価の内容を十分に理解して施工することが重要である。設計者も施工者に情報を十分伝達することは、言うまでもない。

図1 設計評価書の記載内容に係わる変更の取り扱い

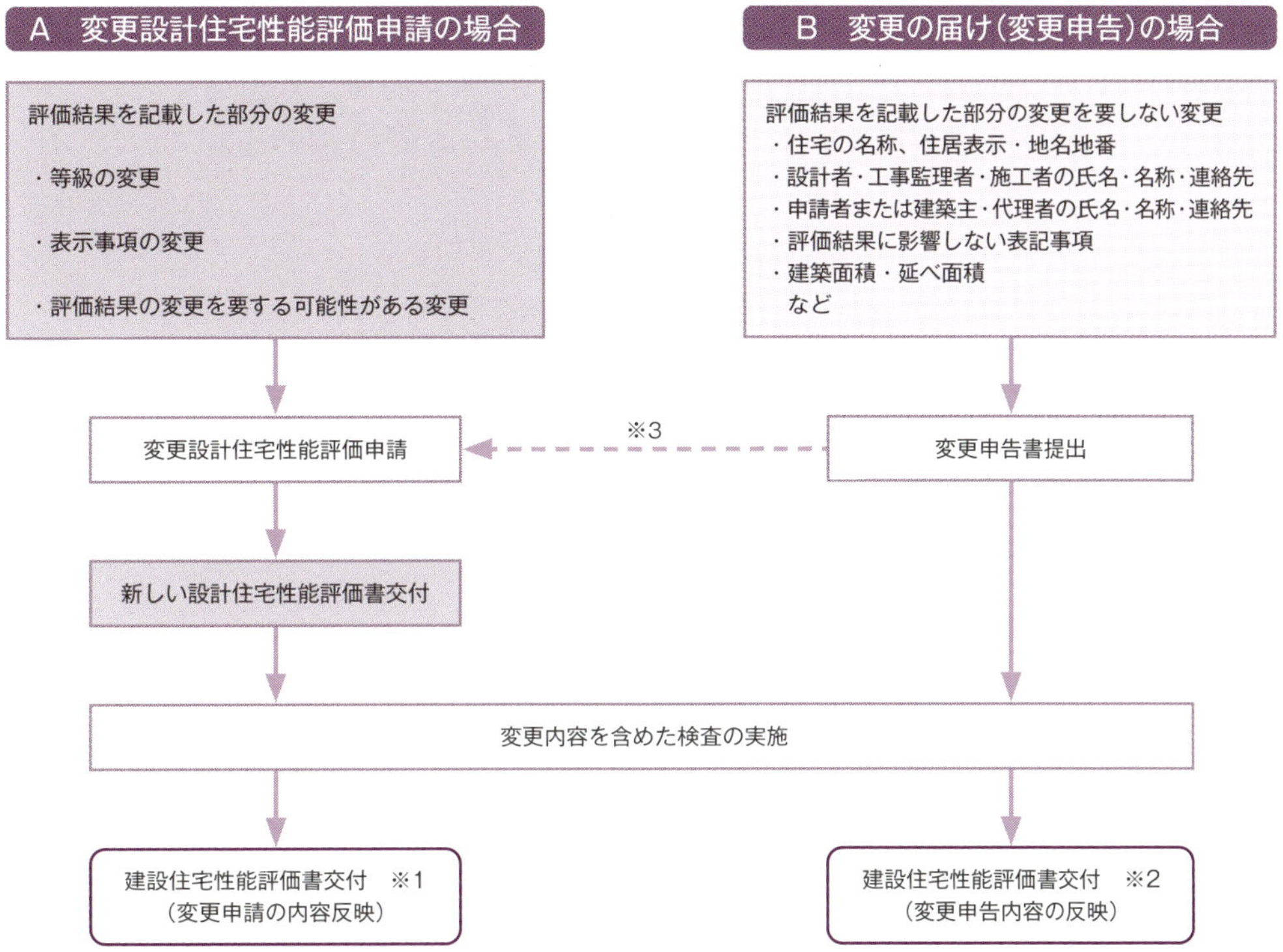

※1 新しい設計住宅性能評価書と記載内容が一致する
※2 設計住宅性能評価書と建設住宅性能評価書で記載内容が相異する場合がある
※3 記載内容の整合を図る場合は、変更設計住宅性能評価申請をする

図2 変更設計住宅性能評価申請書 (見本)

第五号様式(第三条関係)

変更設計住宅性能評価申請書

(第一面)

年　月　日

登録住宅性能評価機関　殿

申請書の氏名又は名称

代表者の氏名

下記の住宅について、住宅の品質確保の促進等に関する法律施行規則第3条第1項の規定に基づき、変更設計住宅性能評価を申請します。この申請書及び添付図書に記載の事項は、事実に相違ありません。

記

【計画を変更する住宅の直前の設計住宅性能評価】

1. 設計住宅性能評価書交付番号　第　号
2. 設計住宅性能評価書交付年月日　年　月　日
3. 設計住宅性能評価書交付者
4. 変更の概要

※受付欄	※料金欄
年　月　日	
第　号	
申請受領者印	

(注意) ① 数字は算用数字を用いてください。
② ※印のある欄は記入しないでください。

備考 1 この用紙の大きさは、日本産業規格A4としてください。
2 申請者(申請者が法人である場合にあっては、その代表者)の氏名の記載を自署で行う場合においては、押印を省略することができます。
3 共同住宅等に係る変更設計住宅性能評価の申請にあっては、この申請書を共同住宅等を一棟又は複数の住戸につき一部とすることができます。

型式認定・製造者認証・特別評価方法認定

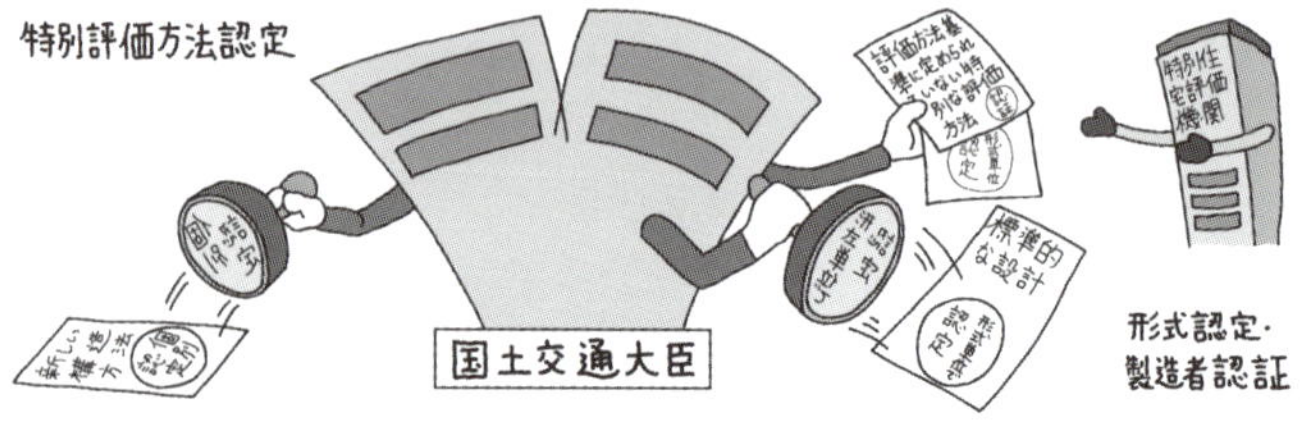

POINT

型式認定・製造者認証・特別評価方法認定により、評価の合理化が図られる

評価の合理化

登録住宅性能評価機関による評価の合理化のために、次の3つの方法が定められている(図)。

①住宅型式性能認定

標準的な設計(型式)により建設される住宅の中には、あらかじめ型式単位で性能の評価を行うことが合理的なものもある。

そこで、登録住宅性能評価機関による評価が迅速・円滑に行われるよう、国土交通大臣(＝登録住宅型式性能認定機関)が、住宅またはその部分の性能について、型式単位での認定(住宅型式性能認定)を行う。

住宅型式性能認定は、構造工法にかかわらず広く活用されている。

②型式住宅部分等製造者認証

住宅型式性能認定を受けた型式のうち規格化されたもの(型式住宅部分等)については、その製造者の技術的生産条件が一定の基準に適合する場合、登録住宅型式性能認定機関がその製造者を認証し、認証にかかわる型式住宅部分等についてさらに登録住宅性能評価機関による評価を合理化している。

登録住宅性能評価機関による個別の住宅の評価に際しては、認証にかかわる型式住宅部分等の設計図書および実物について、評価方法基準に従った直接の性能評価ではなく、認証の有無を審査することで足りることとなる。

なお、この認定と認証については、新築住宅にかかわる性能評価にのみ適用される。

③特別評価方法認定

免震構造など高度で新しい構造方法を用いた住宅の評価や、外国の耐火性能試験方法にもとづく評価を行う場合など、評価方法基準に定められていない特別な評価方法について、国土交通大臣が個別に認定(特別評価方法認定)を行う。

第1章

しくみ

図 住宅性能表示制度における手続きの流れ

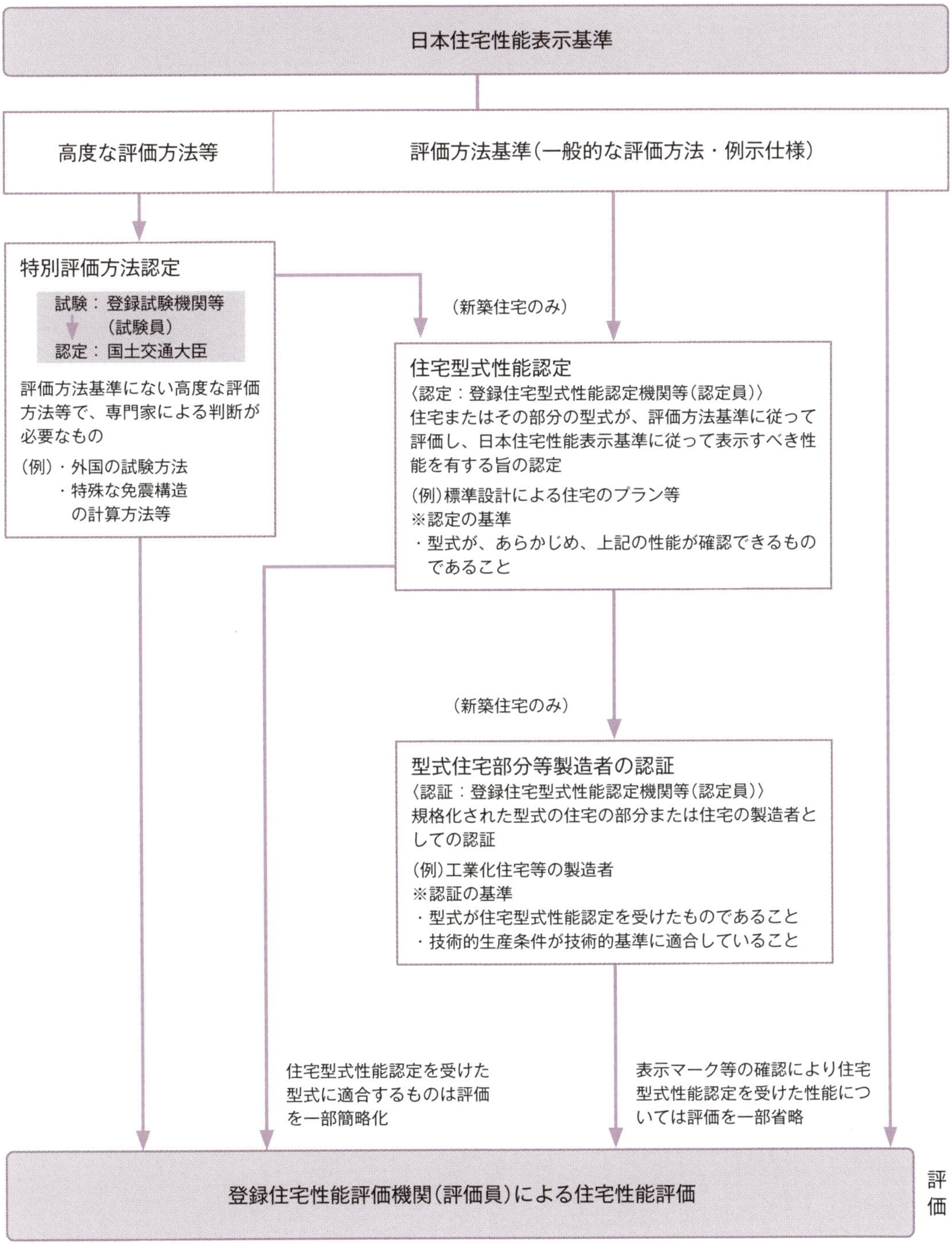
日本住宅性能表示基準
高度な評価方法等
評価方法基準(一般的な評価方法・例示仕様)
特別評価方法認定
試験：登録試験機関等(試験員)
認定：国土交通大臣
評価方法基準にない高度な評価方法等で、専門家による判断が必要なもの
(例)・外国の試験方法
・特殊な免震構造の計算方法等
(新築住宅のみ)
住宅型式性能認定
〈認定：登録住宅型式性能認定機関等(認定員)〉
住宅またはその部分の型式が、評価方法基準に従って評価し、日本住宅性能表示基準に従って表示すべき性能を有する旨の認定
(例)標準設計による住宅のプラン等
※認定の基準
・型式が、あらかじめ、上記の性能が確認できるものであること
(新築住宅のみ)
型式住宅部分等製造者の認証
〈認証：登録住宅型式性能認定機関等(認定員)〉
規格化された型式の住宅の部分または住宅の製造者としての認証
(例)工業化住宅等の製造者
※認証の基準
・型式が住宅型式性能認定を受けたものであること
・技術的生産条件が技術的基準に適合していること
住宅型式性能認定を受けた型式に適合するものは評価を一部簡略化
表示マーク等の確認により住宅型式性能認定を受けた性能については評価を一部省略
登録住宅性能評価機関(評価員)による住宅性能評価

評価

Chapter 2

第2章

構造・火災

構造の安定［構造躯体］

POINT

住宅の柱・梁・壁および基礎が地震・暴風・積雪の力に対しどこまで耐えられるかを表示

住宅性能表示の構造の安定とは

住宅をはじめとした建築物は、地震の揺れや暴風の風圧あるいは積雪の重さなどの力の影響を受ける。これらの力が繰り返されたり大きくなると、傷がつき最後には壊れたりして、財産としての価値を失ったり、居住者の生命が脅かされたりする。

住宅性能表示制度の構造の安定とは、住宅の柱や梁、主な壁、基礎など「構造躯体」の強さを評価し、地震・暴風・積雪の3種類の力が、どの程度の大きさまでは、構造躯体が損傷を受けたり壊れたりしないかを、等級により表示する（図1～5）。また、構造躯体の強さを発揮するために重要な基礎や地盤に関する情報を表示する。さらに、免震建築物であるか否かも表示する。

「構造躯体」等の定義について

・構造躯体

「構造躯体」とは、基礎・柱・梁・壁・床など建築物の自重・人や家具などを支え、また地震などの震動・衝撃を支えるもので、建築基準法施行令第1条第3項に規定する構造耐力上主要な部分をいう。

・倒壊等防止

「倒壊等防止」とは、数百年に1回は起こりうる（一般的な耐用年数の住宅では遭遇する可能性は低い）大きさの地震・暴風・積雪の力に対して、損傷は受けても、人命が損なわれるような壊れ方、すなわち倒壊・崩壊等をしないような対策をとることをいう。

・損傷防止

「損傷防止」とは数十年に1回は起こりうる（一般的な耐用年数の住宅では遭遇する可能性は高い）大きさの地震・暴風・積雪の力に対し、大規模な工事を伴う修復が必要とされるほどの著しい損傷が生じないようにすることをいう。

図1 耐震等級（構造躯体の損傷防止）

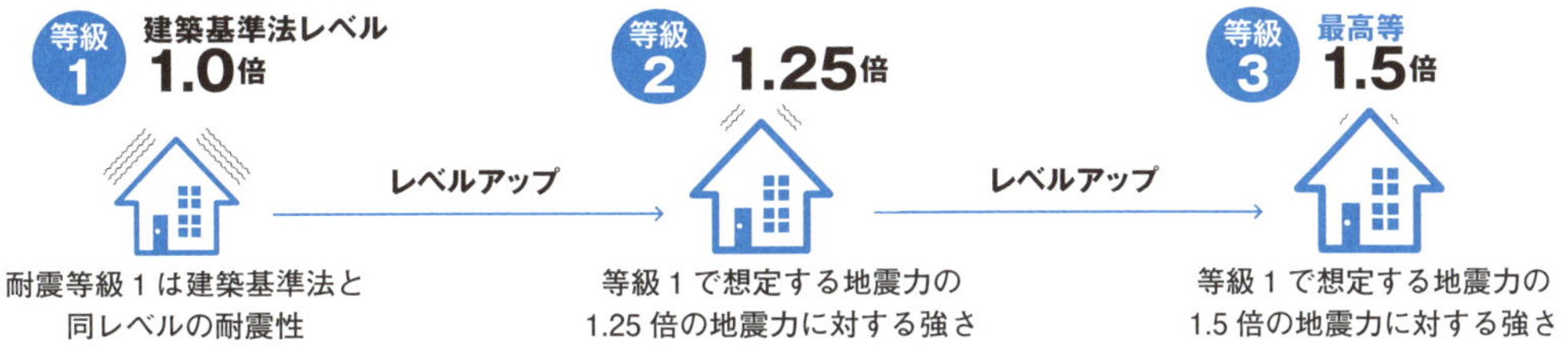

柱の間に斜めに入れる「筋かい」や構造用合板等の板状の「面材」を多く配置することにより、地震力に対する強さが増します。

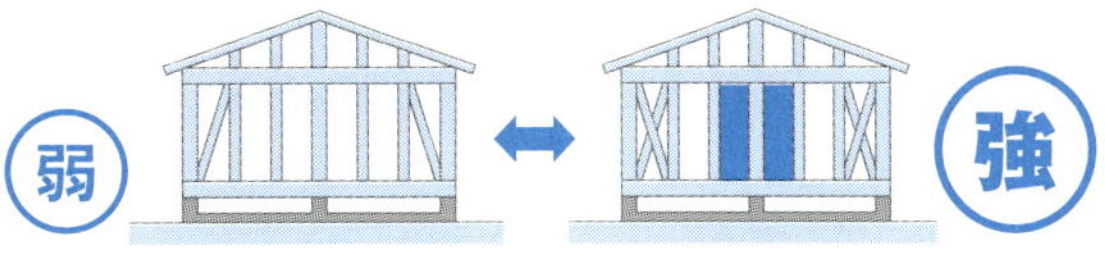

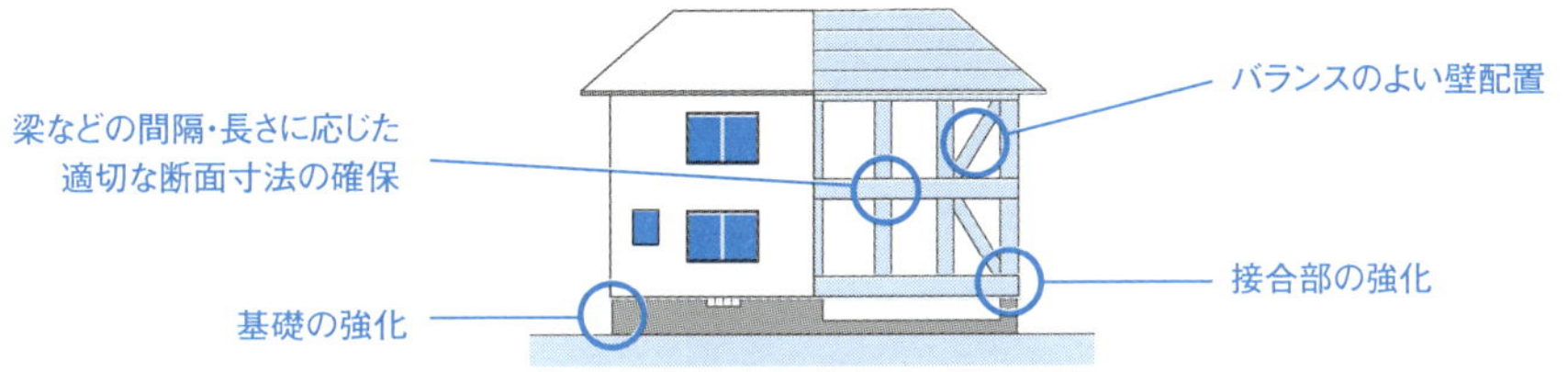

図2 耐震等級（構造躯体の倒壊等防止及び損傷防止）

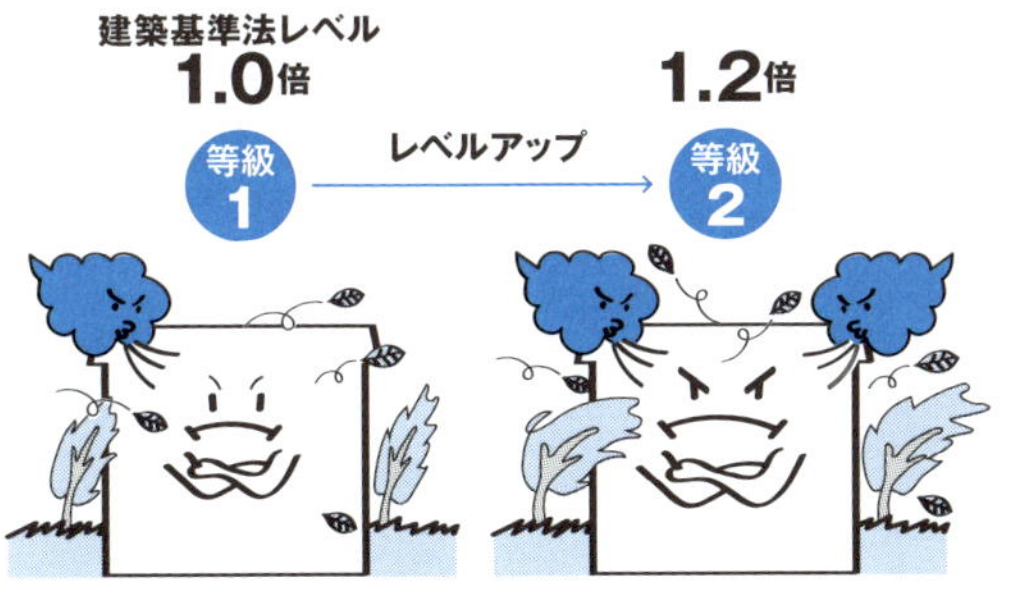

図3 耐震雪等級（構造躯体の倒壊等防止及び損傷防止）

図4 地盤又は杭の許容支持力等及びその設定方法

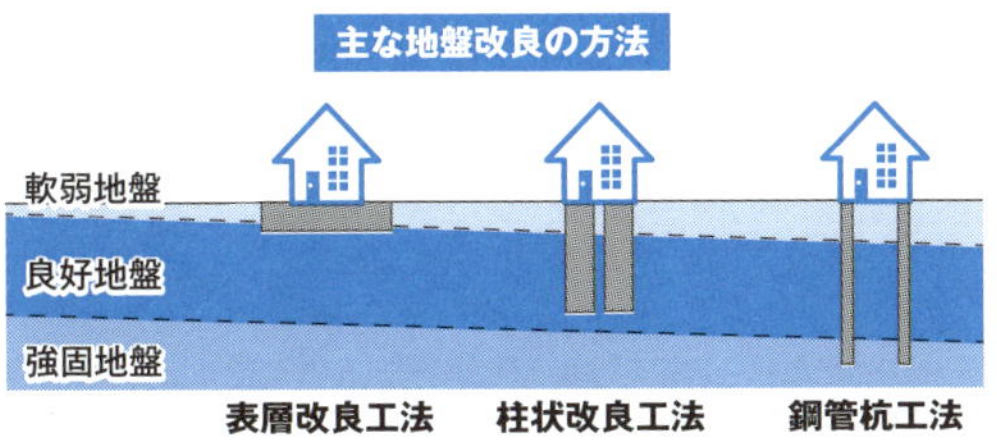

次の項目を表示
- ■ 地盤［　　　　kN/㎡］
- ■ 杭　［　　　　kN/本］
- ■ 地盤調査方法等

図5 基礎の構造方法及び形式等

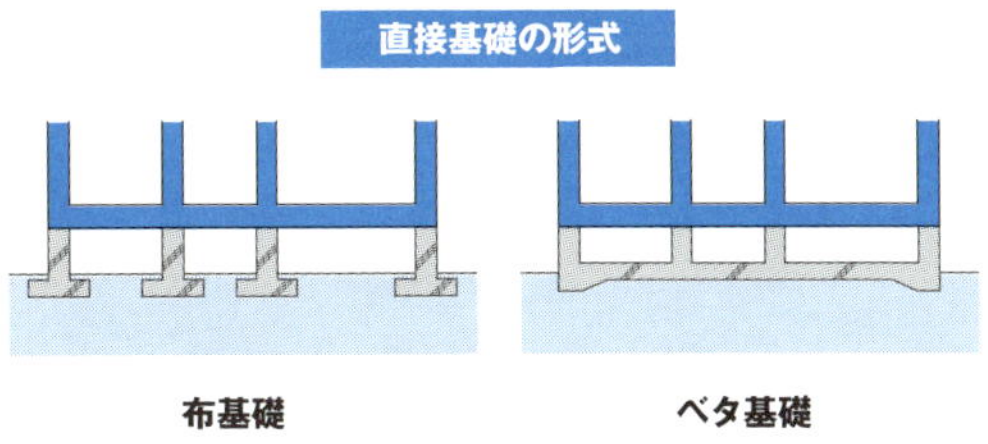

耐震等級［倒壊等防止］

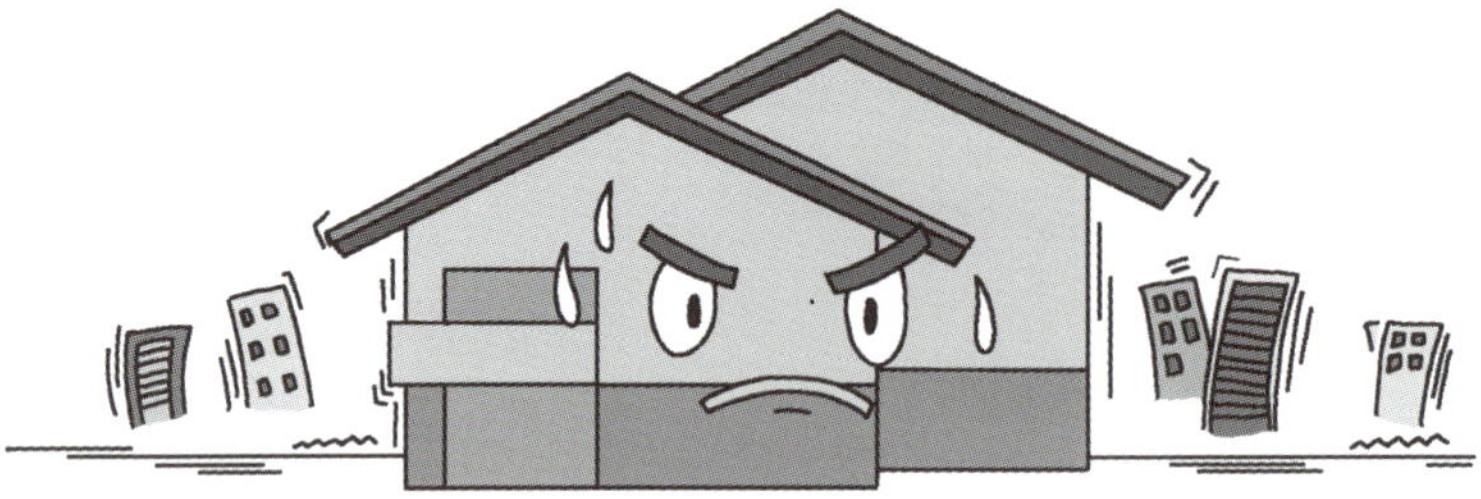

POINT

数百年に一度の頻度で起こる大きさの地震に対する耐震性能……震度6から7強の揺れに対する倒壊のしにくさを表示

極めて稀に発生する地震に対する構造躯体の倒壊、崩壊等のしにくさを等級3～1で表示する。

極めて稀に発生する地震による力とは、数百年に一度程度の頻度で起こる大きさの地震力を表し、建築基準法施行令第88条第3項に定められている。住宅性能表示制度ではこれに耐えられるものを等級1としている。等級2は等級1の地震力の1・25倍の力、等級3では1.5倍の力に対して倒壊や崩壊等をしない程度を示す。

倒壊等防止とは、建物の構造躯体は損傷を受けても、人命が損なわれるような壊れ方をしないことである。

想定する地震の揺れの強さは、地域により異なる。

東京を想定した場合、震度6強から7程度に相当し、関東大震災時の東京、阪神淡路大震災の神戸、東日本大震災の宮城県などで観測された地震の揺れに相当する（表1・2）。

耐震等級の説明

現行の説明は、耐震等級1、2、3に関し「極めて稀に発生する地震による力の（1倍、1・25倍、1.5倍）に対して倒壊・崩壊しない」だが、地震動の揺れの強さを表す気象庁震度階に対応し、耐震等級を被害発生確率で説明した論文がある。それによると「震度7の地震の揺れで倒壊する確率は、等級1の建物は28％、等級2は7.9％、等級3は3.5％」となる（図）。

東日本大震災で「震度7、震度6強」を観測した地域

震度7　［宮城県］栗原市

震度6強　［宮城県］仙台市宮城野区・登米市・大崎市・名取市・東松島市・塩釜市　［福島県］白河市・須賀川市・二本松市　［茨城県］日立市・笠間市・筑西市・鉾田市　［栃木県］宇都宮市・太田原市・真岡市

表1　極めて稀に発生する地震（数百年に一度）とその時の建物状況[※1]

東京地区	震度	木造住宅の状況		鉄筋コンクリート造建物の状況	
		耐震性が低い	耐震性が高い	耐震性が低い	耐震性が高い
震度6強〜7	6強	●壁などに大きなひび割れ・亀裂が入るものが多くなる ●傾くものや、倒れるものが多くなる	●壁などにひび割れ・亀裂がみられることがある	●壁・梁・柱などの部材に、斜めやX状のひび割れ・亀裂がみられることがある ●1階あるいは中間階の柱が崩れ、倒れるものがある	●壁・梁・柱などの部材にひび割れ・亀裂が多くなる
	7	●傾くものや、倒れるものがさらに多くなる	●壁などのひび割れ・亀裂が多くなる ●稀に傾くことがある	●壁・梁・柱などの部材に、斜めやX状のひび割れ・亀裂が多くなる ●1階あるいは中間階の柱が崩れ、倒れるものが多くなる	●壁・梁・柱などのひび割れ・亀裂がさらに多くなる ●1階あるいは中間階が変形し、稀に傾くものがある

表2　等級1の計算公式

■極めて稀に発生する地震による力

$Q_i = W_i \cdot C_i$

$C_i = Z \cdot R_t \cdot A_i \cdot C_0$

Q_i：i層の地震層せん断力
W_i：i層が支える建物重量
C_i：i層の地震層せん断力係数
Z：地震地域係数
R_t：振動特性係数
A_i：地震層せん断力係数の高さ方向の分布係数
C_0：標準せん断力係数

標準せん断力係数　C_0 = 1.0以上

図　耐震等級と震度7での被害発生確率

等級	耐力による表現	被害確率による表現[※2]
1	建築基準法に定められた最低基準の耐力をもつ	震度7の地震の揺れで倒壊する確率は28%
2	等級1の1.25倍の耐力をもつ	同上　確率は7.9%　（等級1の約1/4）
3	等級1の1.5倍の耐力をもつ	同上　確率は3.5%　（等級1の約1/8）

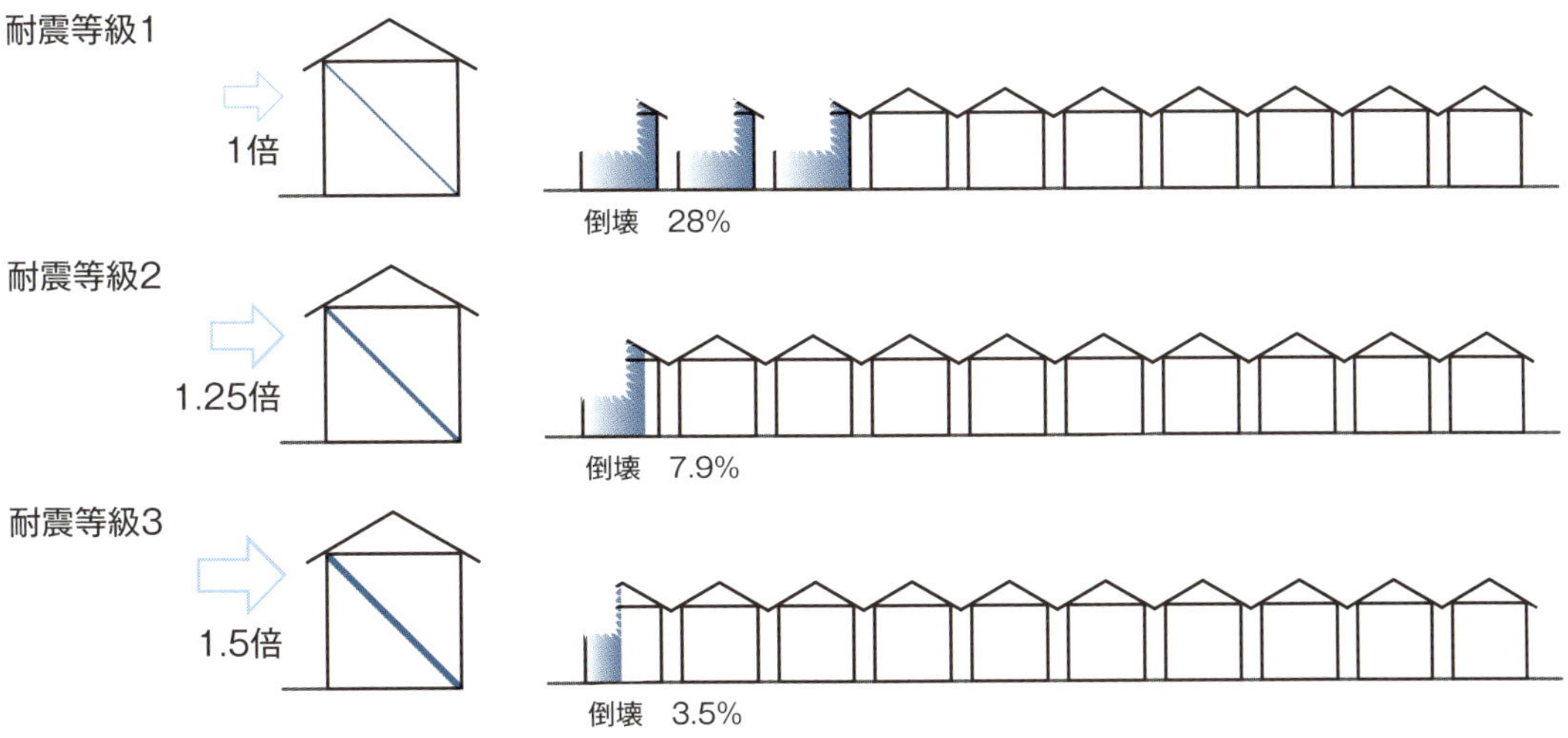

※1「気象庁震度階級関連解説表」による
※2 被害発生確率を用いた耐震等級の説明の有効性（日本地震工学会論文集第7巻第6号2007）2階建て木造建物の2質点系モデル（各等級の最低強度）に地震動900波を入力し時刻歴応答解析をして最大層間変形角が1/15rad以上を倒壊と判定

耐震等級［損傷防止］

POINT

数十年に一度程度の頻度で起こる大きさの地震に対する耐震性能……震度5強の揺れに対する損傷の生じにくさを表示

稀に発生する地震に対する構造躯体の損傷のしにくさを等級3～1で表示する。

稀に発生する地震による力は、数十年に一度程度の頻度で起こる大きさの地震力を表し、建築基準法施行令第88条第2項に定められている。住宅性能表示制度ではこれに耐えられるものを等級1としている。等級2は等級1の地震力の1・25倍の力、等級3では1.5倍の力に対し構造躯体の損傷のしにくさの程度を示す。

損傷防止とは、大規模な修復工事を必要とするような構造躯体の著しい損傷をしないということである。

想定する地震の揺れの強さは、地域により異なるが、東京を想定した場合、震度5強に相当する（表1・2）。

地震地域係数

地震地域係数は、その地方における過去の地震の記録にもとづく震害の程度や地震活動の状況その他地震の性状に応じて国土交通大臣が、1.0～0.7までの範囲内で定めた各地域の地震係数である（図）。

東日本大震災で「震度5強」を観測した首都圏の地域

［東京都］千代田区・江東区・中野区・杉並区・荒川区・板橋区・足立区・江戸川区 **［埼玉県］**さいたま市大宮区・中央区・熊谷市・川口市・春日部市・戸田市・三郷市など **［千葉県］**千葉市中央区・花見川区・美浜区・佐倉市・柏市・浦安市・八千代市など **［神奈川県］**横浜市中区・川崎市川崎区

表1　稀に発生する地震（数十年に一度）とその時の建物状況

東京地区	震度	木造住宅の状況※		鉄筋コンクリート造建物の状況※	
		耐震性が低い	耐震性が高い	耐震性が低い	耐震性が高い
震度5強程度	5強	●壁などにひび割れ・亀裂がみられることがある	—	●壁・梁・柱などの部材にひび割れ・亀裂が入ることがある	—
	6弱	●壁などのひび割れ・亀裂が多くなる ●大きなひび割れ・亀裂が入ることがある ●瓦が落下したり、建物が傾いたりすることがある。倒れるものもある	●壁などに軽微なひび割れ・亀裂がみられることがある	●壁・梁・柱などの部材にひび割れ・亀裂が多くなる	●壁・梁・柱などの部材にひび割れ・亀裂が入ることがある

表2　等級1の計算公式

■稀に発生する地震による力

$Q_i=W_i\cdot C_i$

$C_i=Z\cdot R_t\cdot A_i\cdot C_0$

Q_i：i層の地震層せん断力
W_i：i層が支える建物重量
C_i：i層の地震層せん断力係数
Z：地震地域係数
R_t：振動特性係数
A_i：地震層せん断力係数の高さ方向の分布係数
C_0：標準せん断力係数

標準せん断力係数　C_0=0.2以上

図　地震地域係数（Z）

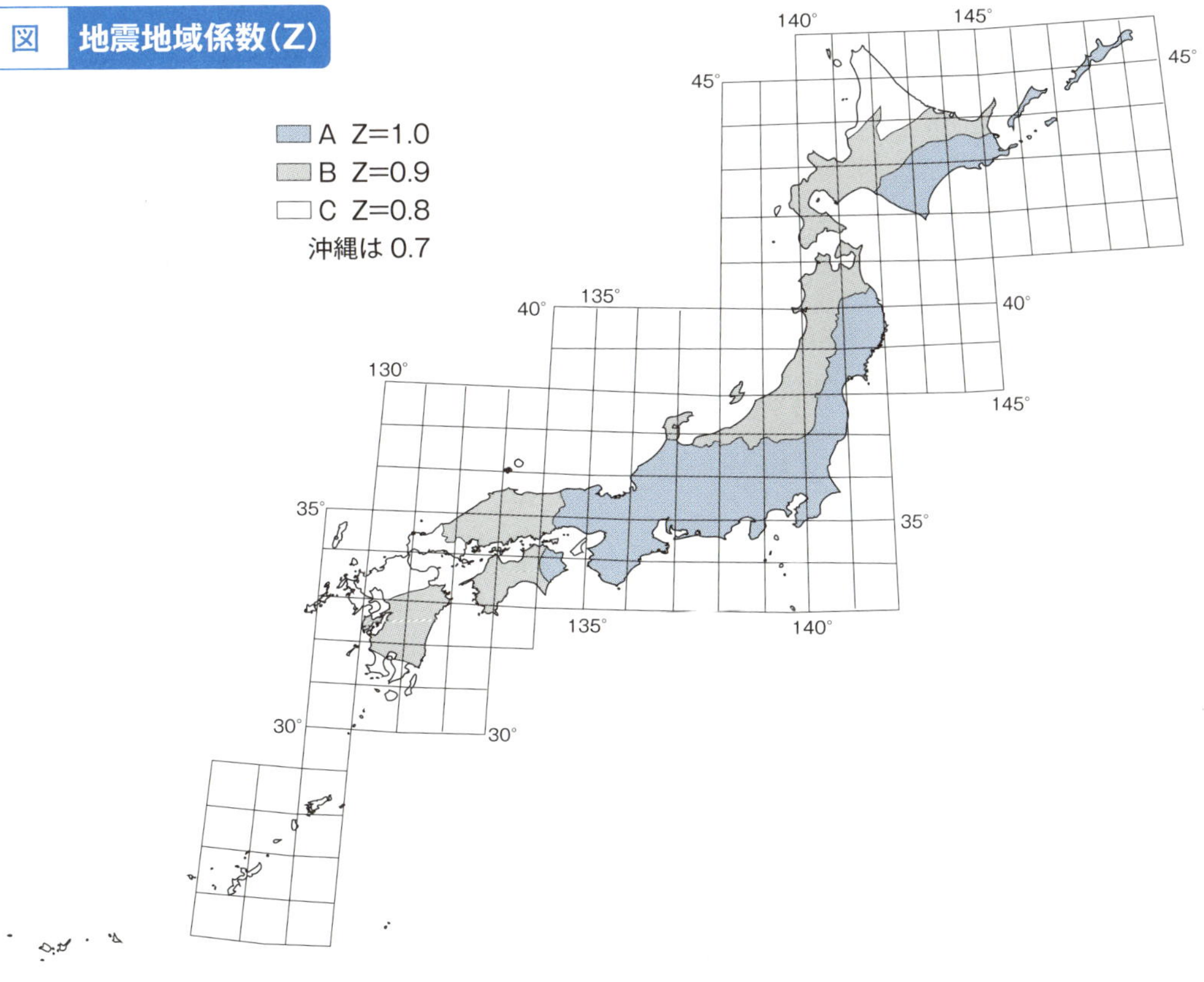

※「気象庁震度階級関連解説表」による

免震建築物

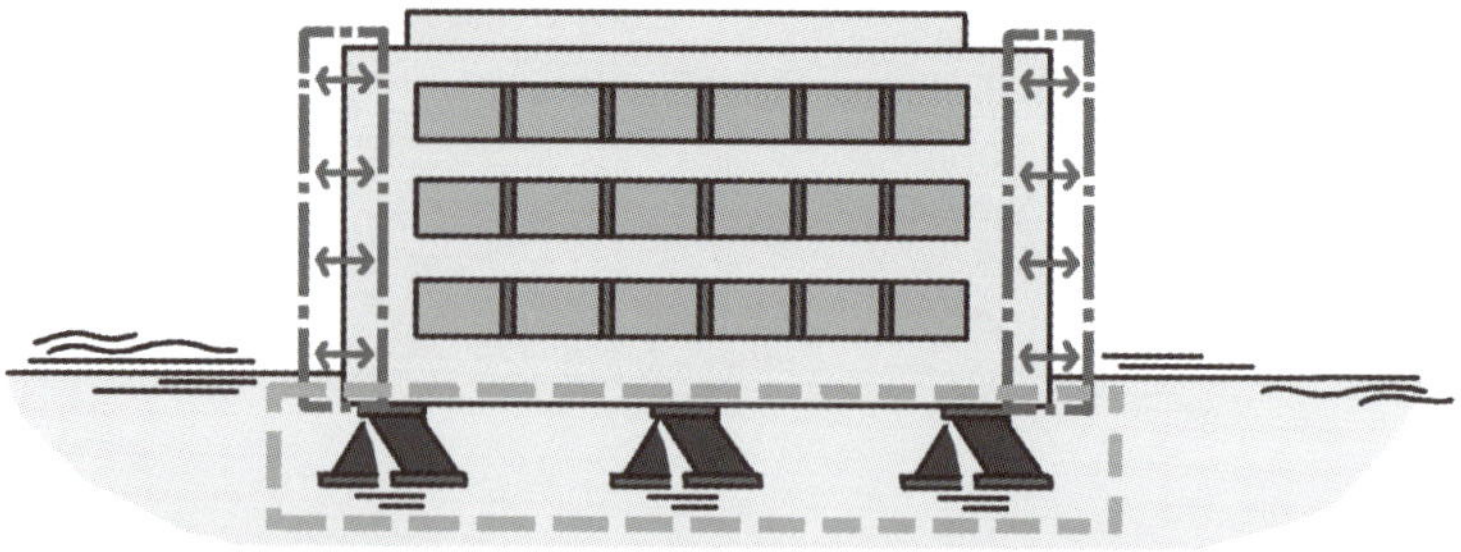

POINT

地震の揺れを吸収し地震エネルギーを建築物に伝えにくくした構造

住宅性能表示制度では、「1-3その他」で対象建築物が建築基準法にもとづく免震建築物か否かを表す項目がある。評価対象建築物が免震建築物の場合は、耐震等級（倒壊防止）（損傷防止）の評価は行わない。

免震とは

大きな地震から建築物を守る方法に「免震」がある。地面と建築物の間に「免震装置」を入れて、建築物に伝わる揺れを減らす。地震が来ると、地面は激しく揺れるが、免震装置で揺れを吸収するため、建築物に伝わる揺れが少なくなり（ゆっくり揺れる）家具などは倒れにくくなる（図2）。

免震装置には

①揺れを伝えにくくし、建築物を支える
②建築物の位置をもとに戻す
③建築物の揺れを抑える

の3つのはたらきをする装置がある（図3）。

耐震構造と免震構造

耐震構造（図1）は、地震の激しい揺れに対し柱や梁を太くし、壁を厚くした建築物全体の力で対抗する構造である。

これに対し免震構造は、地震が直接建築物に伝わらないように、基礎と上部構造の間に免震部材を取り付け、地震の揺れを吸収し、地震エネルギーを建築物に伝えにくくした構造である。

地震の際、耐震構造はガタガタと揺れ、上階ほど加速度が増し激しく揺れる。そのため、建築物が倒壊しなくても、壁がひび割れたり、室内の家具が倒れたりする。免震構造はゆったりと揺れ、各階とも加速度、揺れ方がほぼ同じ大きさである。建築物がゆっくり揺れるため、ひび割れや家具の転倒は起こりにくくなる。

なお、免震装置は定期的な点検が必要なため維持管理費がかかる。

図1 普通の建築物(耐震構造)

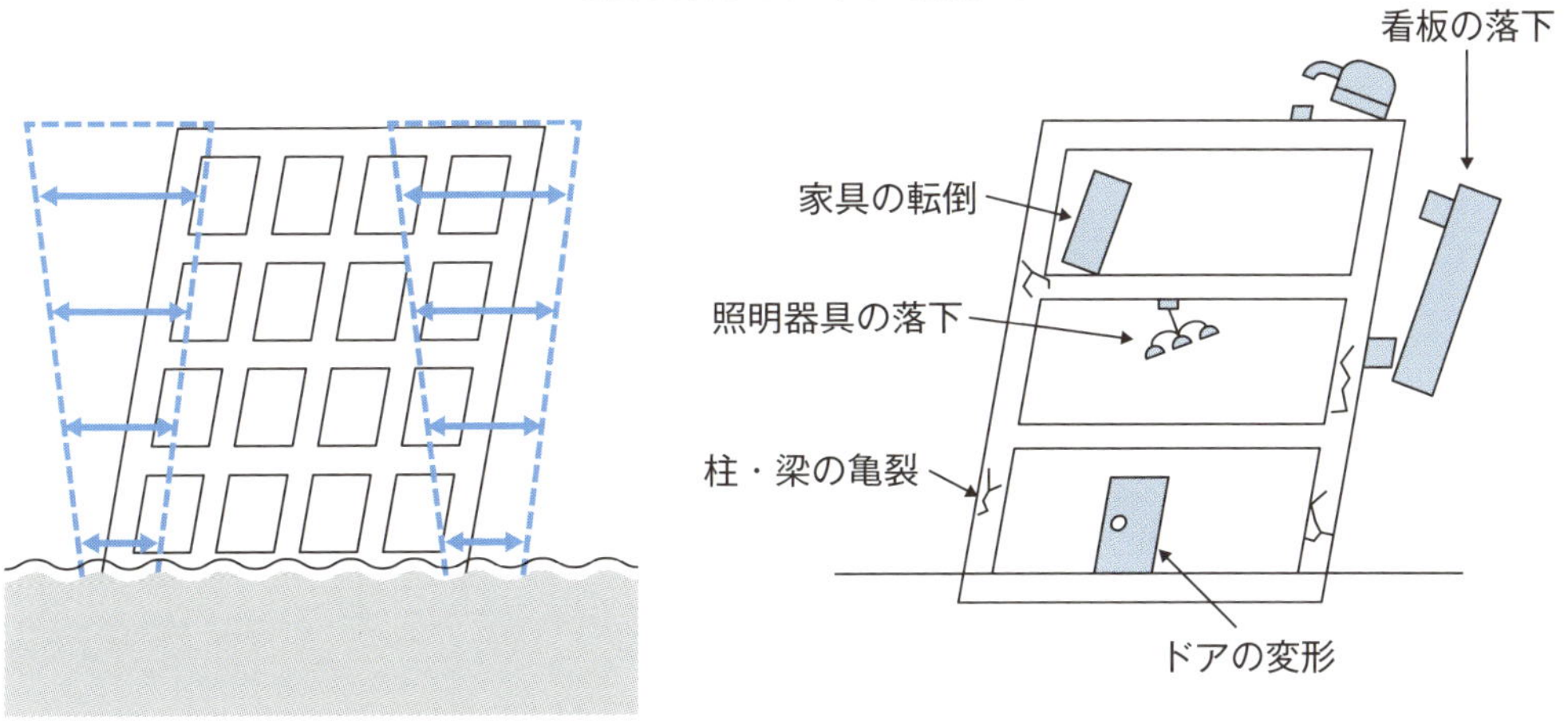

図2 免震建築物

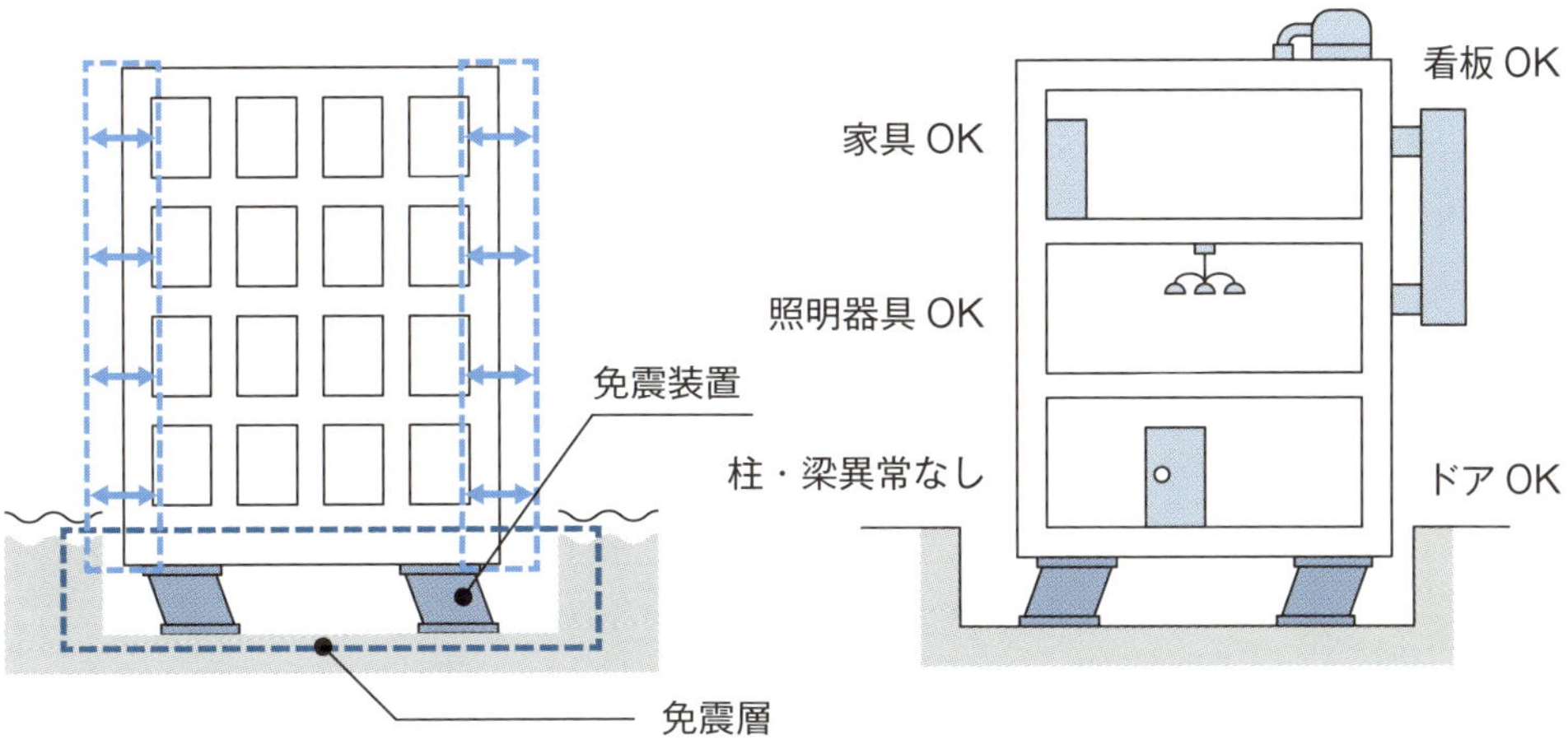

図3 免震装置のはたらき

揺れを伝えにくくし、建築物を支えるはたらき 建築物の位置をもとに戻すはたらき	建築物の揺れを抑えるはたらき
積層ゴム支承	鉛ダンパー
すべり支承	鋼材ダンパー
転がり支承	オイルダンパー

耐風等級

POINT

500年または、50年に一度の頻度で起こる大きさの暴風に対し、倒壊または損傷の生じにくさを表示

極めて稀に発生する暴風に対する構造躯体の倒壊・崩壊等のしにくさ、および稀に発生する暴風に対する構造躯体の損傷の生じにくさを等級2～1で表示する。

極めて稀に発生する暴風による力とは、500年に一度程度の頻度で起こる大きさの暴風で、建築基準法施行令第87条に定めるものの1.6倍の力と定められている。また、稀に発生する暴風による力とは、50年に一度程度の頻度で起こる大きさの暴風で、同条に定められている。

住宅性能表示制度では、これらの暴風の力に対して倒壊や崩壊等せず、損傷を生じない程度を等級1とし、これらの暴風の1.2倍の力に対して倒壊や崩壊等せず、損傷を生じない程度を等級2と表示する（表）。

東京郊外を想定した場合、極めて稀に発生する暴風による力は、高さ10mの位置で平均風速が約35m／s、瞬間最大風速が約50m／sの暴風に相当する。これは1991年19号台風時に宮古島気象台で記録された暴風に相当する。また、稀に発生する暴風による力は、高さ10mの位置で平均風速が約30m／s、瞬間最大風速が約45m／sの暴風に相当する。これは、伊勢湾台風時に名古屋気象台で記録された暴風に相当する。

基準風速

耐風等級の算出に用いる基準風速とは、その地方における過去の台風の記録にもとづく風害の程度、またその他の風の性状に応じて30m／sから46m／sまでの範囲内において国土交通大臣が定めた風速である。

具体的には、稀に発生する中程度の暴風時を想定して、地表面粗度区分Ⅱの地上10mにおける再現期間がおおむね50年である暴風の10分間平均風速に相当する値である（図）。

表　等級1の計算公式

■稀に発生する暴風による力

■極めて稀に発生する暴風による力

$w=q \cdot Cf$

$q=0.6 \cdot E \cdot V_0^2$

w：風圧力（N/㎡）
Cf：風力係数
q：速度圧（N/㎡）
E：建物高さや周辺状況による係数
V_0：基準風速（m/s）

} w×1.6

基準風速（V_0）はその地域で稀に発生する暴風の、地表面粗度区分Ⅱの地上10mにおける10分間の平均風速の値

図　基準風速分布図

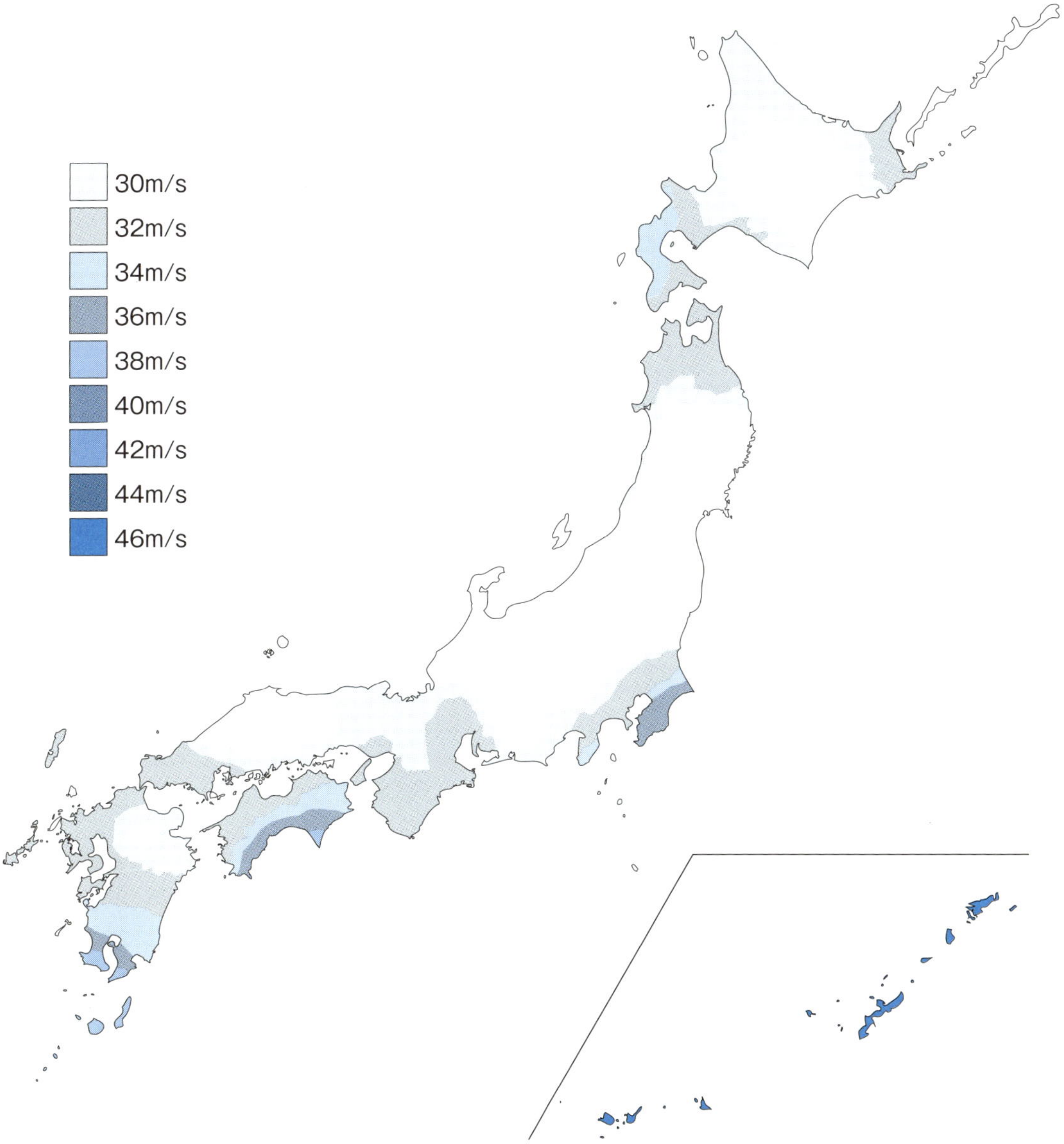

耐積雪等級

POINT

500年または、50年に一度の頻度で発生する積雪による力に対し、倒壊または損傷の生じにくさを表示

耐積雪等級は、多雪区域についての表示等級である。多雪区域とは、垂直最深積雪量が1m以上の地域をいう。

極めて稀に発生する積雪による力に対する構造躯体の崩壊、倒壊等のしにくさ、および稀に発生する積雪による力に対する構造躯体の損傷の生じにくさを等級2～1で表示する。

極めて稀に発生する積雪による力とは、500年に一度程度の頻度で起こる積雪量で、建築基準法施行令第86条に定められているものの1.4倍の力で定められている。また稀に発生する積雪による力とは、50年に一度程度の頻度で起こる積雪量で、同条に定められている。

住宅性能表示制度では、これらの積雪による力に対し倒壊や崩壊等せず、損傷を生じない程度を等級1とし、これらの積雪の1.2倍の力に対して倒壊や崩壊等せず、損傷を生じない程度を等級2と表示する（表）。

新潟県糸魚川市を想定した場合、極めて稀に発生する積雪による力とは、約2.0mの積雪深さに相当し、稀に発生する積雪による力とは約1.4mの積雪深さに相当する。

垂直積雪量

その地方の多雪区域の指定や垂直積雪量の数値は、建設省告示（平12建告第1455号）の規定にもとづいて特定行政庁が規則で定めている。告示の垂直積雪量は、50年再現期待値に相当する数値であり、最大級の積雪荷重はこれの1.4倍の500年再現期待値に相当する数値である。また、多雪地域の積雪の単位重量も特定行政庁が定めている（図）。

表　等級1の計算公式

■稀に発生する積雪による力

■極めて稀に発生する積雪による力

■稀に発生する積雪による力		■極めて稀に発生する積雪による力
$S=d\cdot\rho$	S：積雪荷重（屋根水平投影面積1㎡当りの荷重） d：垂直積雪量（㎝） ρ：積雪の単位重量（N/㎝/㎡）	$S\times1.4$

多雪地域では積雪の単位重量（ρ）や垂直積雪量（d）は特定行政庁が定める値とする

図　最深積雪の平均値分布図

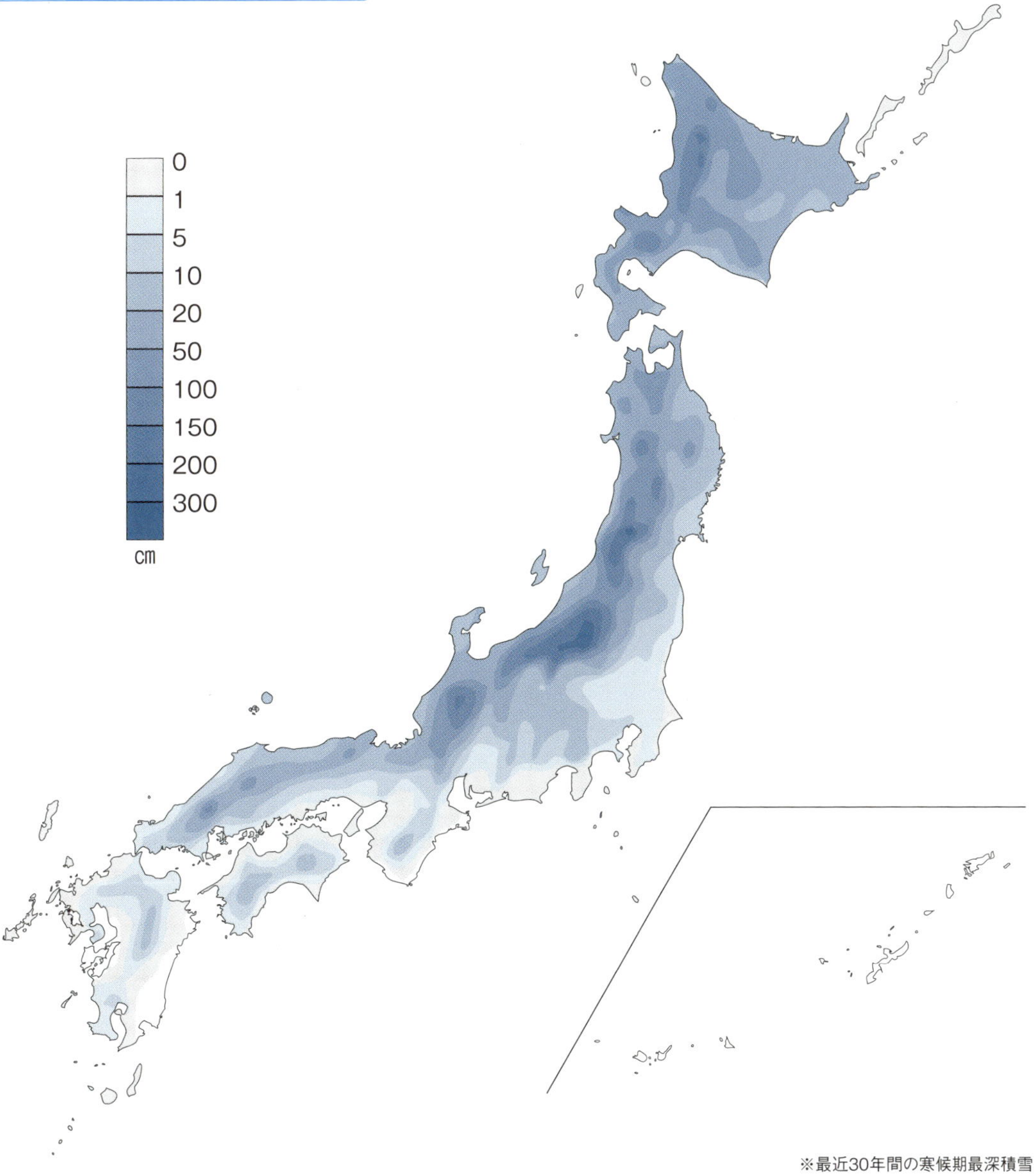

※最近30年間の寒候期最深積雪

地盤・杭の許容支持力

POINT

建築物重量に対する地盤または杭に見込んだ抵抗力とその設定根拠を表示

地盤に関する情報の表示

住宅の性能の優劣を表現するものではないが、消費者のニーズが高い重要なものとして、地盤に関する情報の表示事項がある。

これは、地盤または杭に見込んでいる常時作用する荷重（建築物の重量）に対し、抵抗しうる力の大きさおよび地盤に見込んでいる抵抗しうる力の設定の根拠となった方法を表示する。

なお、地震や豪雨による地すべりなどの地盤災害の危険性に関する情報は性能表示事項には含まれていない。

許容支持力について

具体的には、地盤の許容応力度や杭の許容支持力および地盤調査方法（スクリューウエイト貫入試験・標準貫入試験・平板載荷試験など）を表示する（表1）。

なお、地盤改良を行う場合は、地盤改良の方法と改良後の地盤の許容応力度を表示する。地盤の許容支持力（長期）は、地盤の破壊にもとづく極限支持力に対して基礎の材料強度以下の範囲で極限支持力の1／3である。

表2に地盤の建築基準法施行令第93条に規定されている各種地盤の許容応力度を示し、その地盤に建設される住宅の種類と基礎形式の例を示す。

また、図に杭の許容支持力の算定方法を示す。なお、柱状改良地盤の場合は、改良後の許容支持力（単位：kN／本）もしくは、許容支持力度（単位：kN／㎡）のいずれかで表示しても構わない。

表1　地盤の調査方法

調査方法	概要	長所	短所
標準貫入試験	●ボーリングで地盤に孔を開け1m毎にレイモンドサンプラーを地中に打ち込み、その打撃回数(N値)を測定する ●共同住宅などの高層建物の地盤調査に適している	●N値から地盤の強度を推定できる ●土質を採取し、土層の確認ができる ●採取土の物理的土質試験ができる ●地下水位の確認ができる	●作業スペースが大きい ●費用が高額である
スクリューウエイト貫入試験	●スクリューポイントを地盤に貫入させ、その時の貫入に要する荷重と回転数から抵抗値を測定する ●戸建て住宅の地盤調査に適している	●試験装置・試験方法が簡単で容易にできる ●試験結果をN値に換算できる	●礫・ガラなどは貫入困難となる ●調査深度は10m程度
平板載荷試験	●支持地盤に直接、直径30cmの鋼板を置き、荷重を段階的に載せて地盤の沈下量を測定する ●直接基礎の支持力測定に用いる	●地盤の支持力を直接判定できる	●作業スペースが大きい ●費用が高額である ●深度方向の調査が困難

表2　建築基準法施行令第93条による地盤の許容応力度

地盤	長期許容応力度(kN／㎡)	主な対象住宅と基礎形式
ローム層	50	木造住宅(布基礎)
堅いローム層	100	RC造低層住宅(べた基礎)
粘土質地盤	20	木造住宅(べた基礎)
堅い粘土質地盤	100	RC造低層住宅(べた基礎)
砂質地盤(地震時に液状化のおそれのないものに限る)	50	木造住宅(布基礎)
密実な砂質地盤	200	RC造低層住宅(べた基礎)
密実な礫層	300	RC造中層住宅(布基礎)
土丹盤	300	RC造中層住宅(布基礎)
固結した砂	500	RC造高層住宅(布又は独立基礎)
岩盤	1000	RC造高層住宅(独立基礎)

図　杭の許容支持力

地盤による支持力

支持杭・摩擦杭　支持力① $= \frac{1}{3} \times$ 載荷試験による極限支持力

支持杭　支持力② = 先端地盤の許容応力度 × 杭先端の有効断面積 $+ \frac{1}{3} \times$ 杭と周辺地盤の摩擦力

摩擦杭　支持力② $= \frac{1}{3} \times$ 杭と周辺地盤の摩擦力

杭体の耐力

杭体の耐力 = 杭材料の許容応力度 × 杭の断面積

杭の許容支持力

杭の許容支持力 = 「地盤による支持力①・②」と「杭体の耐力」の小さい値

基礎の構造方法・形式

POINT

直接基礎・杭基礎などの基礎に関する情報を表示

直接基礎と杭基礎

住宅の性能の優劣を表現するものではないが、消費者のニーズが高い重要なものとして、基礎に関する情報の表示事項がある。これは、住宅の基礎の構造方法と形式を表示する。

住宅の基礎においては、大きく分けると、直接基礎（図1）と杭基礎（図2）がある。

直接基礎は住宅が小さい場合や規模が大きくても地盤が強い場合などに用いられる。杭基礎は、地盤が弱い場合や規模が大きいため深い地層で住宅を支える必要がある場合などに用いられる。具体的には、直接基礎は、構造方法（鉄筋コンクリート造等の構造種別）と形式（べた基礎・布基礎・独立基礎）を表示する。また、杭基礎は杭種（支持杭・摩擦杭）や杭径および杭長を表示する。図3に基礎の種別を示す。

べた基礎は地盤の許容応力度が20kN／㎡以上、布基礎は30kN／㎡以上の場合に用いる。

地盤改良工法

なお、住宅の支持地盤が基礎底より深いが、杭基礎にするほど深くもない場合に、基礎底から支持地盤までの地盤を補強したり、強い材料で置換えするなどの地盤改良工法もある。

地盤改良工法の例

・表層改良：軟弱地盤にセメント系固化材を散布し、撹拌・混合することでその地盤を硬化させ、強度を上げる工法

・柱状改良：セメント系固化材と水を混ぜたスラリーを地盤に注入しながら機械で混合撹拌してソイルセメントコラムを形成する深層地盤改良工法

・小口径鋼管杭挿入：小口径鋼管を地盤に圧入（回転圧入）し所定の支持地盤に貫入し打止める工法

図1 直接基礎

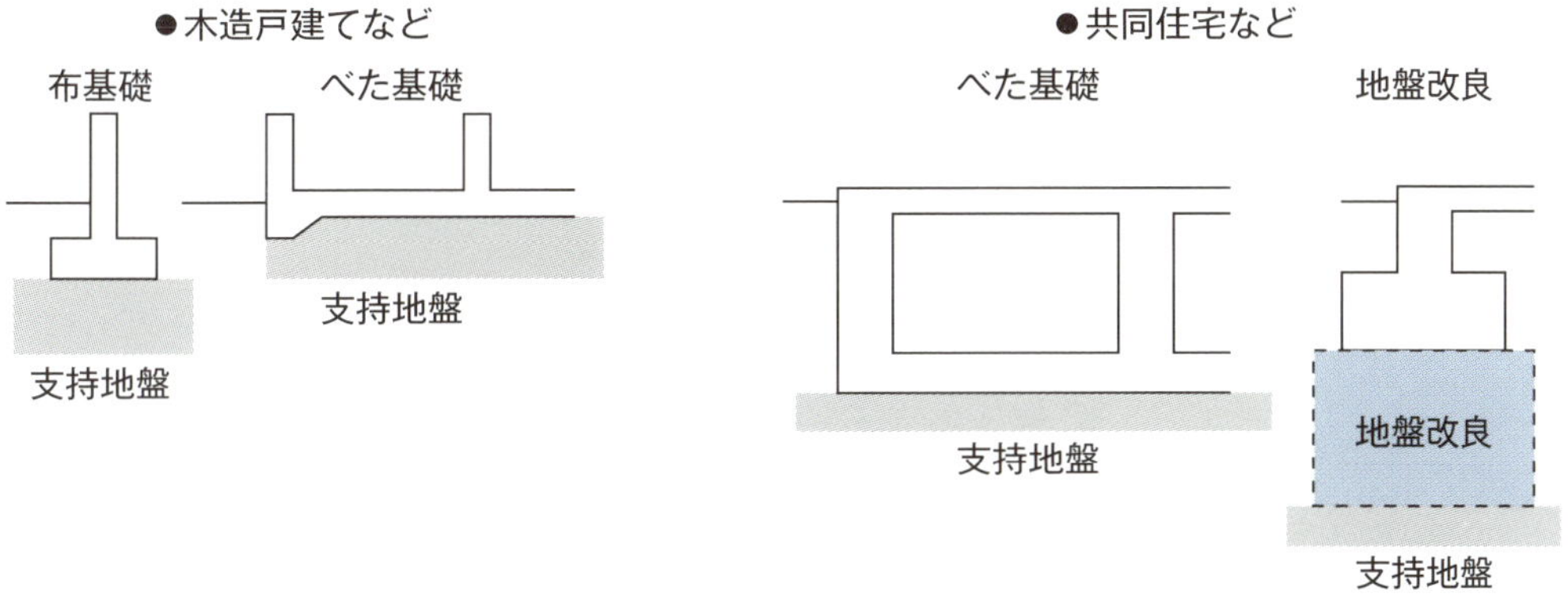

図2 杭基礎

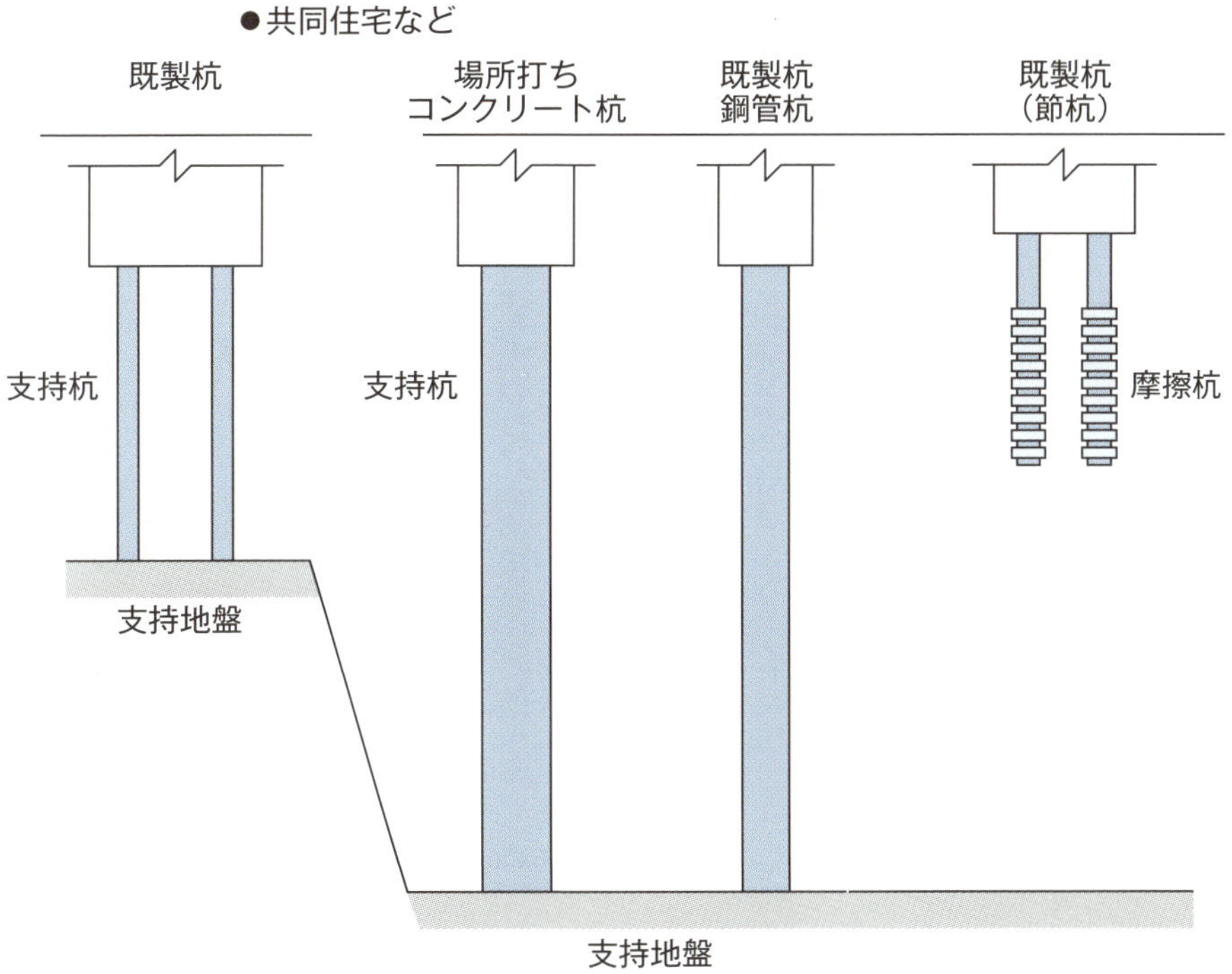

図3 基礎の種別

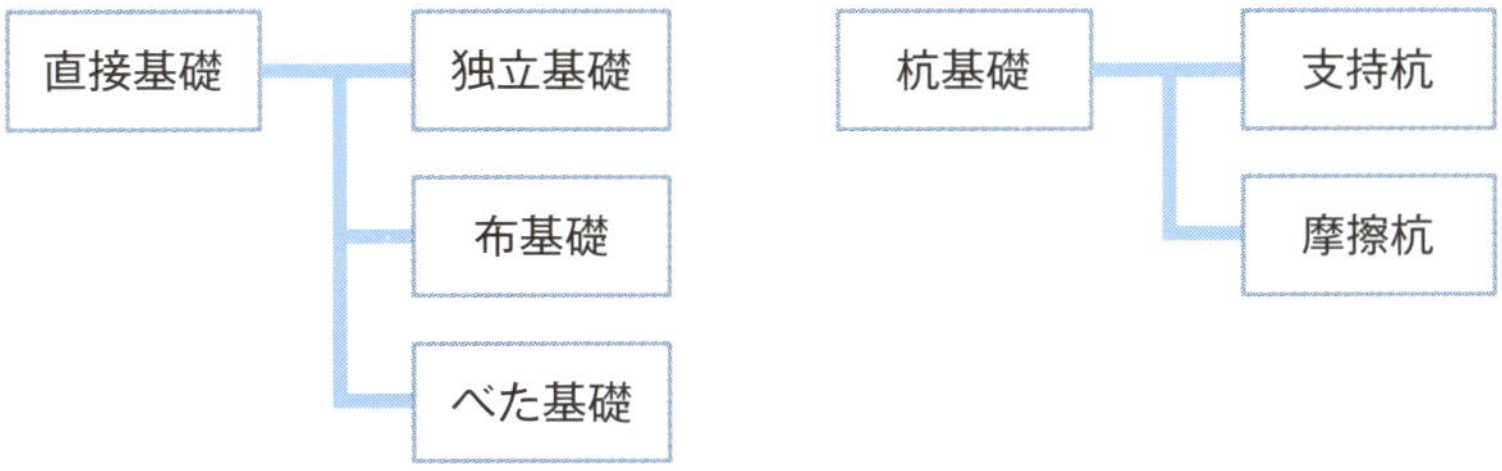

小規模建築物の取り扱い

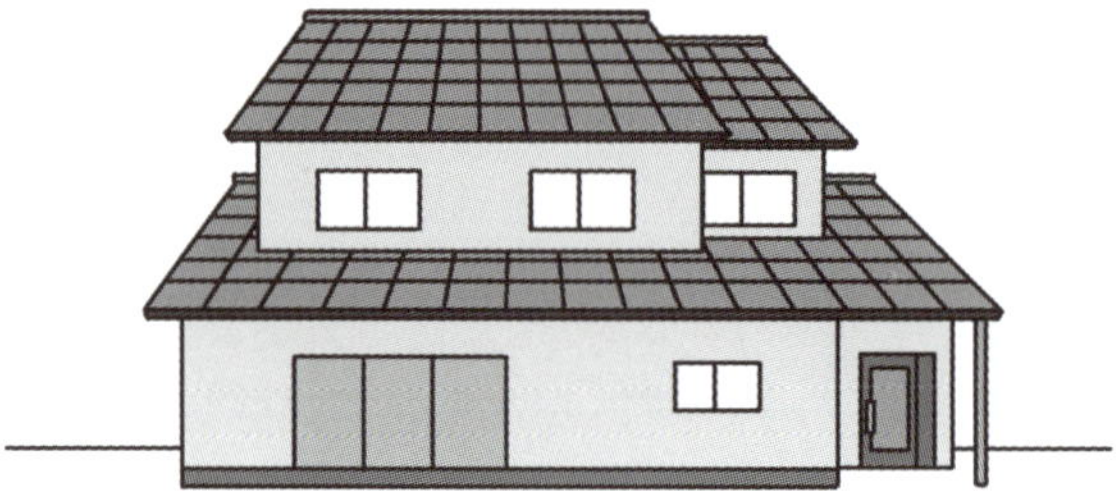

POINT

3号建築物でも耐震・耐風の構造計算書または壁量計算書の添付が必要

3号建築物とは

令和7年4月施行の建築基準法の改正により、法第6条および法20条での分類が見直されている。(表)

2階建て以下の木造建築物の取り扱いは、改正前では構造計算が必要となる延べ面積は500㎡以上であったが、改正後は300㎡以上となった。

また「建築士の設計した建築物」について、特例として確認審査を簡略化できるいわゆる「4号建築物」は、「3号建築物」と号数が変わり、木造建築物については「500㎡以下かつ2階建て以下」であったものが、「200㎡以下かつ平屋建て」と範囲が縮小している。

また、壁量計算の方法についても改正がされており、必要壁量の算定方法の見直し等のほか、建築基準法についても品確法と同様に、準耐力壁を考慮することができることとなっている。

住宅性能評価での扱い

設計住宅性能評価の申請においては、3号建築物の確認申請上の特例はない。

したがって、木造平屋建ての3号建築物であっても、耐震・耐風の構造計算書、または壁量計算書の添付が必要である。なお、耐震・耐風の計算においては、壁量計算または許容応力度計算のどちらの算出方法を利用してもよい。

壁量計算で耐震等級や耐風等級を2以上取得する場合は、基準法(等級1)のチェックに、

①床倍率のチェック

②胴差しと通し柱・外周横架材の接合部チェック

③スパン表などにより基礎の配筋や横架材の断面の選択

が必要になる(図)。

図 4号建築物(木造2階建て)の場合の建築基準法と品確法の壁量計算等の流れ

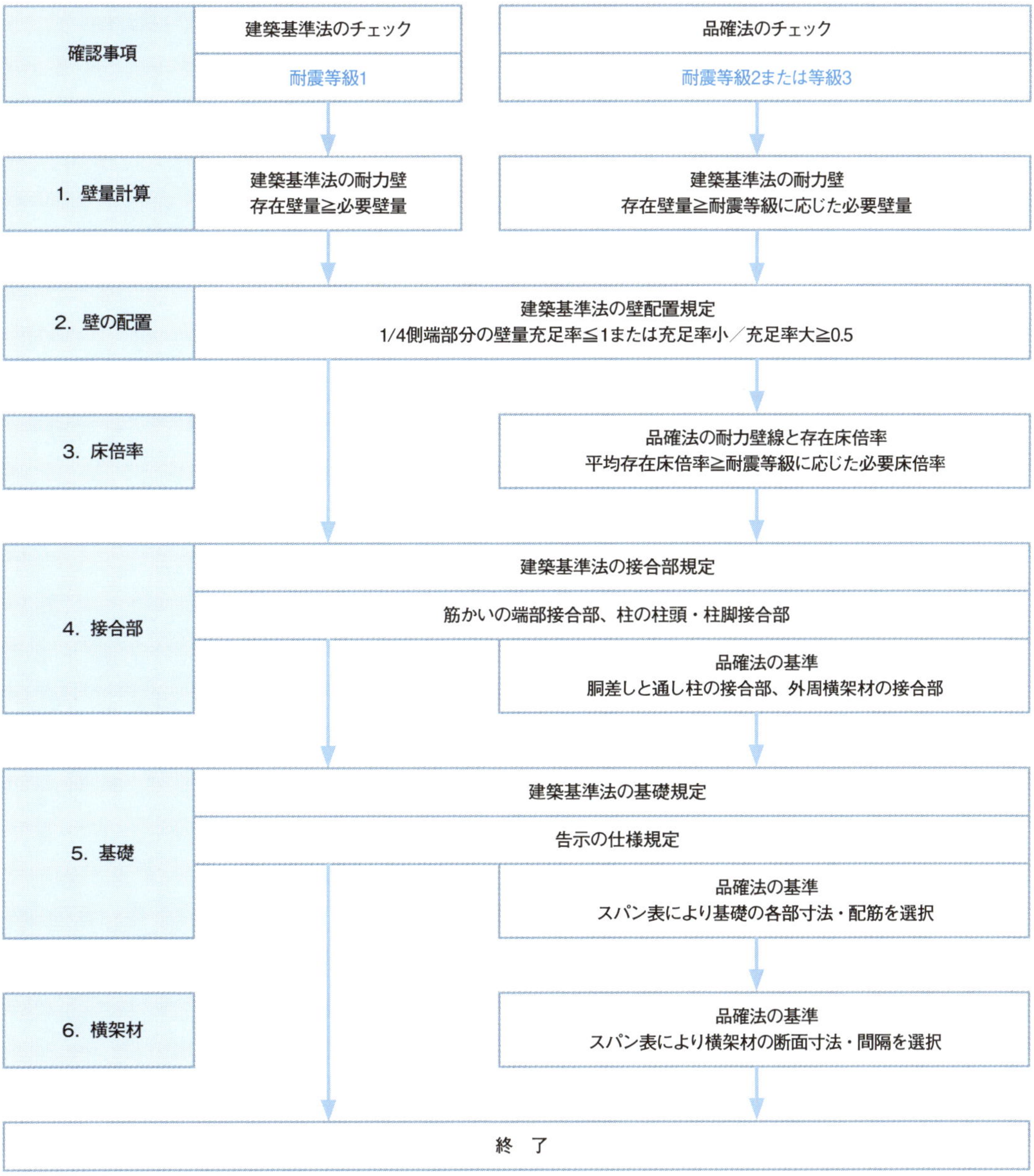

表 建築基準法第6条第1項第1号~3号の建築物

分 類	内 容
1号建築物	特殊建築物(建築基準法別表第1(い)欄の用途のもの)かつ床面積>200㎡
2号建築物	階数≧2又は延べ面積>200㎡のもの
3号建築物	上記以外のもの

既存建築物の耐震等級

POINT

耐震等級(倒壊防止)はすべての既存住宅に適用できるが、著しい劣化現象が認められた場合は「等級0」

耐震等級の評価手順

既存建築物の耐震等級は、新築と同様に1-1耐震等級(構造躯体の倒壊等防止)と1-2耐震等級(構造躯体の損傷防止)が規定されている。

既存住宅の耐震等級の評価は、大きく分けると設計図面(構造計算書を含む)による等級確認と現況検査による現況確認(構造耐力に関する劣化現象の有無)という2つの手順によって、等級が設定される(図1・2)。

1-1耐震等級(構造躯体の倒壊等防止)および1-2耐震等級(構造躯体の損傷防止)は、等級3、2、1、0の4段階の評価がある。

図面等による等級に関する仕様等の確認において、1-1耐震等級(構造躯体の倒壊等防止)では、現行基準による等級判定のほか、いわゆる耐震診断による判定も可能である。1-2耐震等級(構造躯体の損傷防止)では現行基準による等級判定のみであり、図面等がない場合は本項目の選択は困難な場合が多い。

等級3~1の評価の確定には、次の構造耐力に関する劣化現象が認められないことが条件となる。

①木造の場合

部材、接合部の腐朽、蟻害による断面欠損、折損、壁・柱・床等の傾斜

②鉄骨造の場合

部材・接合部の腐食による断面欠損、座屈、壁・柱・床等の傾斜

③鉄筋コンクリート造の場合

部材・接合部のひび割れ、火災の跡、壁・柱・床等の傾斜

なお、前記の著しい劣化現象が認められた場合は最低水準の評価で等級0となる。

図1 **1-1構造躯体の倒壊防止の評価手順**

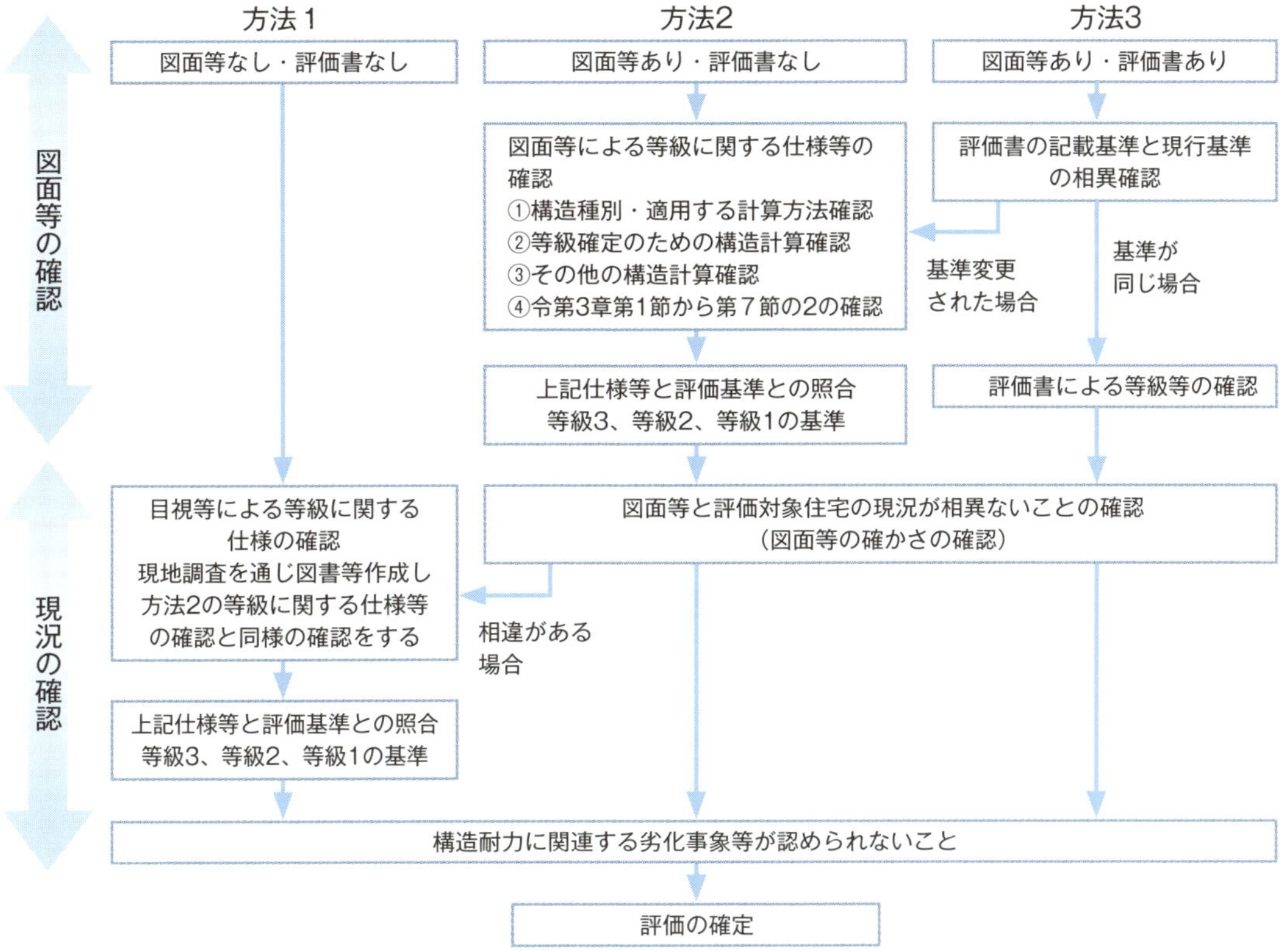

図2 **1-2構造躯体の損傷防止の評価手順**

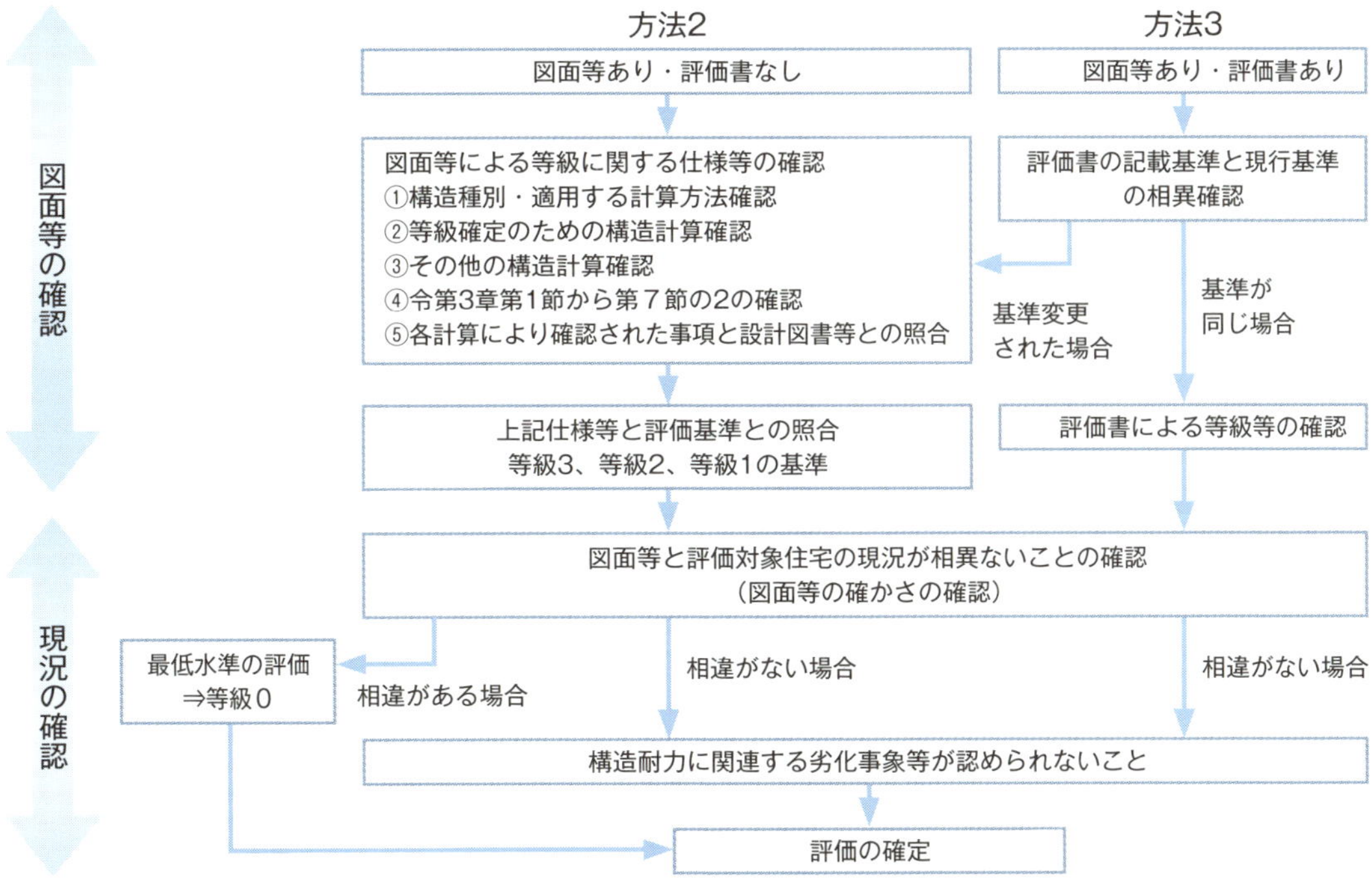

火災時の安全

POINT

「火災時の安全」の評価項目は7項目

2つの目標

「火災時の安全」とは、住宅内や近隣の住宅などで火災が発生した際に、「人命や身体が守られること」と「財産が守られること」の2つを大きな目標でとらえており、目標を達成するための対策としては、次のものが考えられる。

①人命や身体が守られること

（1）出火を防止すること

（2）安全に避難や脱出ができるようにすること

②財産が守られること

（1）出火を防止すること

（2）外壁、床、屋根などが火に強いこと

このうち、①・②-（1）出火を防止することは火災時の安全対策の基礎となるものだが、住宅内で火気に近い場所に可燃物を置かないなど、居住者の日常の注意が大きく影響するため、住宅の性能でとらえることが難しい。よって、この基準では採り上げていない。

7つの項目

この「火災時の安全」の項目では、住宅に火災が発生した場合に火災の早期発見ができるかや、脱出対策、建物の燃えにくさ、等について、7つの項目に分けて評価される。

①感知警報装置設置等級（自住戸火災時）（図1）

②感知警報装置設置等級（他住戸火災時）（図2）

③避難安全対策（他住戸火災時・共同廊下）（図3）

④脱出対策（火災時）　地上階数3階以上の戸建住宅および共同住宅等の住戸（図4）

⑤耐火等級（延焼のおそれのある部分・開口部）（図5）

⑥耐火等級（延焼のおそれのある部分・開口部以外）（図5）

⑦耐火等級（界壁および界床）

図1 感知警報装置設置等級（自住戸火災時）

【感知器の設置基準】（住宅用防災報知設備を用いる場合）

	設置場所			
	寝室等※	階段	台所	その他の居室
最高等級 4	○	○	○	○
等級 3	○	○	○	○
等級 2（一部自治体条例では義務化）	○	○	○	×
等級 1（消防法により義務化）	○	○	×	×

※消防法施行令（昭和36年政令第37号）第5条の7第1項第1号に掲げる住宅の部分

【等級❹に必要な措置】

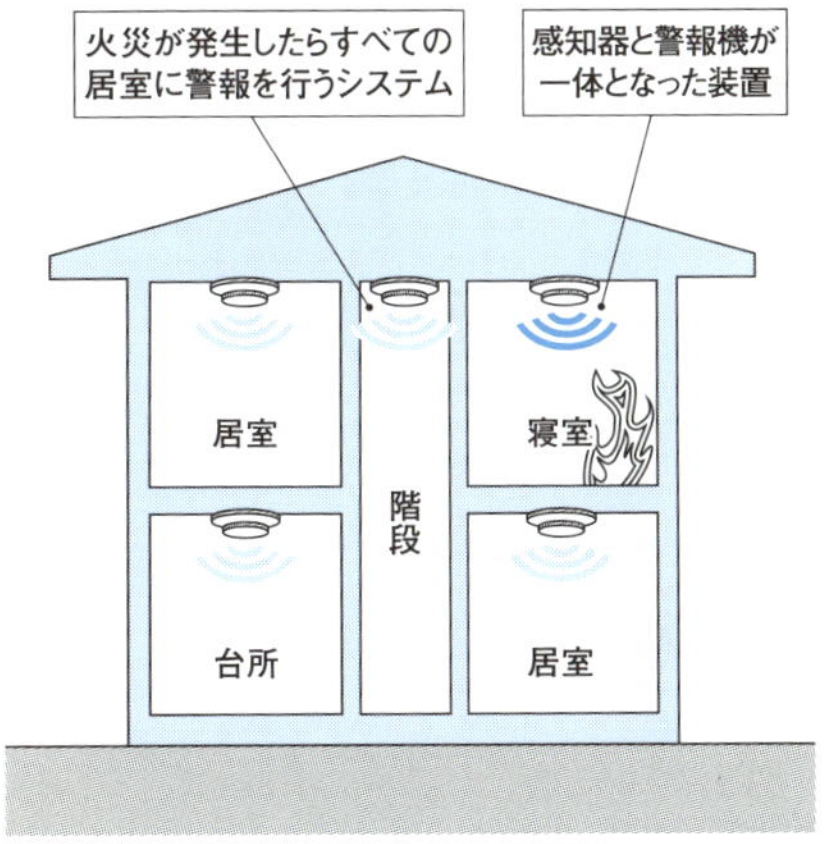

図2 感知警報装置設置等級（他住戸等火災時） 共同住宅等

	等級1（消防法により義務化）	等級2	等級3	最高等級4
感知器	消防法に適合	人が発見	自動	自動
警報装置		手動	手動	自動

図3 避難安全対策（他住戸等火災時・共用廊下） 共同住宅等

表示項目	表示内容
排煙方式	廊下に充満する煙を外部に放出する工夫（開放型廊下／自然排煙／機械排煙／その他）
平面形状	火災発生場所を通らずに地上に通じる階段にたどり着くことができるかどうか（通常の歩行経路による二以上の方向への避難が可能／直通階段との間に他住戸等がない／その他）
耐火等級	（平面形状が「その他」の場合…火災発生住戸の前を通過する必要がある等の場合）避難経路の隔壁の開口部（ドアや窓など）が火災を遮る時間の長さを等級表示

図4 脱出対策（火災時） 地上階数3以上の戸建、共同住宅等

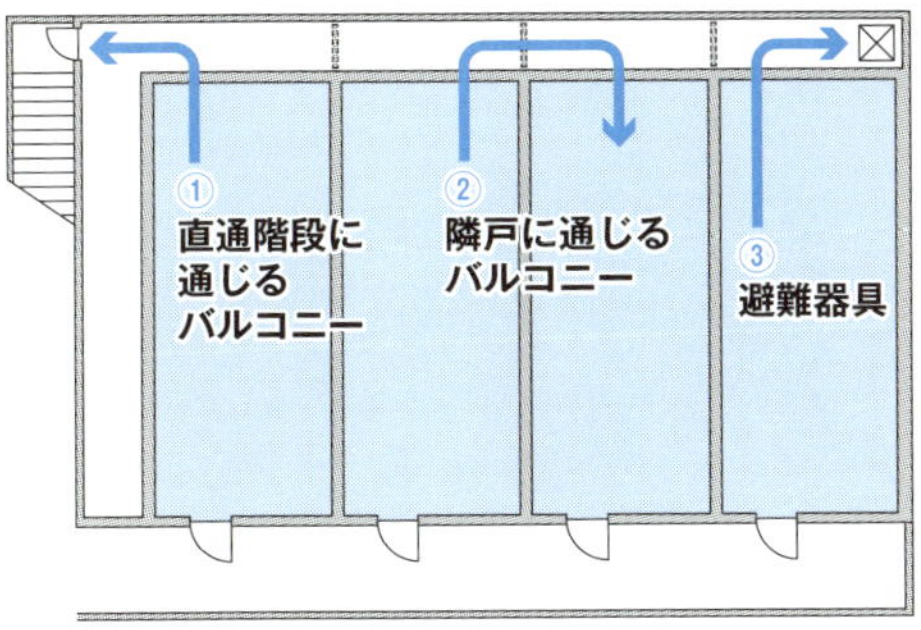

図5 耐火等級

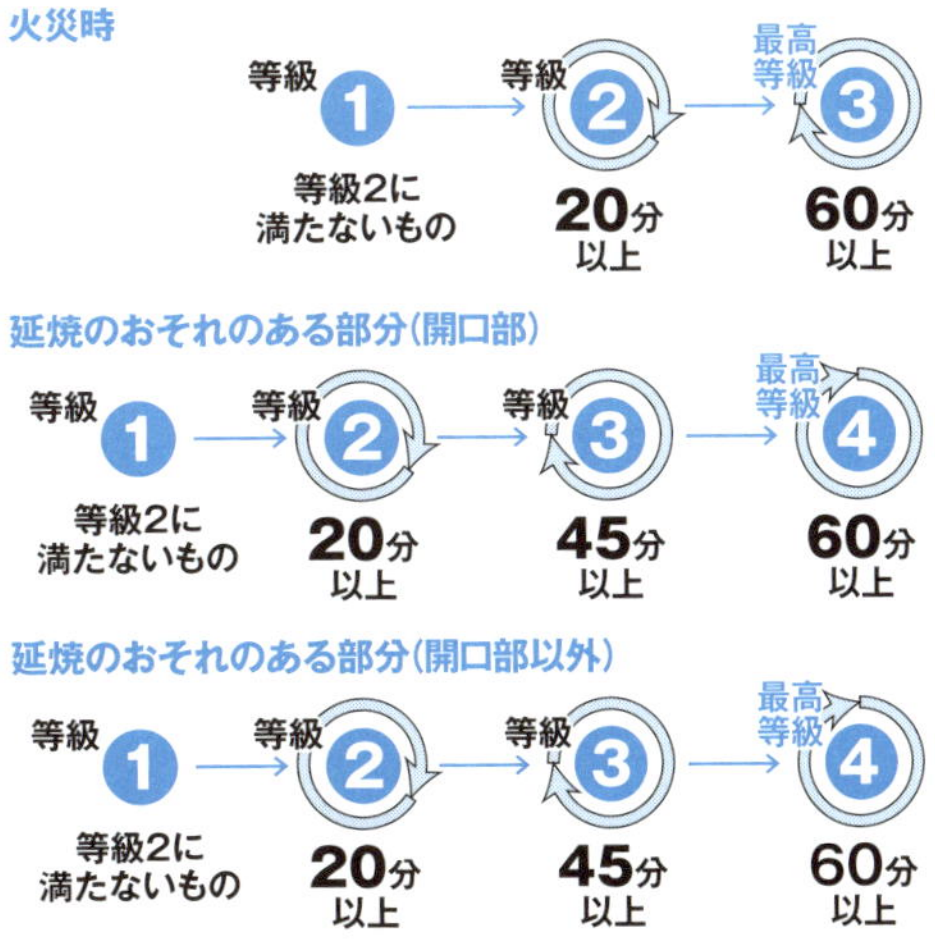

自住戸火災と他住戸火災

POINT

自住戸火災時と他住戸火災時のそれぞれの項目に等級が表示される

「自住戸火災」とは、自ら居住する住戸内での火災であり、「他住戸火災」とは共同住宅等において、同一階等※1に存する他住戸等※2で発生した火災をいう。

自住戸火災時の等級

火災を感知する部分（感知器）と警報部分（警報器）（図1）の種類、方法により4つの等級に区分される。感知器の設置場所は「すべての居室および台所等」において「自動」で火災を感知し、住戸全体に「自動で警報を鳴動させれば（＝ネットワーク化されたシステム）」等級4となる。等級3では感知器の設置場所は等級4と同水準を要求し、警報する範囲は警報器の設置場所付近に限定されている場合が該当する。したがって、住宅用火災警報器（感知器と警報装置が一体化したもの）のようにネットワーク化されていないものでそれぞれ独立して機能する感知警報器を設置すれば等級3となる。

他住戸火災時の等級

共同住宅等で、同一階や直下の階の他住戸内で発生した火災を感知し、評価対象住戸に警報を発し避難させる手段に応じて4つの等級に区分される。

等級4では他住戸等で発生した火災を「自動」で感知し、「自動」で警報を発する自動火災報知設備、共同住宅用自動火災報知設備など装置の同一階等への設置が要求される（図2）。

等級3では他住戸等で発生した火災を「自動」で感知し、「手動」で警報を発する装置の同一階等への設置が要求され、住戸用自動火災報知設備と共同住宅用非常放送設備の両方を設置する（図3）。等級2では他住戸等で発生した火災の自動感知はできないが、評価対象住戸に手動で警報を発する共同住宅用非常放送設備のような装置が同一階等の共用部分に設置されることが要求される。

※1　同一階等：評価対象住戸が存する階およびその直下の階をいう。
※2　他住戸等火災：同一階等に存する評価対象以外の住戸、または、その他の室において発生した火災をいう。

第2章 構造・火災

図1 自動火災報知設備の構成例

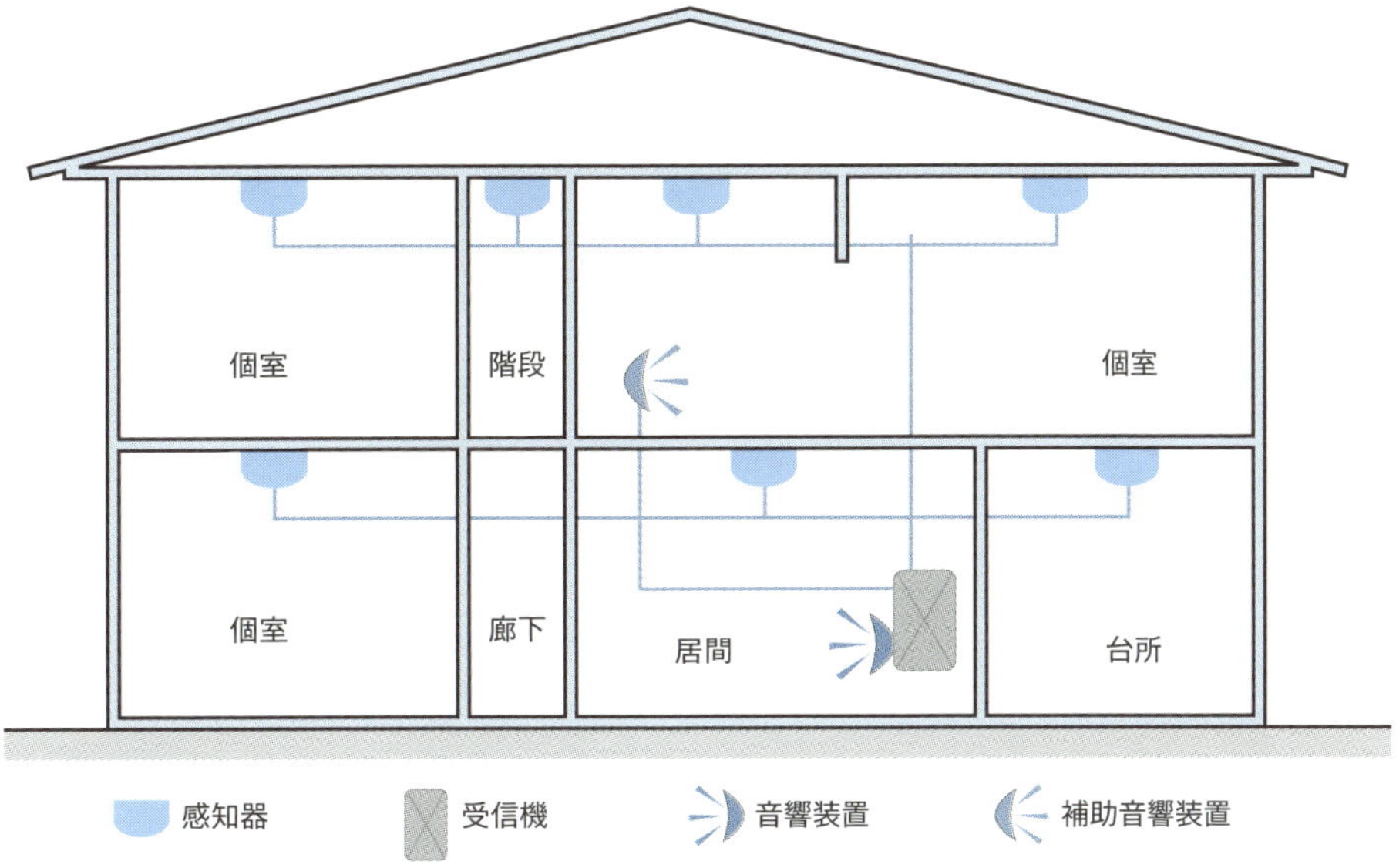

図2 自動火災報知設備の構成例(等級4)

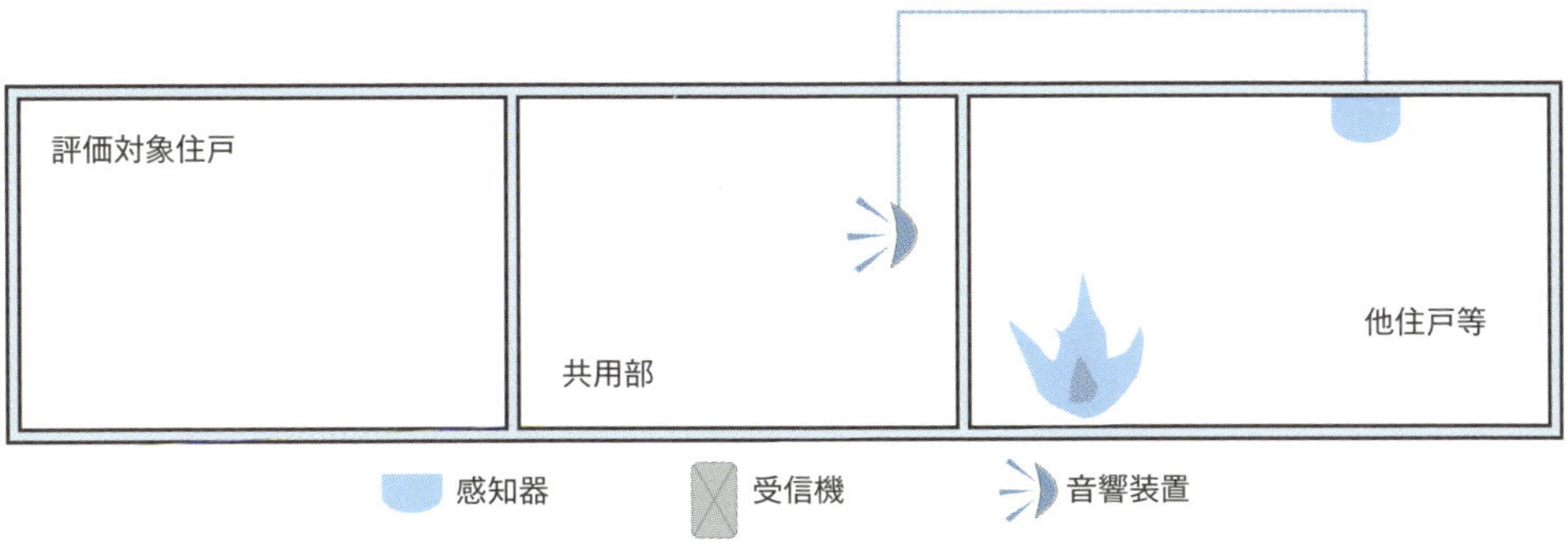

図3 住戸用自動火災報知設備および共同住宅用非常警報設備の構成例(等級3)

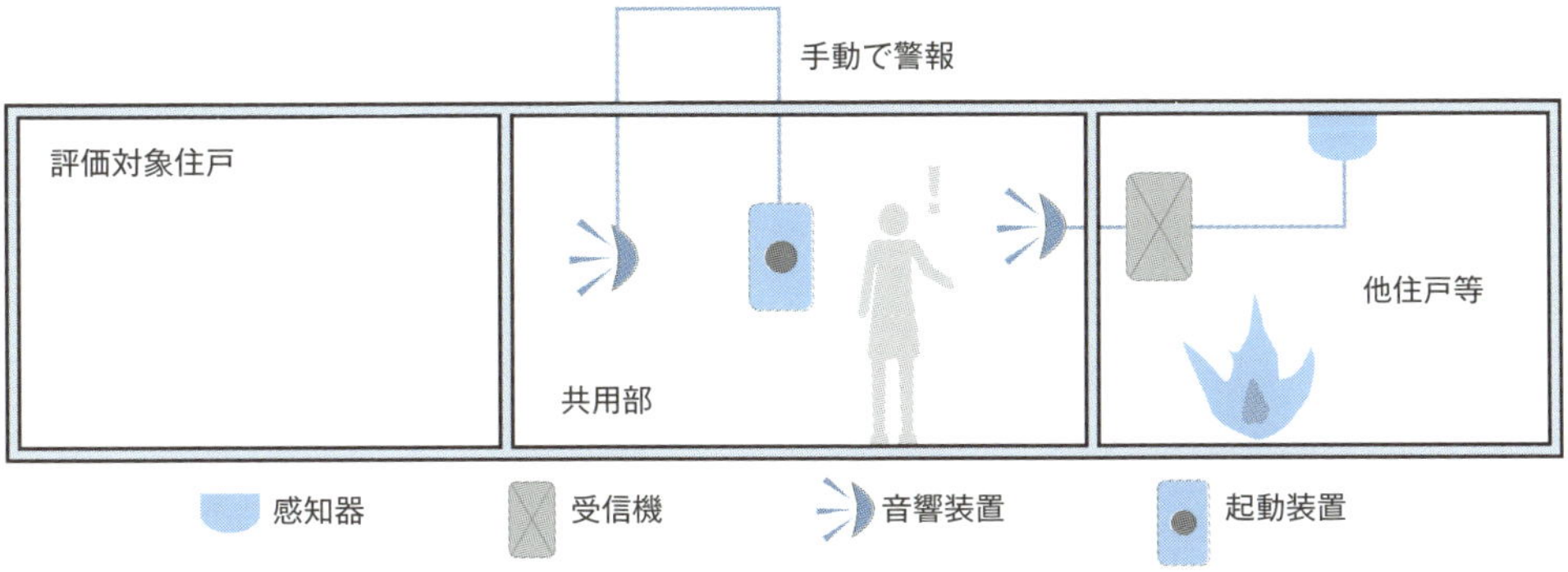

感知警報装置設置等級

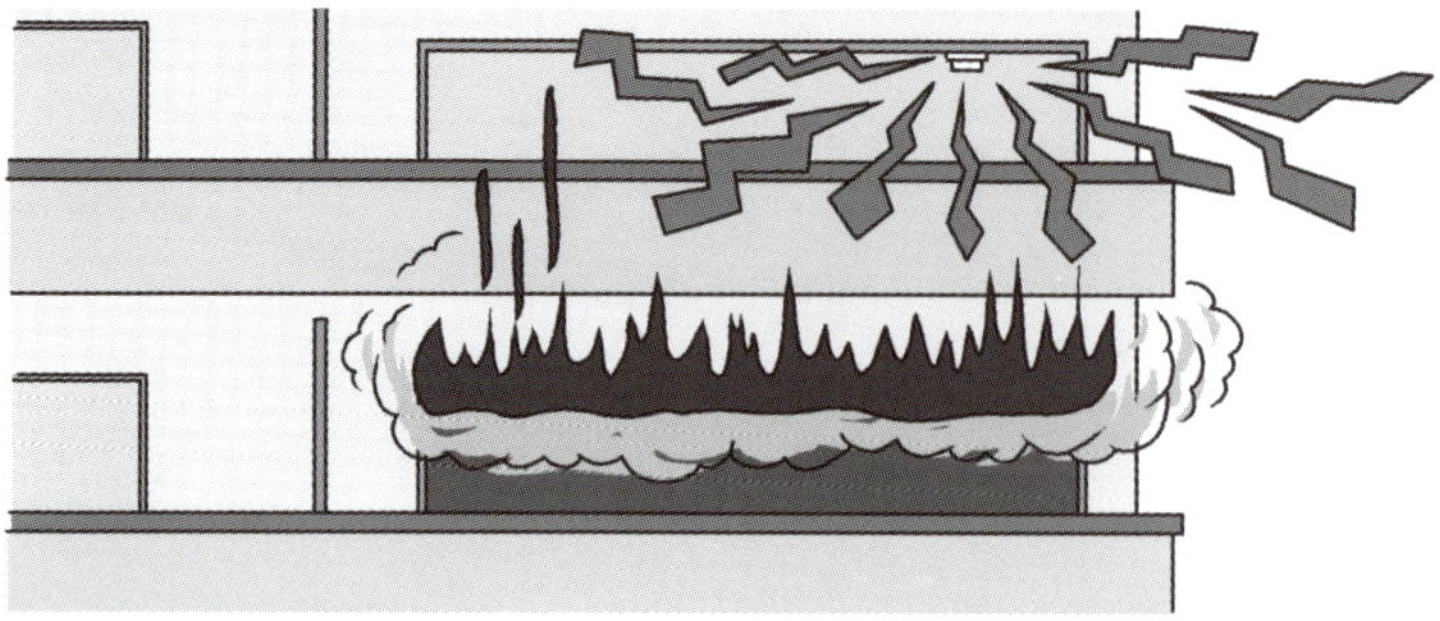

POINT

感知警報装置設置等級は、自住戸火災時と他住戸等火災時の2つで構成される

感知警報器設置等級においては、「自住戸火災時」と「他住戸火災時」で基準が異なる。

「自住戸火災時」は自住戸（自分の住戸）内で発生した火災をいち早く感知して警報を鳴らし、居住者が避難開始を早くすることを評価する。自住戸に対する評価であり、一戸建て住宅および共同住宅等を適用対象としている。

「他住戸火災時」は評価対象住戸のある階、および、その直下の階（同一階等）にある他住戸等で発生した火災の早期の覚知のしやすさを評価する。他住戸火災時の評価は、一戸建ての場合は存在しないため、共同住宅等を適用対象としている。また、長屋に関しては、共同住宅等に該当し、同様に評価の対象となる。

基準の構成

感知警報装置設置等級の基準の構成は「自住戸火災」と「他住戸火災」の２つで構成されている（図１・図２）。

感知警報装置設置等級（自住戸火災時）

①感知を行う部分では、（１）設置場所、（２）種別、（３）取り付け位置、（４）感度等に基準が設けられている。

②警報を行う部分では、（１）音響装置の性能、（２）設置場所（各階について）、（３）設置数に基準が設けられている。

感知警報装置設置等級（他住戸等火災時）

①自動火災報知設備等の種類と設置場所

②共同住宅用非常警報設備の設置場所について基準が設けられている。

等級について

・感知警報設置等級（自住戸火災時）
・感知警報設置等級（他住戸火災時）

のそれぞれについて、等級１～４の評価となる。

図1 基準の構成

- 火災時の安全に関すること
  - 感知警報装置設置等級（自住戸火災時）
    - ① 感知を行う部分
      - a 設置場所
      - b 種別
      - c 取り付け位置
      - d 感度等
    - ② 警報を行う部分
      - a 音響装置の性能
      - b 設置場所（各階）
      - c 設置数
  - 感知警報装置設置等級（他住戸等火災時）
    - ① 自動火災報知設備等の種類と設置場所
    - ② 共同住宅用非常警報設備の設置場所

図2 感知警報器の種類と構成例

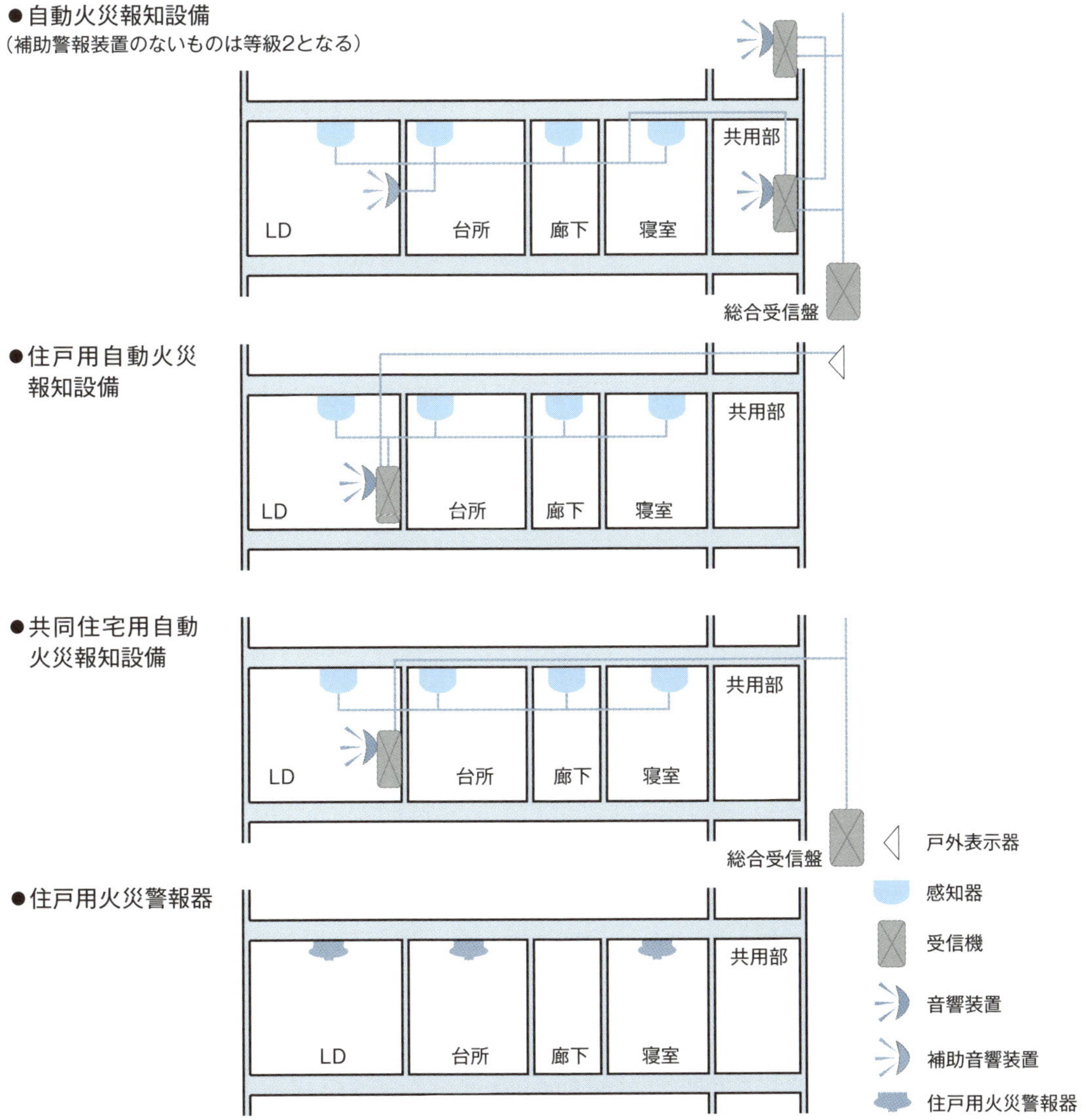

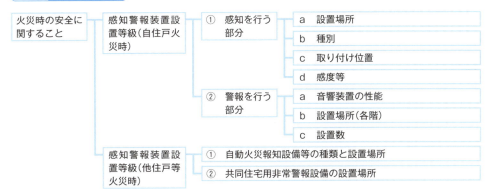

住宅用防災報知設備

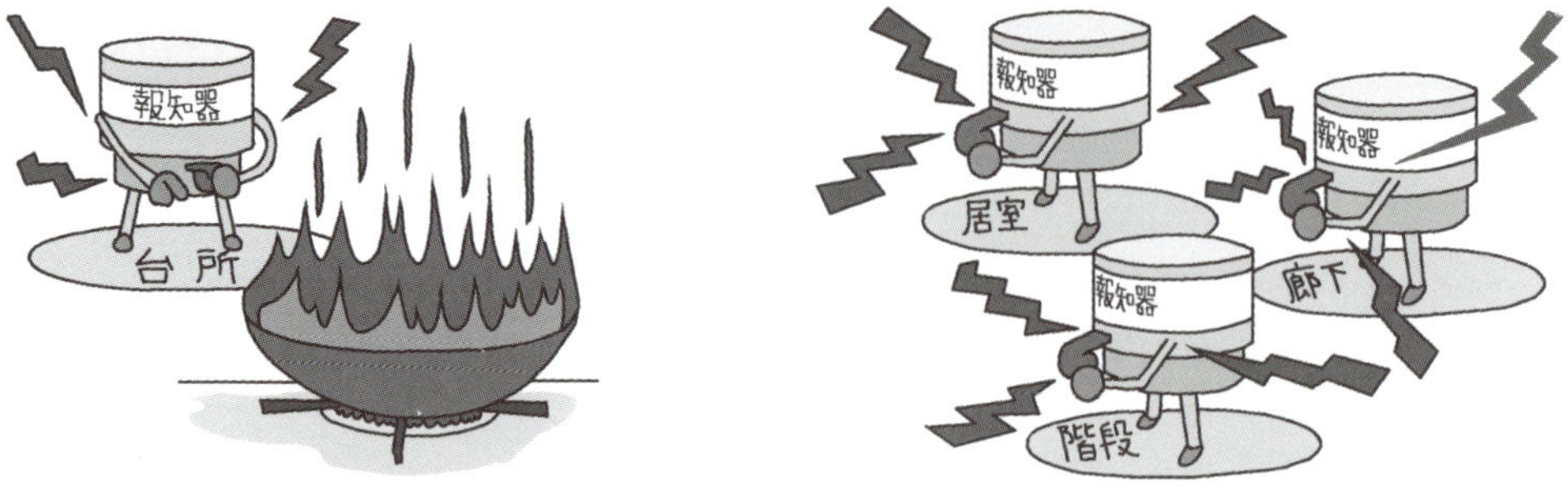

POINT

等級3・4を得るためには、すべての居室・階段・台所等に設置する。場所によって設置する感知器の種別は異なる

住宅用防災報知設備とは

法令用語では「住宅用防災報知設備」と呼ばれるこの設備は、一般的には「住宅用火災警報器（住警器）」と呼ばれている。

住宅用防災報知設備の概要

住宅用防災報知設備とは、火災による煙を自動的に感知し、火災信号を直接または中継器を介して受信機に送信し、火災の発生場所の表示および警報を発する機器で、一般的に、感知器、中継器および受信機で構成される機器である（図1・図2）。

設置場所

設置が必要な場所は、等級により異なる（表）。

等級3・4では、すべての居室・すべての階段・すべての台所等に設置が必要である。

等級2では全寝室・一定の階段とすべての台所等が対象となる。

なお、等級1では全寝室・一定の階段の他には特に設置箇所は定められていない。

種別

各設置場所によって、熱式・煙式のどちらの設置が必要であるかが異なっている（表）。台所等と居室では、熱式または煙式の選択ができるが、それ以外の場所（階段）では煙式を設置する。

取り付け位置

すべての寝室等は、壁から0.6m離れた天井の部分、階段の上端等が原則取り付け位置となる（図3）。

また、右記以外の場所では、天井面の中央付近が設置箇所となるが、壁面に取り付ける場合には、天井面の15cm～50cmまでの壁面の範囲に設置すること。

図1 住宅用火災警報器の構成例(等級3)

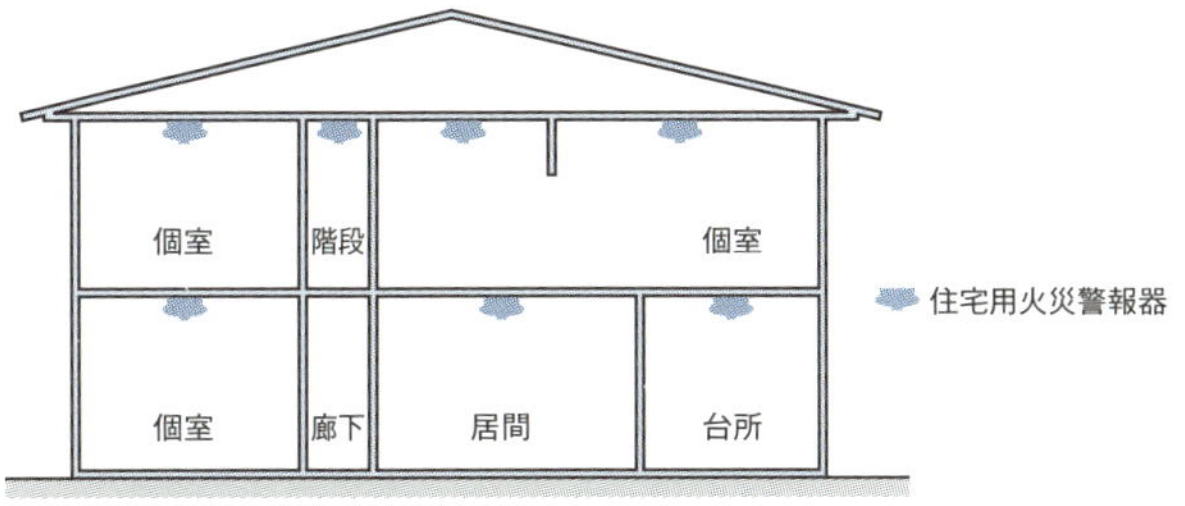

図2 住宅用防災報知設備の構成例(等級4)

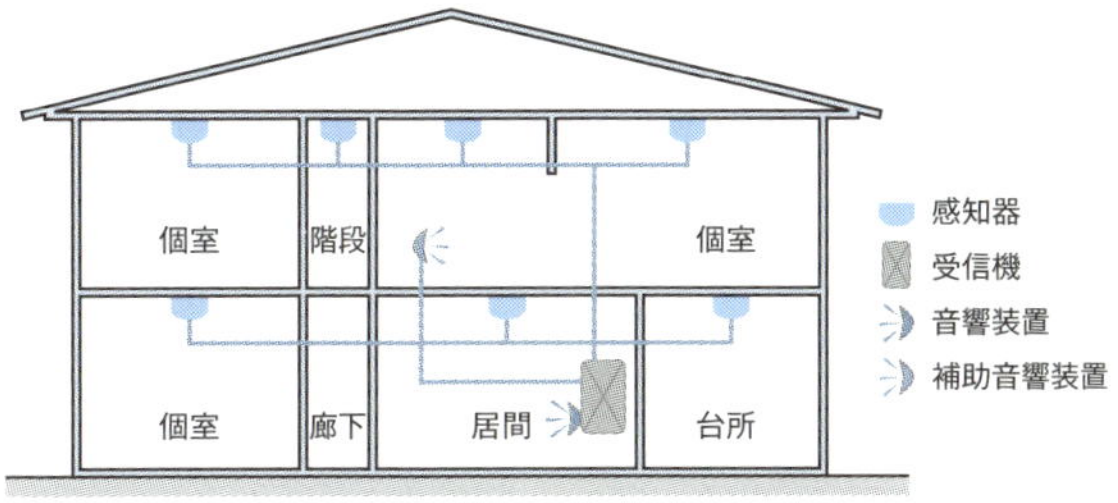

図3 設置位置

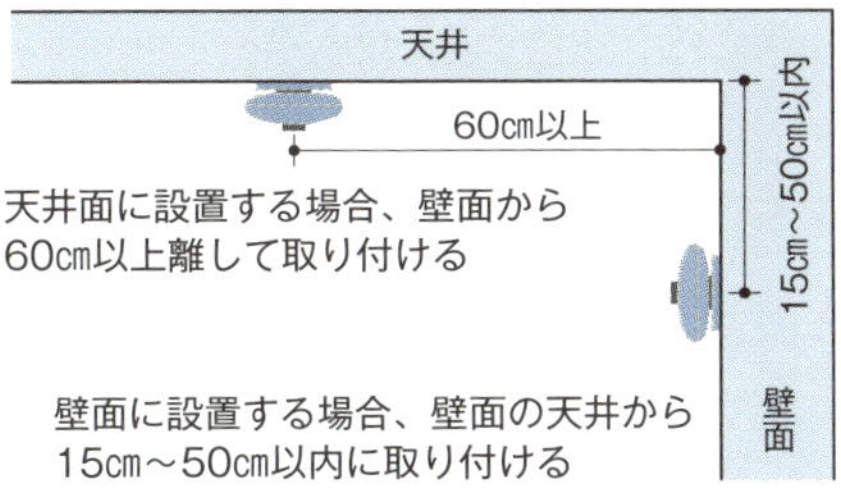

表 感知警報装置設置等級(自住宅火災時)

		等級1	等級2	等級3	等級4
		評価対象住戸において発生した火災のうち、すべての寝室等で発生した火災を感知し、当該室付近に警報を発するための装置が設置されている	評価対象住戸において発生した火災のうち、すべての台所および寝室等で発生した火災を感知し、当該室付近に警報を発するための装置が設置されている	評価対象住戸において発生した火災のうち、すべての台所および居室で発生した火災を早期に感知し、当該室付近に警報を発するための装置が設置されている	評価対象住戸において発生した火災のうち、すべての台所および居室で発生した火災を早期に感知し、住戸全域にわたり警報を発するための装置が設置されている
機器		●住宅用火災警報器等	●住宅用自動火災報知設備等	●住宅用火災警報器等	●自動火災報知設備等 ●住宅用自動火災報知設備等
		－	●自動火災報知設備等		
感知を行う部分	設置場所	●すべての寝室等(全寝室、一定の階段)		●すべての居室　●すべての階段　●すべての台所等	
		－	●すべての台所等		
	種別	●すべての寝室等　：煙式(光電式またはイオン化式) ●上記以外　台所等：熱式(差動式以外)または煙式 居室　：熱式または煙式(天井高4m以上の居室：煙式) 階段　：煙式			
	取付け位置	●すべての寝室等：壁から0.6m以上離れた天井の部分、階段の上端　など ●上記以外：　天井面の中央付近に設置			
	感度等	●消防法の感知器等規格省令または住警器等規格省令に定める感度			
警報を行う部分		●1mで70dB以上の警報音を1分間継続できるもの			
		●感知を行う部分と同じ位置に設置(住宅用火災警報器は感知部分と警報部分が一体)			●各階に1つ以上設置 ●各階において床面積150㎡(音圧が85dB以上の場合は350㎡)当たり1つ以上設置

排煙形式

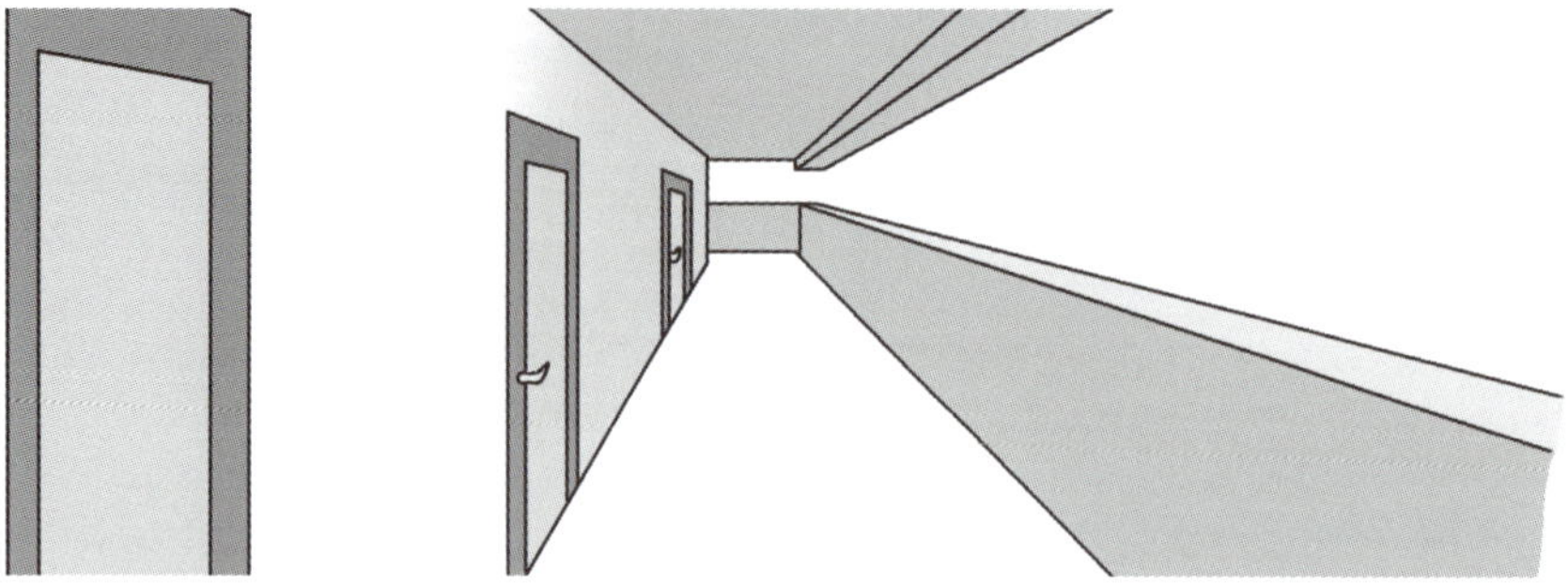

POINT

共用廊下が複数ある場合は最も距離が長い部分が評価対象となる

共用廊下の排煙形式

共用住宅等の避難のしやすさ（避難安全対策）に関して、共用廊下が避難に利用できなくなる要因の1つには、煙により発生する煙の流入が考えられる。たとえば、評価対象住戸以外の住戸で火災が発生した場合、火災住戸と共用廊下との間に設けられた開口部（出入口、窓など）を通じて、煙が流入する可能性が高い。そのため、共用廊下に流入した煙を排除する対策として設けられている「排煙設備」について、その「排煙形式」を評価し、表示することとなっている。

排煙形式…共用廊下の排煙方式（表）

・開放型廊下
・自然排煙
・機械排煙（一般）
・機械排煙（加圧式）
・その他

対象となる経路は共用廊下のみ

排煙形式において対象となる経路は評価の対象住戸から直通階段に至る経路となる主たる共用廊下（避難経路となる共用廊下）のみであり、その他の経路は認められないので注意する。

複数の排煙形式がある場合

図1のように、直通階段に至る共用廊下が複数ある場合、対象となる経路は最も距離が長い共用廊下の部分についての排煙形式の評価となる。

（例）開放廊下の基準について

開放型廊下は、左記の基準に適合する片廊下である必要がある（図2）。

・外気が流通する部分は見付面積の1／3以上
・腰壁上端～小梁やたれ壁等の下端までの高さ（開放部分）が1m以上
・小梁・たれ壁等がある場合、その寸法は30cm以下

表　排煙形式の種類

排煙形式の種類	適合基準
開放廊下	評価対象住戸から直通階段に至る主たる共用廊下(以下、避難経路となる共用廊下)が、排煙上有効に直接外気に開放されているもの
自然排煙	避難経路となる共用廊下が、建築基準法施行令第126条の3第1項各号に定める構造の排煙設備(排煙機を設けたものを除く)その他これに類するものを設けたもの
機械排煙(一般)	避難経路となる共用廊下に、建築基準法施行令第126条の3第1項各号に定める構造の排煙設備のうち(一般)排煙機その他これに類するものを設けたもの
機械排煙(加圧式)	避難経路となる共用廊下に、平成12年建設省告示第1437号に定める構造の排煙設備を設けたもの、その他これに類するものを設けたもの
その他	避難経路となる共用廊下が、上記に挙げる基準のいずれにも適合しないもの

図1 複数の排煙形式で構成される廊下の例

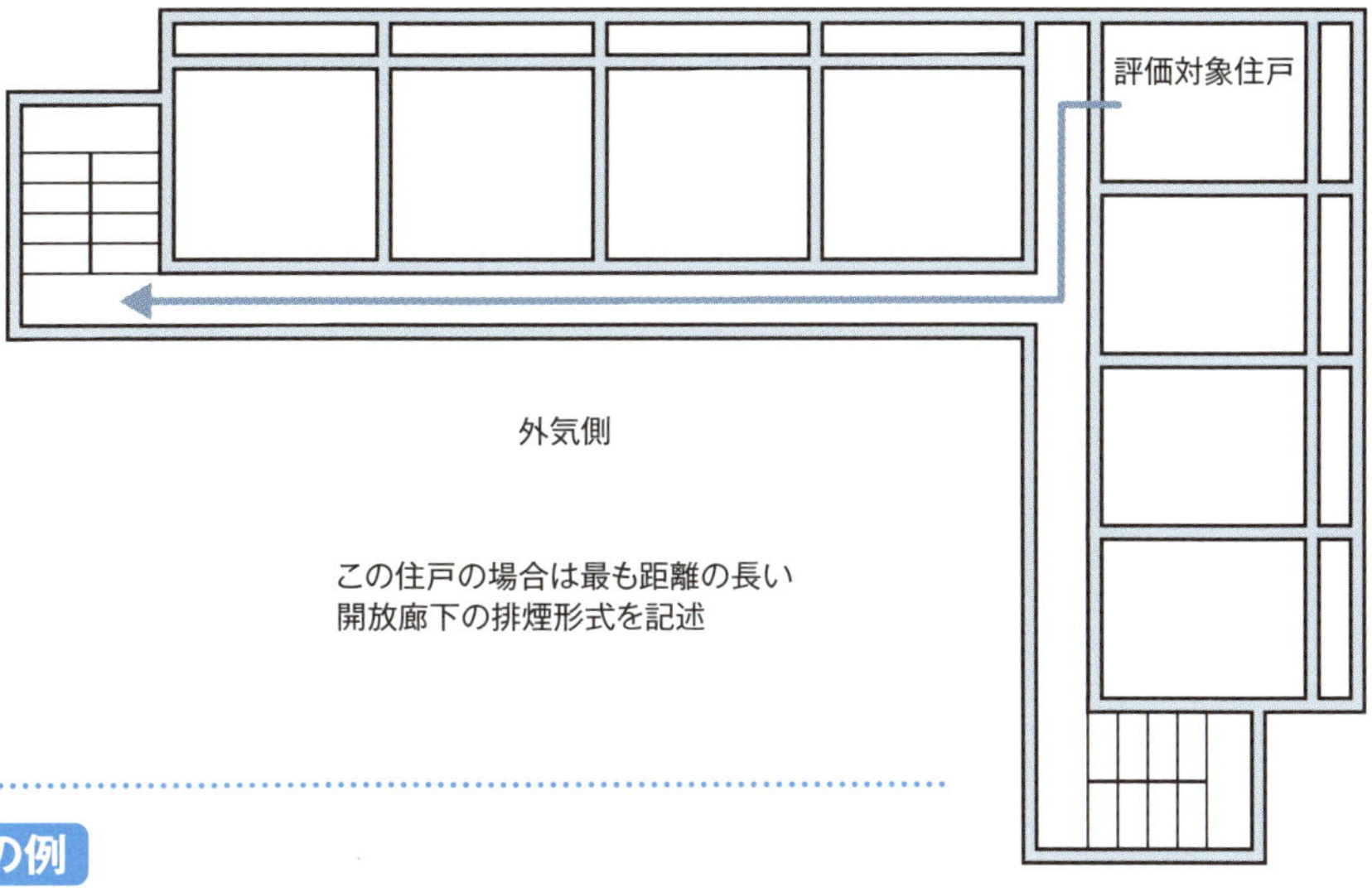

図2 開放型廊下の例

●開放廊下の基準

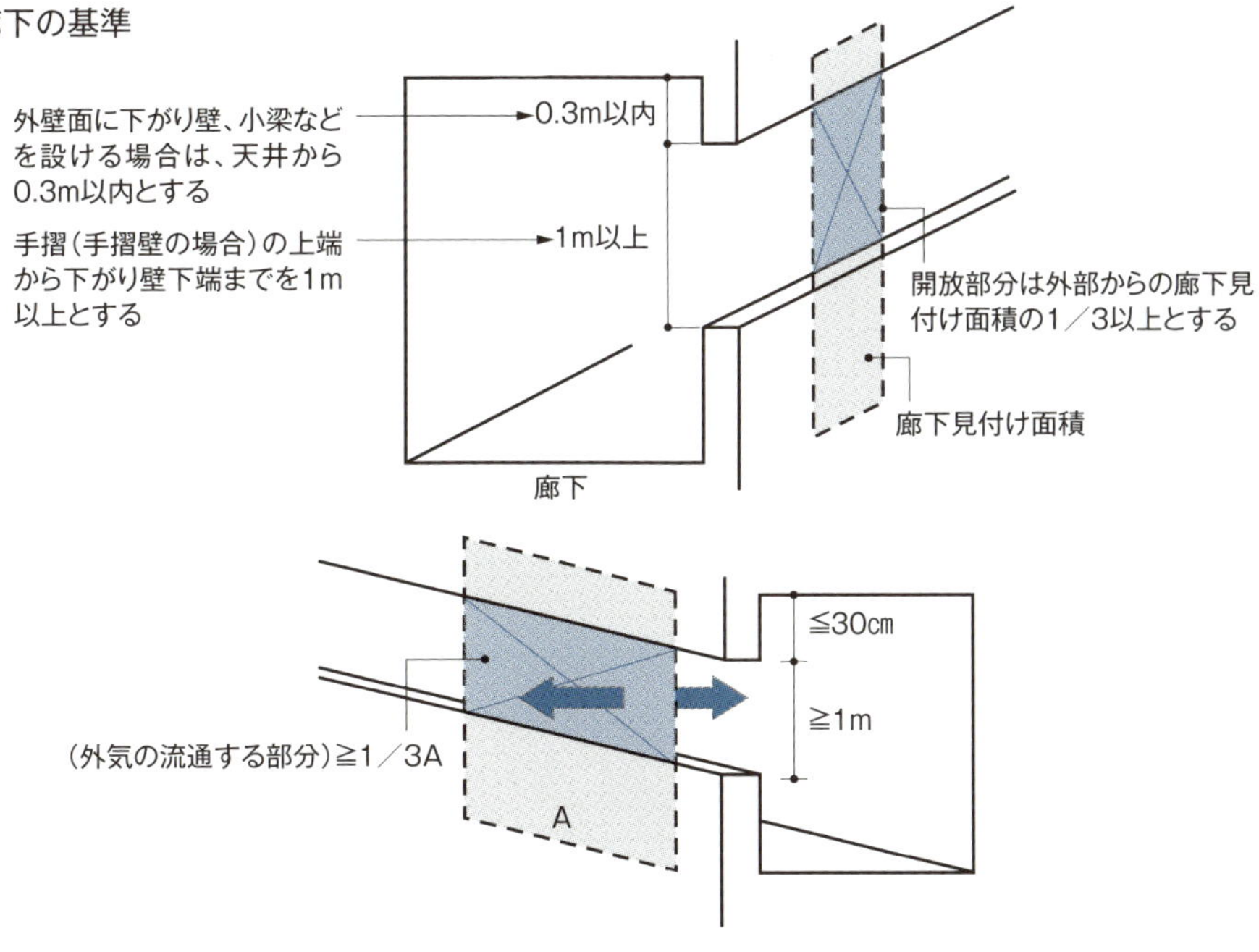

平面形状

POINT

通常の歩行経路（共用廊下）の避難の容易さを評価する。バルコニーなどは含まない

避難の容易さの評価項目

共同住宅の他住戸等で火災が発生した場合、避難の経路としては「通常の歩行経路」である共用廊下が一番考えられる。そのため評価対象住戸の玄関から直通階段までの避難の容易さを評価する項目として「通常の歩行経路」が

①2方向避難型（図1）

②直通階段間に他住戸等がない（図2）

③その他（①・②以外の場合）（図3）

のいずれかの平面形状となっているかを評価することになっている（図4）。

なお、①については、建築基準法や消防法の考え方とは異なっており、ここでいう「通常の歩行経路」としてバルコニーは認められておらず、あくまでも共用廊下などの日常的な歩行経路が対象となる。②は評価対象住戸から直通階段に至る少なくとも1つの経路上に他住戸等がないこと。③は①・②に該当しない場合となっている。

③その他（①・②以外）の評価

上記の①・②の形状に該当しない場合、③その他としての評価となる。

その場合は、隔壁の開口部（図3の避難経路の※1の部分）に対して、耐火等級を表示する。

なお、耐火等級は等級1～3のいずれかの評価となり、左記の内容を評価・表示する。

・等級3
令112条第1項に規定する特定防火設備

・等級2
（1）令112条第1項に規定する特定防火設備
（2）建築基準法第2条第9号の2ロに規定する防火設備
（右記（1）（2）のどちらに該当するかも併せて表記する）

・等級1
等級2に満たないもの

図1 2方向避難が可能な平面形状(①2方向避難型)

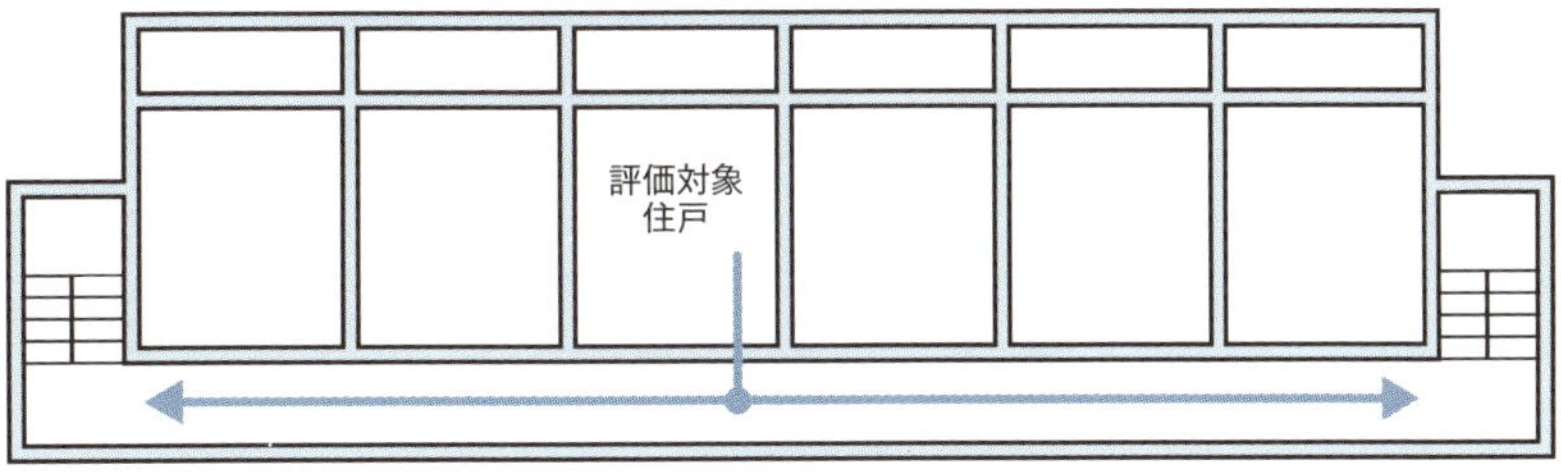

図2 直通階段との間に他住戸等がない平面形状(②直通階段に他住戸等がない)

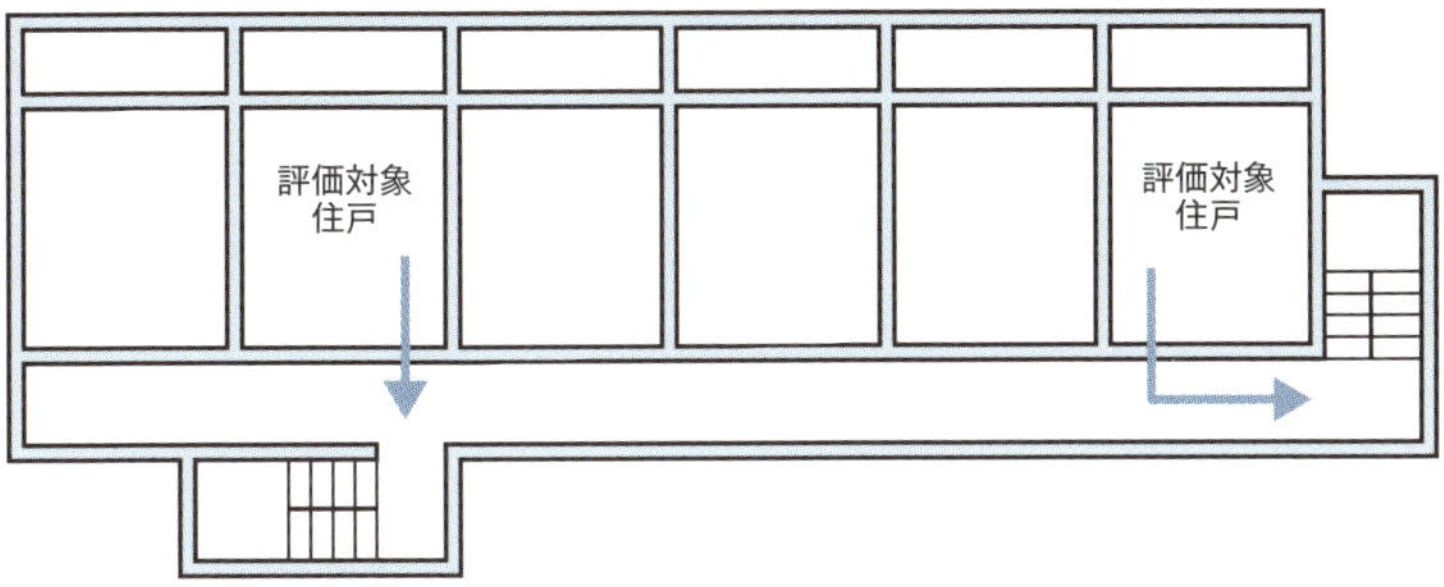

図3 2方向避難が可能とならない範囲(③その他)

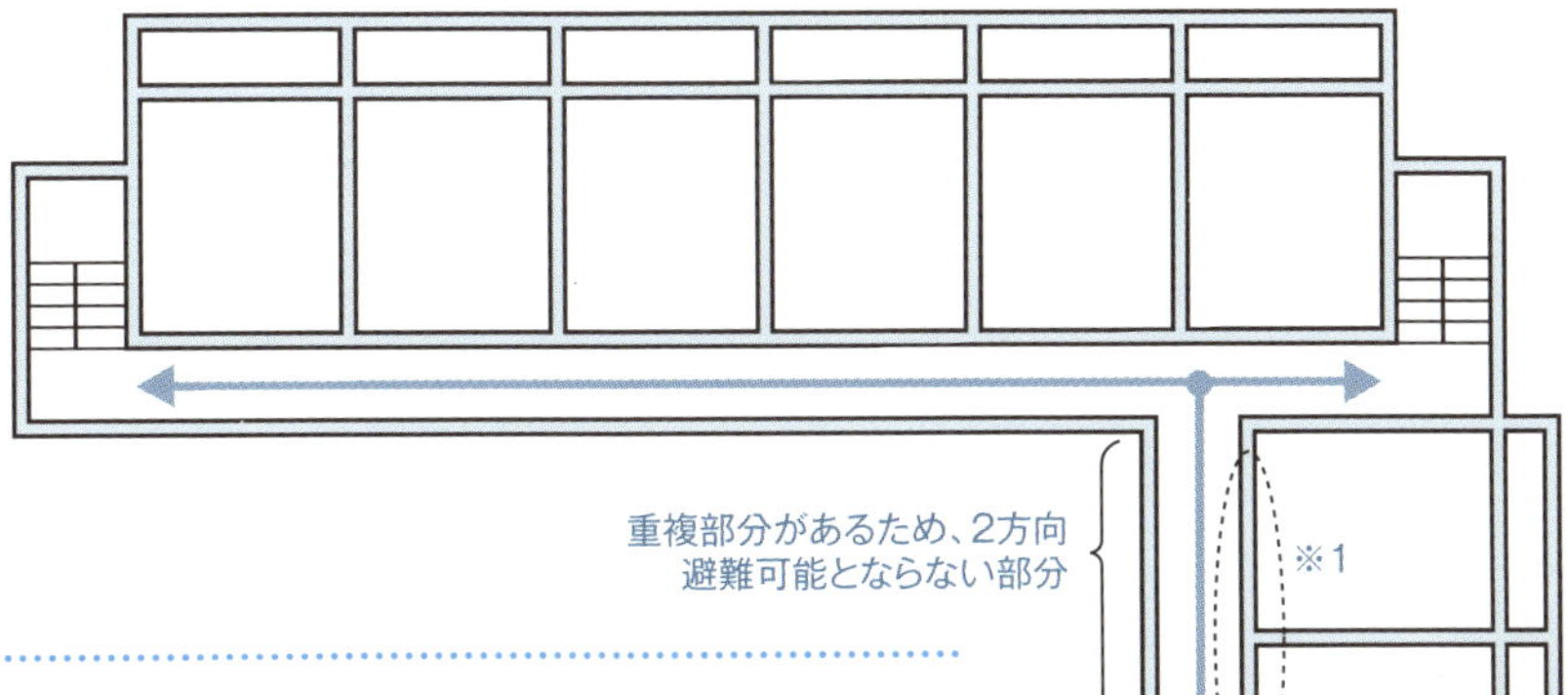
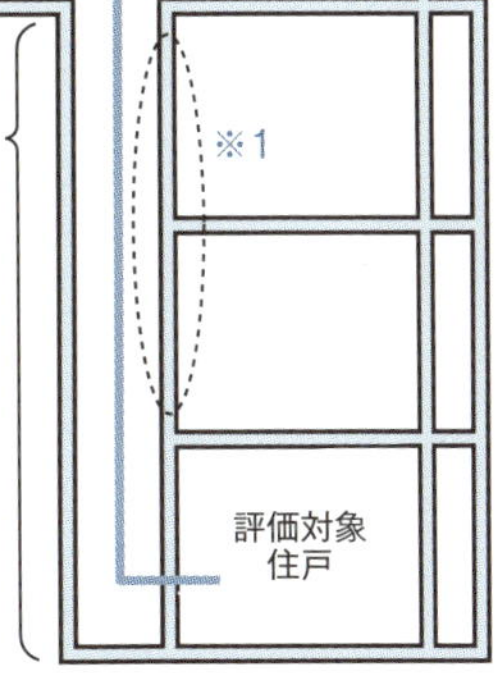

③その他の評価の場合、※1の部分に設けられた開口部の耐火性能も評価する

図4 同一階での評価例

①2方向避難型(通常の歩行経路による2以上の方向への避難が可能)
②直通階段間に他住戸等がない(地上などの安全な場所に通じる階段(直通階段)との間に他住戸がない)
③その他(①②以外)

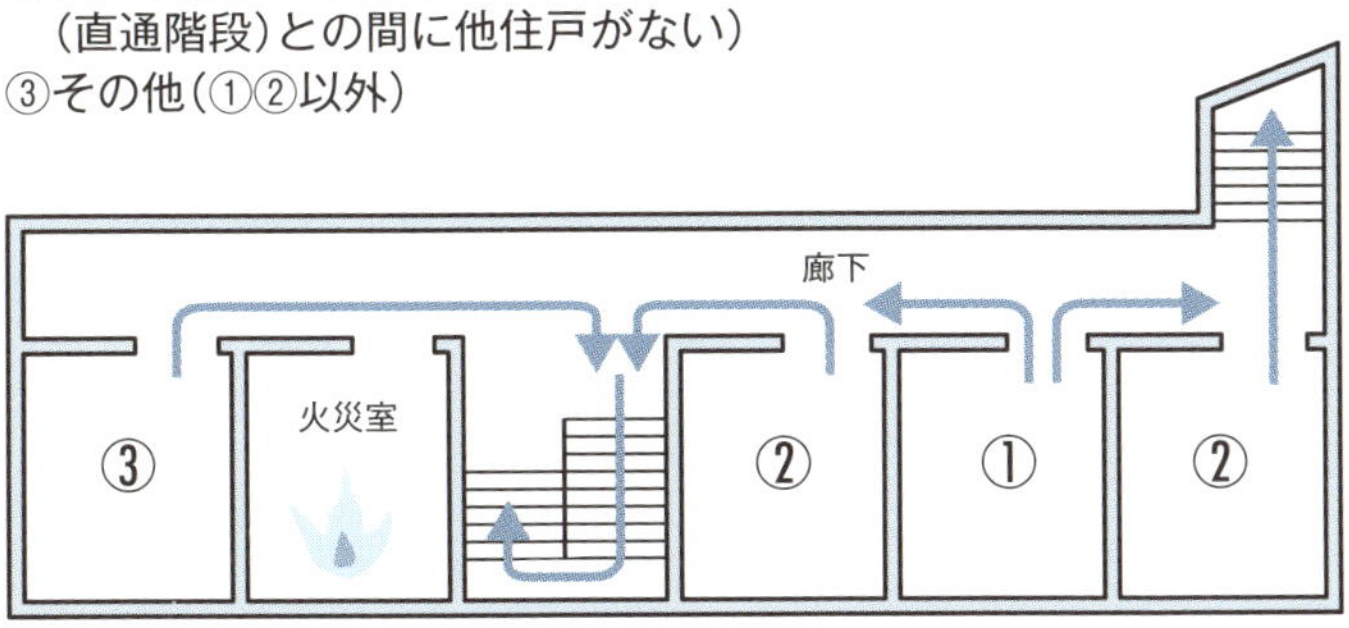

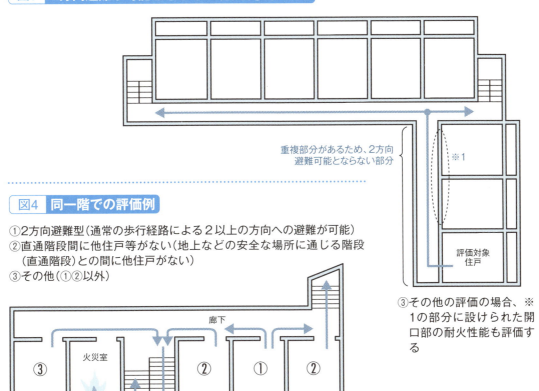

脱出対策

POINT

通常の歩行経路以外の避難の容易さを評価する。2階建て以下の一戸建て、共用住宅等の避難階は対象外

通常の歩行経路以外の対策

脱出対策とは、評価対象住戸、または評価対象住戸以外の部分で火災が発生した場合に、通常の歩行経路を利用することが困難となった場合の「通常の歩行経路以外」の方法によって避難しなければならないときの「脱出対策」について評価を行なう。

なお、2階建て以下の一戸建て住宅および共同住宅等の避難階にある住戸については、容易に地上に到達できる可能性が高いと考えられるため、対象外となっている。

共同住宅等の場合

避難階にない住戸において、通常の歩行経路が使用できない場合、緊急的な脱出のための対策を表示する。

対策としては、

・直通階段に直接通じるバルコニー（図1）
・隣戸に通じるバルコニー（図2）
・避難器具（図3）
・その他

が採り上げられている。

なお、この対策については複数並記が可能となっている。

一戸建ての場合（3階建て以上）

火災時に通常の歩行経路が使用できなくなった場合、3階以上の部分から脱出できる対策が行われているかどうかを評価し、対策の有無を表示する。

避難器具

消防法で規定される避難器具が適切に設置されることが求められ、避難ロープ・避難はしご・避難用タラップ・緩降機などがこれに該当する。

避難器具は常時取り付けておくか、または必要に応じて速やかに取り付けられることができる状態にしておく必要がある。

図1 直通階段に直接通じるバルコニーの例

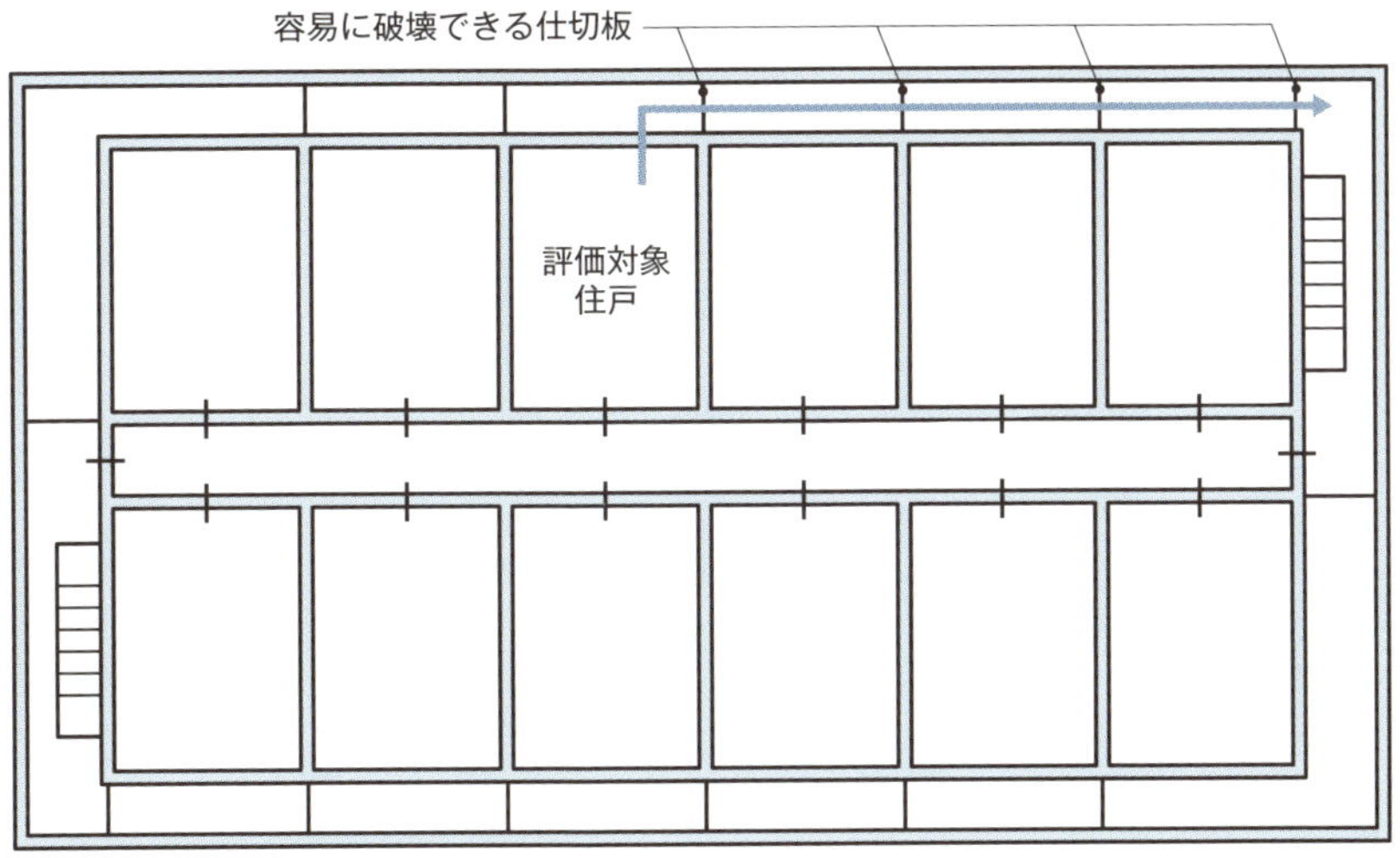

図2 隣戸に通ずるバルコニーの例

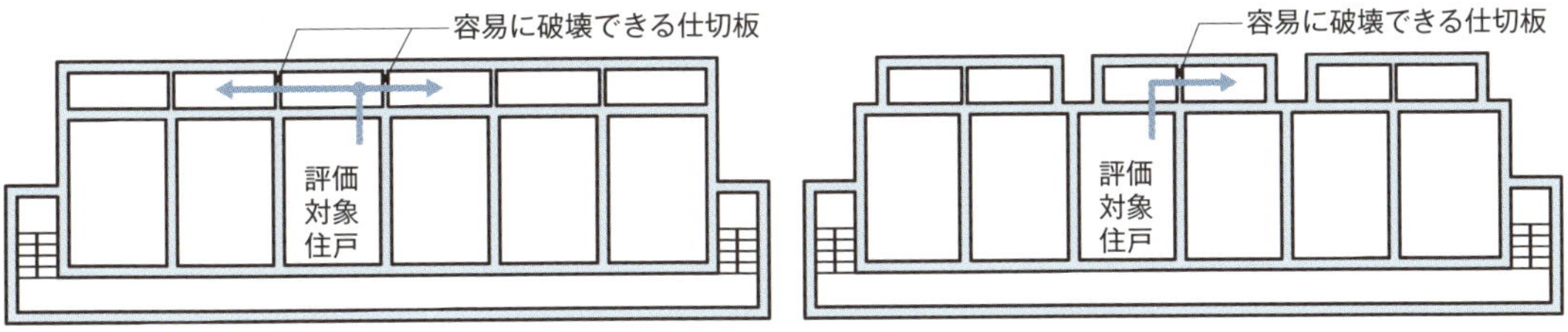

図3 避難器具の例

●脱出対策(火災時)

バルコニーの隣戸との境が薄い壁(容易に破壊できる仕切板もしくは隔て板)になっていて、火災時はそれを破って隣へ避難できるか、またはバルコニーに下の階に降りられる避難器具がついている

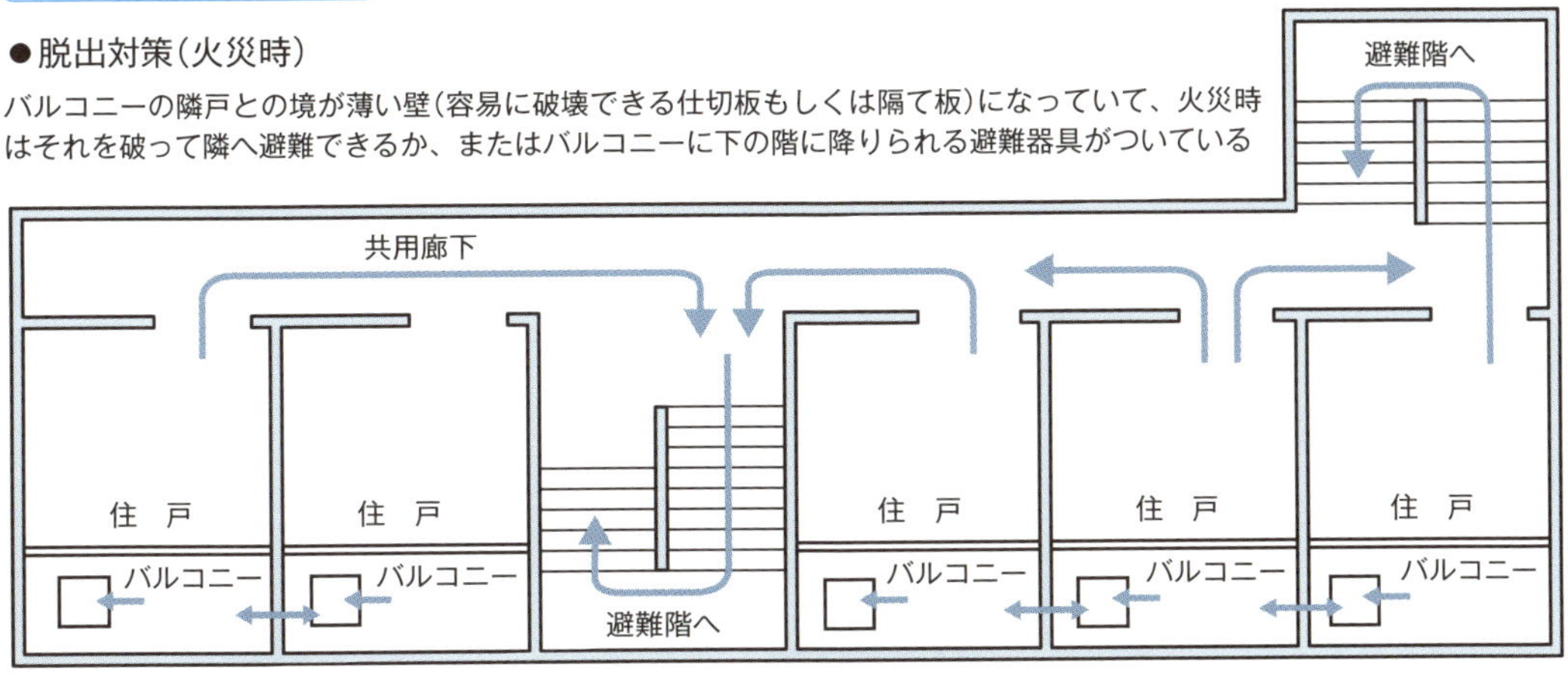

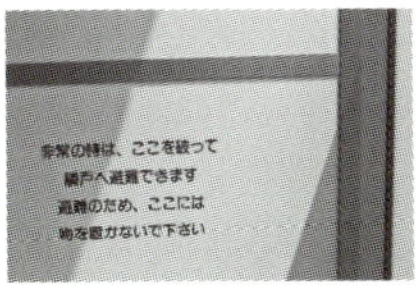

●隔て板

バルコニーの隣戸との間を薄い壁にし、緊急時には隣戸に避難できるようにしたもの

●避難はしご

火災発生時に下の階に避難するために用意されたはしご

延焼ライン内の耐火等級

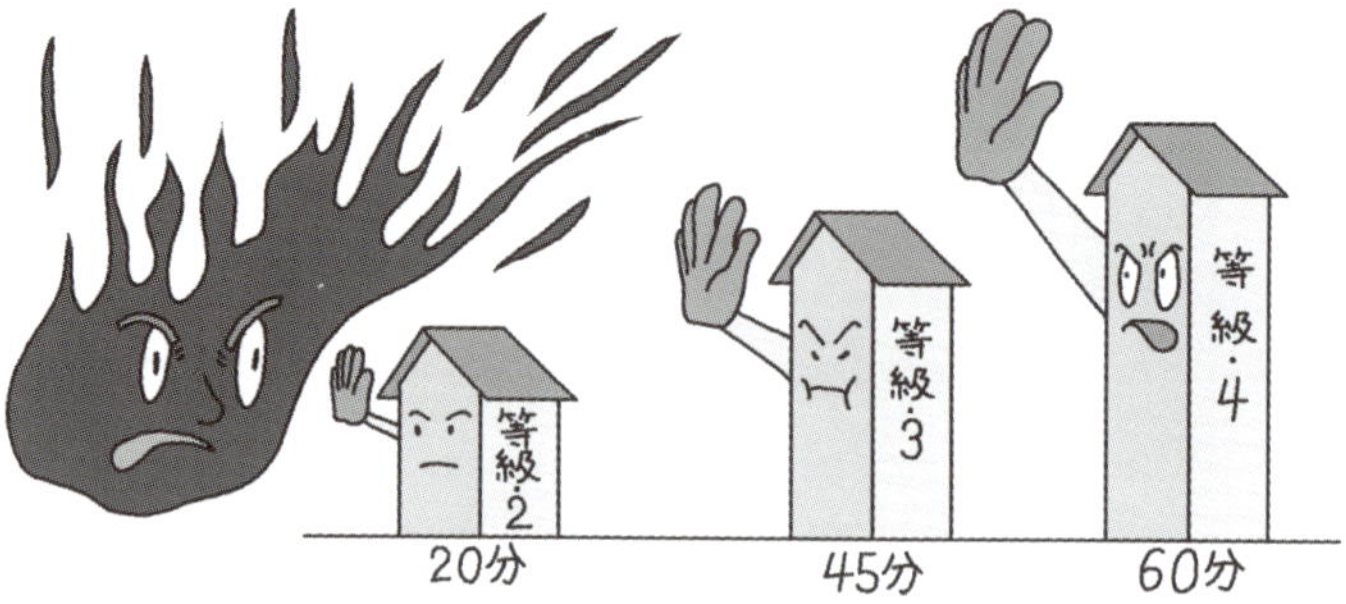

POINT

延焼のおそれのある部分（外壁や窓など）の耐火時間の長さで評価する

延焼ラインの範囲

隣の敷地の建築物などで火災が発生した場合に、自らの住宅の外壁や窓などが、どの程度火に対して強いかを、等級により表すものである。具体的には、延焼のおそれのある部分（図）の開口部および外壁等（開口部以外）にかかわる火炎を遮る時間の長さに対する評価である。

耐火時間と等級

対象部分の火災による火炎を遮る時間（耐火時間）の長さを表示する。等級は、相当する耐火時間により定まる。

・延焼のおそれのある部分（開口部）（表1）

等級3→60分以上
等級2→20分以上
等級1→建築基準法レベル

・延焼のおそれのある部分（開口部以外）（表2）

等級4→60分以上
等級3→45分以上
等級2→20分以上
等級1→建築基準法レベル

防火・準防火地域以外の地域の場合

建築基準法に定められた防火地域あるいは準防火地域等の指定のない地域でも、住宅に延焼のおそれのある部分（1階＝3m以内、2階＝5m以内）がある場合は、耐火等級を評価する必要があるので注意する。

耐火等級（開口部以外）について

耐火等級（開口部以外）は、外壁だけが対象部位ではなく、軒裏も対象部位となっており、延焼のおそれのある部分にある外壁、軒裏の両方において、最も遮熱性の時間が短い部分を対象として4つの等級に分けて表示する。

（例）外壁＝耐火時間30分、軒裏＝耐火時間45分の場合、等級2となる。

図 延焼のおそれのある部分

①道路中心線、②隣地境界線、③同一敷地内の2棟以上の棟相互の外壁間距離の中心線より、1階は3m以下、2階は5m以下の距離にある部分で、建築基準法第2条6項に規定されている

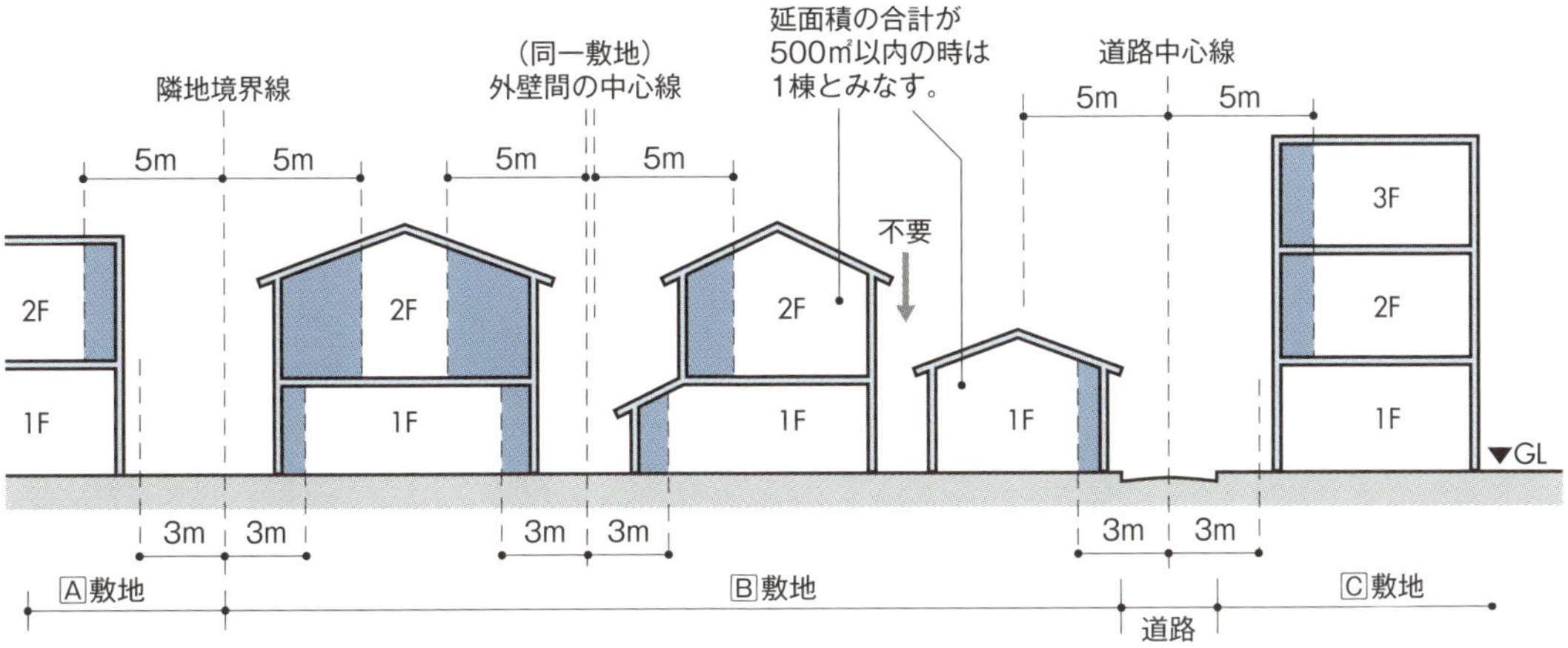

なお、住宅の延焼のおそれのある部分に通常のサッシを使用したり、防火認定されていない外壁、軒裏とすると、耐火等級(開口部、開口部以外)はそれぞれ等級1になる

●開口部

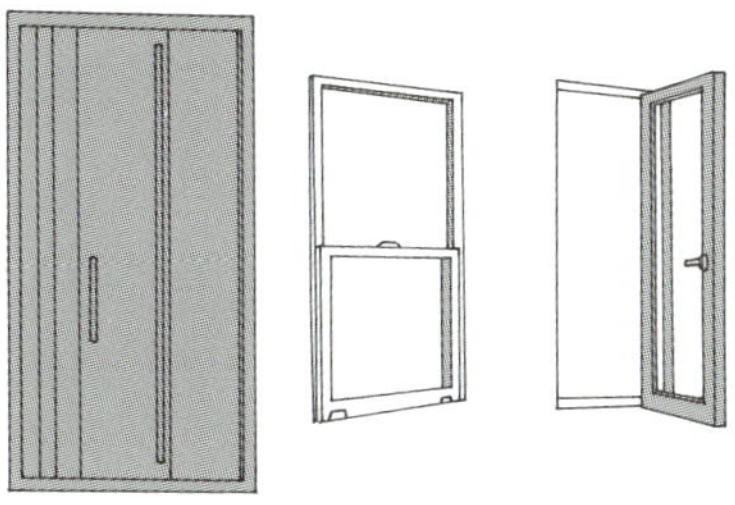

延焼のおそれのある部分にある、窓、玄関などの開口部を評価する

防火、準防火地域にかかわりなく、延焼の恐れのある部分についての開口部について検討する

●開口部以外(外壁および軒裏)

表1 耐火等級(延焼のおそれのある部分(開口部))

等級	時間
3	60分以上
2	20分以上
1	—

表2 耐火等級(延焼のおそれのある部分(開口部以外))

等級	時間
4	60分以上
3	45分以上
2	20分以上
1	—

界壁および界床

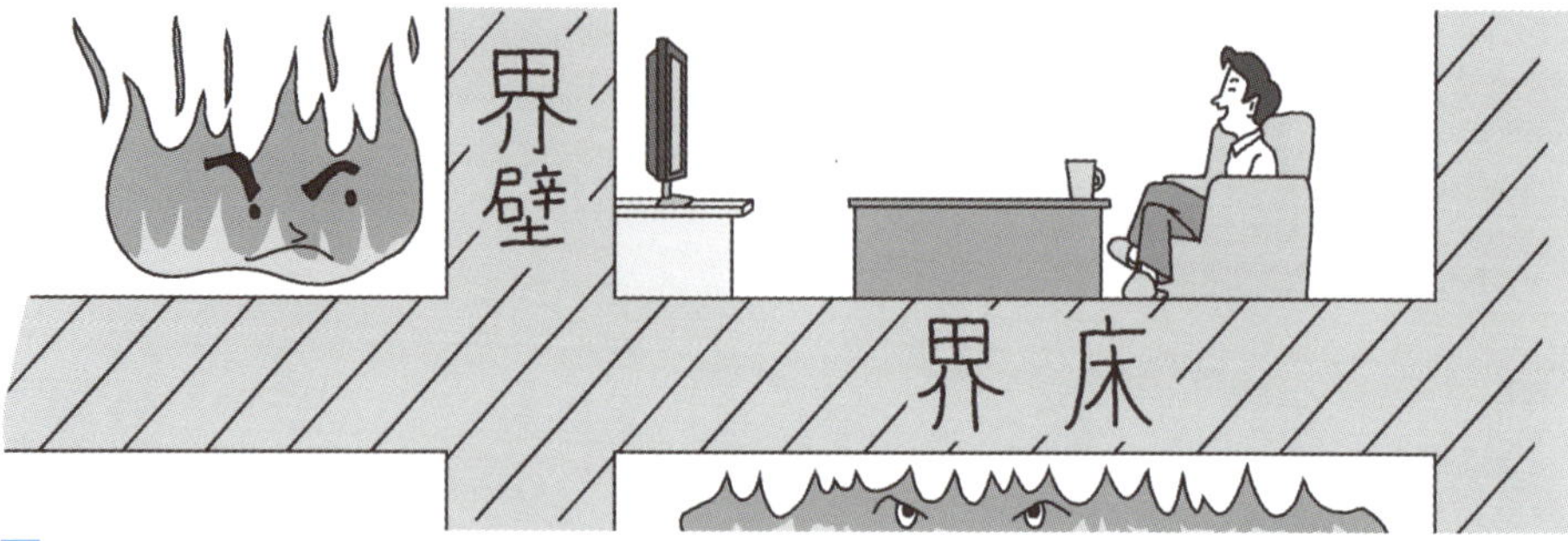

POINT

界壁・界床それぞれの性能の最も低い部分の遮熱時間により等級を決定する

界壁・界床とは

「界壁」とは、評価対象住戸と他住戸等との間に存する壁をいい、「界床」とは評価対象住戸と他住戸等との間に存する床をいう。

界壁および界床は一戸建て住宅には存在せず、共同住宅等の場合にのみ存在する。共同住宅等では建築物全体で見れば出火の危険性は一戸建住宅より高く、「界壁」あるいは「界床」を通じて上下左右の住戸と接しているため、一戸建て住宅のように隣棟間隔のような空間的な延焼防止性能を望むことができない。そのため、界壁あるいは界床の性能が重要であると考えられ、それらについての遮熱時間を以下の4つに分けて表示する（表）。

それぞれの等級は、等級4→60分以上、等級3→45分以上、等級2→20分以上、等級1→建築基準法レベルとなる。

なお、界床については下階床のみが対象となる。上階床については対象外となるので注意されたい。

等級4について

界壁・界床の耐火性能のうち、最高等級である等級4の代表的な例はコンクリートの壁および床で7㎝以上の厚さを確保できていれば等級4となる。

界壁の乾式工法

界壁において乾式工法を採用する場合、建築基準法で定められた仕様基準以外は特別評価方法となるため、認定番号・仕様を図書に記載する。

適用外となる例

他住戸等との間に存在する界壁・界床については評価対象住戸と一体となって使用される室※は含まれないため、このようなケースでは本基準の適用外となるため注意する。

※評価対象住戸と同一の者が使用する住戸や、評価対象住戸の居住者が営む店舗など

表　判定基準の具体的な仕様の例

部位	等級	告示番号	構造図	構造材または軸組	被覆材(両面)
界壁	4	平成12年建設省告示第1399号第1第一号に掲げる構造方法 平成12年建設省告示第1399号第1第二号に掲げる構造方法 平成12年建設省告示第1399号第1第三号に掲げる構造方法	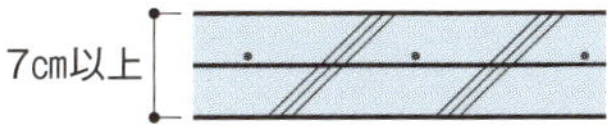	鉄筋コンクリート・鉄骨鉄筋コンクリート7cm以上	—
			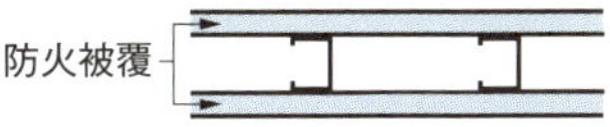	鉄骨	鉄網モルタル(塗り下地は不燃材料) 3cm厚以上 鉄網パーライトモルタル(塗り下地は不燃材料) 3.5cm厚以上 コンクリートブロック・石・れんが4cm厚以上
			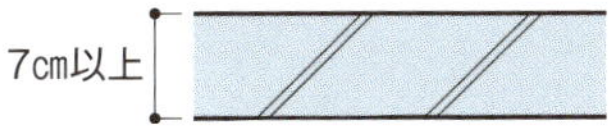	コンクリートブロック・無筋コンクリート・石・れんが7cm厚以上	—
			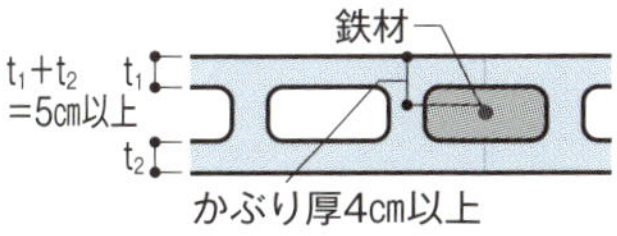	コンクリートブロック・石・れんが(鉄材で補強) 5cm厚以上(鉄材のかぶり厚が4cm以上のもの)	—
			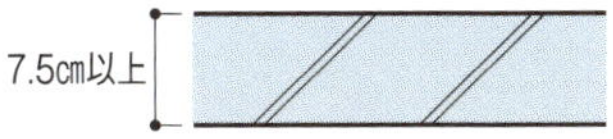	高温高圧蒸気養生された軽量気泡コンクリート製パネル7.5cm厚以上	—
			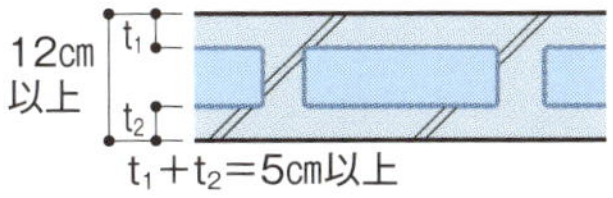	中空コンクリート製パネル(中空部分にパーライトまたは気泡コンクリートを充填したもの)12cm厚以上	—
		令和元年国土交通省告示第195号第1第1号ハからホまでに掲げる構造方法	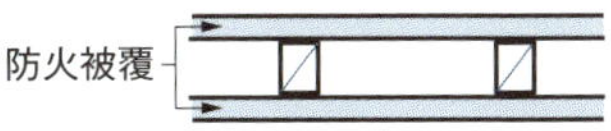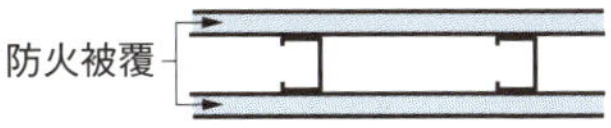	(間柱および下地)木材または鉄材	(1) 12mm厚以上の石膏ボード2枚張り (2) 8mm厚以上のスラグ石膏系セメント板+12mm厚以上の石膏ボード (3) 16mm厚以上の強化石膏ボード (4) 12mm厚以上の強化石膏ボード+9mm厚以上の石膏ボードまたは難燃合板 (5) 9mm厚以上の石膏ボードまたは難燃合板+12mm厚以上の強化石膏ボード
	3	平成12年建設省告示第1358号第1第1号ハor二 平成12年建設省告示第1358号 第2号 ハor二のいずれかに掲げる構造方法	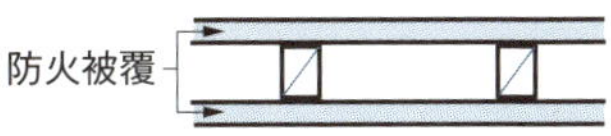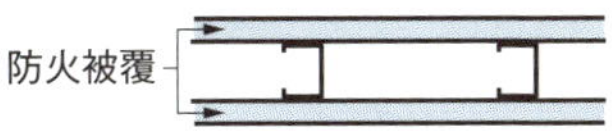	(間柱および下地)木材または鉄材	(1) 15mm厚以上の石膏ボード (2) 12mm厚以上の石膏ボード+9mm厚以上の石膏ボードまたは難燃合板 (3) 9mm厚以上の石膏ボードまたは難燃合板+12mm厚以上の石膏ボード
				(間柱および下地)不燃材料以外	(1) 12mm厚以上の石膏ボード+亜鉛鉄板または石綿スレート張り (2) 25mm厚以上の岩綿保温板+亜鉛鉄板または石綿スレート張り (3) 25mm厚以上の木毛セメント板+6mm厚以上の石綿スレート張り (4) 石綿スレートまたは石綿パーライト板2枚張り合計15mm厚以上　など
界床	4	平成12年建設省告示第1399号 第1第3各号に掲げる構造方法	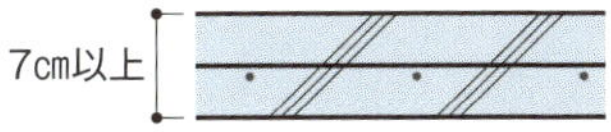	鉄筋コンクリート・鉄骨鉄筋コンクリート7cm厚以上	—

第3章

劣化・維持管理

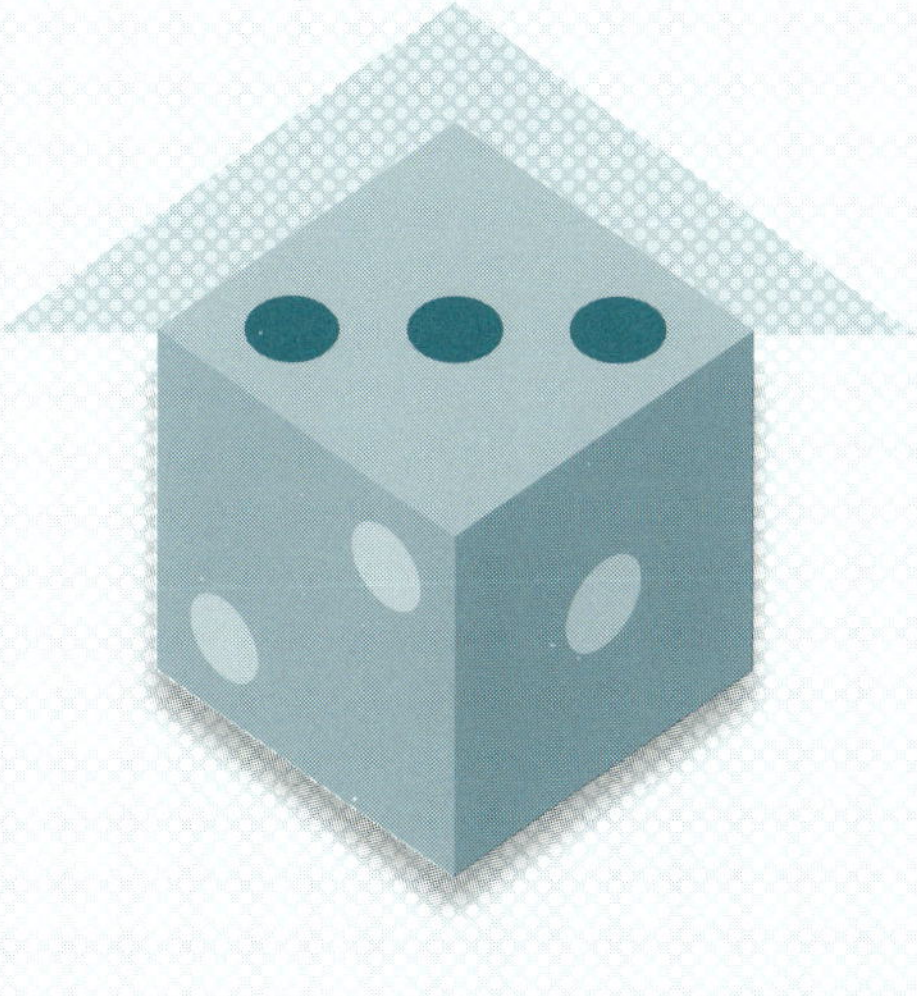

劣化の軽減※

POINT

住宅に使用されている材料の劣化の進行を遅らせるための対策がどの程度講じられているかを表示

材料の劣化と対策

住宅に使われている材料は、時間が経過するにつれて、水分や大気中の汚染物質などの影響を受けて、腐ったりさびたりして、劣化する。その結果、住宅をそのまま継続して使用することが困難となり、修繕や建替えが必要となることもある。

住宅性能表示制度では、柱、梁、主要な壁などの構造躯体に使用されている材料を主に着目して、劣化を軽減する（劣化の進行を遅らせるための）対策の程度を評価して等級で表示する。等級が高いほど、より長い耐用期間が確保できる対策が講じられていることを表す。

劣化対策等級とは

劣化対策等級は、構造躯体に使用する材料の交換等大規模な改修工事を必要とするまでの期間を伸長するために必要な対策の程度で示す（図4）。

各構造における対策方法

住宅の構造種別（木造・鉄骨造・鉄筋コンクリート造）により劣化の原因や対策の方法が異なる。

木造住宅（図1）では、水分や湿気による木材の腐朽やシロアリを軽減するための対策として、通気・換気をはじめとする構法上の工夫や、高耐久の木材の使用といった材料の選択などを評価する。鉄骨造住宅（図2）では、水分や大気中の汚染物質による鋼材のさびを軽減するための対策として、めっきや塗料の工夫や、換気を行うことなどを評価する。

鉄筋コンクリート造住宅など（図3）では、水分や大気の影響による鉄筋のさびなどの軽減対策として、鉄筋に対するかぶり厚さやコンクリートの強度の確保、コンクリートを保護する外装材の選択などを評価する。

※　住宅には様々な材料が様々な部位に使用されており、部位によって求められる耐用期間が異なるので、これら全てについて総合的に評価を行うことが困難なため、"構造躯体等に使用される材料の劣化を軽減する対策"を優先的に取り上げている。このため、比較的短期間で取り替えることが想定される内装や設備などについては対象外となる

図1 住宅の構造別チェックポイント(木造)

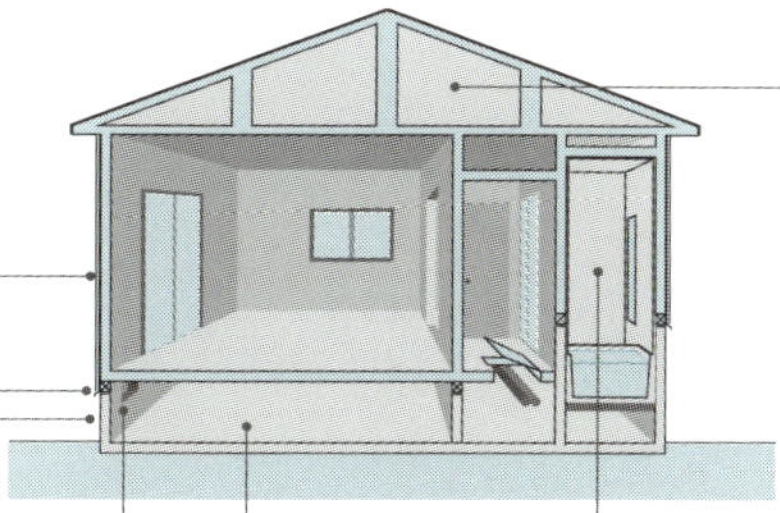

①外壁の軸組等の防腐・防蟻

□外壁が通気構造等となっている

□外壁の地面から1m以内にある軸材、下地材、合板に薬剤処理等がされている

②土台の防腐・防蟻

□外壁の下端に水切りが設けられている

□土台にヒノキ、ヒバ等が使用されている

③基礎の高さ

□地盤面から基礎上端等までの高さが40㎝以上ある

④床下の防湿・換気

□床下がコンクリート、防湿フィルム等で覆われている

□壁の長さ4m以下ごとに有効面積300㎠以上の換気口が設けられている

⑤小屋裏の換気

□次のいずれかの換気措置がされている

(i) 小屋裏給排気
天井面積の1/300以上

(ii) 軒裏給排気
天井面積の1/250以上

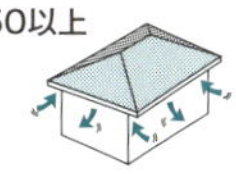

(iii) 軒裏給排気・小屋裏排気
給気口・排気口ともに、天井面積の1/900以上

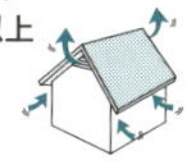

(iv) 軒裏給気・排気塔排気
給気口:天井面積の1/900以上
排気口:天井面積の1/1,600以上

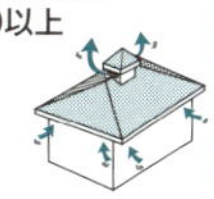

⑥浴室・脱衣室の防水

□次のいずれかの措置がされている

(i) 浴室・脱衣室の軸組・床組等に防水上有効な仕上げが施されている

(ii) 浴室が浴室ユニットになっている

(iii) ①外壁の軸組等の防腐・防蟻を満たす措置がされている

⑦地盤の防蟻

□基礎の内周等の地盤に防蟻措置(鉄筋コンクリート造ベタ基礎、有効な土壌処理など)がされている

⑧構造部材等

□建築基準法に定める劣化の軽減に関する規定を満たしている

図2 鉄骨造

①構造躯体の防錆

□鋼材の厚さに応じた防錆措置等がされている

②床下の防湿・換気
③小屋裏の換気

木造と同じ

④構造躯体の防錆

□建築基準法に定める劣化の軽減に関する規定を満たしている

図4 劣化対策等級(構造躯体等)

等級1	→ レベルアップ →	等級2	→ レベルアップ →	等級3 (最高等級)
建築基準法レベル		2世代の耐久性 **50〜60年**		3世代の耐久性 **75〜90年**

図3 鉄筋コンクリート造

①水セメント比

□かぶり厚さに応じて、規定の水セメント比以下のコンクリートが使用されている

●かぶり厚さ(α)
…コンクリート表面から鉄筋表面までの距離
⇒厚くすることで鉄筋の腐食を抑制します

●水セメント比
…コンクリート内の水とセメントの比率
⇒小さくすることで強度や耐久性が向上します

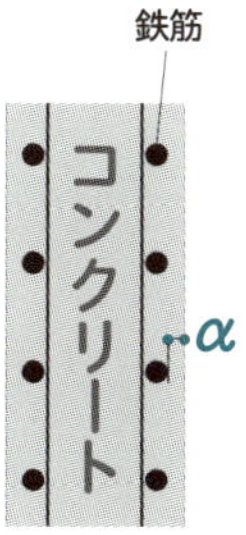

②セメントの種類/③コンクリートの品質

□日本産業規格に規定される一定のセメントが使用されている

□コンクリートの堅さ、含水量等が適正なコンクリートが使用されている

④部材の設計・配筋/⑤施工計画

□設計誤差を考慮して設計かぶり厚さが設定されている

□コンクリートを密実に充填するための方法が指定されている

⑥雨水の浸透対策

□パラペット等の上端部がアルミニウム製笠木等で覆われている

⑦構造部材等

□建築基準法に定める劣化の軽減に関する規定を満たしている

軸組み・土台［木造］

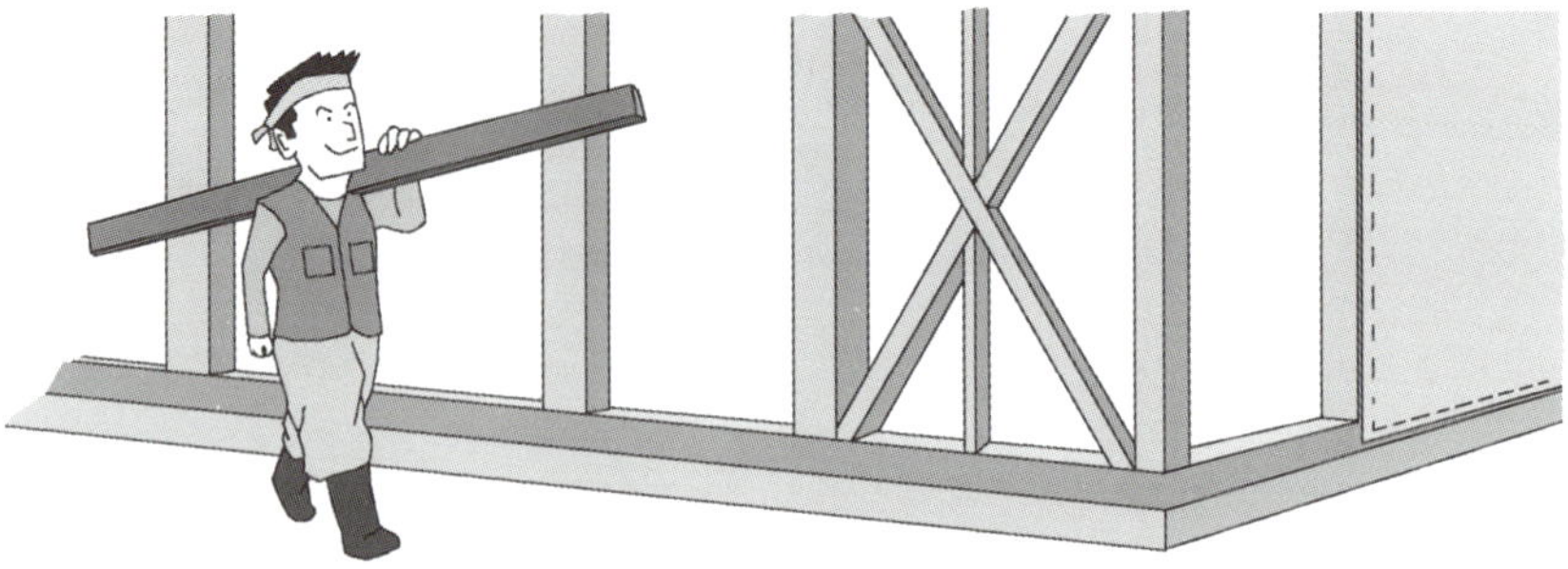

POINT

外壁の軸組みと土台の劣化対策…腐朽菌によって腐ったり、シロアリに食べられたりしないように

木造は、腐朽菌によって腐ったり、シロアリに食べられたりして劣化する。木造住宅の場合はこの2種類の劣化対策を評価する。

軸組みの劣化対策

外壁の軸組みとは、外壁部分の柱・間柱・筋かいまたは合板・下地材（胴縁含む）をいう（図1）。

雨や湿気の影響を受けやすい外壁廻りの軸組みは、地面から高さ1mまでの部分について、①耐久性の高い樹種（耐久性区分D1）（表2）を使っているか ②断面寸法が十分あるか ③通気が確保されているか ④有効な薬剤処理が施されているかで等級が決まる（表1）。

外壁の通気構造は、軸組内部の湿気を外部に放出する仕組みになっており、軸組内部の結露を防ぎ、木材をいつまでも適度な乾燥状態にしておくことができる構造である（図2）。住宅性能表示では、通気構造を外壁の外壁仕上げと軸組の間に中空層の通気路を設けた構造と、軒の出を90cm以上とした真壁構造（柱が直接外気に接する構造）をいう。

薬剤処理とは、有効な薬剤を塗布・加圧注入・浸漬・吹付け・接着剤に混入したものをいう。薬剤処理を行う場合は柱・間柱の小口、ほぞまで行い、柱の室内側のみえがかりは行わない。

土台の劣化対策

土台は地面に近く、もっとも腐りやすい部分である。耐久性の高いヒバやヒノキを使い、床下換気や防湿により腐らせないようにすることが大切である。

土台については、等級2以上は①耐久性の高いヒノキ等の樹種かK3以上の薬剤処理を施す ②土台に接する外壁下端に水切りを設置することが必要である。

表1　外壁の軸組み・土台の防腐防蟻の基準

	部位	等級3	等級2
外壁の軸組み	柱・間柱 筋かい 胴縁 面材	A～Cのいずれか A　外壁は通気構造 軸組は製材・集成材 外壁下地は製材・集成材または構造用合板 部材の小径・樹種は次のいずれか ・薬剤処理 ・小径13.5cm以上(樹種は不問) ・小径12cm以上かつD_1の樹種 ・小径不問でヒノキ等の樹種 B　使用材料にK3以上の防腐・防蟻処理 (北海道・青森県は防蟻処理は不要) C　上記AまたはBと同等の有効な措置	A～Eのいずれか A　外壁は通気構造 B　製材・集成材 防腐・防蟻の薬剤処理 C　部材小径12cm以上(樹種不問) D　部材小径不問でD_1の樹種 E　上記A～Dと同等の有効な措置
土台	土台	A～Cのいずれか A　土台にK3以上の防腐・防蟻処理(北海道・青森県はK2相当以上の防腐・防蟻処理) B　土台にヒノキ等の樹種　ヒノキ等　ヒノキ、ヒバ、ベイヒ、ベイスギ、ケヤキ、クリ、ベイヒバ、タイワンヒノキ、ウエスタンレッドシーダー C　上記AまたはBと同等の有効な措置	
	構法上	土台に接する外壁の下に水切設置	

等級3では、通常想定される自然条件及び維持管理条件の下で3世代（1世代は25～30年）まで伸長するために必要な対策が講じられているかを示す。等級2の場合は2世代、等級1は建築基準法の規定を満たしていることを示す

表2　耐久性区分D_1

ヒノキ、ヒバ、ベイヒバ(パシフィックコーストイエローシーダー)、ケヤキ、アピトン、ウエスタンラーチ、ウエスタンレッドシーダー、カプール、カラマツ、クヌギ、クリ、ケンパス、スギ、セランガンバツ、タイワンヒノキ、ダグラスファー、ダフリカカラマツ、タマラック、ベイスギ、ベイヒ、ベイマツ、ミズナラ、サイプレスパイン、ボンゴシ、イペ、ジャラ

図1 外壁の軸組等

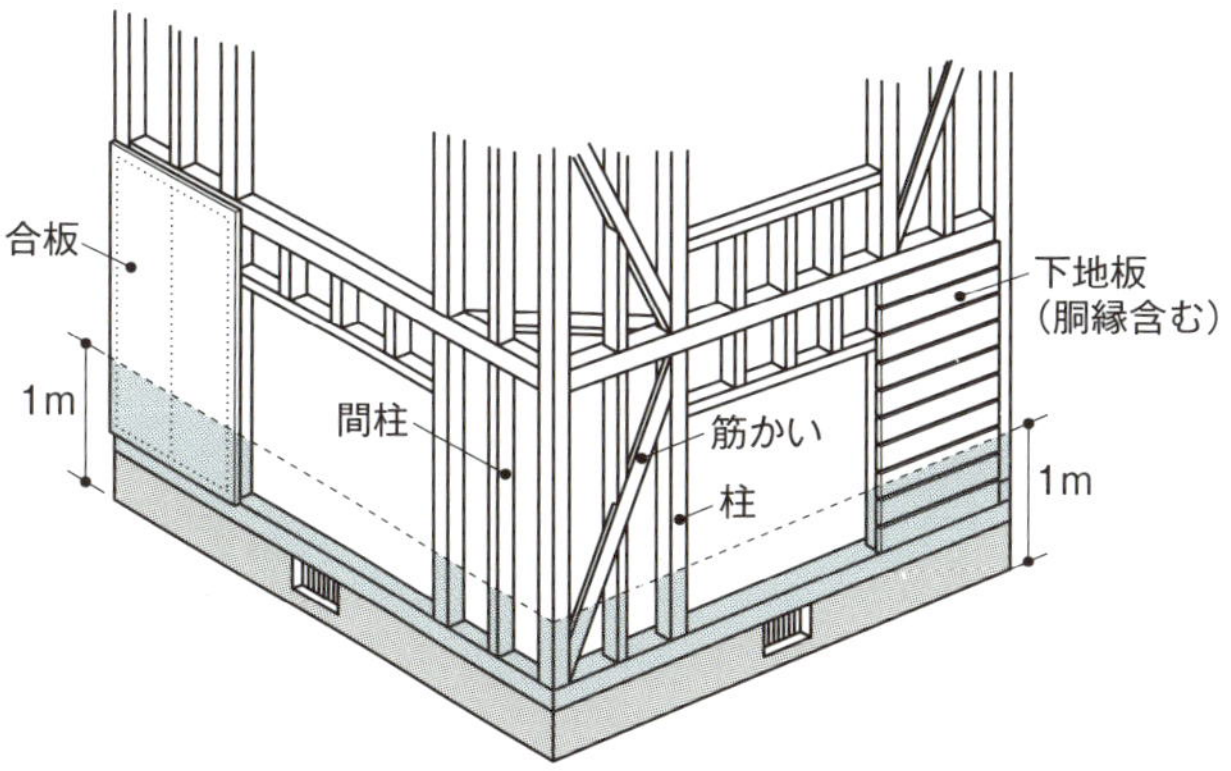

図2 通気構造

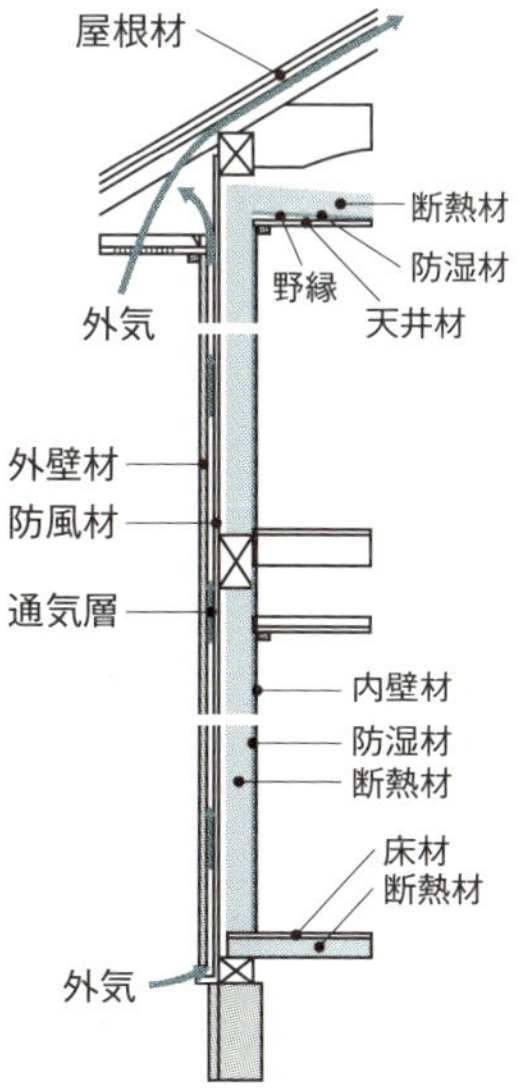

浴室・脱衣室［木造］

POINT

浴室や脱衣室の壁の軸組み・床組および天井の防水対策

防水対策の必要な箇所

木造の場合、浴室の壁の軸組・床組および天井、また、脱衣室の壁の軸組・床組などが、湿気により腐朽し、劣化する。このため、軸組や床組が腐朽しないように防水対策を行う必要がある。

住宅性能表示制度（等級3または2）では、軸組や床組等に①外壁の軸組等と同じ対策を行う ②防水性の高い仕上げを施す ③あるいは、浴室の場合日本産業規格A4416に規定する「ユニットバス」を使うなどが必要である（表）。

なお、1階の浴室廻りの腰壁をコンクリートブロック造や鉄筋コンクリート造とした場合はその部分の防水処置は不要になる（図2）。

防水措置の留意点

防水上有効な仕上げとは、継目がなく防水性のある仕上げ材（ビニールクロス、ビニール床シート等）の使用をいう。継目のある仕上げ材（撥水性のあるフローリングやPタイル等）を用いる場合は、下地に耐水性のある下地（耐水石こうボード、「シージング石こうボード」（図1）耐水合板等）を用い、軸組等や床組に水などが侵入しないようにすることが必要である。

防腐処置の留意点

防腐処置を行う場合は、浴室の軸組等・床組・天井、脱衣室の軸組等・床組のすべてに行う。

浴室または脱衣室が2階以上にある場合、床組の下地材まで防腐処置を行う必要がある。

表　浴室・脱衣室の防水の基準

	部位	等級3	等級2
浴室 脱衣室	壁の軸組み 床組 天井	A～Dのいずれか A　防水上有効な仕上げを施す（シージング石こうボード貼り、ビニールクロス貼りなど） B　浴室は浴室ユニット（ユニットバス） C　AまたはBと同等の措置 D　「外壁の軸組みの基準」の等級3を満たす	A～Dのいずれか A　防水上有効な仕上げを施す（シージング石こうボード貼り、ビニールクロス貼りなど） B　浴室は浴室ユニット（ユニットバス） C　AまたはBと同等の措置 D　「外壁の軸組みの基準」の等級2を満たす

図1　シージング石こうボードの吸水率

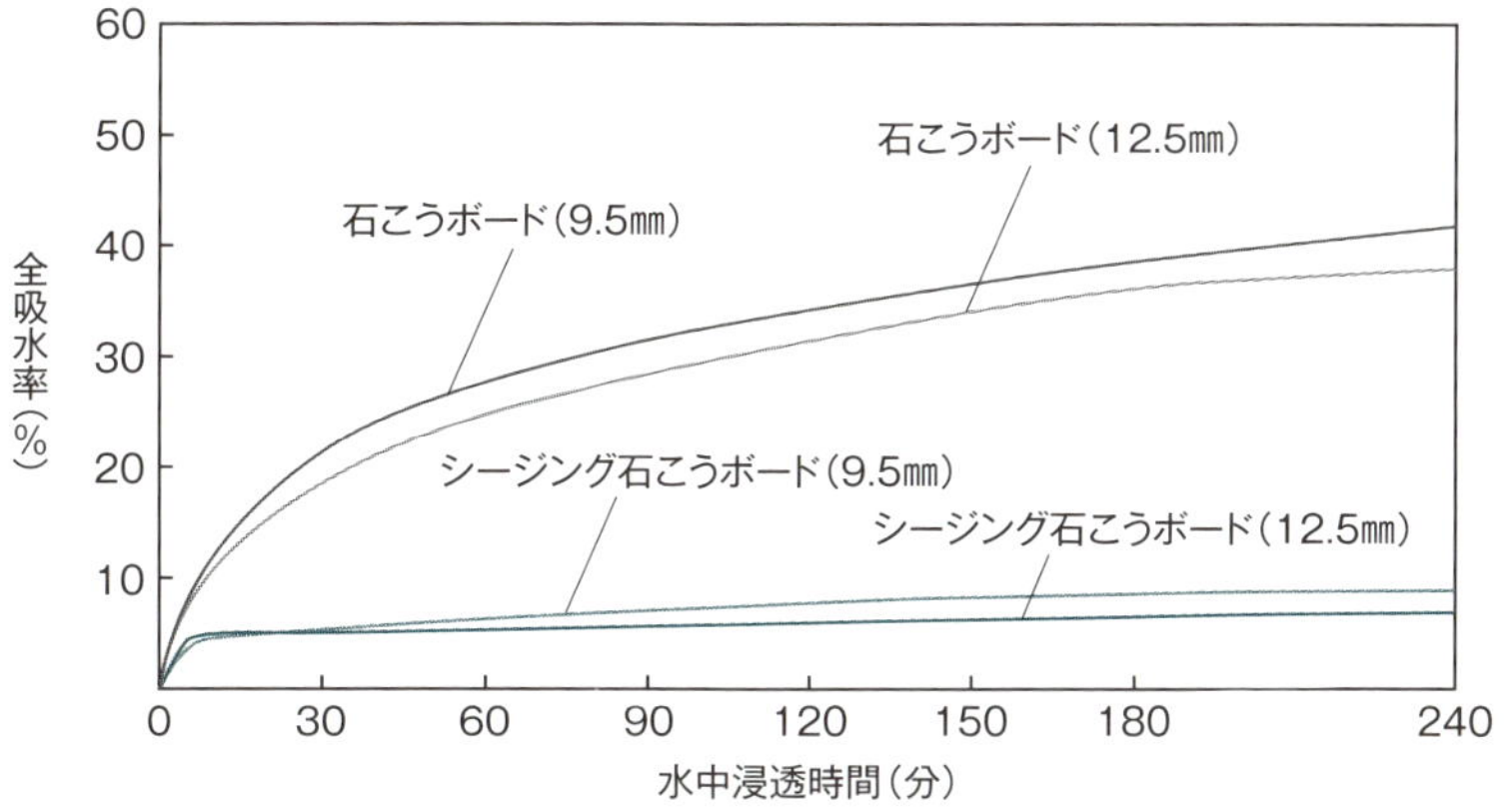

図2　1階の浴室廻りで防水処置の不要な部分

コンクリートブロック造の腰壁

鉄筋コンクリート造の腰壁

地盤と基礎、床下［木造］

POINT

地盤のシロアリ対策と床下の防湿対策

木造住宅の床下部分の劣化対策は、地盤のシロアリ対策、床下の防湿対策がある（表）。

劣化対策等級3、2では以下の対策が必要である。

シロアリ対策

地盤のシロアリ対策として、基礎の内周部および束石の周囲の地盤に防蟻剤などの薬剤処理を施すか、鉄筋で布基礎と一体となった防湿コンクリートまたはべた基礎で覆うことが必要である。

ただし、シロアリがほとんど育成していない地域、具体的には北海道および青森、岩手、秋田、宮城、山形、福島、新潟、富山、石川、福井の各県では適用されない。

基礎の高さ

基礎の立上り高さは、雨の跳ね返りや地盤の湿気が床に届かないように地面から基礎上端まで又は地面から土台下端までの高さを400㎜以上とする。

床下防湿

床下の防湿対策は、建築物の耐久性の維持において重要な部分である。そのためコンクリートや防湿フィルムで地盤面を覆い、地面から湿気があがってこないようにするとともに、床下に換気口を設け、床下換気を行うことが必要である（図1）。

なお、基礎断熱工法の場合は、床下の防湿対策が十分であれば、換気口を設ける必要はない（図2）。

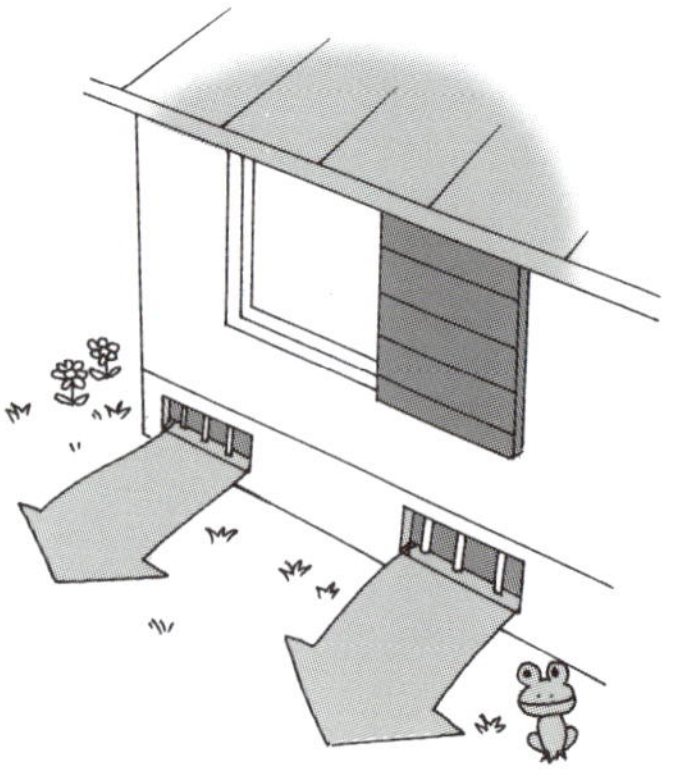

表　地盤の防蟻および床下の防湿・換気の基準（等級３および等級２）

	部位	基礎断熱工法以外	基礎断熱工法の場合※
地盤	地盤の表面	A～Cのいずれか A　地盤上をコンクリートで覆う （べた基礎又は布基礎と一体となったコンクリート） B　防蟻に有効な土壌処理 C　AまたはBと同等の有効な措置	A～Bのいずれか A　地盤上をコンクリートで覆う （べた基礎または布基礎と一体となったコンクリート） B　Aと同等の有効な措置
基礎	基礎高さ	地面から基礎上端まで又は,地面から基礎上端までの高さは400㎜以上	
床下	防湿措置	A～Bのいずれか A　床下を厚さ60㎜以上のコンクリートで覆う B　床下を0.1㎜以上の防湿フィルムなどで覆う	A～Bのいずれか A　床下を厚さ100㎜以上のコンクリートで覆う B　床下を厚さ0.1㎜以上の防湿フィルムで覆う （防湿フィルムの重ね幅を300㎜以上とし、厚さ50㎜以上のコンクリートなどで押さえる）
	換気措置	A～Bのいずれか A　壁の長さ4m以下ごとに有効面積300㎠以上の換気口を設置 B　壁の全周に壁長さ1m当たり有効面積75㎠以上の換気口を設置（ねこ土台）	基礎断熱工法では上記の防湿措置があれば換気口を設ける必要なし

※ 基礎に用いられる断熱材の熱抵抗が、地域区分（5-1(2)イ①に規定）に応じそれぞれに掲げる数値以上であること

図1　一般の床下

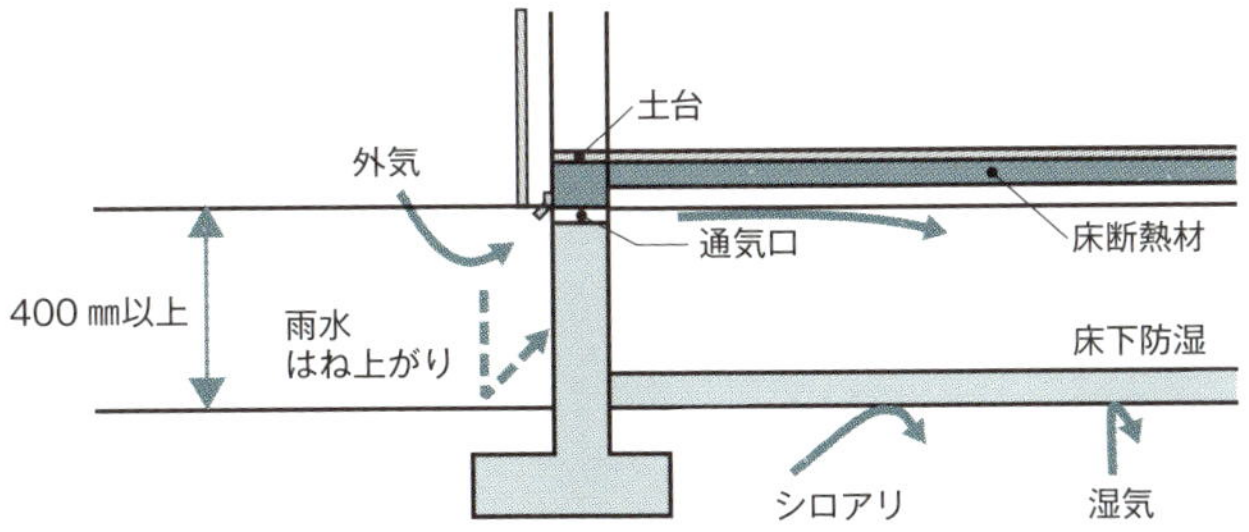

図2　基礎断熱工法の床下

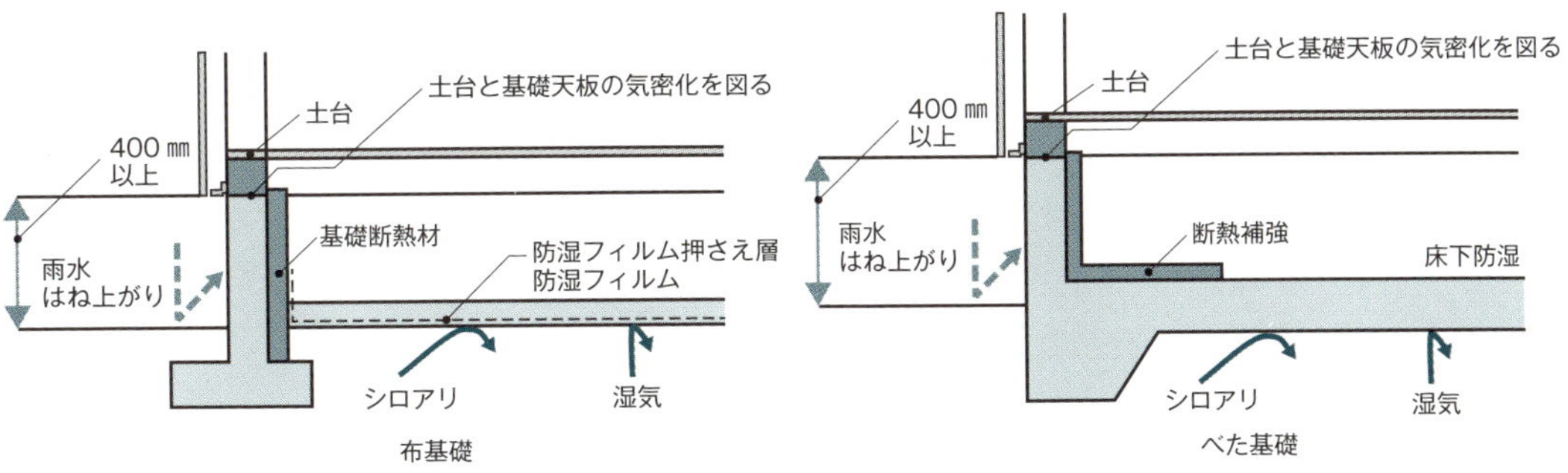

小屋裏換気［木造］

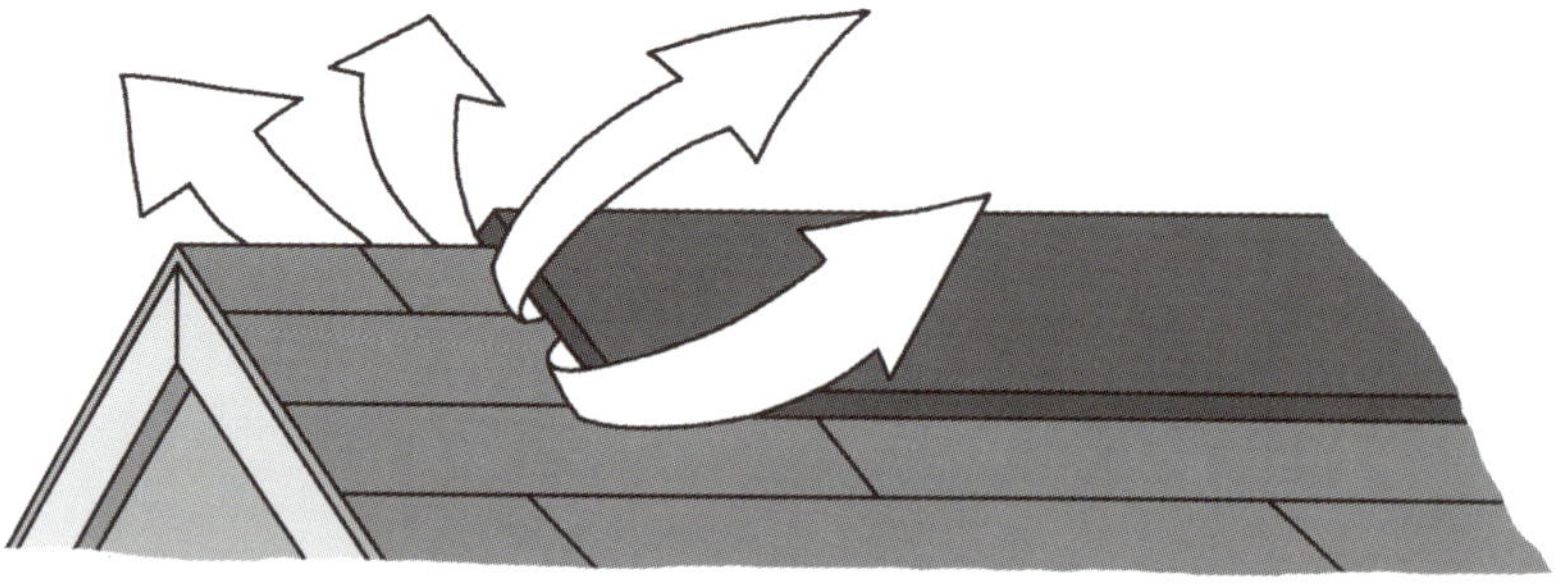

POINT

小屋裏に発生する湿気を取り除くため換気口を設ける

換気の目的

木造住宅の構造躯体の木材の腐朽を防止するには、住宅全体の換気システムが必要である（図１）。

屋外との境界となる小屋裏・外壁・床下の部分の換気は必要である。

特に小屋裏※（一般的には屋根裏と呼ばれる部分）は、建築物の部位において一番太陽に近く、夏季には異常な熱気を帯びる。そのため、小屋裏を適度に換気し、熱気を排出することは、木材に必要な水分が乾燥するのを防ぐとともに、直下の部屋の断熱効果にとって大きな役割を果たす。また、小屋裏換気は結露防止においても重要であり、換気が十分ではない場合、結露がたまり、雨漏りのような問題が発生することもある。

住宅性能表示制度の劣化対策等級3、2では、小屋裏に発生する湿気を取り除くため、換気口を設ける対策が必要である。

換気方式と換気口の有効面積

換気方式には、換気口（給気・排気）を設ける部位により「小屋裏給排気」「軒裏給排気」「軒裏給気・小屋裏排気」「軒裏給気・排気塔排気」の方式がある（図２）。

それぞれの小屋裏換気方式には天井面積に対する必要な換気口の有効面積の割合が定められている。

※ 小屋裏換気口の基準は下屋やルーフバルコニーのような空間にも適用される。

図1 木造住宅の換気システム(床下・外壁・小屋裏)

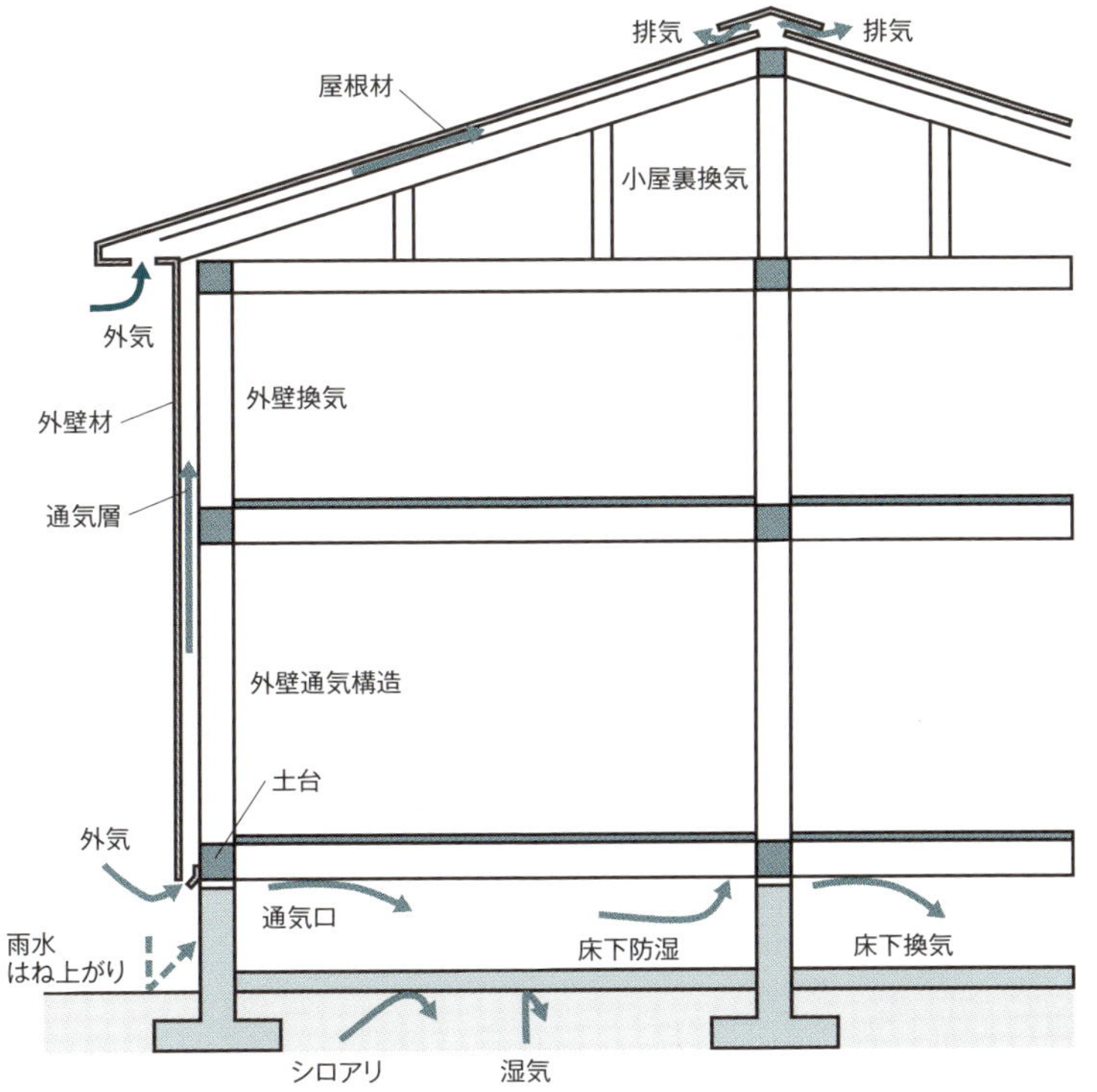

図2 小屋裏換気方式

①小屋裏給排気

屋外に面する小屋裏の壁の換気上有効な位置に2以上の換気口を設けたものとし、換気口の有効面積の合計の、天井面積に対する割合を1/300以上とする。

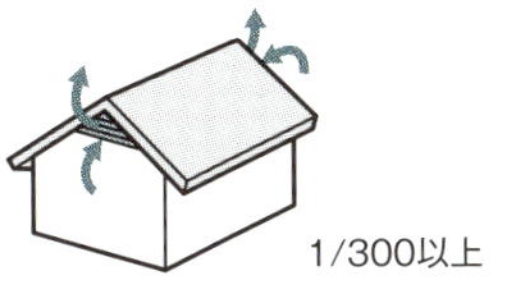

②軒裏給排気

軒裏の換気上有効な位置に2以上の換気口を設けたものとし、換気口の有効面積の合計の、天井面積に対する割合を1/250以上とする。

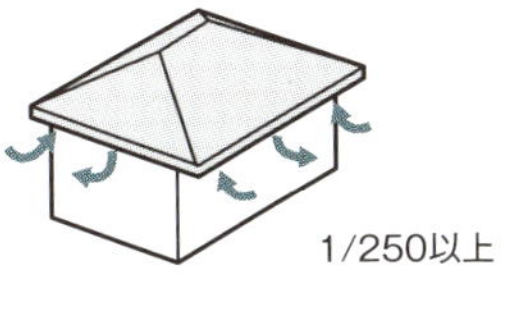

③軒裏給気・小屋裏排気

軒裏または屋外に面する小屋裏の壁に給気口を設け、かつ屋外に面する小屋裏の壁に排気口を垂直距離で給気口と90㎝以上離して設けたものとし、給気口および排気口の有効面積の天井面積に対する割合をそれぞれ1/900以上とする。

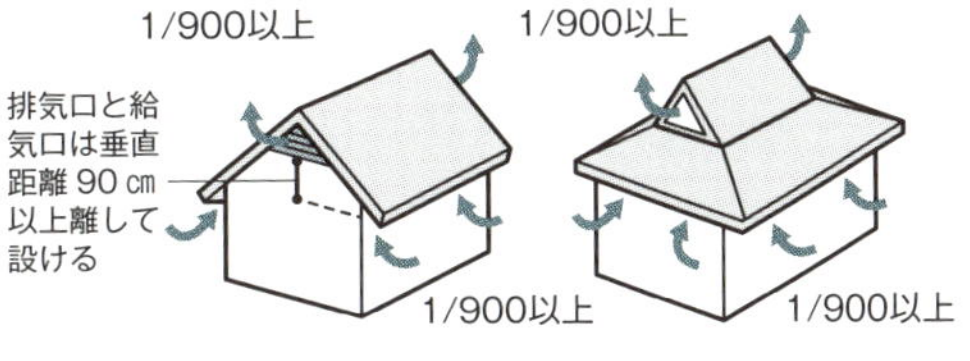

④軒裏給気・排気塔排気

軒裏または屋外に面する小屋裏の壁に給気口を設け、かつ小屋裏の頂部に排気塔等の排気口を設けたものとし、給気口および排気口の有効面積の天井面積に対する割合をそれぞれ1/900以上、1/1,600以上とする。

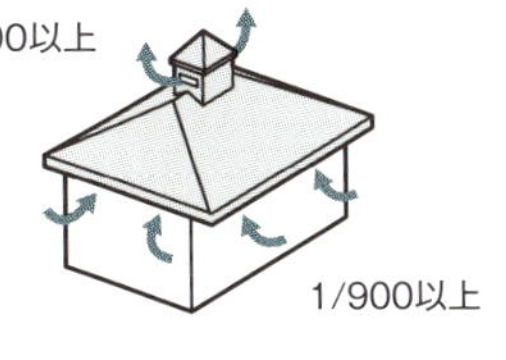

防錆《ぼうせい》対策［S造］

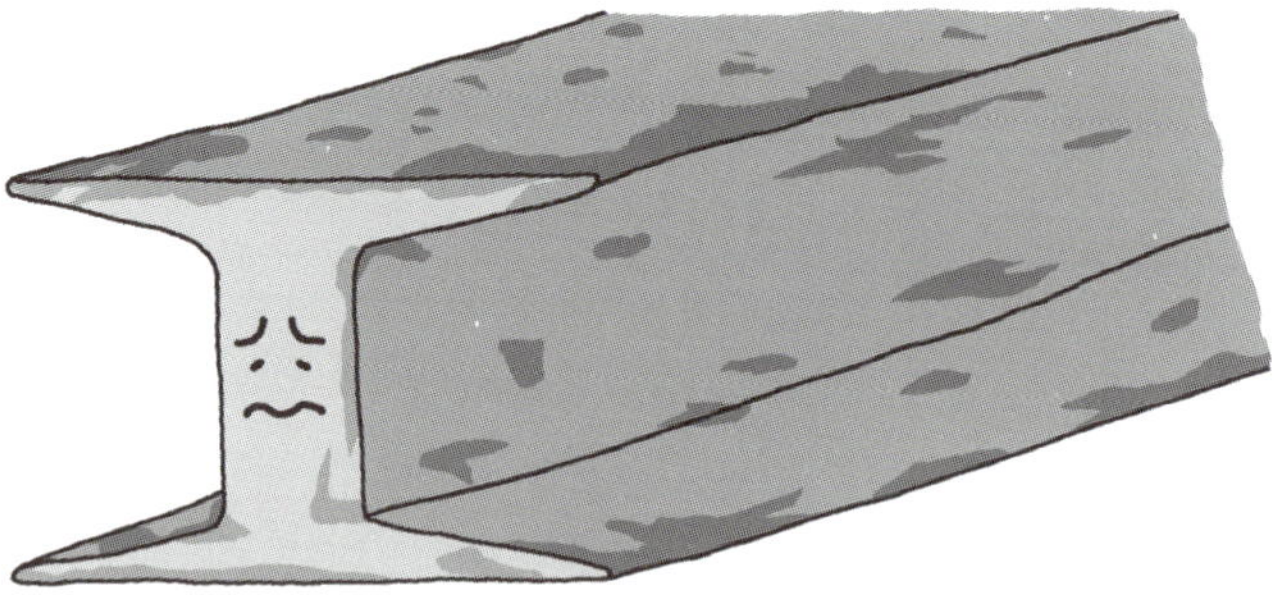

POINT

**鉄骨造住宅は鉄骨のさびによる劣化の対策を評価する
…鉄骨の厚さとさび止め仕様で等級が決まる**

等級の区分方法

鉄骨（鋼材）は、水や大気中の汚染物質（二酸化硫黄など）によってさびて劣化する。

住宅性能表示制度では、鉄骨造住宅の場合はさびによる劣化の対策を評価する。

劣化対策等級は、柱・梁および筋かいが腐食により断面欠損10％に至るまで、耐久性を保持できるようにするために必要な防錆処置により区分している。

鉄骨の防錆対策

等級ごとに鉄骨の厚さ（鋼材の板厚）により使用できるさび止め塗装や溶融亜鉛メッキ仕様が決められている（表）。特に湿気が生じやすい柱脚部はさび止め効果の高い塗装やメッキ仕様が指定されている。

柱脚部とは、柱の脚部をコンクリートに埋め込む場合は、コンクリート上端の下方10㎝から上方1mまでの範囲をいい、柱の脚部をコンクリートに埋め込む場合以外の場合は、柱の下端から1mまでの範囲をいう（図）。

さび止め塗料について

さび止め塗料は種類も多く、価格・性能の点でも多岐に及ぶので、目的と予算に合ったものを選ぶ必要がある。

表　鉄骨の板厚と塗装仕様

最下階（地階を除く）の柱脚部

	塗装仕様	劣化等級	等級3				等級2		
		鉄骨の板厚	12mm以上	9mm以上	6mm以上	2.3mm以上	9mm以上	6mm以上	2.3mm以上
a	鉛・クロムフリーさび止めペイント（1回）＋鉛クロムフリーさび止めペイント（1回）		×	×	×	×	○	×	×
b	ジンクリッチプライマー（1回）		×	×	×	×	○	×	×
c	2液形エポキシ樹脂プライマー（1回）		×	×	×	×	○	×	×
d	厚膜形ジンクリッチペイント（1回）		○	×	×	×	○	○	×
e	鉛・クロムフリーさび止めペイント（2回）＋合成樹脂調合ペイント（2回）		○	×	×	×	○	○	×
f	2液形エポキシ樹脂プライマー（1回）＋合成樹脂調合ペイント（2回）		○	×	×	×	○	○	×
g	2液形エポキシ樹脂プライマー（1回）＋2液形エポキシ樹脂エナメル（1回）		○	×	×	×	○	○	×
h	2液形エポキシ樹脂プライマー（1回）＋2液形エポキシ樹脂エナメル（2回）		○	○	×	×	○	○	○
i	ジンクリッチプライマー（1回）＋2液形厚膜エポキシ樹脂エナメル（1回）		○	○	×	×	○	○	○
j	ジンクリッチプライマー（1回）＋2液形エポキシ樹脂プライマー（1回）＋2液形エポキシ樹脂エナメル（1回）		○	○	○	×	○	○	○
k	ジンクリッチプライマー（1回）＋2液形エポキシ樹脂プライマー（1回）＋2液形エポキシ樹脂エナメル（2回）		○	○	○	○	○	○	○
l	ジンクリッチプライマー（1回）＋2液形厚膜エポキシ樹脂プライマー（1回）＋2液形厚膜エポキシ樹脂エナメル（2回）		○	○	○	○	○	○	○

一般部

	塗装仕様	劣化等級	等級3				等級2		
		鉄骨の板厚	12mm以上	9mm以上	6mm以上	2.3mm以上	9mm以上	6mm以上	2.3mm以上
a	鉛系さび止めペイント（1回）＋鉛系さび止めペイント（1回）		規定なし 一般さび止めOK	○	×	×	規定なし 一般さび止めOK	○	×
b	鉛・クロムフリーさび止めペイント（1回）＋鉛クロムフリーさび止めペイント（1回）			○	×	×		○	×
c	ジンクリッチプライマー（1回）			○	×	×		○	×
d	2液形エポキシ樹脂プライマー（1回）			○	×	×		○	×
e	厚膜形ジンクリッチペイント（1回）			○	○	×		○	○
f	2液形エポキシ樹脂プライマー（1回）＋合成樹脂調合ペイント（2回）			○	○	×		○	○
g	2液形エポキシ樹脂プライマー（1回）＋2液形エポキシ樹脂エナメル（1回）			○	○	×		○	○
h	2液形エポキシ樹脂プライマー（1回）＋2液形エポキシ樹脂エナメル（2回）			○	○	×		○	○
i	ジンクリッチプライマー（1回）＋2液形厚膜エポキシ樹脂エナメル（1回）			○	○	×		○	○
j	ジンクリッチプライマー（1回）＋2液形エポキシ樹脂プライマー（1回）＋2液形エポキシ樹脂エナメル（1回）			○	○	○		○	○
k	ジンクリッチプライマー（1回）＋2液形エポキシ樹脂プライマー（1回）＋2液形エポキシ樹脂エナメル（2回）			○	○	○		○	○
l	ジンクリッチプライマー（1回）＋2液形厚膜エポキシ樹脂プライマー（1回）＋2液形厚膜エポキシ樹脂エナメル（2回）			○	○	○		○	○

図　柱脚部の範囲

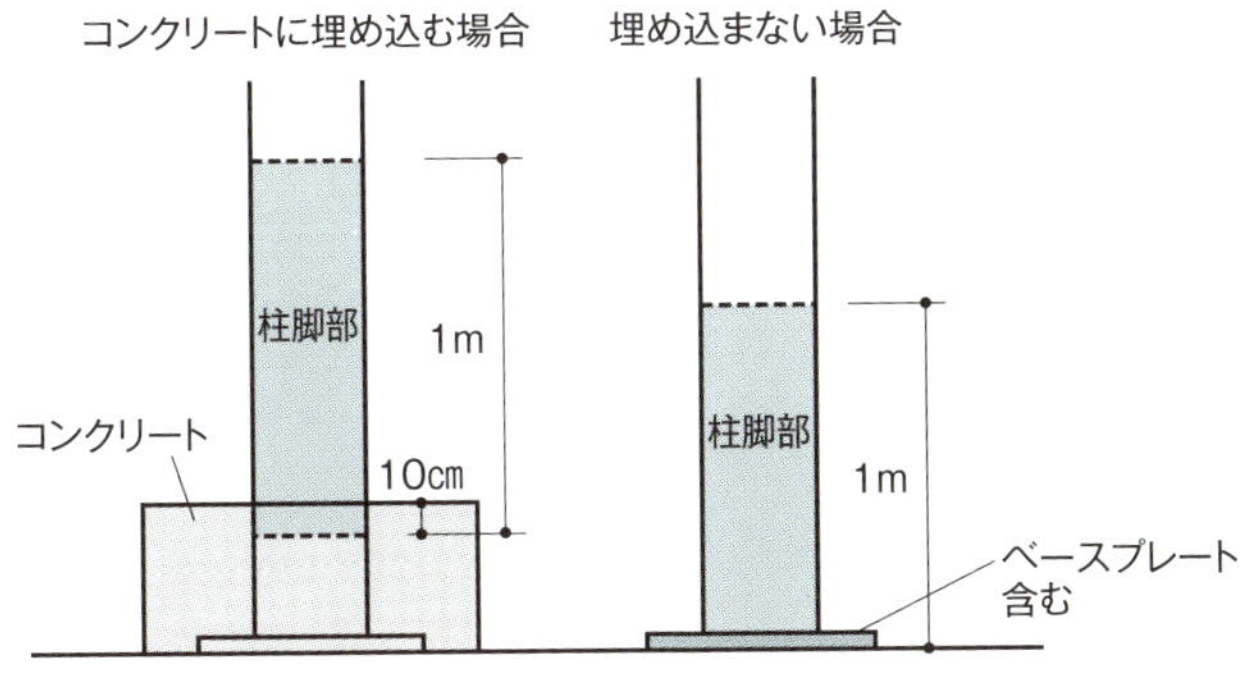

かぶり厚さと水セメント比［RC造］

POINT

コンクリートの中性化による鉄筋のさび防止対策
…コンクリートの水セメント比に応じたかぶり厚さ

鉄筋コンクリートは、鉄筋のまわりをコンクリートが覆っている。そして、コンクリートがアルカリ性を保っているうちは、鉄筋はさびないが、コンクリートが中性化してしまうとさびで劣化する(図1)。また、寒い地域では、コンクリートの水分が凍って膨らみ、コンクリートが傷んだりして劣化する。

住宅性能表示制度では、鉄筋コンクリート造の住宅は、このコンクリートの中性化による鉄筋のさび防止とコンクリートの凍害防止の対策が評価される。

コンクリートと中性化対策

コンクリートは打設当初は強アルカリ性で、水や空気などから鉄筋がさびるのを防いでいるが、年月とともにコンクリート表面から内部に向かって中性化が進み内部の鉄筋がさびやすくなっていく。そのため、鉄筋は表面から一定の距離をとって組み立てる。この距離をかぶり厚さという(表)。

また、コンクリートを配合(調合)する際の水とセメントの量の比率のうち、水を少なくすると中性化の進行を著しく遅らせることができる。

水セメント比とは、セメントの重さに対する水の重さの割合のことである(図2)。

等級により、コンクリートの水セメント比に応じて、各部位のかぶり厚さを決めている。

凍害防止

空気量はコンクリートの耐凍害性に関係が深く、一定の空気量(4~6%)の確保ができれば良好な耐凍害性が確保できる。空気量が多いと耐凍害性の面では有利だが、多すぎると強度が低下する等の問題もある。なお、空気量の規定は沖縄等の温暖な地域を除く。

図1 中性化による鉄筋腐食とコンクリートひび割れのメカニズム

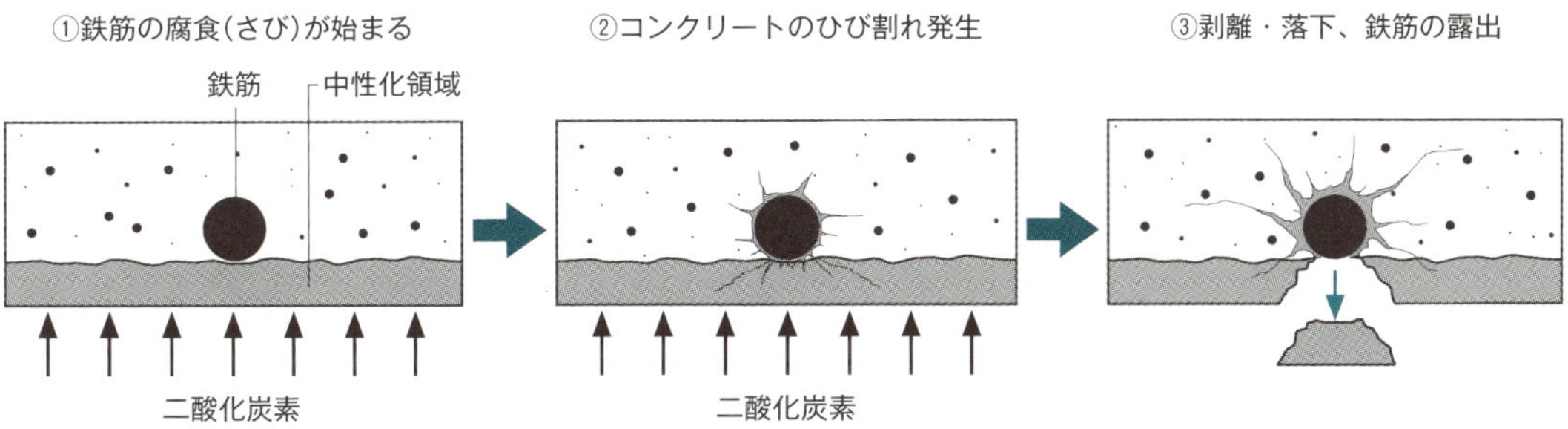

表 最小有効かぶり厚さ

(単位：cm)

部位		劣化等級	等級3		等級2		等級1
		水セメント比	50%以下	55%以下	55%以下	60%以下	規定なし
土に接しない部分	耐力壁以外の壁又は床	屋内	2	3	2	3	2
		屋外	3	4	3	4	
	耐力壁・柱・はり又は壁ばり	屋内	3	4	3	4	3
		屋外	4	5	4	5	
土に接する部分	壁・柱・床・はり・基礎ばり又は基礎の立上り部分		4	5	4	5	4
	基礎(立上り部分及び捨てコンクリートの部分を除く)		6	7	6	7	6

図2 コンクリート1㎥当たりの砂・砂利・セメント・水の重量比率

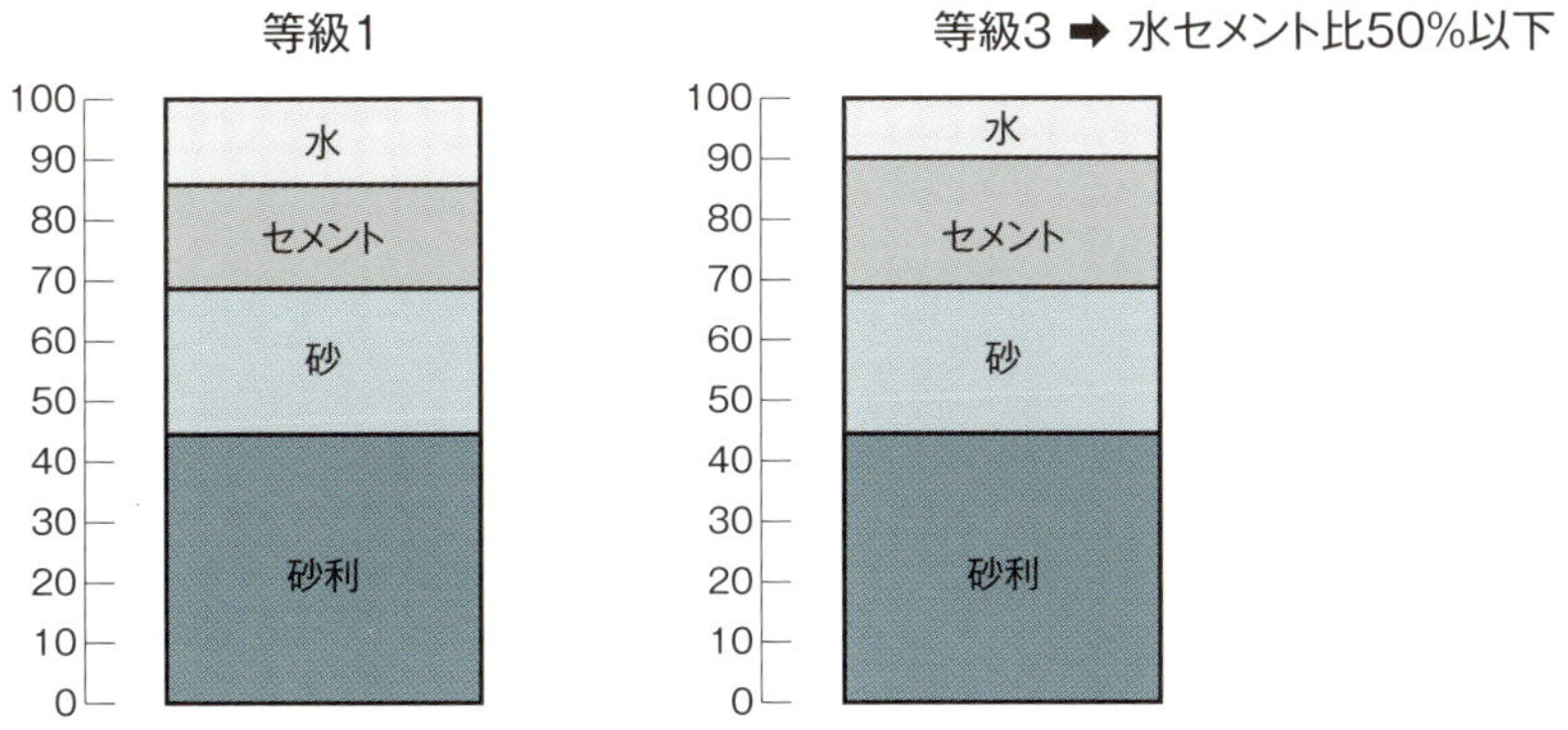

コンクリートの品質・施工計画［RC造］

POINT

コンクリートの品質を確保するためのスランプ・単位水量・空気量とコンクリート充填施工の方法

コンクリートの品質

鉄筋コンクリート造の劣化対策等級3、2の場合は、コンクリートの品質を確保するために必要なスランプ・単位水量・空気量などの品質の基準値を設計図書に明示する（表1）。

スランプは生コン（生コンクリート）の流動性を表す数値である。コンクリートがセメントペーストと骨材の砂・砂利がばらばらに分離しないようにするために粘り気のある（硬めの）コンクリートにするためには、スランプを小さくする。

単位水量は生コン1㎥に含まれる水の量を表す。コンクリートの乾燥収縮の度合を小さくし、ひび割れが発生しにくくするためには、単位水量を少なくする必要がある。

空気量は生コンに含まれる空気の量である。コンクリートが硬化した後で、水分が凍って膨らみ、コンクリートが傷んだりしないようにするためには、内部に一定の空気量を確保して凍らないようにする。

施工計画

鉄筋コンクリート造の劣化対策等級3、2の場合は、鉄筋コンクリートの基本である、コンクリートの打込み・締め固め方法、打継ぎ部の処理方法、養生方法について、設計図書（仕様書）に明示する（表2）。

一般的にはJASS5（日本建築学会の建築工事標準仕様書・鉄筋コンクリート工事）に準拠することが多い。

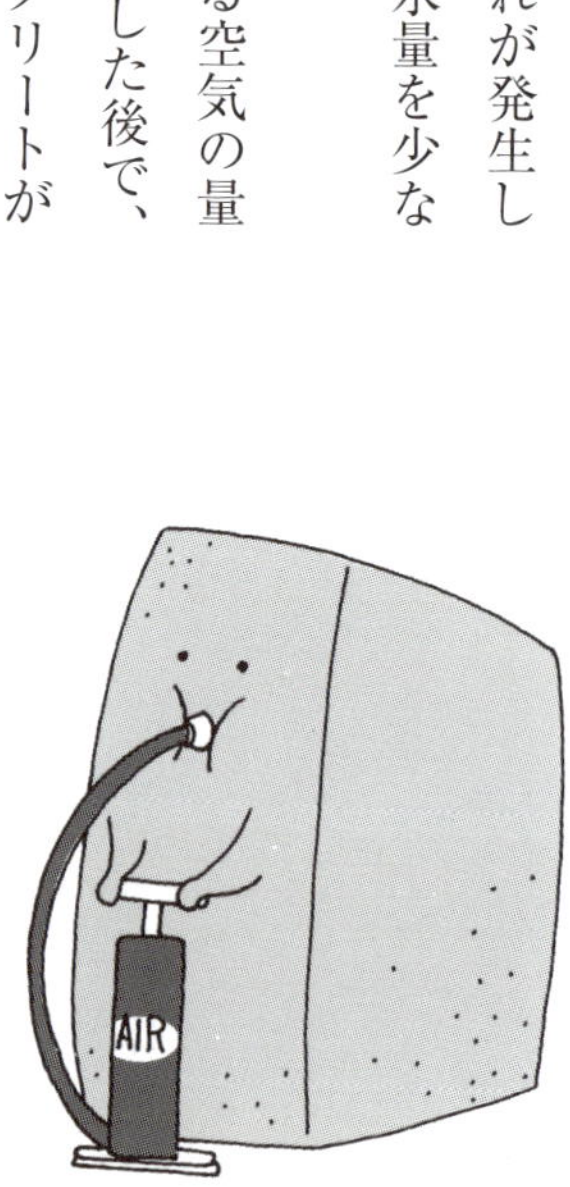

表1　コンクリートの品質

項　　目	基　　準
ス　ラ　ン　プ	18㎝以下(強度33N/㎟未満)
	21㎝以下(強度33N/㎟以上)
単　位　水　量	185kg/㎥以下
空　気　量※	4～6%

※　沖縄および日最低気温の平滑平年値の年間極値が0℃を下回らない地域を除く

表2　施工計画(明示例)

項　　目	内　　容
打込みおよび締め固めの方法	打込み ●コンクリートはできるだけ目的の位置に近づけ打込む ●打継ぎ部に締め固め不良やブリージング水の集中などによる脆弱部が生じないようにする ●1回の打設区画内は、コンクリートが一体になるように連続して打込む ●打込み速度は、良好な締め固めができる範囲とする(ポンプ工法：約20～30㎥／h) ●コンクリートの自由落下速度は、コンクリートが分離しない範囲とする ●打重ね時間間隔の限度は、コールドジョイントが生じない範囲で定める ●鉄筋、型枠、スペーサー、バーサポートの移動でかぶり厚さ不足が生じないようにする 締め固め ●鉄筋・埋設物の周囲や型枠の隅々までコンクリートが充填され密実なコンクリートにする ●締め固めは、コンクリート棒形振動機・型枠振動機・突き棒を用いる ●コンクリート棒形振動機は打込み各層ごとに用い、その下層に先端が入るように垂直に挿入する　振動機の挿入間隔は60㎝以下、加振はコンクリート上面にペーストが浮くまでとする ●型枠振動機は、コンクリートが密実になるよう順序立てて加振する
打継ぎ部の処理方法	打継ぎ部 ●打継ぎ位置は耐力への影響の少ない位置で下記とする ①　梁・床スラブの鉛直打ち継ぎ部は、スパンの中央付近 ②　柱・壁の水平打ち継ぎ部は、床スラブ・梁の下端、または床スラブ・梁・基礎梁の上端 ●打継ぎ部の形状は、打継ぎ面が鉄筋に直角で耐力低下が少なく、打込み前処理が円滑にでき、新たに打込むコンクリートの締め固めが容易に行えるようにする ●打継ぎ面は、レイタンス・脆弱コンクリート・ゴミなどを取り除き、新たに打込むコンクリートと一体になるよう処置する ●打継ぎ部は散水などで湿潤にし、打継ぎ面の水は打込み前に高圧空気で取り除く
養生方法	湿潤養生 ●打込み後のコンクリートは被覆・散水・噴霧などにより湿潤養生を行う ●気温が高い場合、風が強い場合、直射日光を受ける場合はコンクリート面が乾燥しないようにする 養生温度 ●寒冷期はコンクリートを寒気から保護し、打込み後5日間以上コンクリート温度を2℃以上に保つ ●初期凍害を受けないように養生する ●水和熱により中心部温度が外気温より25℃以上高くなる場合は、マスコンクリートに準じて温度応力の悪影響が生じないような養生を行う 振動・外力から保護 ●凝結硬化中のコンクリートが有害な振動・外力を受けないよう周辺の管理をする ●打設後、1日間はその上で作業してはならない

維持管理対策※

POINT

「配水管」「給水管」「給湯管」および「ガス管」の日常の管理対策の手厚さを評価

維持管理対策

維持管理対策においては、建築物を長く使用するために日頃の点検、補修および配管の更新などメンテナンスのしやすさを評価する（図1〜4）。

「維持管理」とは評価対象設備配管の全面的な交換が必要となるまでの期間内に実施される点検、清掃および補修をいう。

点検

「点検」とは、漏水やガス漏れなどの事故による配管の不具合を確認する行為であり、目視、触診による判断ができることを想定している。

具体的には、鏡や、懐中電灯などの一般に用いられる器具を挿入して行う視認や、腕を挿入するなどして行う触診等を想定し、これに対応できる建築物や設備配管の対策をとり上げている。

清掃

「清掃」とは、排水管内の滞留物および付着物の除去を行うことであり、一般に清掃治具が挿入できる「掃除口」や排水管端部のトラップ等から治具を挿入して滞留物および付着物を除去する行為を想定している。

ここでは一般的な清掃治具を用いて対応できる、配管側の対策をとり上げている。

補修

「補修」とは、漏水等による一定の不具合に対して修理や部品の一部交換によって初期の機能を保持することである。

具体的には、排水管、給水管、給湯管またはガス管に事故が発生した場合における当該箇所の修理および配管、バルブ、継手等の部品の部分的な交換などを指す。

※ 建物は構造躯体等の比較的耐用期間が長い部分と、配管や内外装などの比較的耐用期間が短い部分とが組み合わされてできている。耐用期間が短い部分については、日常の点検・補修などの維持管理を容易にするための対策も講じることが重要と考えており、給排水管、給湯管及びガス管の日常の維持管理を容易にするための対策の手厚さ、排水管の更新工事を軽減するための対策の手厚さ、間取り変更を行うために必要な情報の提供を優先に取り上げている（耐用期間が長い部分については劣化の軽減で評価）

図1 維持管理対策等級（専用配管）

- **最高等級 3**　維持管理を容易にすることに **特に配慮した措置**（右の表のa+b+c）
- **等級 2**　維持管理を行うための **基本的な措置**（右の表のa+b）
- **等級 1**　等級2に満たない

維持管理対策【専用配管】	
a	共同住宅等で他の住戸に入らず専用配管の維持管理ができる 例）他の住戸の専用部分に当該住戸の配管をしないこと
b	躯体を傷めないで点検及び補修を行うことができる 例）配管がコンクリートに埋め込まれていないこと（貫通部を除く）
c	躯体も仕上げ材も傷めないで点検・清掃を行うことができる 例）点検・清掃のための開口や掃除口が設けられていること

図2 維持管理対策等級（共用配管）共同住宅等

- **最高等級 3**　維持管理を容易にすることに **特に配慮した措置**（右の表のa+b+c+d）
- **等級 2**　維持管理を行うための **基本的な措置**（右の表のa+b）
- **等級 1**　等級2に満たない

維持管理対策【共用配管】	
a	躯体を傷めないで点検及び補修を行うことができる 例）配管がコンクリートに埋め込まれていないこと（貫通部を除く）
b	躯体も仕上げ材も傷めないで点検・清掃を行うことができる 例）適切な補修のための開口や掃除口が設けられていること
c	躯体も仕上げ材も傷めないで補修を行うことができる 例）点検・清掃のための開口や人通口が設けられていること
d	専用住戸内に立ち入らずに点検・清掃及び補修を行うことができる 例）共用配管が共用部分、建物外周部、バルコニーなどに設置されていること

図3 更新対策（共用排水管）共同住宅等

更新対策等級

- **最高等級 3**　更新を容易にすることに **特に配慮した措置**（右の表のa+b+c）
- **等級 2**　更新を行うための **基本的な措置**（右の表のa+b）
- **等級 1**　等級2に満たない

更新対策【共用排水管】	
a	躯体を傷めないで共用排水管の更新を行うことができる 例）共用排水管がコンクリートに埋め込まれていないこと
b	専用住戸内に立ち入らずに共用排水管の更新を行うことができる 例）共用排水管が共用部分、ピット、建物外周部、バルコニーなどに設置されていること
c	共用排水管の更新時における、はつり工事や切断工事を軽減することができる 例）分解可能な排水管の使用や貫通部分にモルタル充填などを行わないこと

共用排水立管の位置

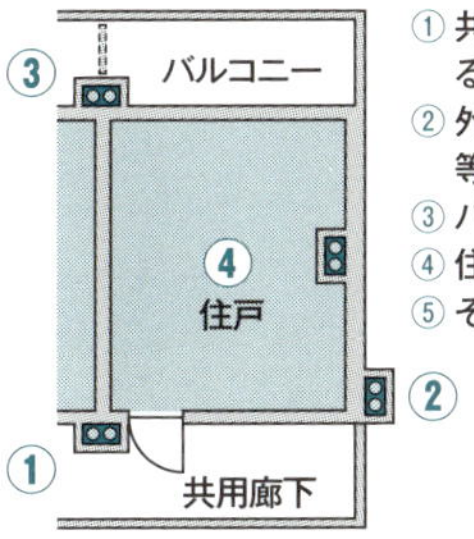

① 共用廊下に面する共用部分
② 外壁面、吹き抜け等の住戸外周部
③ バルコニー
④ 住戸専用部
⑤ その他

図4 更新対策（住戸専用部）共同住宅等

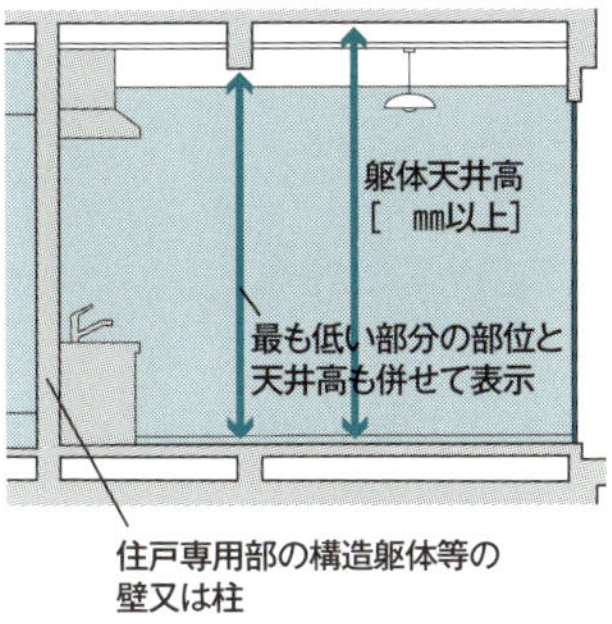

- **躯体天井高**
  …住戸専用部の構造躯体等の床版等に挟まれた空間の高さ
- **住戸専用部の構造躯体の壁又は柱の有無**
  …住戸専用部の構造躯体等の壁又は柱で間取りの変更の障害となりうるものの有無

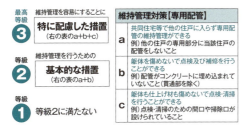

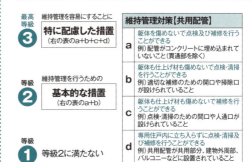

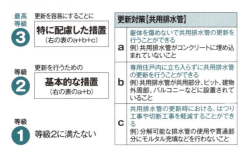

専用配管と共同住宅の共用配管

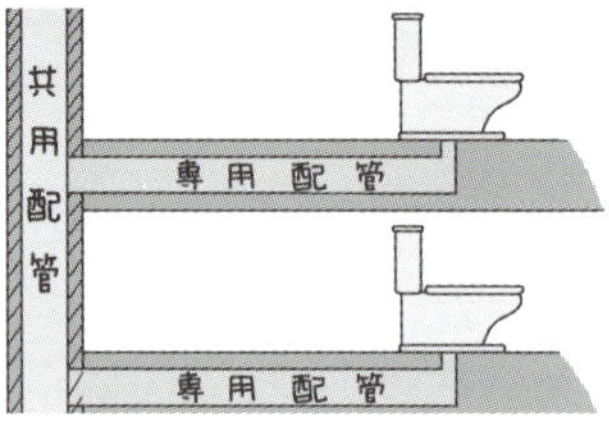

POINT

一戸建てに共用配管はない。共同住宅等は配管の接続部から専用管と共用管との分かれ目！

専用配管の範囲

「専用配管」とは、次に挙げる住宅および配管の種類に応じ、それぞれ次に挙げるものとする。維持管理対策※においては、排水管・給水管・給湯管・ガス管の維持管理（清掃、点検及び補修）を容易とするため必要な対策の程度を表示する。

①一戸建ての住宅（図1）

(1)排水管　敷地内最終ますから設備機器との接続部までの配管

(2)給水管　水道メーターから住戸内の給水栓または設備機器（給湯設備を含む）との接続部までの配管

(3)給湯管　給湯設備から住戸内の給湯栓または設備機器との接続部までの配管

(4)ガス管　ガスのメーターから住戸内のガス栓または設備機器との接続部までの配管。また、雨水管、暖房用温水配管は含まない。

②共同住宅等（図2・3）

(1)排水管　共用配管との接続部から設備機器との接続部までの住戸専用部の配管

(2)給水管　各住戸の水道のメーター（メーターが設置されない場合にあっては、共用配管との接続部）から専用部の給水栓または設備機器（給湯設備を含む）との接続部までの配管

(3)給湯管　給湯設備（専用部に給湯設備が設置されない場合にあっては、各住戸の給湯のメーター（メーターが設置されない場合にあっては、共用配管との接続部））から住戸内の給湯栓または設備機器との接続部までの配管

(4)ガス管　各住戸のガスのメーター（メーターが設置されない場合にあっては、共用配管との接続部）から専用部のガス栓または設備機器との接続部までの配管

※ 特に配慮した措置を等級3、基本的な措置を等級2、その他を等級1としている

図1 戸建住宅の専用配管対象範囲

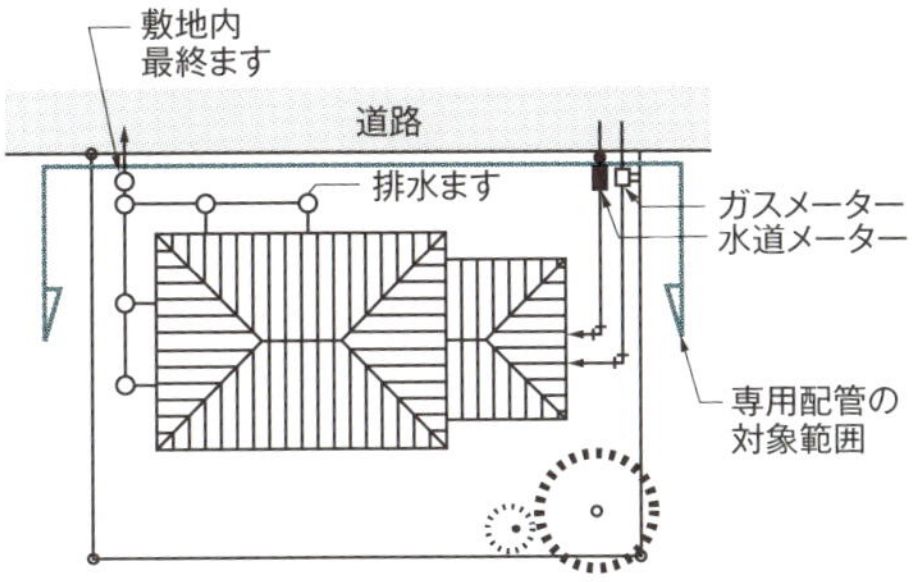

図2 共同住宅の専用配管対象範囲

●排水管

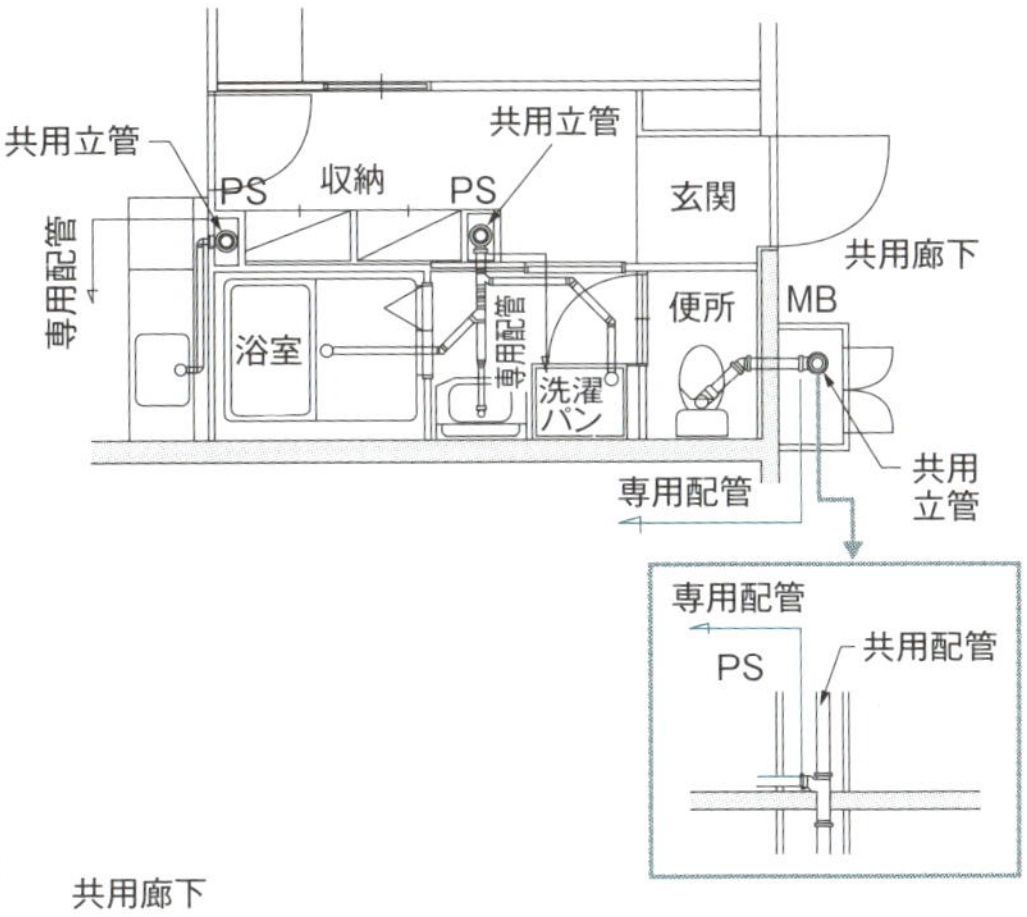

●給水管・ガス管・給湯管

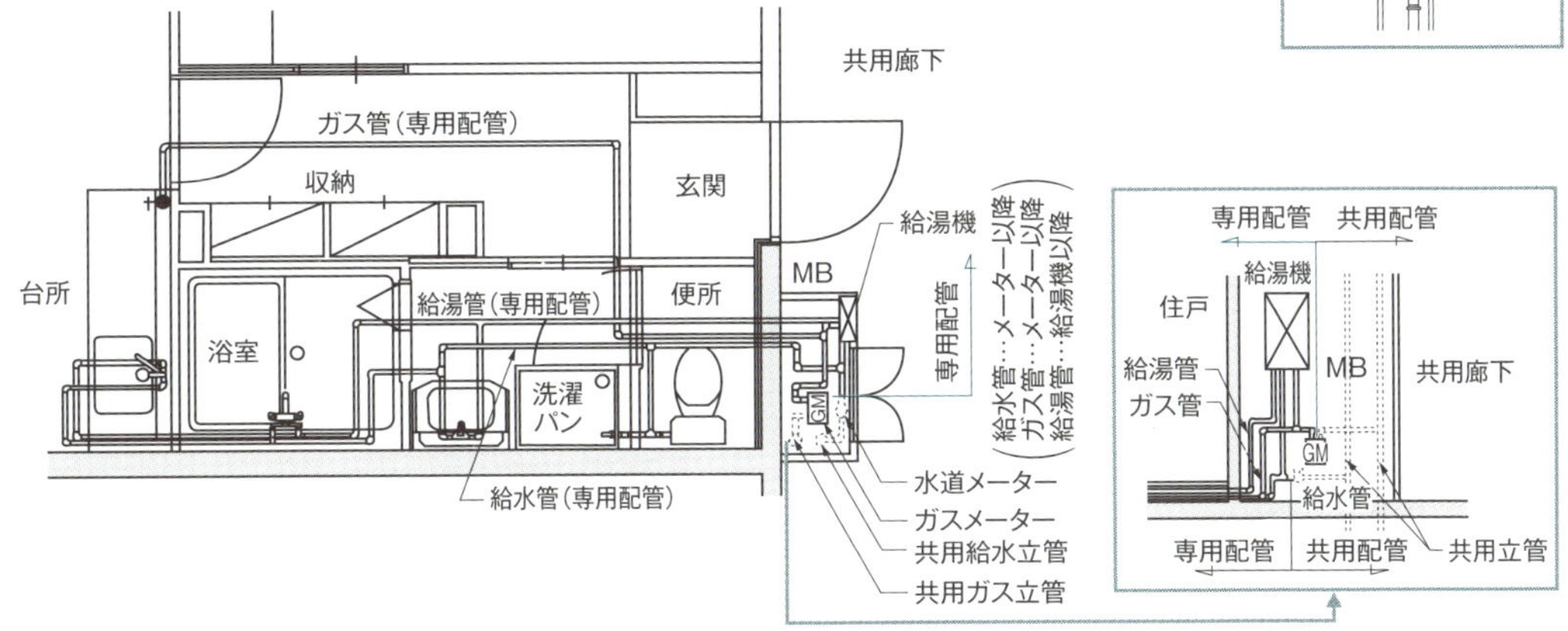

図3 共同住宅の共用配管対象範囲

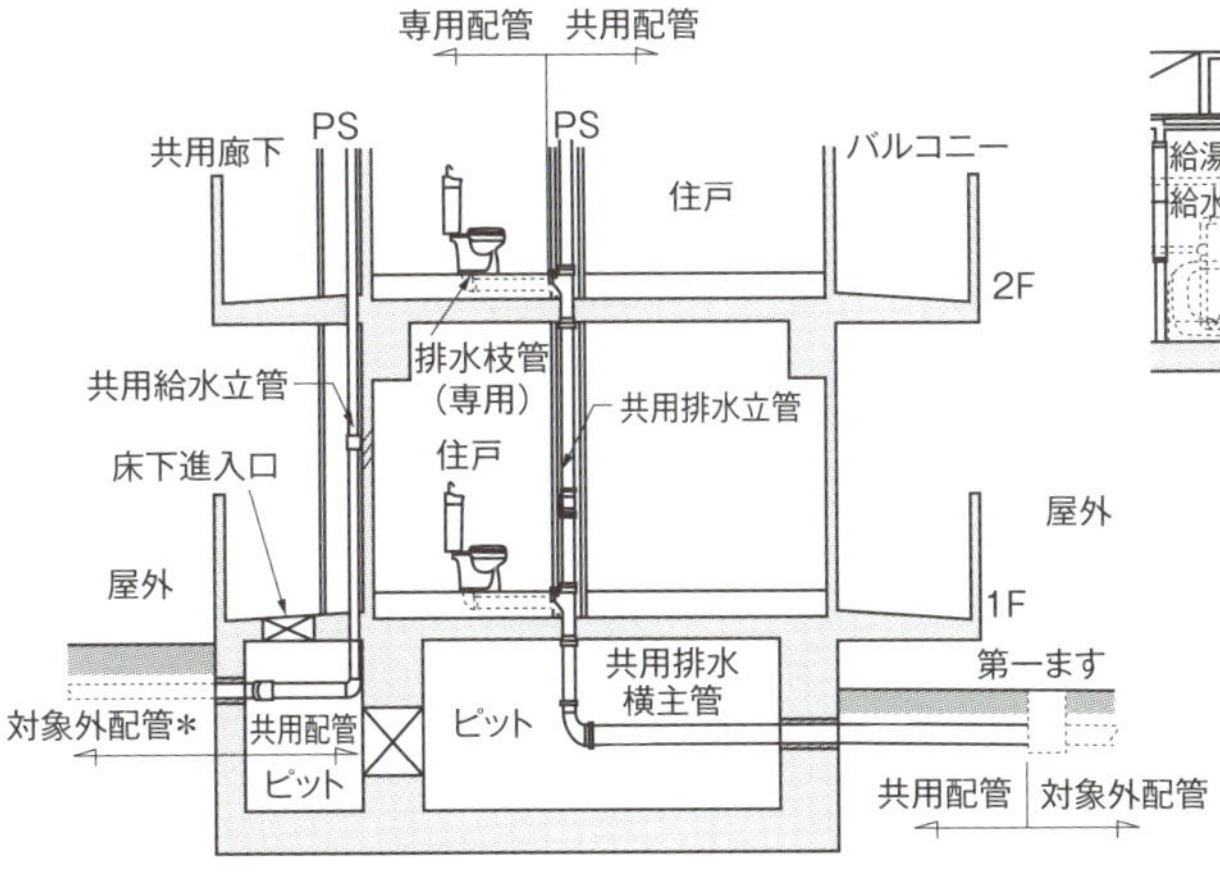

* 建物の水平投影外の給水管および
ガス管は対象としない

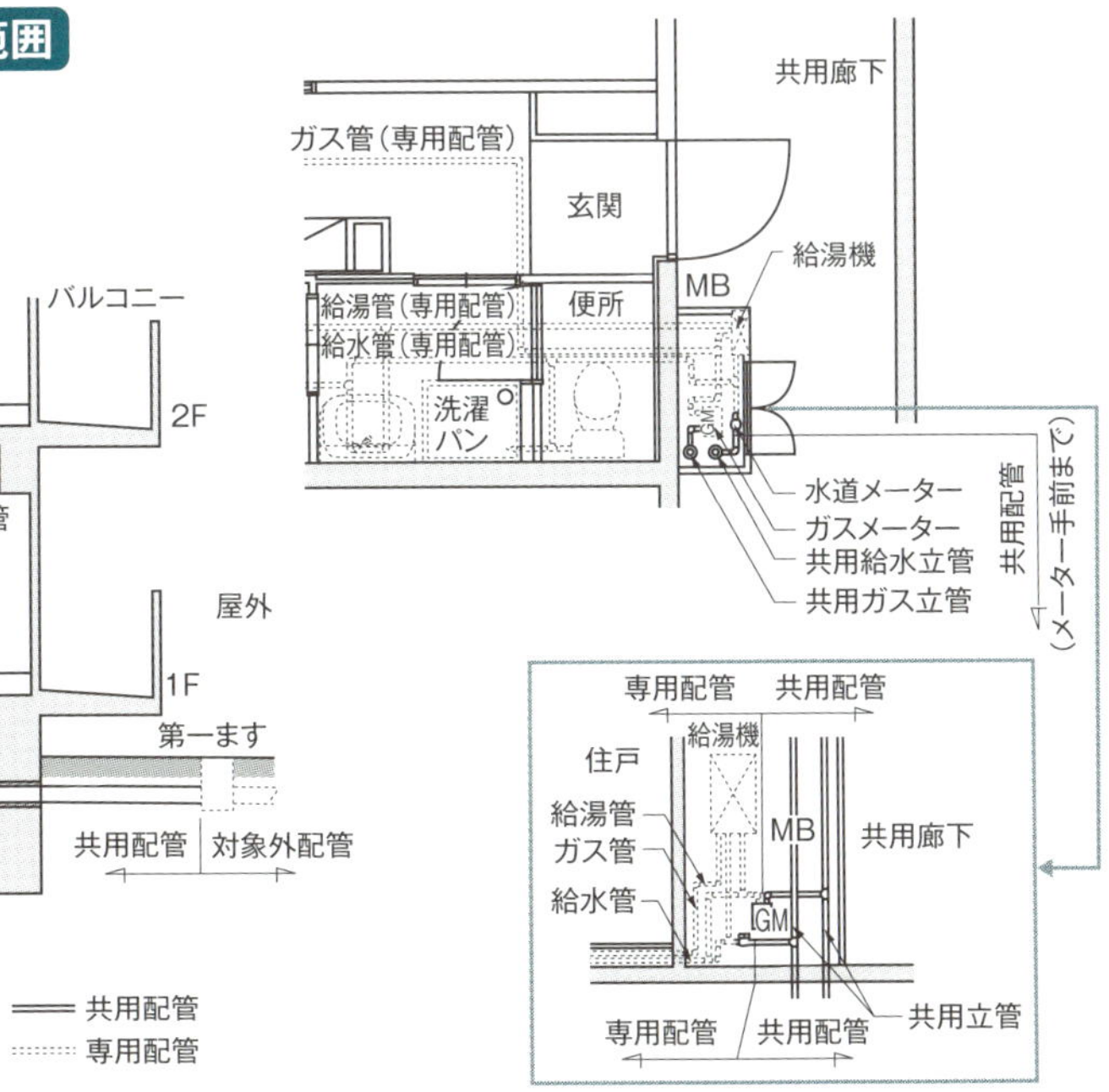

第3章 劣化・維持管理

配管とコンクリート

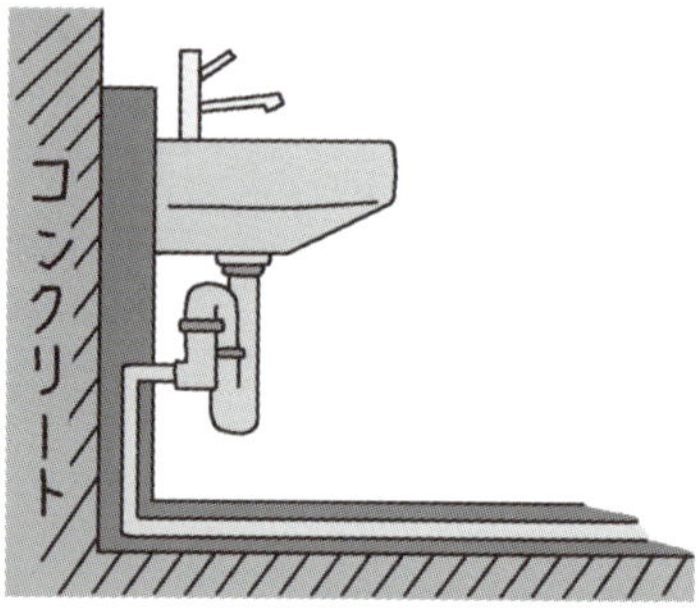

POINT

専用配管・共用配管共にコンクリート内埋設および地中埋設管上部にコンクリート打設は不可！

コンクリートへの埋設不可

専用配管・共用配管はコンクリート内への埋め込みは禁止である（図1）。

壁・床・柱・はりまたは基礎の立ち上がり部分を局部的（断面欠損が可能な限り小さくなるよう）に貫通する場合は、埋め込みとはみなさない。

配管廻りへの直接コンクリートを打設、コンクリートで遮蔽されたボイド内への配管の直接設置、配管のコンクリートブロック・レンガ等での完全遮蔽などは「埋め込み」と同様である。

ただし、さや管にフレキシブルな配管を挿入した場合等は、直接配管が埋め込まれておらず、配管の点検・清掃・補修が可能だから、「埋め込まれていないこと」と解してよい（図2）。

地中埋設管の敷設方法

地中埋設管においても、その上部のコンクリートによる隠蔽を避けることが求められる。このため、べた基礎のような基礎工法の場合は、床と基礎の間の空間の中で横引配管を敷設するか、埋設部周辺の基礎を切下げるなどの対応とし、これにより難い場合は防湿シート等を使用する（図3）。

浴室を設置する場合は、乾式工法（ユニットバス）を用いるか、在来工法の場合は防水合板等を用いて床下空間を確保し横引配管の敷設を行う。なお、防湿コンクリートの下部に地中埋設を行う場合、構造躯体に影響を及ぼさないと考えられる場合は、規定は適用しない。また建築物の外部の犬走りや駐車スペース等、最下階のピロティ等を駐車スペース等として使用し、土間床等をコンクリートで仕上げている場合も、構造躯体に影響を及ぼすことが想定されないものについては、規定を適用しないものとしてよい（図4）。

なお、凍害が予想される地域においては、本項の適用を除外してよい。

図1 コンクリート内埋込

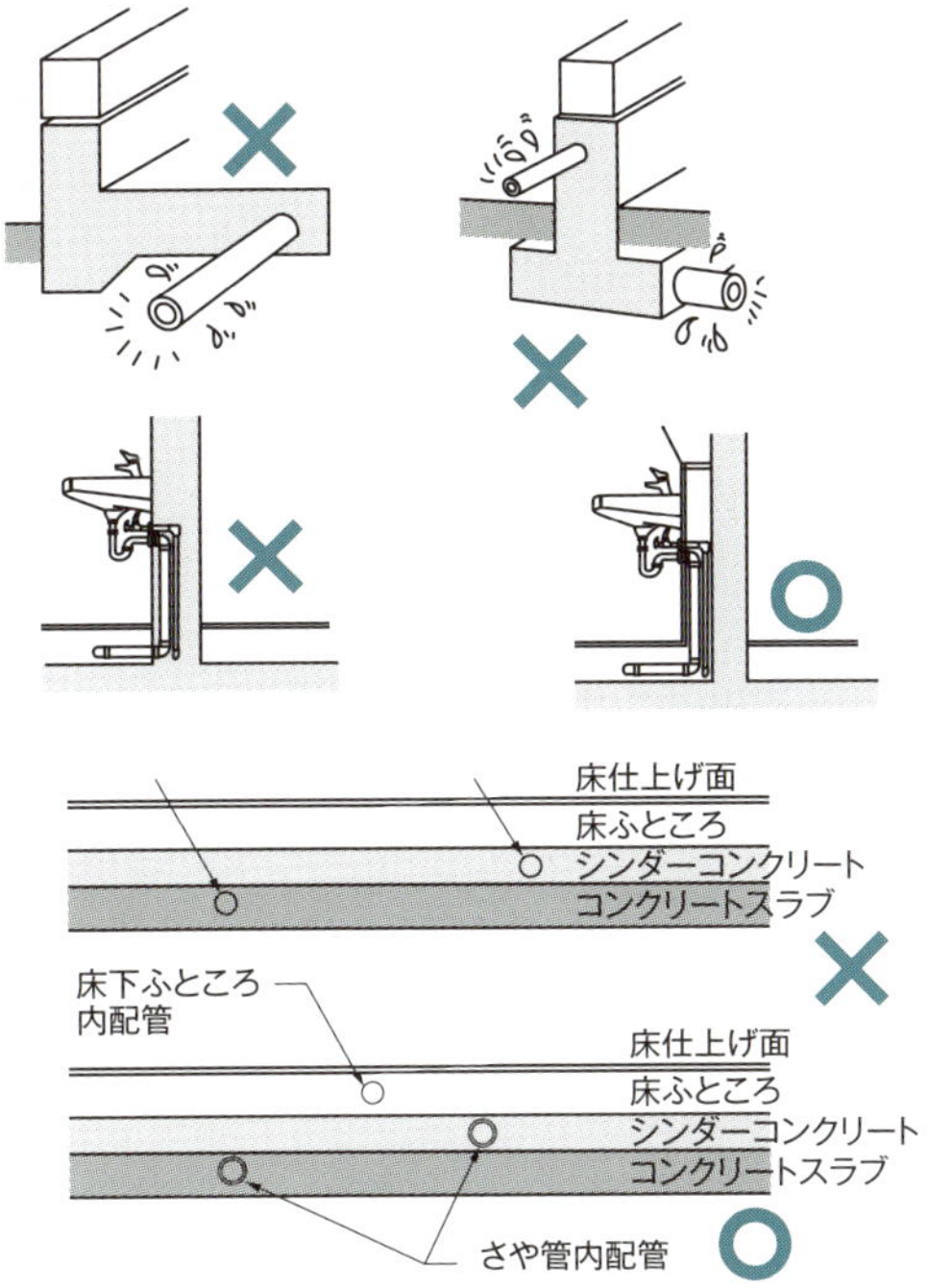

図2 地中埋設管上部のコンクリート打設の有無

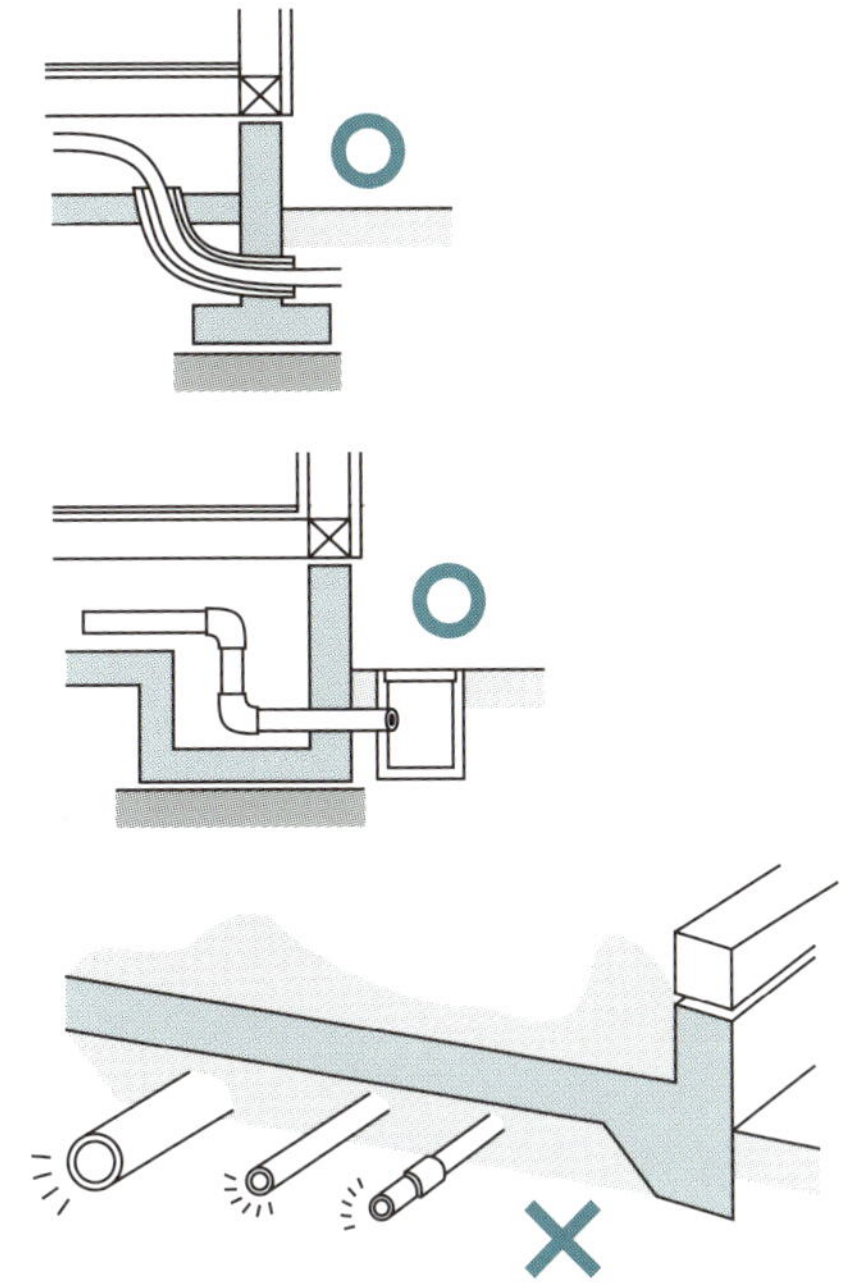

図3 各種配管方法

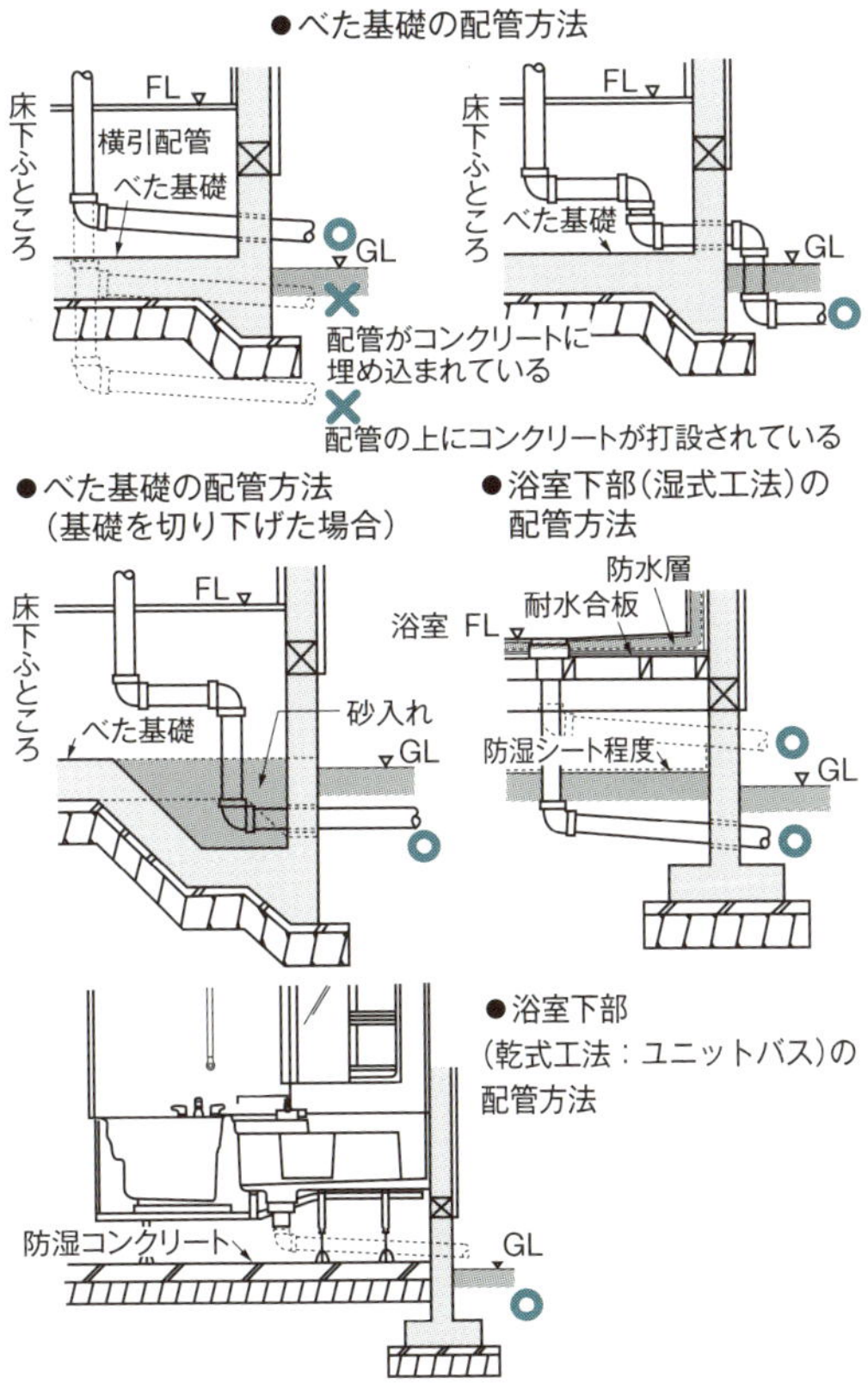

図4 コンクリート打設の例

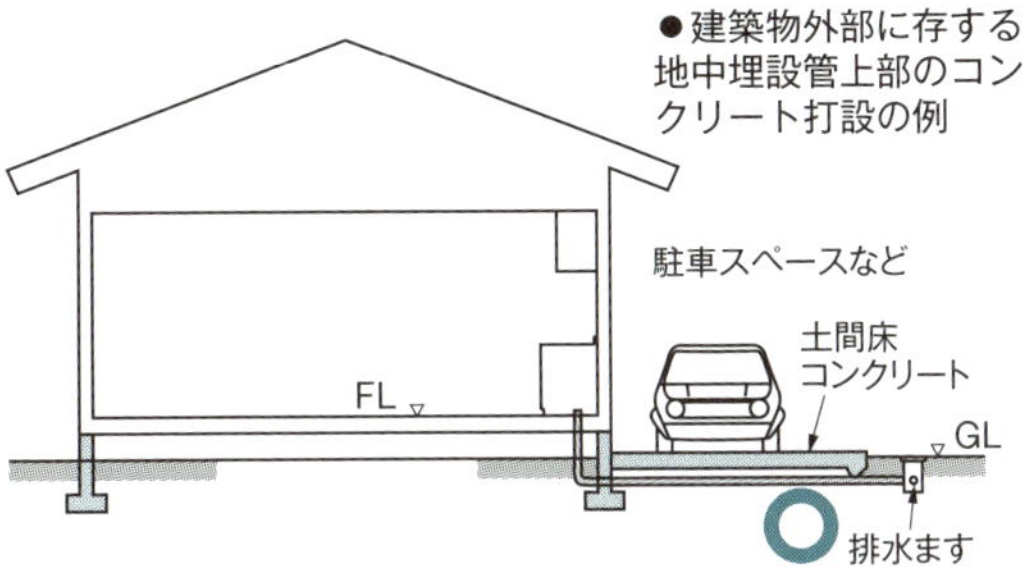

建築物外部の駐車スペース等における地中埋設管上部のコンクリート打設については、構造躯体に影響を及ぼさないと想定できるものについては規定を適用しない

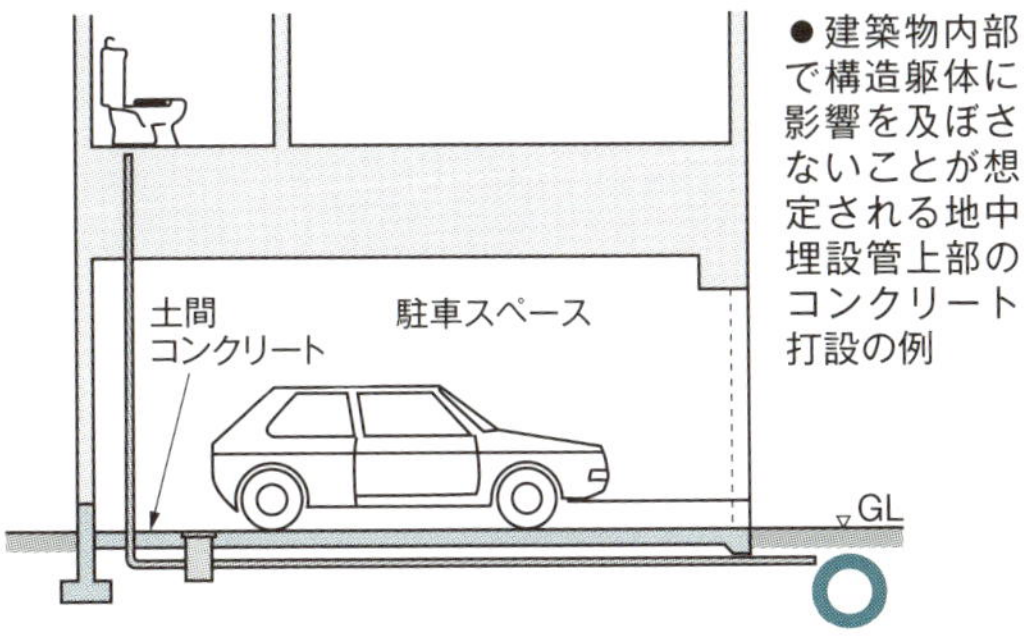

その他最下階ピロティの駐車スペース等の地中埋設管上部のコンクリート打設についても、構造躯体に影響を及ぼさないと想定できる場合は規定を適用しない

更新対策

POINT

更新対策の評価対象は共用排水管!!

更新と増設更新

更新とは共用排水管の全面的な交換または変更のことをいう(図)。増設更新とは、既設の共用排水管とは別に新たな共用排水管を設置し、専用の排水管および横主管を接続し直すことにより、共用排水管を更新する方法のことをいう。

これらの更新対策は新築住宅および既存住宅(評価住宅に限る)のうち共同住宅等の共用排水管について適用される。

共用排水管

住宅における共用排水管とは、専用の排水管との接続から、建築物外部の最初のますまでの立管および横主管をいう。

具体的な共用排水管の範囲については左記参照。

①住戸専用部とパイプシャフト(PS)を離隔する壁貫通部
②共用排水立管と専用排水管の接合部
③共用排水立管のスラブ貫通部
④最下階スラブ貫通後の共用排水立管の脚部
⑤ピット内の共用排水管の横主管
⑥共用排水管の横主管に直接接続される最下階の専用排水管を結合した共用部
⑦外部と隔離する壁・基礎等の貫通部
⑧第一ますまでの地中埋設部の範囲
⑨伸頂通気管
⑩屋上スラブまたは壁貫通部
⑪通気管ベントキャップ部

更新対策等級

等級3に適合するためには共用排水管が表の更新対策①~④に適合し、かつ⑤または⑥に適合することが要求される。

また等級2に適合するには①~④に適合する必要がある。

図 更新対策の一例

●排水管の接続替えを容易に行うための措置の例

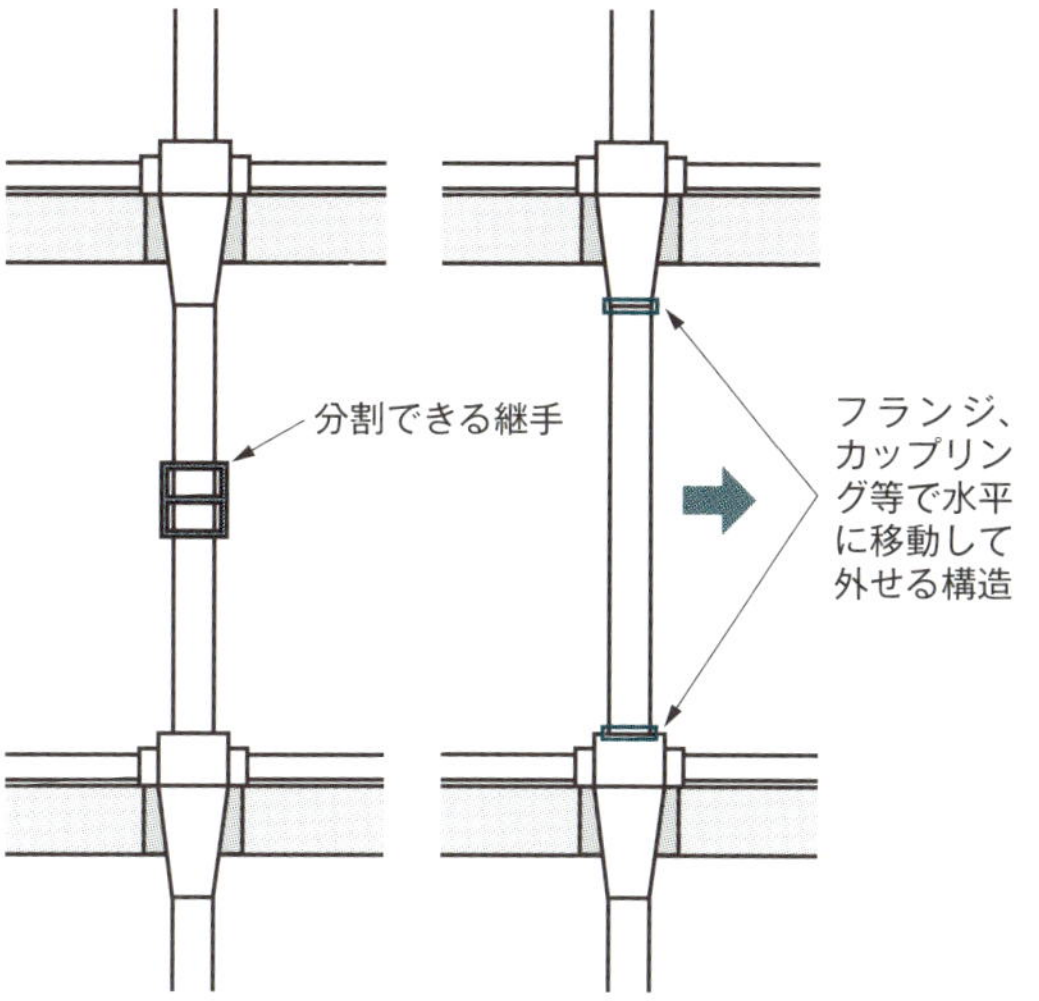

あらかじめ排水立管の途中に管を分割できる継手を使用する例

排水管立管の上下の継手部にフランジまたはカップリング状の継手を使用し、切断することなく配管を取り外す構造の例

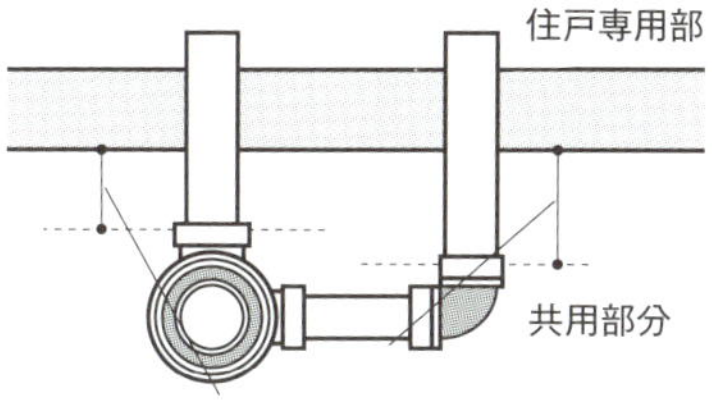

専用排水管の突き出し部分(接続替え用のソケット等の継手が設置できる長さを有している)

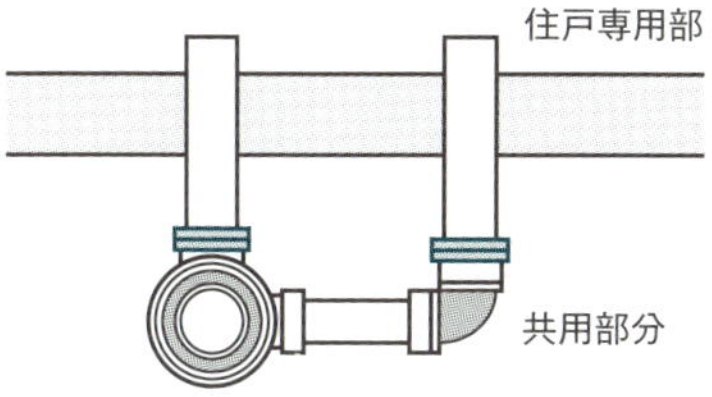

共用の排水立管に接続された専用排水管の取り外しがしやすい構造

●増設更新の例

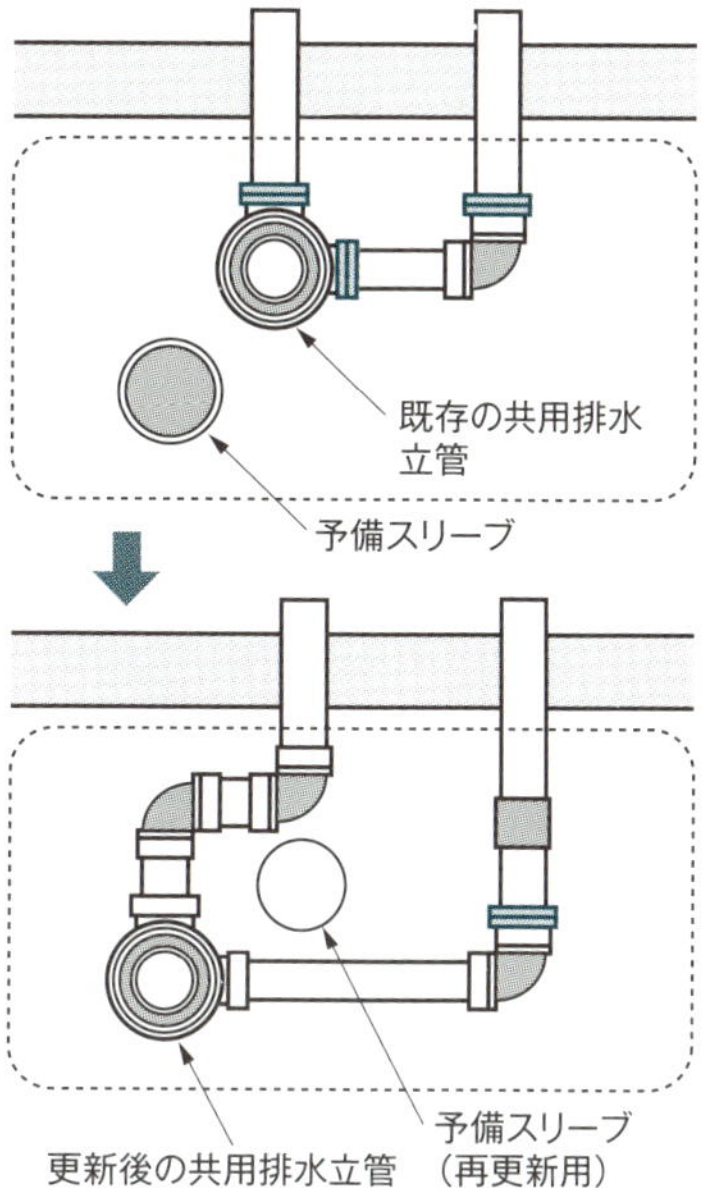

●更新のための空間が確保されている例

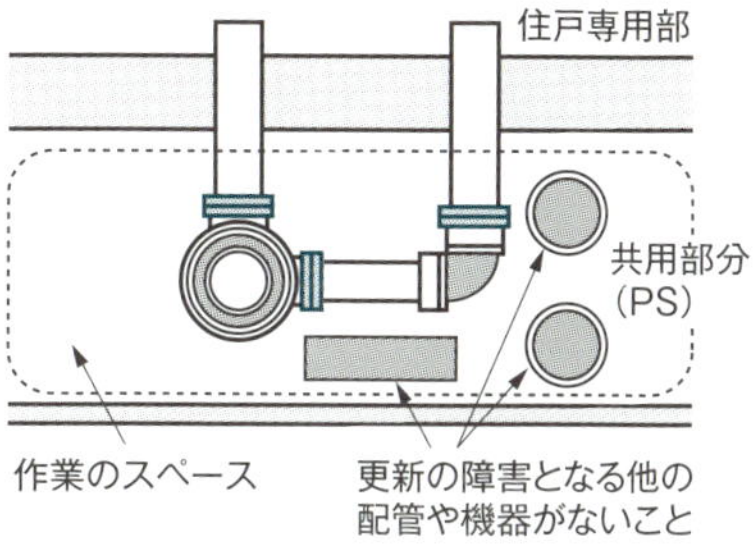

表 更新対策等級

等級2	等級3	
必須	必須	① 壁・床・柱・はり・基礎の立ち上がり部分を貫通する場合を除き、コンクリート内に埋め込まれていないこと ② 地中に埋設された管の上にコンクリートが打設されていないこと。ただし、当該コンクリートが構造躯体に影響を及ぼさない場合等は除く ③ 横主管が設置されている場合には、ピットもしくは1階床下空間内またはピロティ等の共用部分に設けられ、かつ、人通孔その他該当管に人が到達できる経路が設けられていること ④ 共用排水管が、専用部分に立ち入らないで更新できる位置に露出しているか、開口を持つパイプスペース内に設けられていること
不要	どちらか必要	⑤ 共用配水管について、次に挙げる基準に適合していること (1) 切断工事を軽減する措置と、コンクリートの床等を貫通する部分に、撤去の際のはつり工事を軽減する措置が講じられていること (2) 接続替えを容易に行うための措置が講じられていること (3) 撤去、接続替えその他更新のための空間が確保されていること ⑥ 次に挙げる基準に適合すること (1) 共用配水管の近傍に、別に新たな空間・スリーブ等が設置されていること (2) ⑤-(2)および(3)に挙げる基準に適合していること

主要接合部

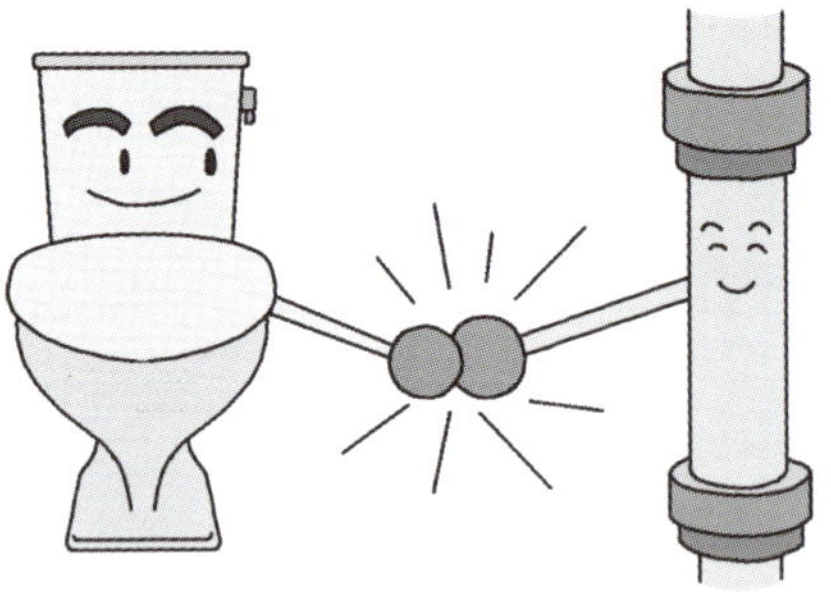

POINT

各設備機器と専用配管との接合部および専用配管と共用配管との接合部に注目‼

主要接合部の該当箇所

設備機器と専用配管（ガス管を除く）の接合部を主要接合部という。

「設備機器と専用配管の接合部」とは、水廻り各所（台所、浴室、洗面所、洗濯機置場、便所）に設置する水栓類、排水トラップ、器具給水管等と設置される給水管、給湯管または、排水管との接合部が該当する（図）。

ただし浴室（ユニットバス）は、ユニットバス排水トラップとの排水管接続部では、点検・確認が困難であるため、ユニットバス本体内までは設備機器扱いであり、本体より外での排水管との接続部を主要接合部とする。

また、専用配管と共用配管との接合部も主要接合部という。

維持管理対策の等級評価

維持管理対策では、この主要接合部の点検の容易さで等級評価を行う。

ここでの「点検」とは、「排水管、給水管または給湯管の漏水等の事故の発生時の当該箇所の確認」を指し、目視や鏡・懐中電灯等の器具を用いた視認、もしくは触診による確認をしている。

これらの行為を容易に行えるようにするために主要接合部の露出や必要な開口の確保が求められる。

主要接合部が隠蔽されている場合

共用配管と専用配管との主要接合部（接合部・バルブ）では、清掃・点検等が行いやすいように、必要な開口（No.052参照）が露出している必要がある。

主要接合部が仕上げ材等で隠蔽されている場合においては、点検または清掃のための開口が設けられていることが求められる。主要接合部が仕上げ材等で隠蔽されている場合とは、

①パイプシャフト内設置
②共用廊下天井内設置
③ピロティ天井内設置　が含まれる。

図　水廻り各所の主要接合部

●台所

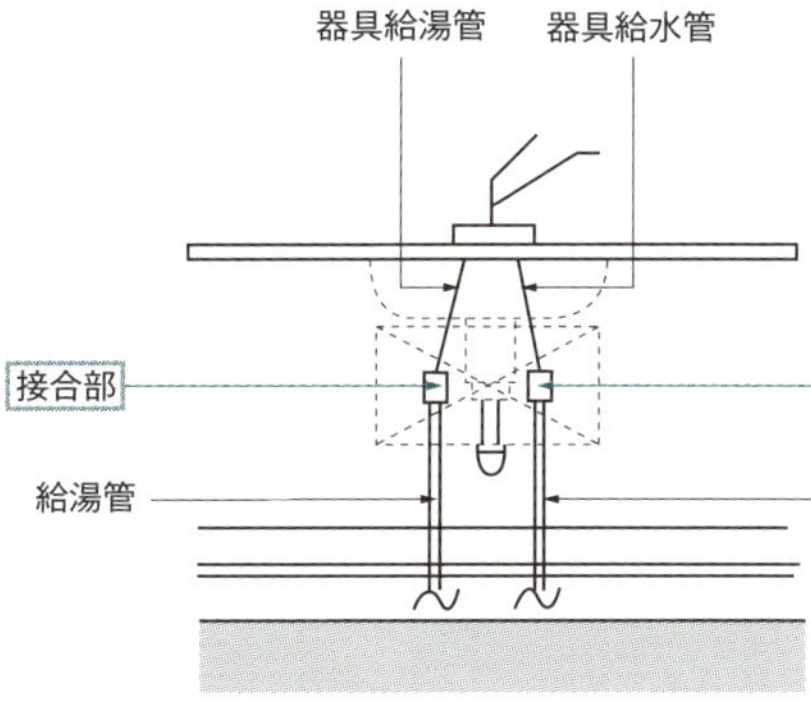

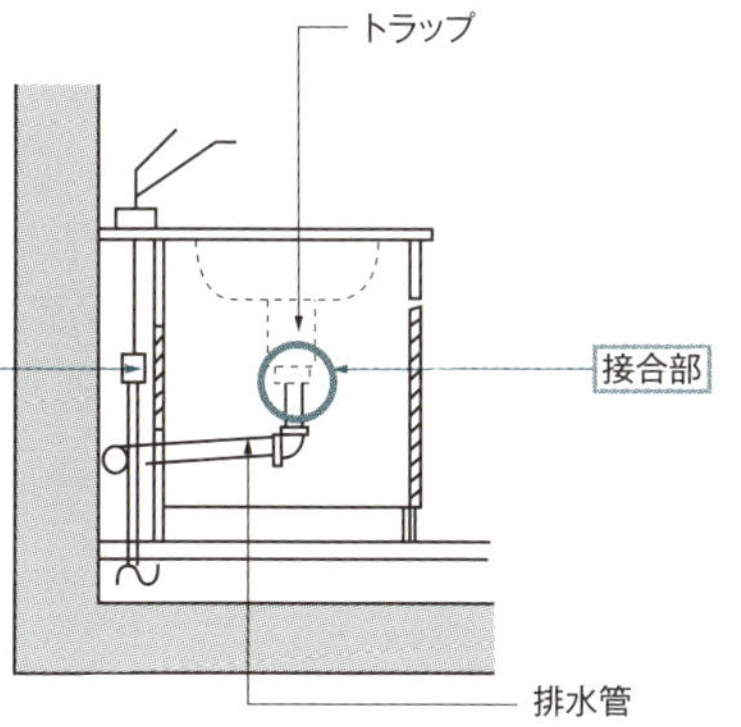

●浴室

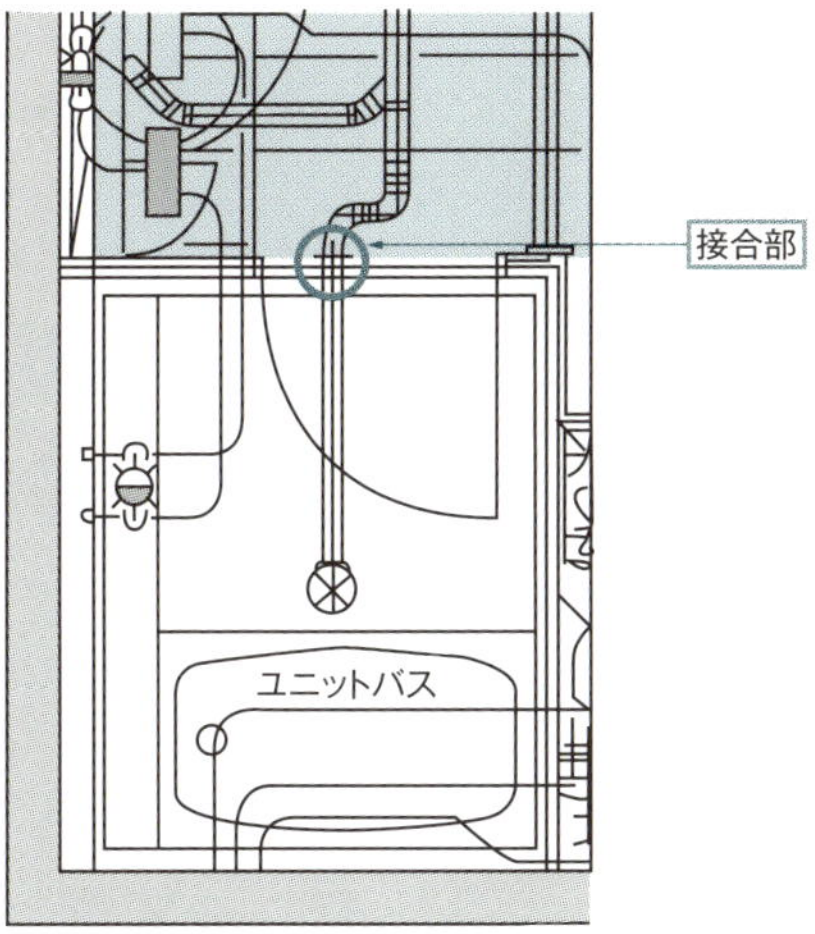

●洗濯機置場

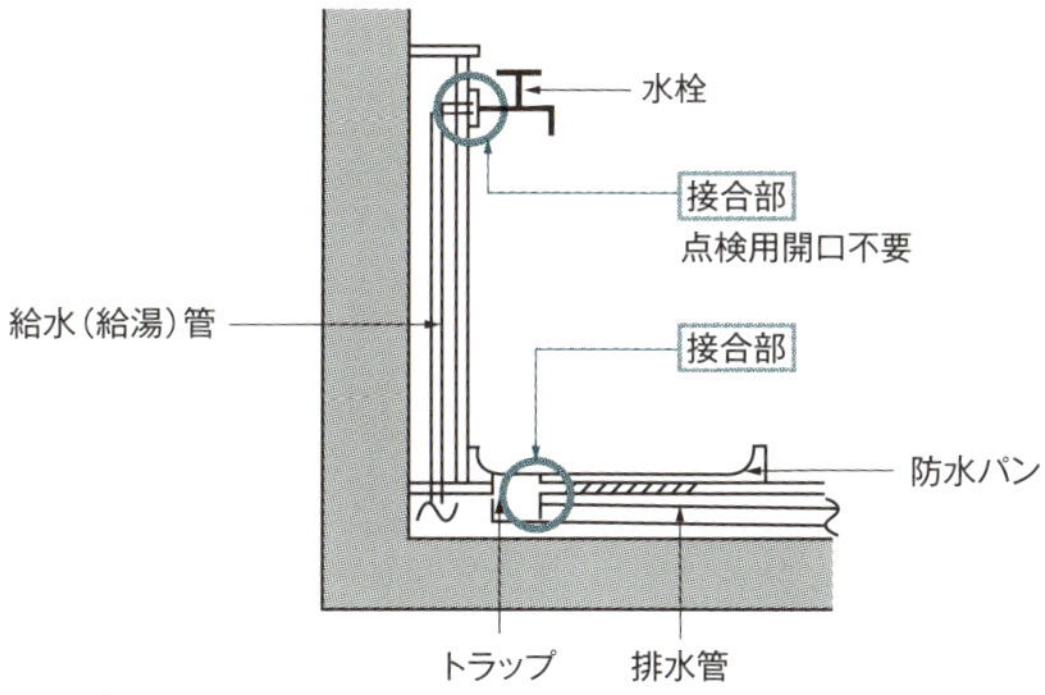

●便所

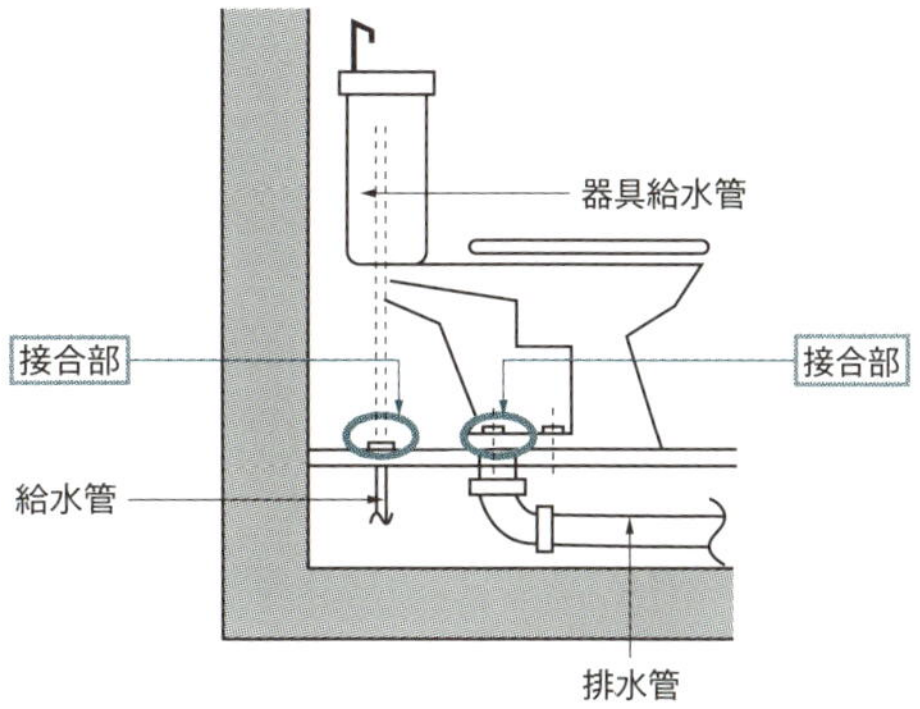

●洗面所

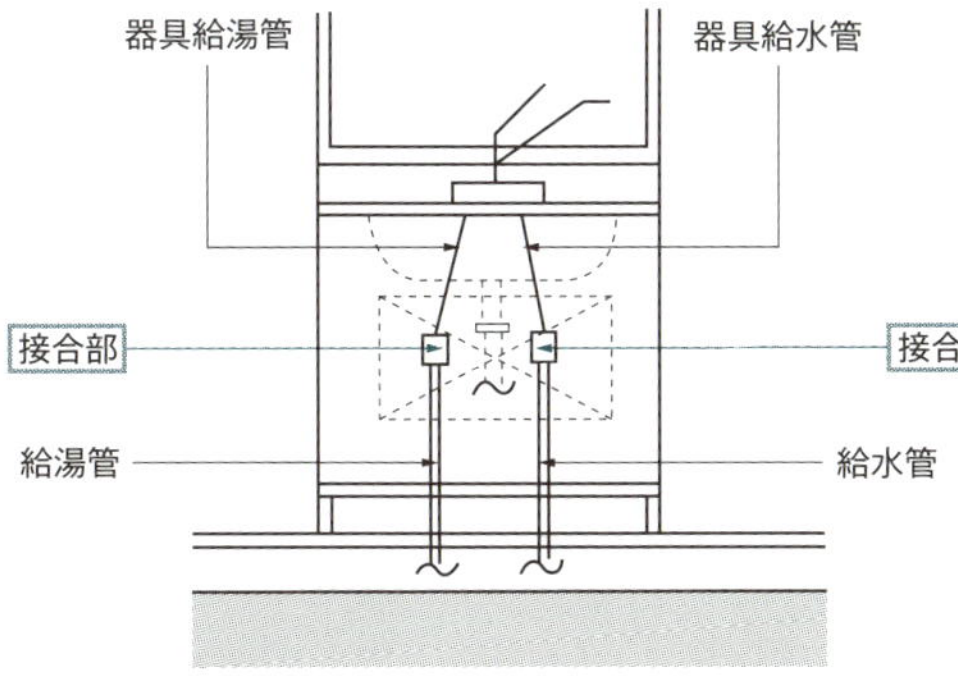

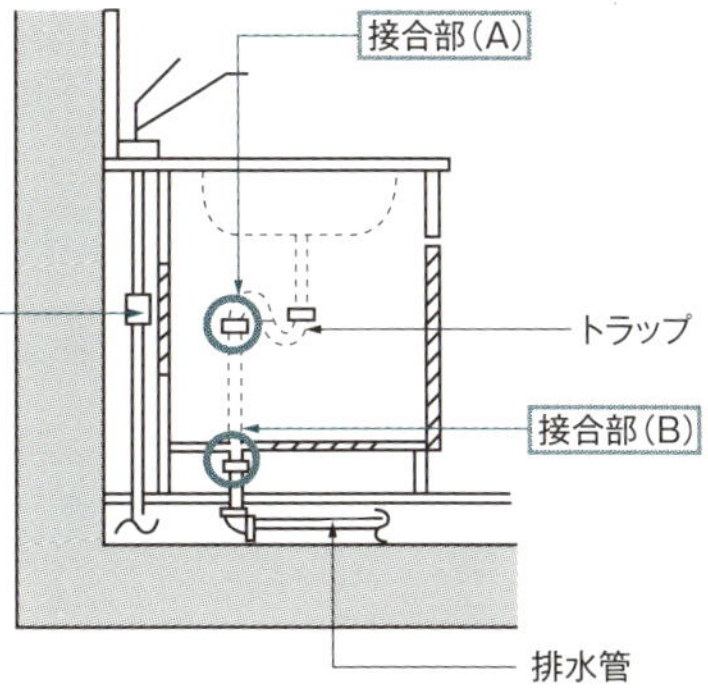

掃除口・点検口

POINT

配管の掃除・点検のために必要な開口部を設置

専用排水管に求められる清掃

専用排水管においては容易に清掃が行なえること。「清掃」とは、「排水管内の滞留物および付着物の除去」であり、清掃治具が挿入できる掃除口（図1）が設けられているか、排水管端部のトラップ等が清掃治具を挿入できる構造になっていることが求められる（図2）。

また、洋風便器で容易に取り外しができる構造であるものについては、掃除口があるものとして考えて差し支えない。

点検に必要な開口

主要接合部等には点検が可能な措置が講じられていること。「点検」とは、目視や鏡・懐中電灯等の器具を用いた視認もしくは触診による確認である。この確認行為に必要な開口（図3）が確保されていることを求められる。

ただし、「さや管やヘッダー工法」で配管されている場合や露出している場合には、室内側からの点検が可能なことから開口は不要である。また洋風便器で容易に取り外しができ、接続部が床面より上部にある場合も開口は不要である。

なお、「ガス管の接合部」は適用除外となっている。

共用配管の掃除口設置の間隔

共用立管には最上階または屋上、最下階および3階以内おきの中間階または15m以内ごとに、横主管にあっては原則15m以内ごとに（管の曲りが連続して、清掃に支障がある場合は適宜設ける）掃除口が設けられていることが求められる（図4）。

「3階以内おき」とは掃除口の相互の間隔として、中3階分は飛ばしても可ということである。（1、5、9…階）に掃除口を設置することは認められる。

図1 掃除口

●排水管の掃除口

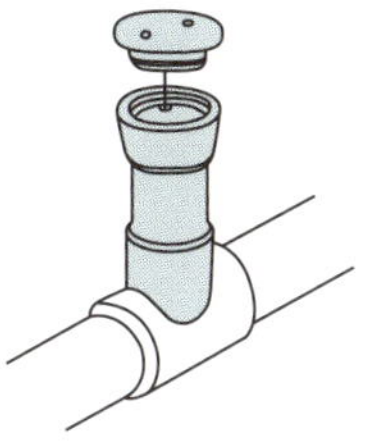

●排水横引き管

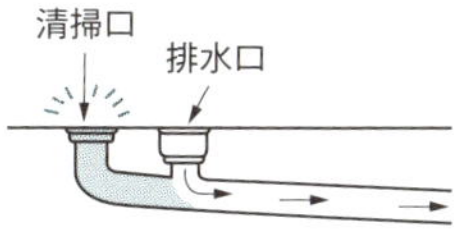

・主要な排水管の最も上流部の延長線上に掃除口を設けることが有効

●排水立管

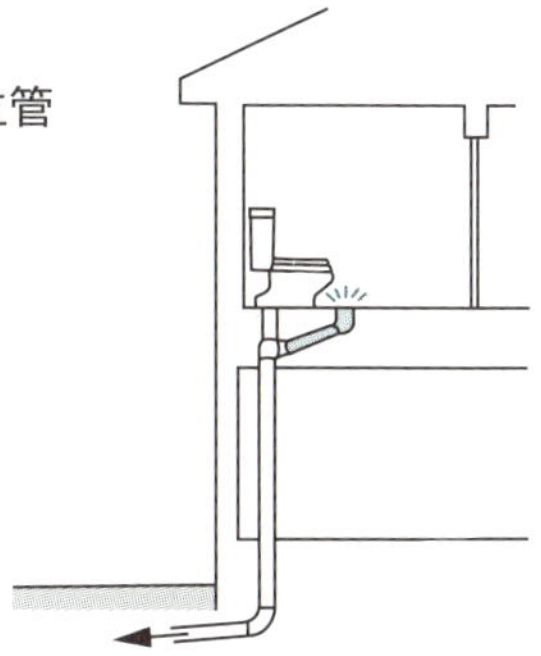

・２階建て以上の住宅における排水立管では、掃除口を、２階の床面近くの位置に排水管から分岐して設けることが有効
・２階以上の階にある便所には掃除口が必要であることに注意する（簡単に便器が取り外せる場合を除く）

図2 清掃が可能な措置が講じられたトラップ

●清掃が可能な措置が講じられたトラップの例（Pトラップ、Sトラップ）

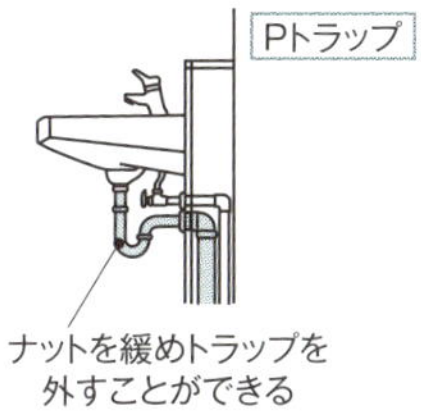

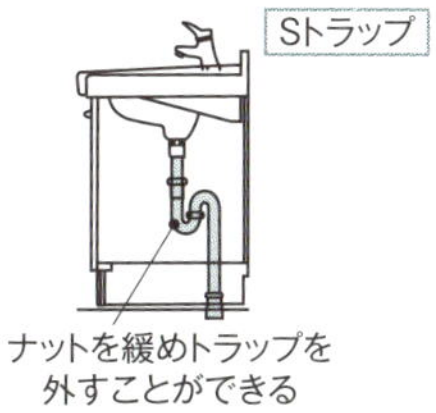

●清掃が可能な措置が講じられたトラップの例（洗濯防水パン用逆わんトラップ）

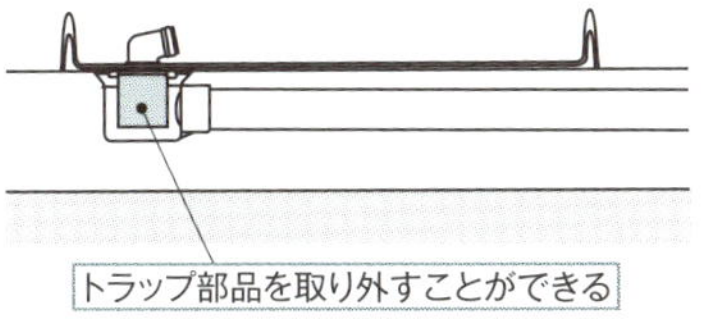

●清掃が可能な措置が講じられたトラップの例（ユニットバス床排水用逆わんトラップ）

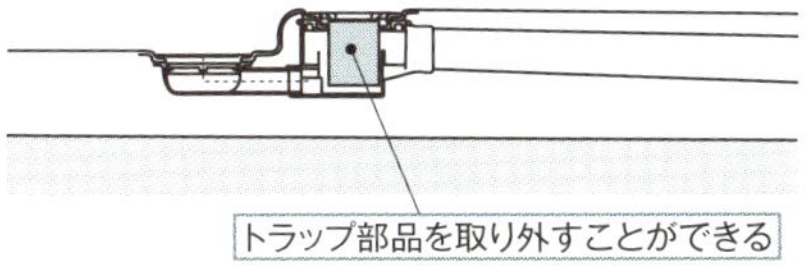

図3 点検口

●床下横引き配管のための点検口

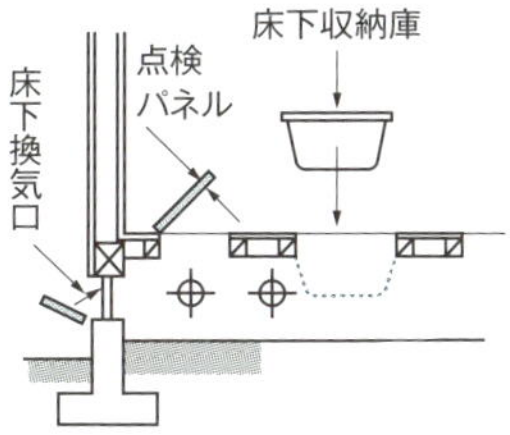

・点検用パネルを設ける方法以外に、床下収納庫の開口や床下換気口を利用する方法がある

●立管のための点検口

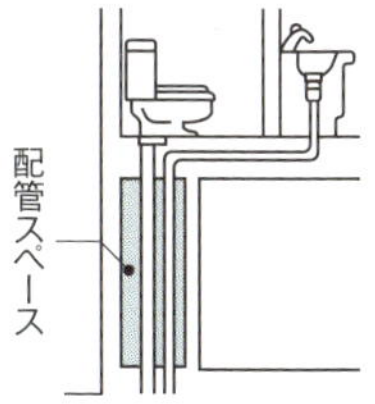

・２階建て以上の住宅における立管は、壁内に埋め込むことを避け、専用の配管スペースを設けて敷設する方が、構造躯体を傷めないために望ましいと考えられる

●天井内横引き配管のための点検口

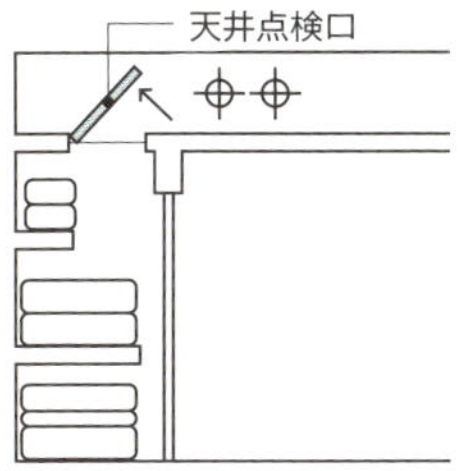

・天井内に配管がある場合、上階の床面よりも下階の天井面に点検口を設置する方が、空間利用や点検のしやすさの点で有効
・また、押入や物入等の収納部に天井点検口を設置することにより、居室内に点検口が露出するのを防ぐことができる

●立上り配管のための点検口

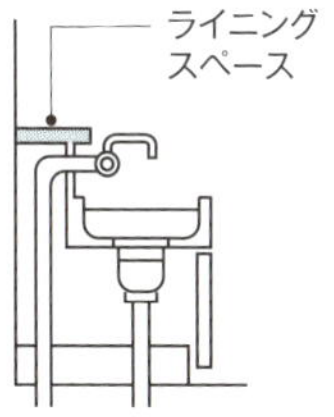

・立上り配管は、壁内に埋込むことを避け、ライニングを設けて配管を敷設し、点検口または取り外し可能な壁パネルを設置することが望ましいと考えられる
・キッチンユニットや洗面化粧台の内部の立上り配管は露出とし、機器ユニットの扉を開閉できるようにすることが有効である

図4 共用配管の掃除口の設置例（立管の場合）

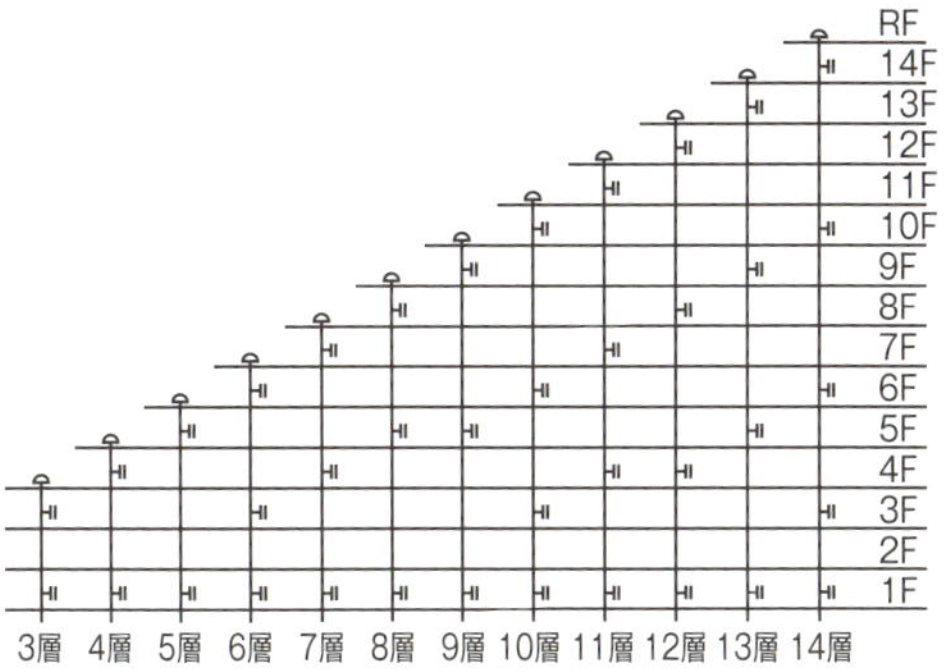

立管と横主管

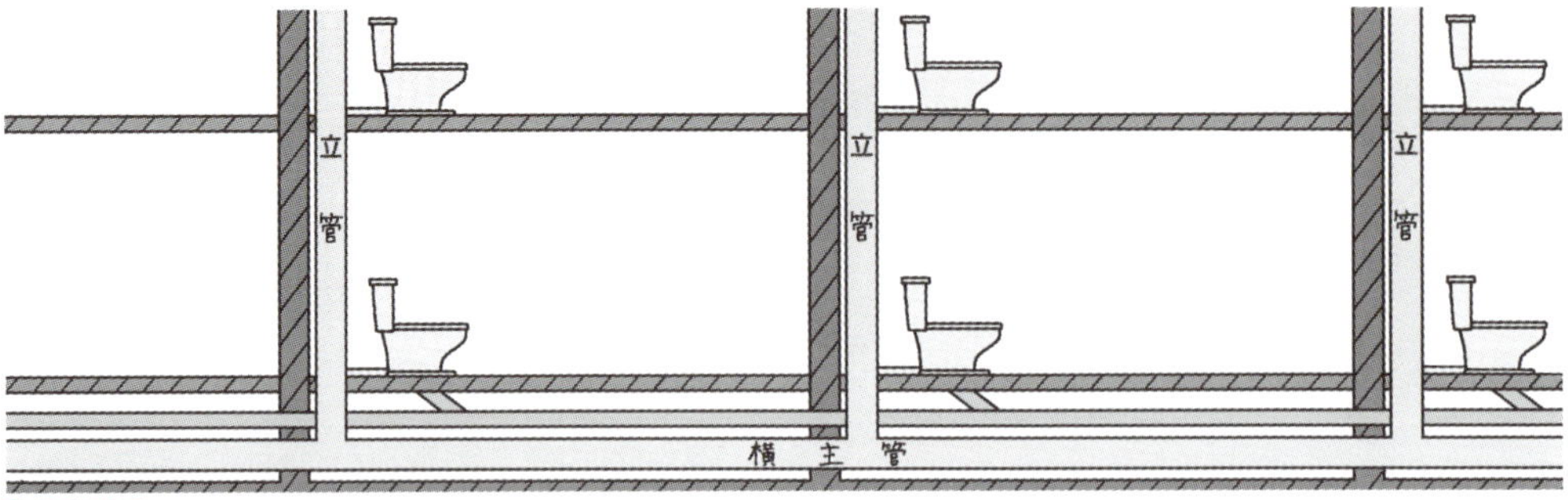

POINT

立管と横主管は設備機器からの排水を敷地排水管まで共に連携し導く管

排水管と排水

排水管とは、雨水や調理場・衛生器具などで使用された汚染水を敷地外に排出するための導管である。

施工においては、基本的には下水道法に従った方法をとれば問題なく排水できる。しかし、実際には、各自治体の条例によって詳細が決められているので注意が必要である。

共用配管における部位

2階建て以上の共同住宅において、各区分毎に分けた、各階住戸内設備機器からの専用排水管と接続する共用配管を共用排水立管という(図)。

各区分毎に分けた、共用排水立管が地下部分のピット内共用配管と接続し外へ排水される。このピット内共用配管を共用排水横主管という。

また、区分ごとに分けた共用排水立管は1階の共用スペース(エントランスホール・ピロティー・駐車場・駐輪場)の天井内の共用配管と接続し、他の部分にて立管とさらに接続し、地下ピットもしくは外へ排水されることになる。この共用スペース天井内の共用配管も横主管である。

横主管の評価対象範囲は、立管とつながる建築物内部から、建築物外部の最初のます(第一ます)までの横主管(地中埋設管を含む)を対象とする。この範囲は建築物側で点検・清掃・補修を行うべき部分と考えられるからである。

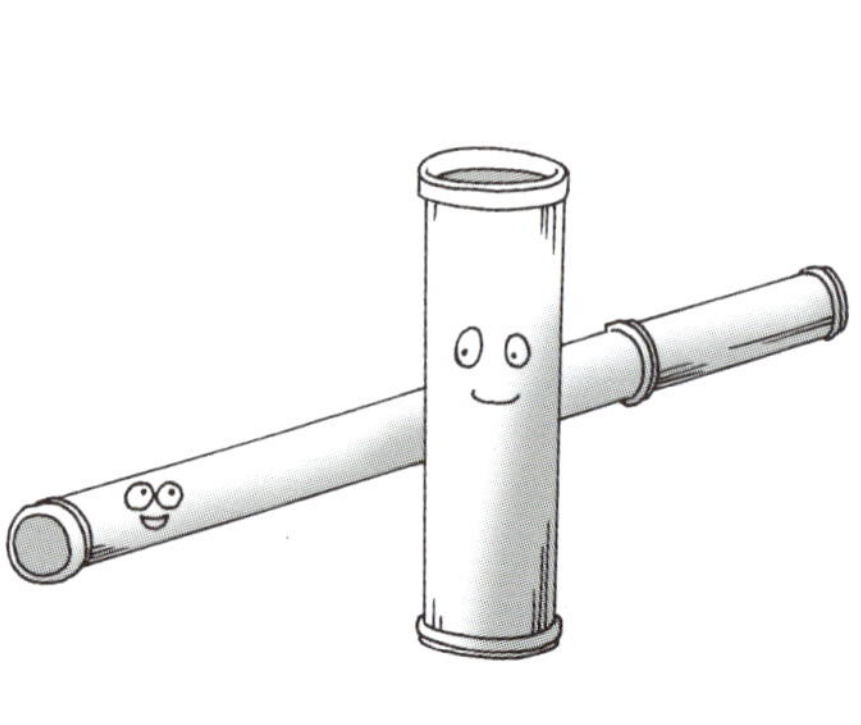

図 立管と横主管の該当箇所

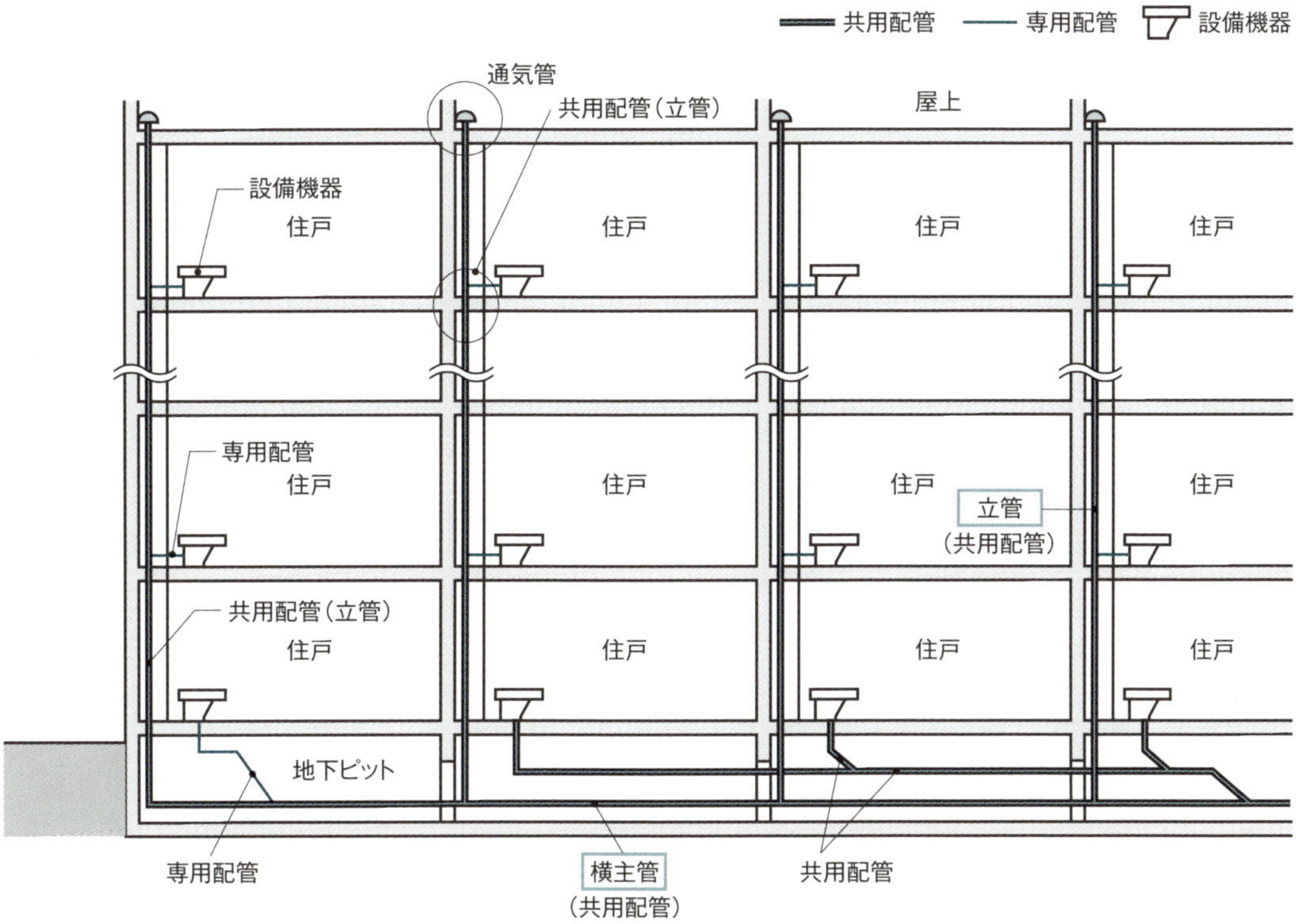

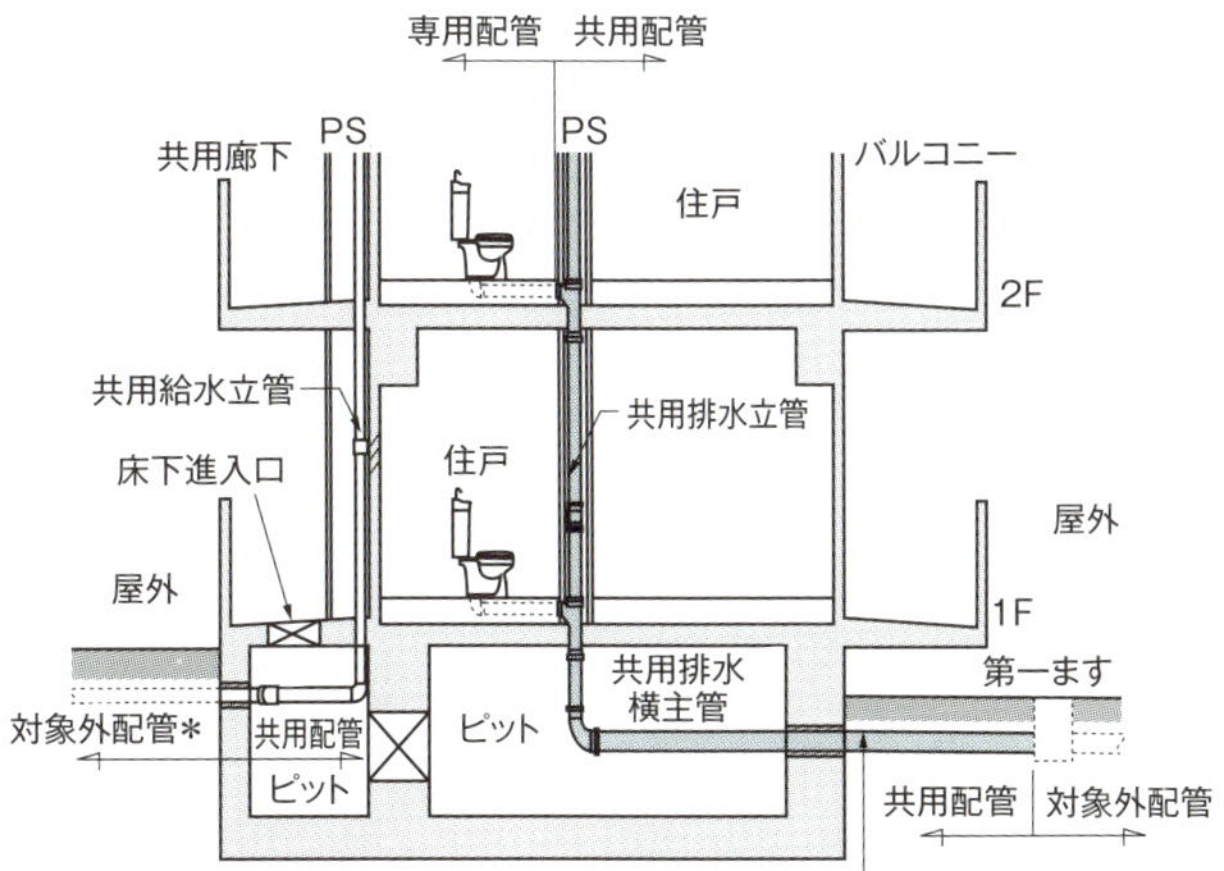

* 建築物の水平投影外の給水管および
ガス管は対象としない

共用排水立管の位置

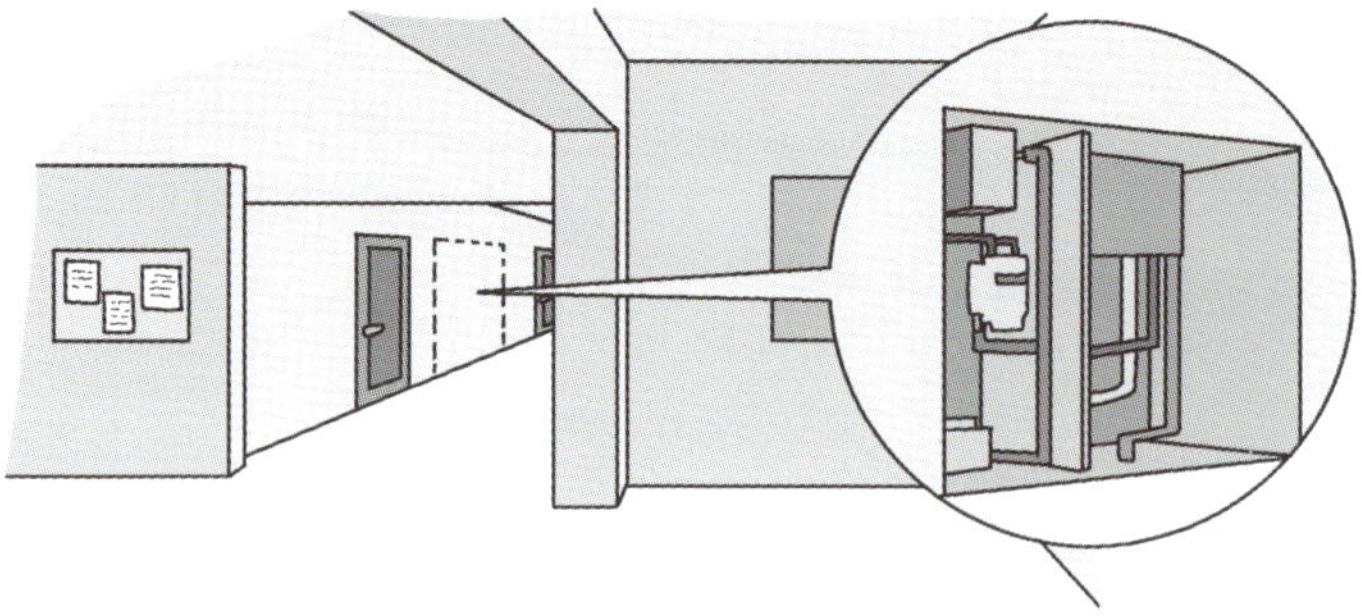

POINT

更新への第一歩は共用排水立管の位置を正しく知ること

共用排水立管の位置表示※

共用排水立管は、複数の階を通り、複数の住戸で共用されるため、その位置をどこに設計するかは共用排水管の更新の際に大きな影響を及ぼすことになる。そのため、等級以外として共用排水立管の位置が住棟のどの部分に設置されているかを具体的な位置を評価し、次の①～⑤で表示する。

①共用廊下に面する共用部分（図Ⓐ・Ⓑ）
共用廊下（階段室型住棟における共用の階段室を含む）に面する共用部分にあり、かつ、専用部分に立ち入らないで更新ができるもの。

②外壁面、吹き抜け等の住戸外周部（図Ⓒ）
共用廊下に面しない住戸の外壁面、吹き抜け等、①以外の住棟の外周部にあり、かつ、専用部分に立ち入らないで更新ができるもの。

③バルコニー（図Ⓓ）
バルコニーにあり、かつ、専用部分に立ち入らないで更新ができるもの。

④住戸専用部（図Ⓔ）
少なくとも1の階において住戸専用部にあり、かつ、専用部分に立ち入らないと更新ができないもの。

⑤その他
共用排水立管の位置が上記①～④までに挙げる基準のいずれにも適合しないものであること。

これは居住者（購入者）が共用排水立管の更新のしやすさ、困難さを理解するうえで共用排水立管の位置を具体的に把握することが重要であり、有効であると考えられるからである。

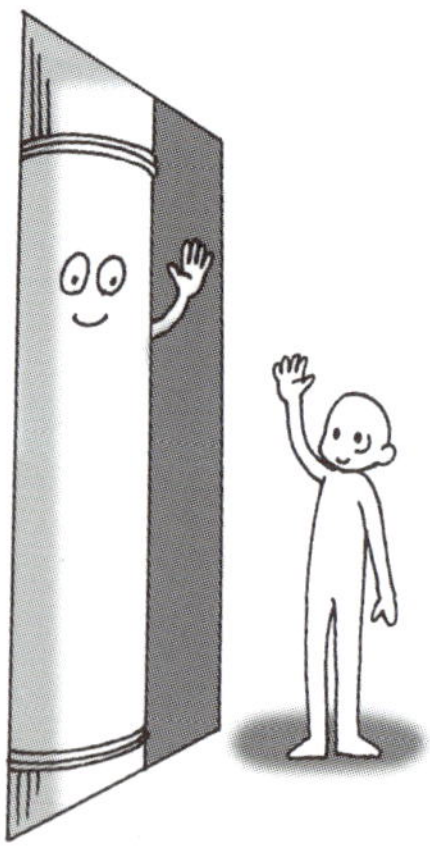

※　一般に共同住宅の共用排水管は、建築後20～30年経過すると劣化による寿命を迎え、新しい排水管へと更新する必要が生じる場合がある。しかし、共用排水管の設置方法等によっては、住戸専用部に立ち入り仕上げ材等の除去が必要となったり、台所や便所等の排水設備が長期間使用できなくなったりする可能性がある。そのため、そのようなことが極力発生しないような、更新工事の軽減のための措置に関する表示事項が用意されている。

図 共用排水立管の位置区分

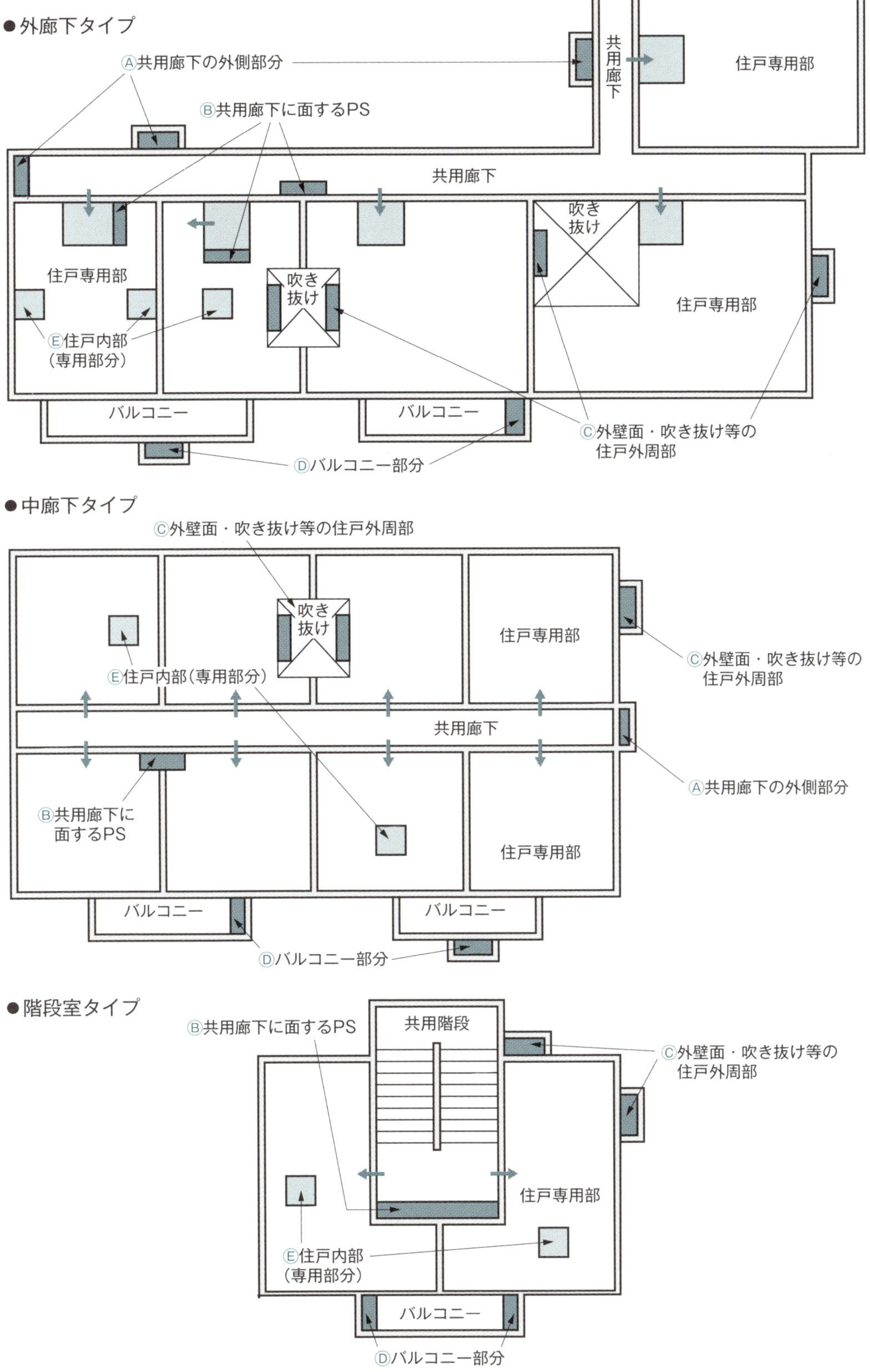

躯体天井高さ※

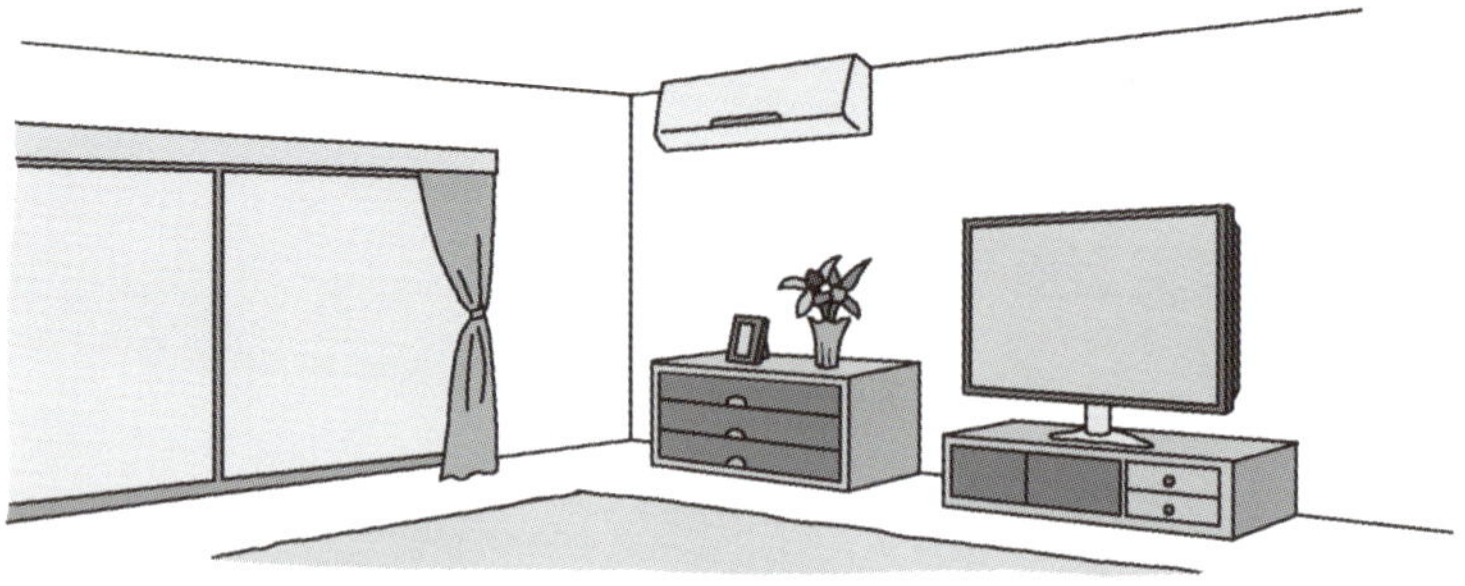

POINT

住戸専有部空間の内法寸法高さに注意‼

躯体天井高さとは

評価対象住戸の構造躯体等である床版等の上面から上階の構造躯体である床版等の下面までの空間の内法高さを「躯体天井高さ」という。表示は「○㎜以上」の表記で行う。

評価適用範囲は、新築および既存住宅のうち、共同住宅および長屋であり、施工誤差を見込んだ数値で表示することが可能である（設計評価書）。

鉄筋コンクリート造の場合

住戸を規定する構造躯体の床スラブ上面から上階の床スラブ下面までの内法寸法を算出したものを指す（図1）。

木造の場合

住戸を規定する床組の床版（下地パネル）から上階の床組の下面までの内法寸法を算出したものを指す（図2）。

異なる躯体天井高さが存在する場合は、当該部分が床面積の1／2以上となる空間の内法高さとする。

また、住戸の梁や傾斜屋根等によって前記で算出した躯体天井高さよりも低い部分がある場合は、その最も低い部分の空間の内法高さとともに「最も低い部分（梁・傾斜屋根・その他（段差スラブ等））」となる部位を併せて表示する（住戸の境界部に存する梁を除く）。

実際に見える天井高さが同じであっても、床貼りの工法の違い（直貼りまたは二重床等）などによって躯体天井高さは異なるので注意する。

住宅性能表示制度においては、躯体天井高さの表示が義務付けられている。

メゾネット住戸が存在する場合

住戸が複数の階にあるので各階の躯体天井高さを明示することになっている。

また、最も低い部分の躯体天井高さの有無や寸法も同様に各階ごとに明示する。

※ 間取り変更などの自由度を高めるために重要な躯体天井高さを示す。

図1 鉄筋コンクリート造の躯体天井高さ

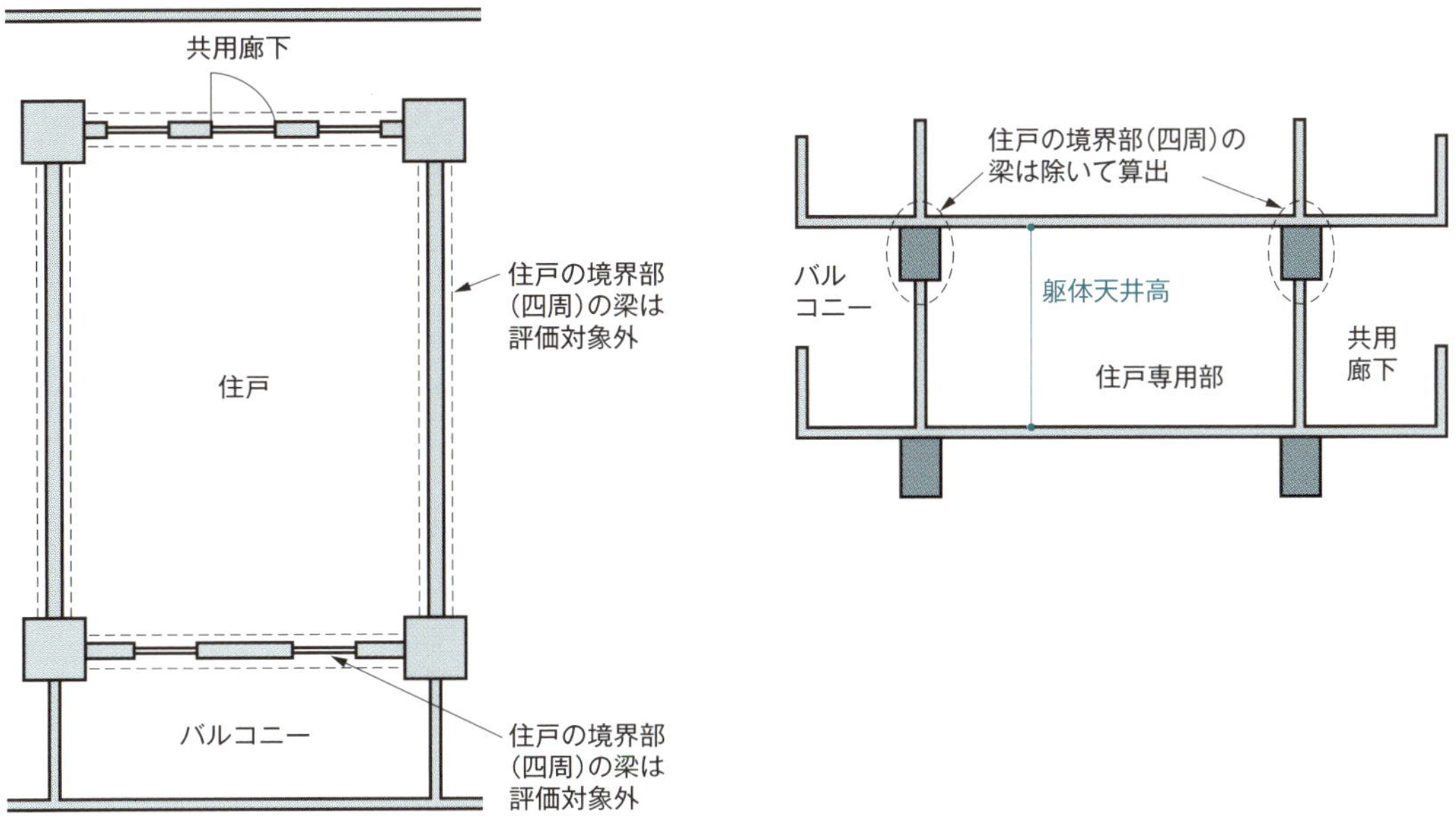

図2 木造の躯体天井高さ

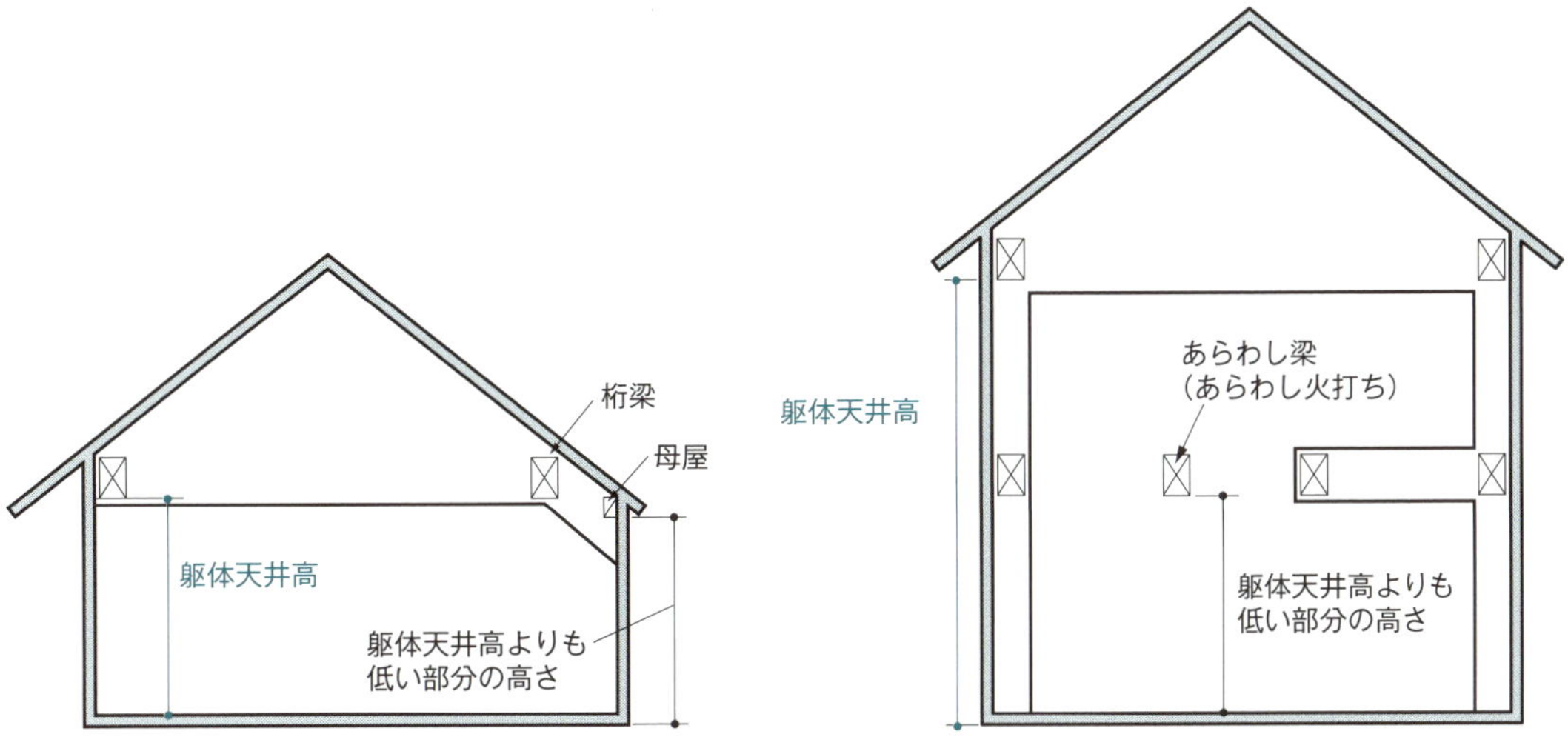

最も低い部分の部位

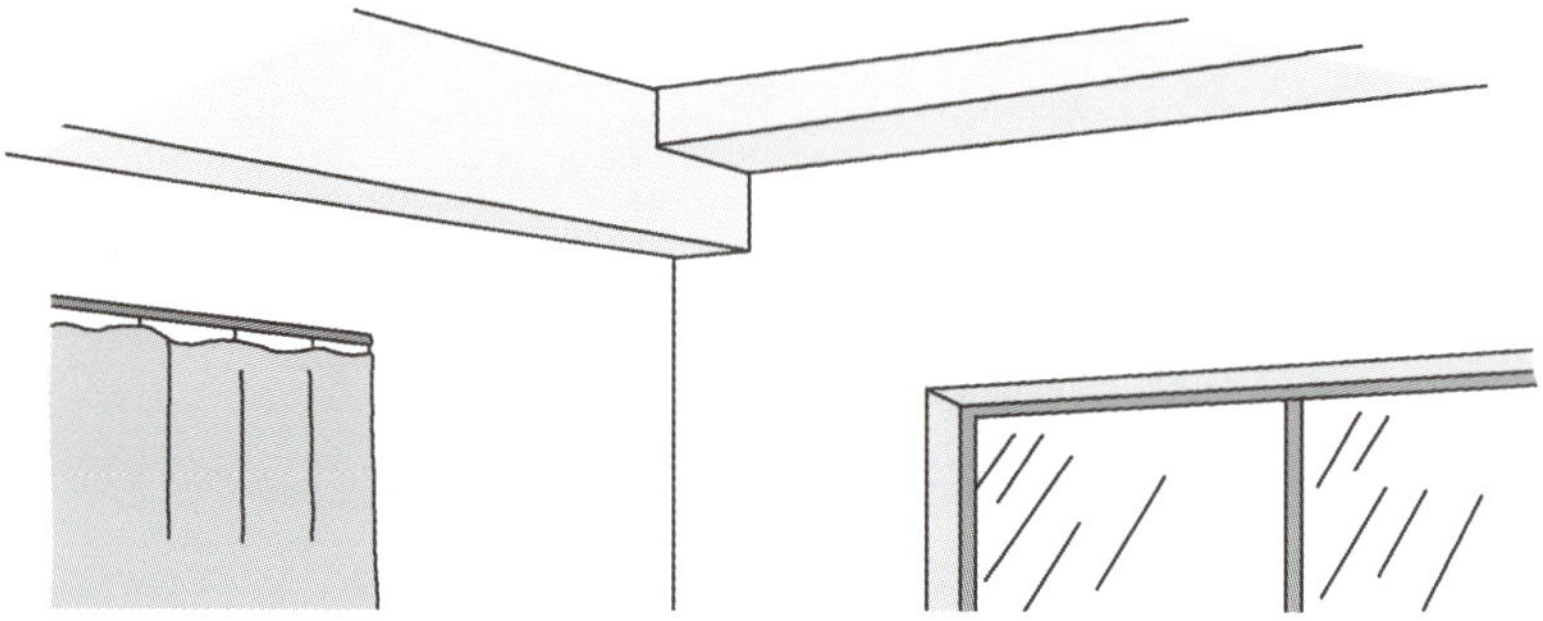

POINT

住戸境界部（四周）の梁（はり）は評価対象外部位に注意‼

最も低い部分の部位

躯体天井高さが複数ある場合は、最も低い部分の躯体天井高さを表示するとともに、その部分が左記のいずれかについても表示する。

①はり（住戸四周の梁は除く）
②傾斜屋根
③その他

住戸内に小梁がある場合（図１）

住戸内の小梁部分が最も低い部分の部位となり、小梁直下が最も低い部分の躯体天井高となる。この場合①はりが最も低い部分の部位として表示され、併わせて最も低い部分の躯体天井高さ寸法も「○㎜以上」で表示される。

住戸内にスラブ段差がある場合（図２）

床スラブ段差部分が最も低い部分の部位となり直下部分が最も低い部分の躯体天井高さとなります。この場合は対象部位が①はり、②傾斜屋根以外なので、③その他の評価で表示される。併せて最も低い部分の躯体天井高さ寸法も「○㎜以上」で表示される。

最上階の屋根が傾斜屋根の場合（図３）

躯体天井高さは「異なる躯体天井高が存在する場合は床面積の１／２以上が該当する空間の内法寸法高さ」となる。この時の最も低い部分の部位は②傾斜屋根と評価し、傾斜屋根等の最低端部分の空間内法寸法が最も低い部分の躯体天井高さ寸法として「○㎜以上」と表示する。

最上階の一部分が傾斜屋根の場合（図４）

躯体天井高は、通常の構造躯体の床スラブ上面から下面までの空間の内法寸法高さである。この時の最も低い部分の部位および最も低い部分の躯体天井高さについては最上階の屋根が傾斜屋根の場合と同様である。

図1 住戸内に小梁がある場合

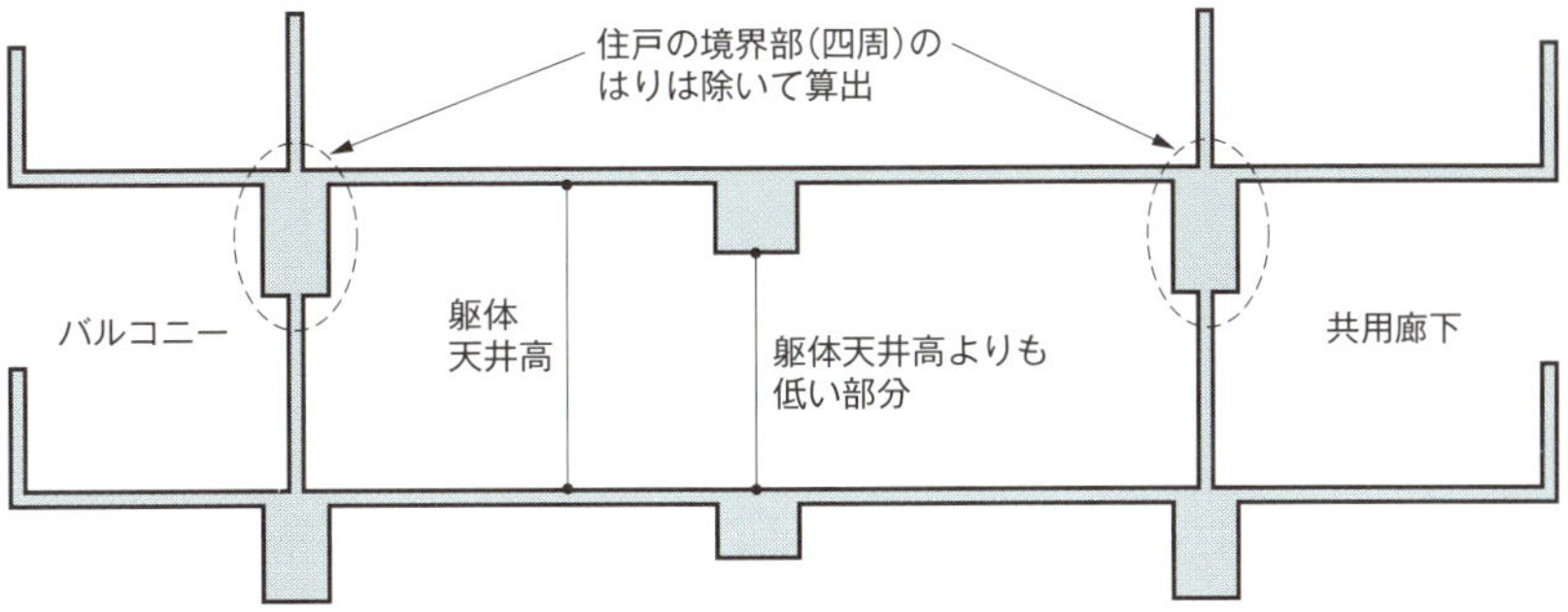

図2 住戸内にスラブ段差がある場合

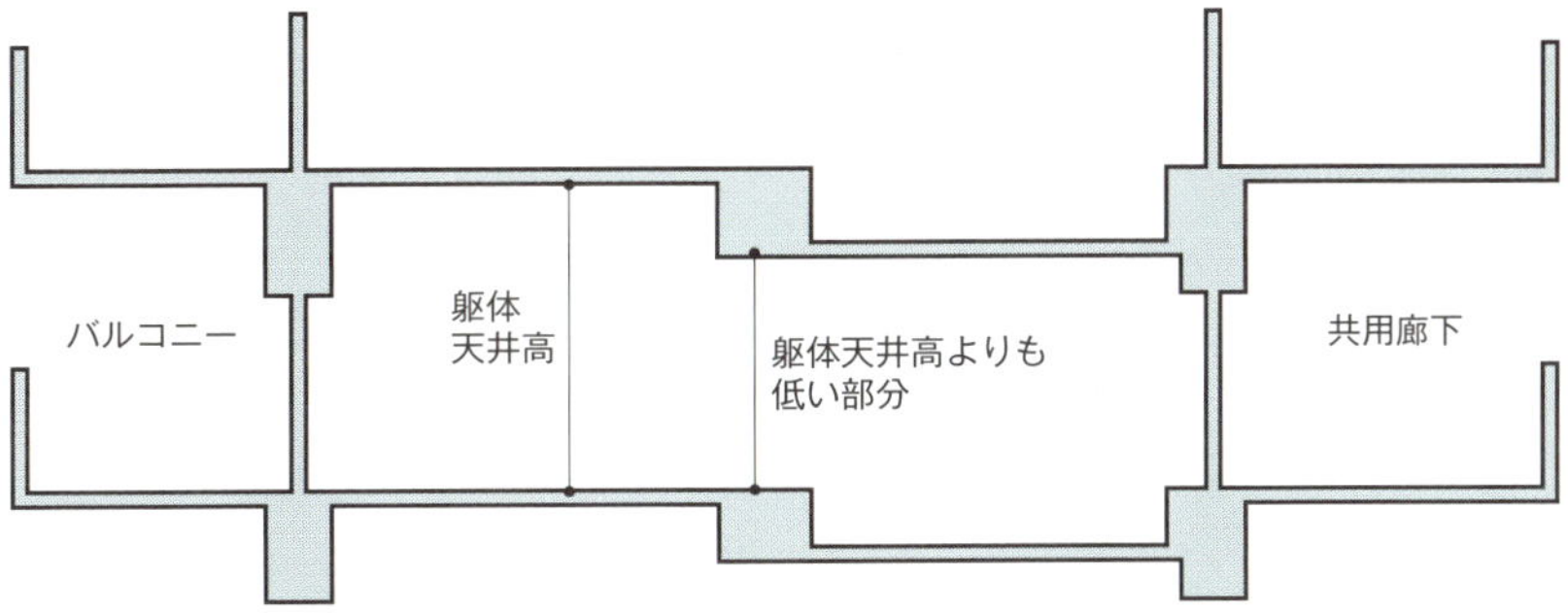

図3 最上階の屋根が傾斜屋根の場合

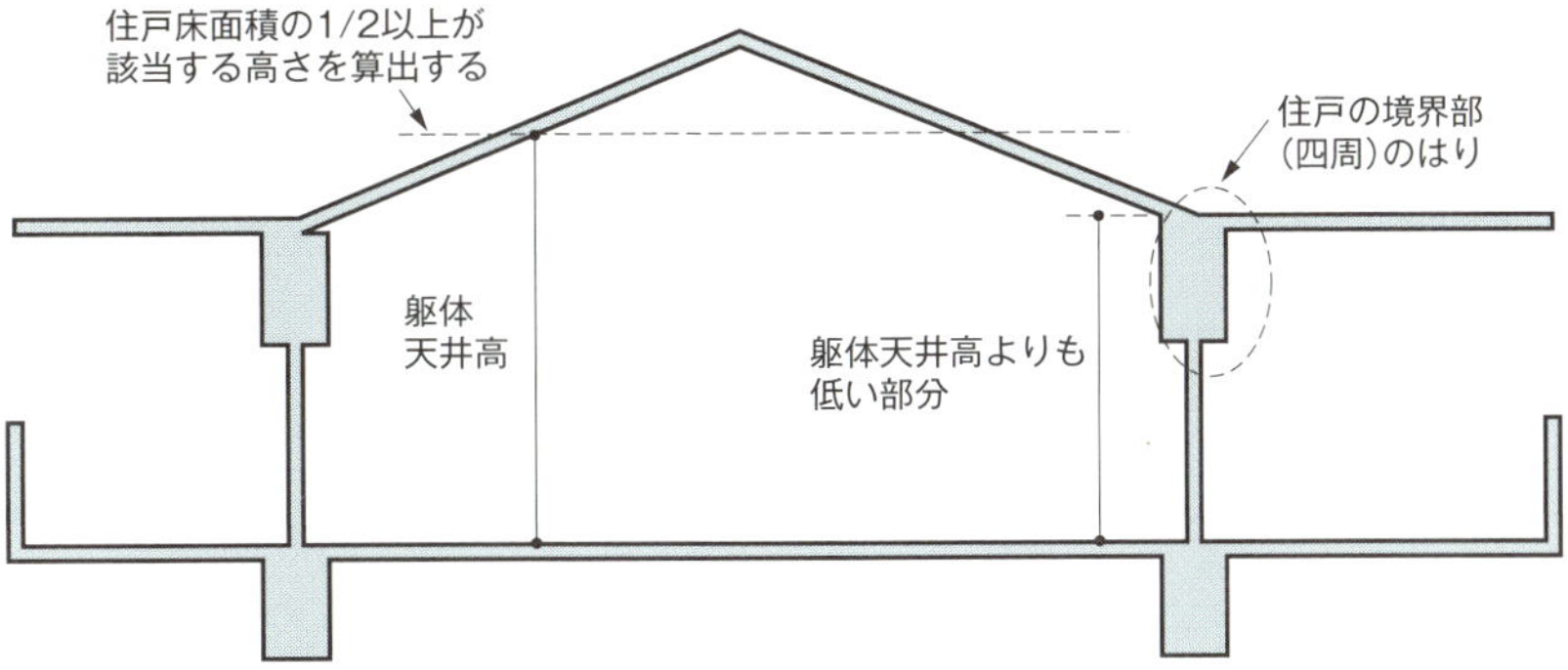

図4 最上階の一部分が傾斜屋根の場合

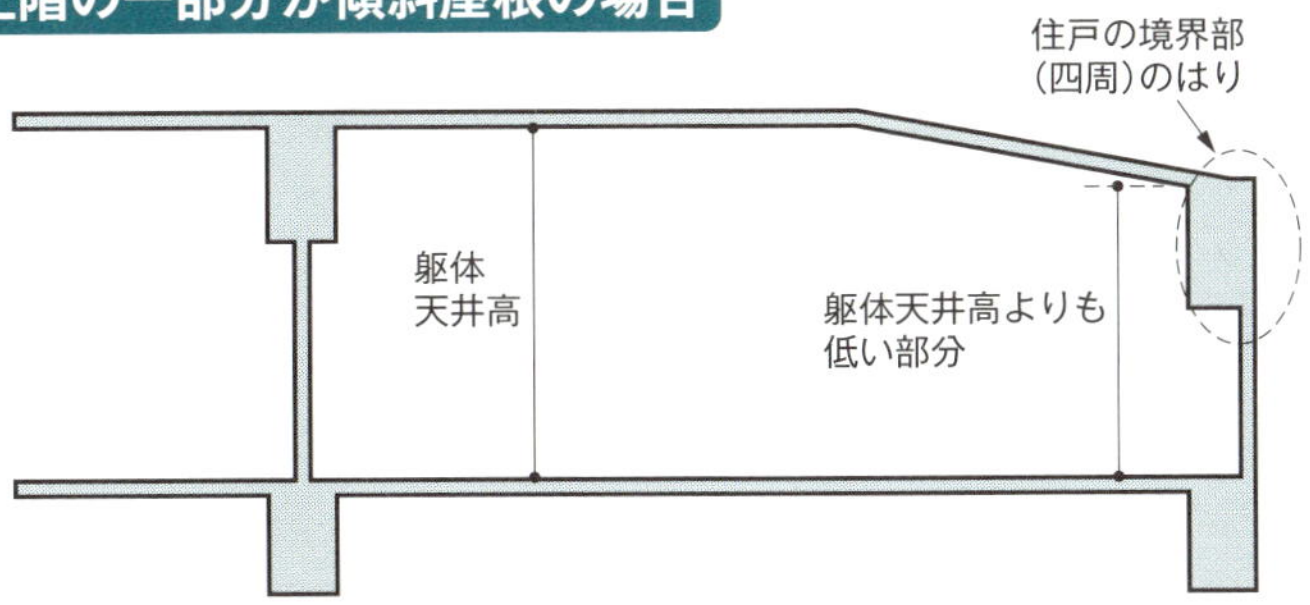

間取り変更の支障となる柱・壁

POINT

障害となる柱・壁の有無は住戸専用部更新の容易さに影響する

間取り変更による住戸専用部の更新対策について、共同住宅および長屋を評価対象とする。

部屋の中に邪魔な壁があったとしても、建物の構造上重要な部分かもしれないので、安易に壊すことができない場合がある。そのような壊すことが難しい壁や柱で住戸専用部の中に突出したものがあるかについて表示する。また、間取り変更の障害となりうるものが有の場合は、壁または柱の別を併せて明示する。

支障となる条件

住戸内部の独立柱や耐力壁で構成された間仕切り壁の場合は間取変更等の際の障害となるか若しくは、不可能となることがある。こうした構造躯体の柱・壁は「間取り変更の障害有」と評価し、評価書に表示する（図１・２）。

ただし、以下に記するものは間取り変更の障害となりうる度合は相対的に小さいと考えられるため、「ラーメン構造の住戸境界部に取りつく柱や、壁式構造の耐力壁で住戸内部に現われる長さが最小実長寸法を超えないもの」については、間取り変更の障害となりうる壁・柱とはみなさないとしている。

更新の容易さ

間取り変更による住戸専用部の更新の容易さにおいては、住戸専用部内の構造躯体等の有無の関連が非常に大きいといえる。

分譲の共同住宅および長屋の構造躯体等は共用部分であるため、評価対象住戸の居住者（所有者）だけの意思で躯体変更を行うことはできない。このことから、「住戸専用部の構造躯体の壁または柱の有無」を評価事項としている。

図1 ラーメン構造の場合

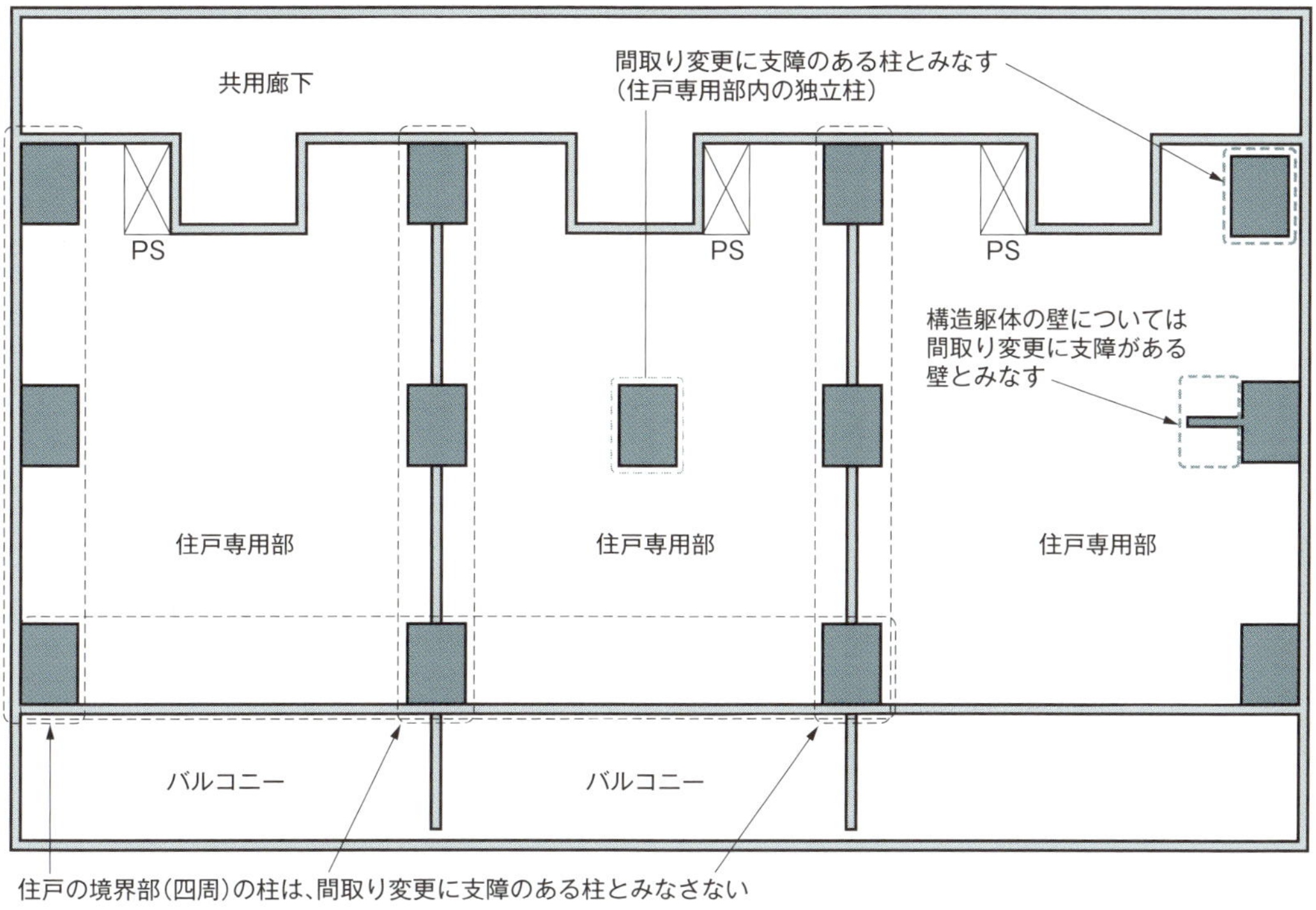

図2 壁式構造の場合

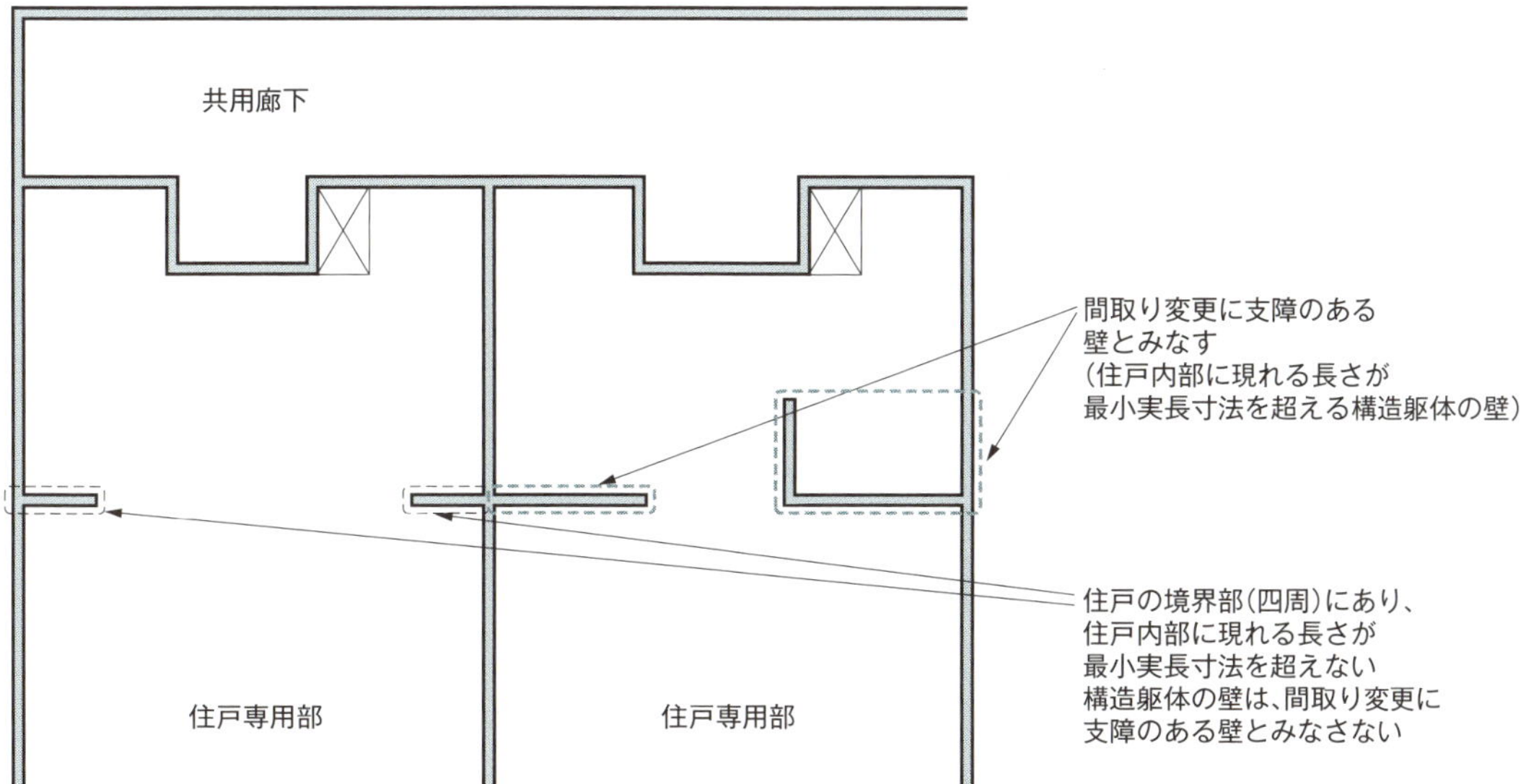

第4章

室内環境

温熱対策

POINT

設備機器のエネルギーを向上させる方法と暖冷房負荷を削減させる方法の2つの評価対象がある

温熱対策の評価方法

住宅室内で冬期に温かく夏期に涼しく過ごすためには、室内の温度を適切に制御することが重要であり、住宅の構造躯体の断熱措置などに十分な工夫を講じることが必要。

この項目では、新築時点から対策を講じておくことが特に重要と考えられる建物の「外皮（外壁、窓など）の断熱性能」と設備（冷暖房等）の性能を総合的に評価した「一次エネルギー消費量」の２つを表示。

ここでは、一般的な方法である冷暖房を想定し、構造躯体の断熱化等によって使用するエネルギーがどれだけ削減できるかを考慮している。

断熱性能等級とは、建物の外皮（外壁、屋根、天井、床、基礎、窓等の外周部分）の断熱性能について、外壁、窓等を通しての熱の損失の防止を図るための断熱化等による対策の程度を等級で表示する。

省エネ対策が急務に

令和32年カーボンニュートラルの実現、令和12年温室効果ガスの46％削減（平成25年比）の実現に向け、地球温暖化対策などの削減目標が令和３年10月に強化された。これを受け、エネルギー消費量の約３割を占める建築分野での省エネ対策が急務となっている。

中間目標では、令和12年までに新築の住宅や非住宅でＺＥＨ・ＺＥＢ水準の省エネ性能を確保し、令和32年には既存建築ストック平均で同水準を達成することが求められている。

図1 断熱性能等級

断熱

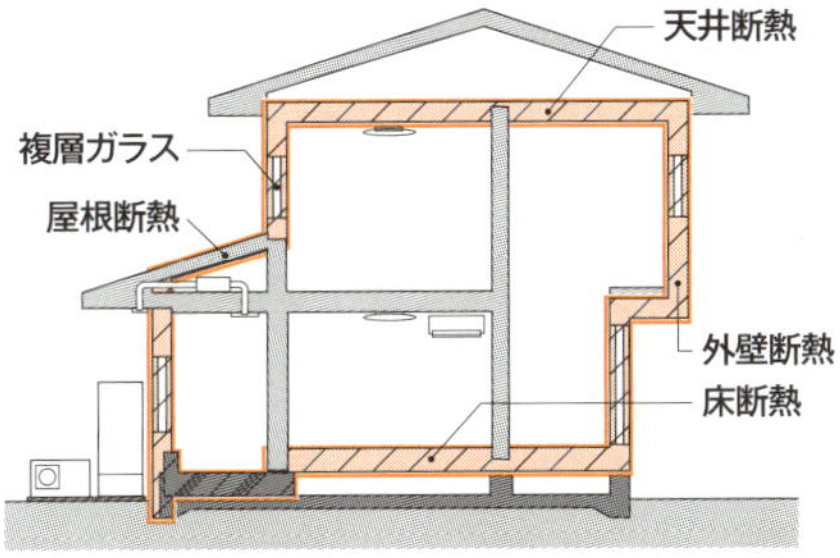

最高等級(7《等級》)等級のみ
UA値とηAC値を
明示することができる

最高等級

	等級1	等級2	等級3	等級4	等級5	等級6	等級7
熱損失等の対策の程度…		小さな削減	一定程度の削減	大きな削減	より大きな削減	著しい削減	より著しい削減
UA値[W/(㎡·K)]		1.67	1.54	0.87	0.60	0.46	0.26
ηAC値		—	3.8	2.8	2.8	2.8	2.8

※日本は寒冷地と温暖地の差が大きいため、全国を8地域に分けた「地域の区分」ごとに基準が定められている。表の数値は6地域(東京等)の場合。
※共同住宅等の場合における等級6、7については、令和5(2023)年4月1日以降の申請から取得可

外皮平均熱貫流率[UA]

「室内と外気の熱の出入りのしやすさ」
を表す指標

$$\text{UA値《ユー・エー》}\,[\mathrm{W/(m^2 \cdot K)}] = \frac{\text{単位温度差当たりの総熱損失量}}{\text{外皮表面積}}$$

数値が小さいほど熱が出入りしにくい

↓

断熱性能が高い

冷房期の平均日射熱取得率[ηAC]

「太陽日射の室内への入りやすさ」
を表す指標

$$\eta\text{AC値《イータ・エー・シー》} = \frac{\text{単位日射強度当たりの総日射熱取得量}}{\text{外皮表面積}} \times 100$$

数値が小さいほど日射が入りにくい

↓

遮蔽性能が高い

その他に、壁体内等の結露の発生を防止するための対策を求めている。

図2 一次エネルギー消費量等級

一次エネルギー消費量

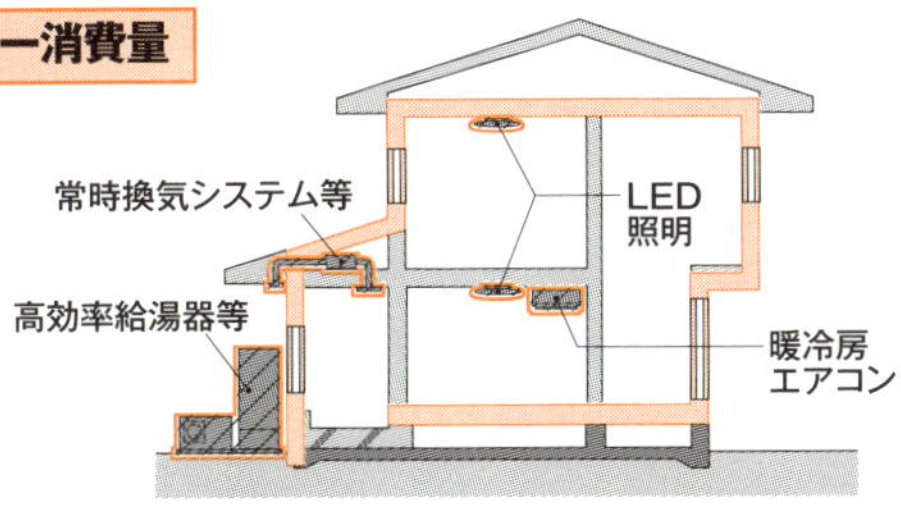

最高等級(6《等級》)等級の場合のみ
床面積当たりの
一次エネルギー消費量
[MJ/(㎡·年)]を
明示することができる

最高等級

	等級1	等級4	等級5	等級6
熱損失等の対策の程度…		大きな削減	より大きな削減	著しい削減
		平成28年 省エネ基準 相当	省エネ基準比 エネルギー 消費量 ▲10%	省エネ基準比 エネルギー 消費量 ▲20%(太陽光除く)

一次エネルギー消費量等級6は、住宅の省エネルギー基準よりも水準の高い「建築物のエネルギー消費性能の向上等に関する法律」(通称「建築物省エネ法」)に基づき定められた誘導基準のレベルと定義されている。

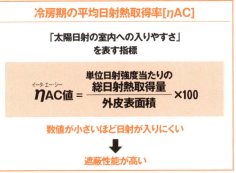

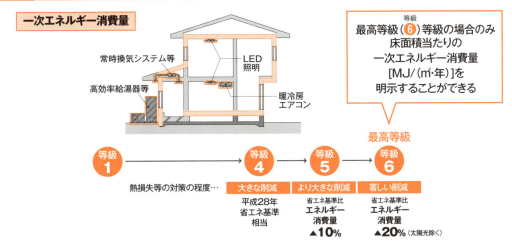

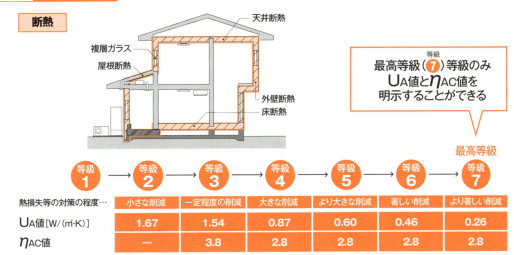

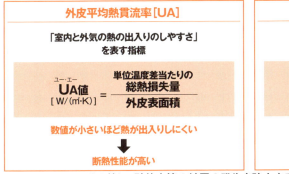

地域区分

POINT

暖冷房に使用するエネルギー削減のための対策の程度の評価

気候条件による地域区分

「地域区分」とは、住宅に係るエネルギー使用の合理化に関する建築主等及び特定建築物の所有者の判断の基準（平成21年経済産業省・国土交通省告示第1号。以下「建築主等の判断の基準」という。）に掲げる地域の区分をいう。

本基準における「地域区分」は、「建築主等の判断の基準」に定める地域の区分であり、全国を気候条件の違いに応じて大きく6つの地域に分け、市町村界により設定しているものである。大まかには次の区分となるが、市町村界による詳細は表を参照。

1、2地域…北海道等
3地域…北東北等
4地域…南東北等
5、6地域…関東、東海、近畿、中国、四国、九州等
7地域…南九州等
8地域…沖縄等

断熱等性能等級

断熱等性能等級における性能表示（図）は、平成25年基準に適合する程度のエネルギー削減が得られる対策を講じた住宅について等級4を、平成4年基準に適合した程度のエネルギー削減を得られる対策を講じた住宅について等級3、昭和55年基準に適合した程度のエネルギー削減を得られる対策を講じた住宅について等級2を、それぞれ適用させて判断するものであるが、この地域区分に応じて、各等級の要求水準は異なる。

表　省エネルギー基準・地域区分表

地域の区分	都道府県名
1、2	北海道
3	青森県、岩手県、秋田県
4	宮城県、山形県、福島県、栃木県、新潟県、長野県
5、6	茨城県、群馬県、埼玉県、千葉県、東京都、神奈川県、富山県、石川県、福井県、山梨県、岐阜県、静岡県、愛知県、三重県、滋賀県、京都府、大阪府、兵庫県、奈良県、和歌山県、鳥取県、島根県、岡山県、広島県、山口県、徳島県、香川県、愛媛県、高知県、福岡県、佐賀県、長崎県、熊本県、大分県
7	宮崎県、鹿児島県
8	沖縄県

1　次の市町村にあっては、上の区分にかかわらず、2地域に区分されるものとする。
- 青森県　十和田市(旧十和田湖町に限る)、七戸町(旧七戸町に限る)、田子町
- 岩手県　久慈市(旧山形村に限る)、八幡平市、葛巻町、岩手町、西和賀町

2　次の市町村にあっては、上の区分にかかわらず、3地域に区分されるものとする。
- 北海道　函館市(旧函館市に限る)、松前町、福島町、知内町、木古内町、八雲町(旧熊石町に限る)、江差町、上ノ国町、厚沢部町、乙部町、せたな町(旧瀬棚町を除く)、島牧村、寿都町
- 宮城県　栗原市(旧栗駒町、旧一迫町、旧鶯沢町、旧花山村に限る)
- 山形県　米沢市、鶴岡市(旧朝日村に限る)、新庄市、寒河江市、長井市、尾花沢市、南陽市、河北町、西川町、朝日町、大江町、大石田町、金山町、最上町、舟形町、真室川町、大蔵村、鮭川村、戸沢村、高畠町、川西町、小国町、白鷹町、飯豊町
- 福島県　会津若松市(旧河東町に限る)、白河市(旧大信村に限る)、須賀川市(旧長沼町に限る)、喜多方市(旧塩川町を除く)、田村市(旧都路村を除く)、大玉村、天栄村、下郷町、檜枝岐村、只見町、南会津町、北塩原村、西会津町、磐梯町、猪苗代町、三島町、金山町、昭和村、矢吹町、平田村、小野町、川内村、飯舘村
- 栃木県　日光市(旧今市市を除く)、那須塩原市(旧塩原市に限る)
- 群馬県　沼田市(旧沼田市を除く)、長野原町、嬬恋村、草津町、六合村、片品村、川場村、みなかみ町(旧水上町に限る)
- 新潟県　十日町市(旧中里村に限る)、魚沼市(旧入広瀬村に限る)、津南町
- 山梨県　富士吉田市、北杜市(旧小淵沢町に限る)、西桂町、忍野村、山中湖村、富士河口湖町(旧河口湖町に限る)

図　断熱等性能等級

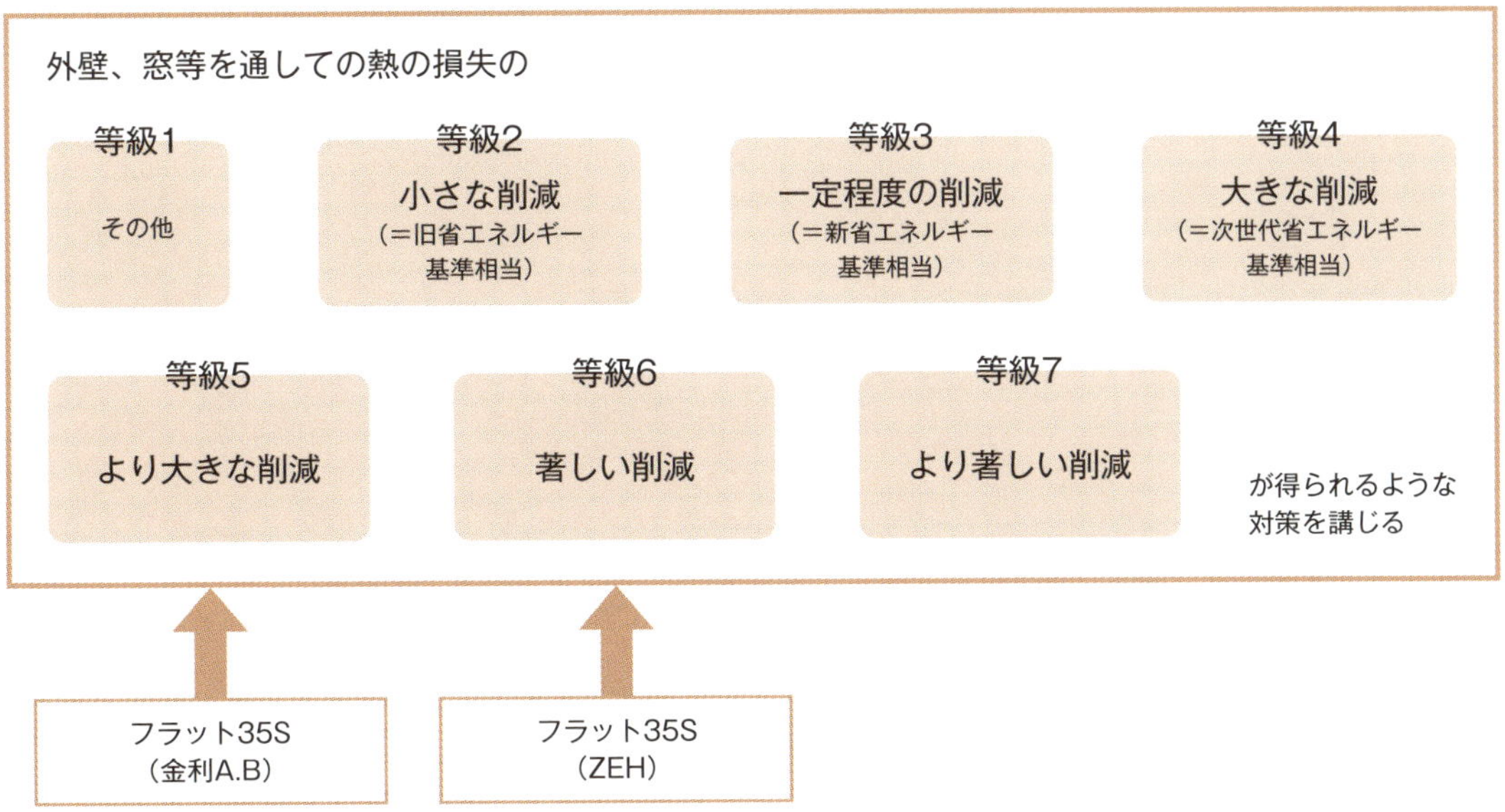

断熱等性能等級

POINT

断熱等性能等級は同一の仕様であれば省エネルギー対策等級とほぼ同一の評価

断熱等性能等級とは?

住宅性能表示制度上、省エネに関する評価基準は「5-1省エネルギー対策等級」のみであったが、平成26年の改正に伴い、「5-1断熱等性能等級」と「5-2一次エネルギー消費量等級」の2項目となった(図)。「断熱等性能等級」とは、従来の「5-1省エネルギー対策等級」に代わるものであり、建築物(住戸)自体の断熱性能を評価するもの。後述する外皮熱貫流率、及び冷房期の日射熱取得率の数値によって、7段階の等級で評価する。そして、最高等級である等級7を取得した場合のみ、計算結果である「外皮平均熱貫流率」、及び「冷房期の平均日射熱取得率」数値を、評価書に併記できる。

住宅性能評価申請時には、「5-1断熱等性能等級」と「5-2一次エネルギー消費量等級」のいずれも、必須項目として評価を実施せねばならない。

基準改定にあたって、同一の仕様であれば旧基準の「省エネルギー対策等級」でも、新基準の「断熱等性能等級」でも、ほぼ同一の評価結果となるように調整されている。ただし、いわゆる「仕様規定」に該当する規定数値が、新基準には存在しない。

省エネ法においては、平成28年1月29日付けで「住宅部分の外壁、窓等を通しての熱の損失の防止に関する基準」(仕様基準)が、令和4年11月7日付けで「住宅部分の外壁、窓等を通しての熱の損失の防止に関する誘導基準」(誘導基準)が施行されているが、この仕様基準・誘導基準は、あくまで等級4・5にのみ適用可能であり、等級7・6・3・2には適用できない。よって、仕様基準・誘導基準から外れる仕様の場合は、最低の等級1とするか、外皮計算を実施の上で等級2・3いずれかの評価取得をめざすことになる。

図 省エネ基準の見直しによる住宅性能表示制度の改正

従来の基準

5-1.断熱性能	5-2.一次エネルギー消費量
等級4［省エネ基準］	等級5［省エネ基準▲10%］
等級3	等級4［省エネ基準］
等級2	その他（等級1）
その他（等級1）	
等級7のみ数値の併記可（W／㎡・K）	等級6のみ数値の併記可（MJ／年・㎡）

➡

改正後の基準

5-1.断熱等性能等級	5-2.一次エネルギー消費量
等級7［省エネ基準比エネルギー消費量▲40%］	等級6［ZEH基準相当］
等級6［省エネ基準比エネルギー消費量▲30%］	等級5［低炭素基準相当］
等級5［ZEH基準相当］	等級4［H25基準相当］
等級4［H25基準相当］	その他（等級1）
等級3［H4基準相当］	＝低炭素基準相当 省エネ基準▲20%
等級2［S55基準相当］	
その他（等級1）	

※5-1、5-2、5-1と5-2で性能表示
※省エネ基準における一次エネルギー消費量と外皮性能のバランスに配慮するため、等級表示の数字はそろえる
※長期優良住宅については、現行の「省エネルギー対策等級」から「断熱等性能等級」へ移行し、対応

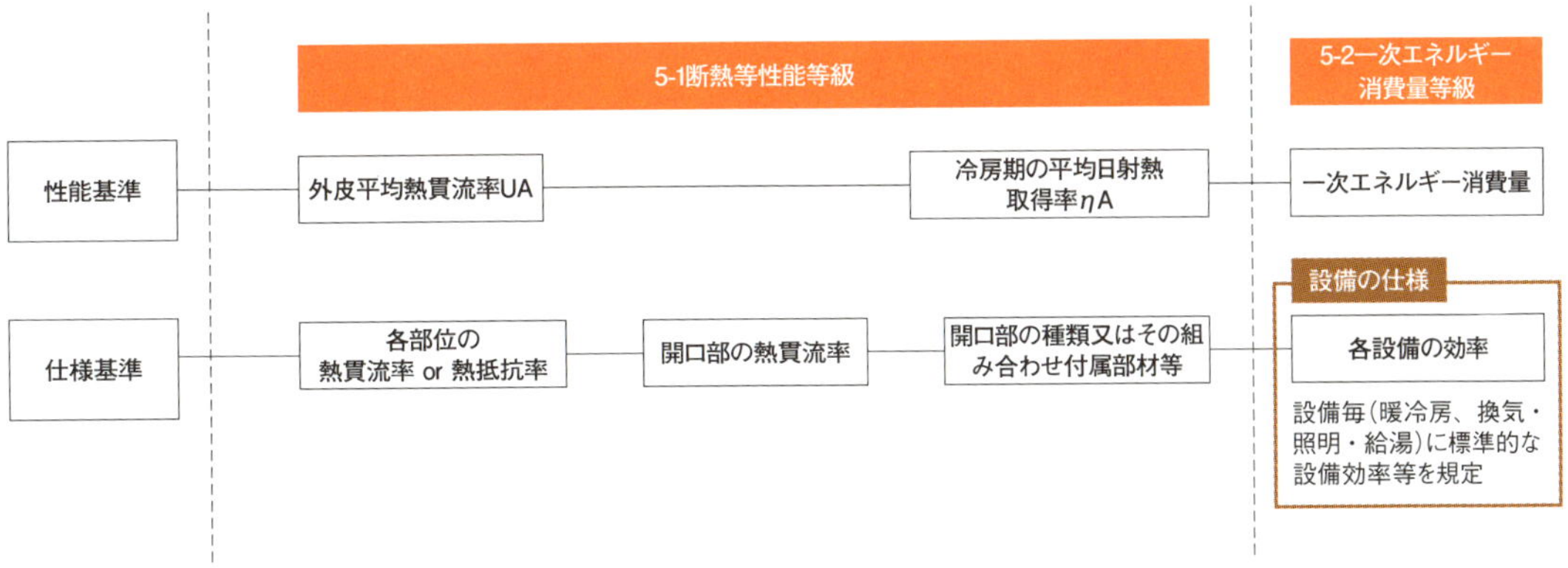

一次エネルギー消費量等級

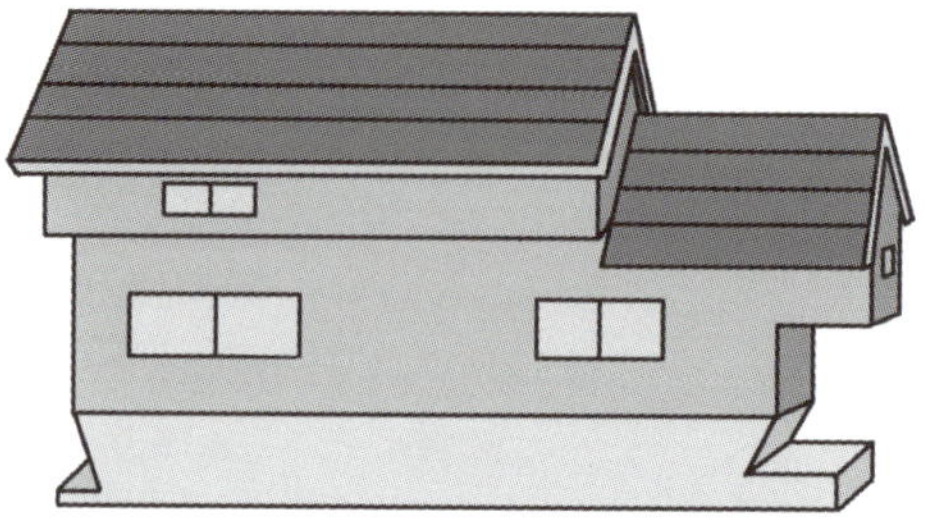

POINT

建物全体の省エネルギー性能をわかりやすく把握できる基準

一次エネルギー消費量とは?

平成25年の省エネ法改正に伴い、「一次エネルギー消費量」という概念が導入された。「一次エネルギー」とは、化石燃料・水力・太陽光など自然から得られるエネルギーのこと。これらを変換・加工して得られるエネルギー（電気・都市ガス・灯油等）を「二次エネルギー」という（図1）。建築物では二次エネルギーが多く使用されており、それぞれ異なる単位（kWh、ℓ、MJなど）が使用されるが、これらを一次エネルギー消費量に換算することで、建築物の総エネルギー消費量を同一単位（MJ）で評価できるようにした。

「一次エネルギー消費量」の概念自体は、既に「低炭素建築物」の基準として先行導入されていたが、外壁・窓等の建物自体の持つ熱性能に加え、エアコン・照明・給水給湯などの性能を加味し、設備性能を含む建築物全体としての省エネルギー性能を評価する基準を「一次エネルギー消費量」として、新たに基準を定めた（図2）。

一次エネルギー消費量の算出方法

計画建築物の一次エネルギー消費量（設計一次エネルギー消費量）が、基準一次エネルギー消費量E_{ST}以下となった場合を等級4、基準消費量を更に10%削減した数値以下となった場合を等級5、さらに20%削減した数値［=低炭素建築物の基準と同じ］以下となった場合を等級6としている。

一次エネルギー消費量の計算方法はかなり複雑なので、独立行政法人建築研究所HP上にある、計算支援プログラムを利用するのが一般的だ（No.068参照）。なお、最高等級である等級6を取得した場合のみ、計算結果である［設計一次エネルギー消費量E_T］の数値を、評価書に併記できる。

図1 一次エネルギーと二次エネルギー

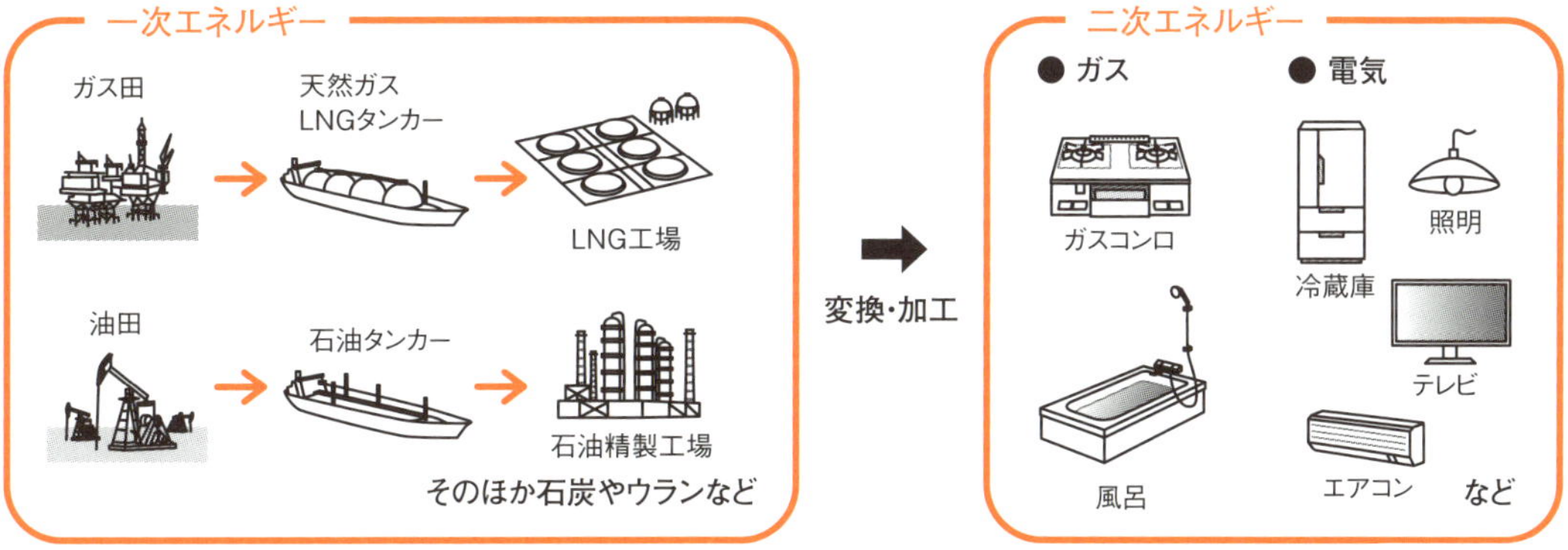

図2 一次エネルギー消費量の計算方法

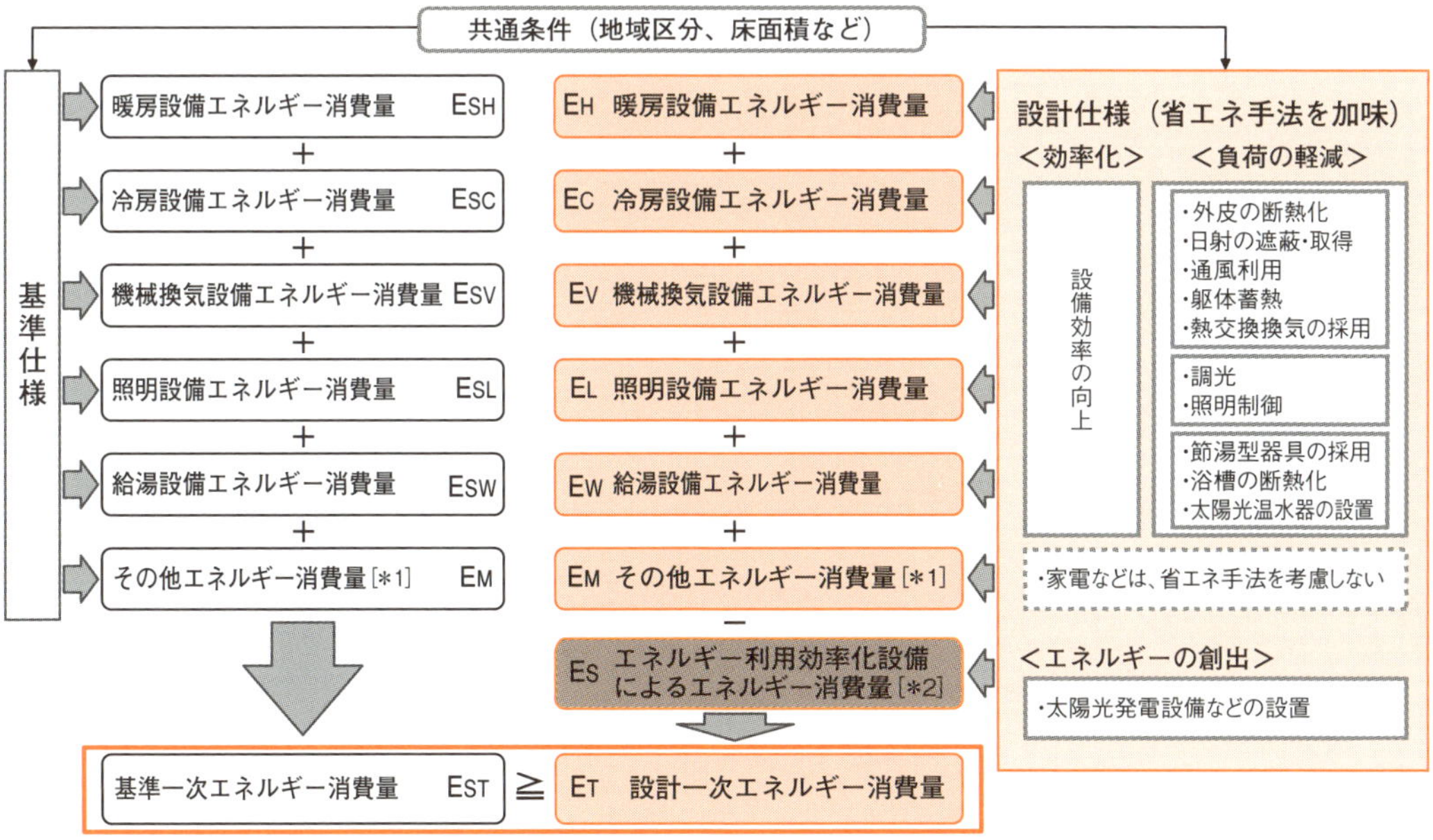

＊1 家電および調理のエネルギー消費量。建築設備に含まれないことから、省エネルギー手法は考慮せず、床面積に応じた同一の標準値を設計一次エネルギー消費量および基準一次エネルギー消費量の両方に使用する

＊2 太陽光発電による再生可能エネルギー導入量や、コージェネレーション設備により発電されたエネルギー量も含まれる

仕様基準

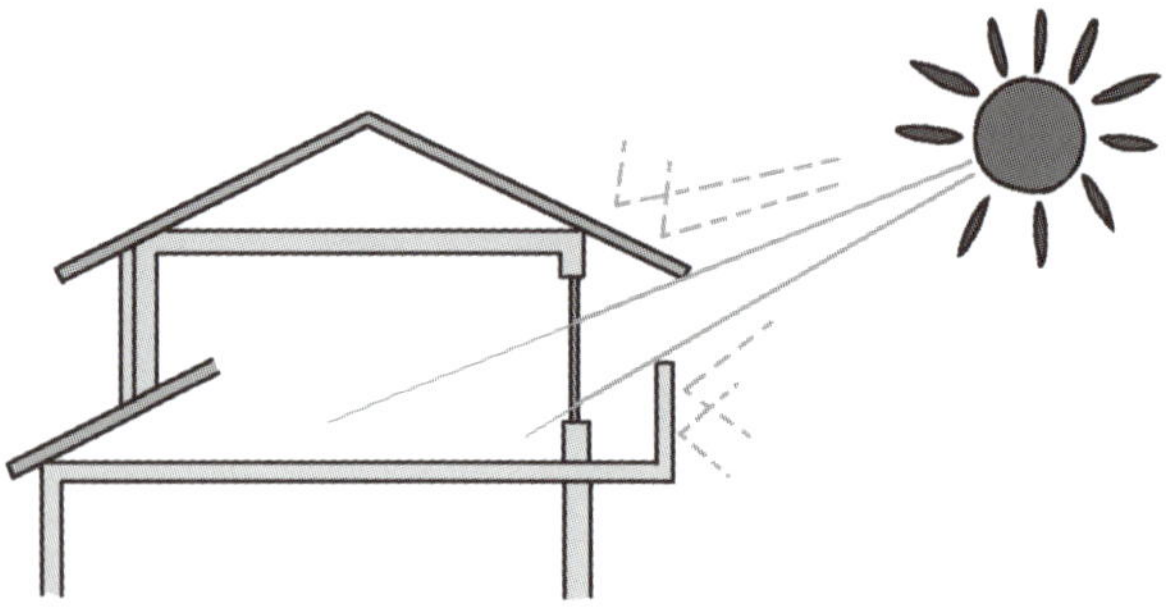

POINT

省エネ計算なしで省エネ基準への適合が確認出来る方法

仕様基準とは

改正省エネ基準で要求している「外皮計算方法」「一次エネルギー消費量基準」は、かなり難解な計算が必要となる。そのため、この計算を容易にすべく、平成28年1月29日より「住宅部分の外壁、窓等を通しての熱の損失の防止に関する基準及び一次エネルギー消費量に関する基準」、以下、「仕様基準」という）が施行されている（図）。

各部位の断熱性能と開口部の性能仕様のみで判断が可能

通常であれば、外皮計算を実施して「断熱性能等級4に適合」しているかどうかを判断するが、「仕様基準」を利用すれば、各部位（屋根または天井、床、外壁等）における『断熱材の仕様及び厚み』より算出される［熱抵抗値］、もしくは『部位断面仕様』から算出される「熱貫流率」のみで判断することが可能となる。ただし、開口部については「建具の種類若しくはその組み合わせ、又は付属部材、庇・軒等の設置」等の別規定がある。

なお、住宅性能表示制度においては、仕様基準は等級4を評価する際にしか利用できない。仕様基準に適合しないものは（通常の外皮計算等を実施しない限り）等級1と評価されてしまうので、※注意されたい。

一次エネルギー消費量基準における仕様基準

一次エネルギー消費量基準においても、仕様基準が定められている。こちらも基準に適合しないものは等級1と評価されてしまう。また一般的な設備関連機器しか記載されていないため、記載のない機器を使用している場合には利用できない。

※　等級5を評価する場合には別途定められている「誘導仕様基準」を利用する。

図 省エネ基準適合のためのチェックリスト

地域の区分の確認

建設地の「地域の区分」を「地域の区分一覧表」

2 開口部（窓、ドア）の熱貫流率Uと日射遮蔽対策の確認

窓については建具とガラスの組合せ、ドアについては枠と戸の組合せに基づいて熱貫流率Uと日射遮蔽対策を確認。

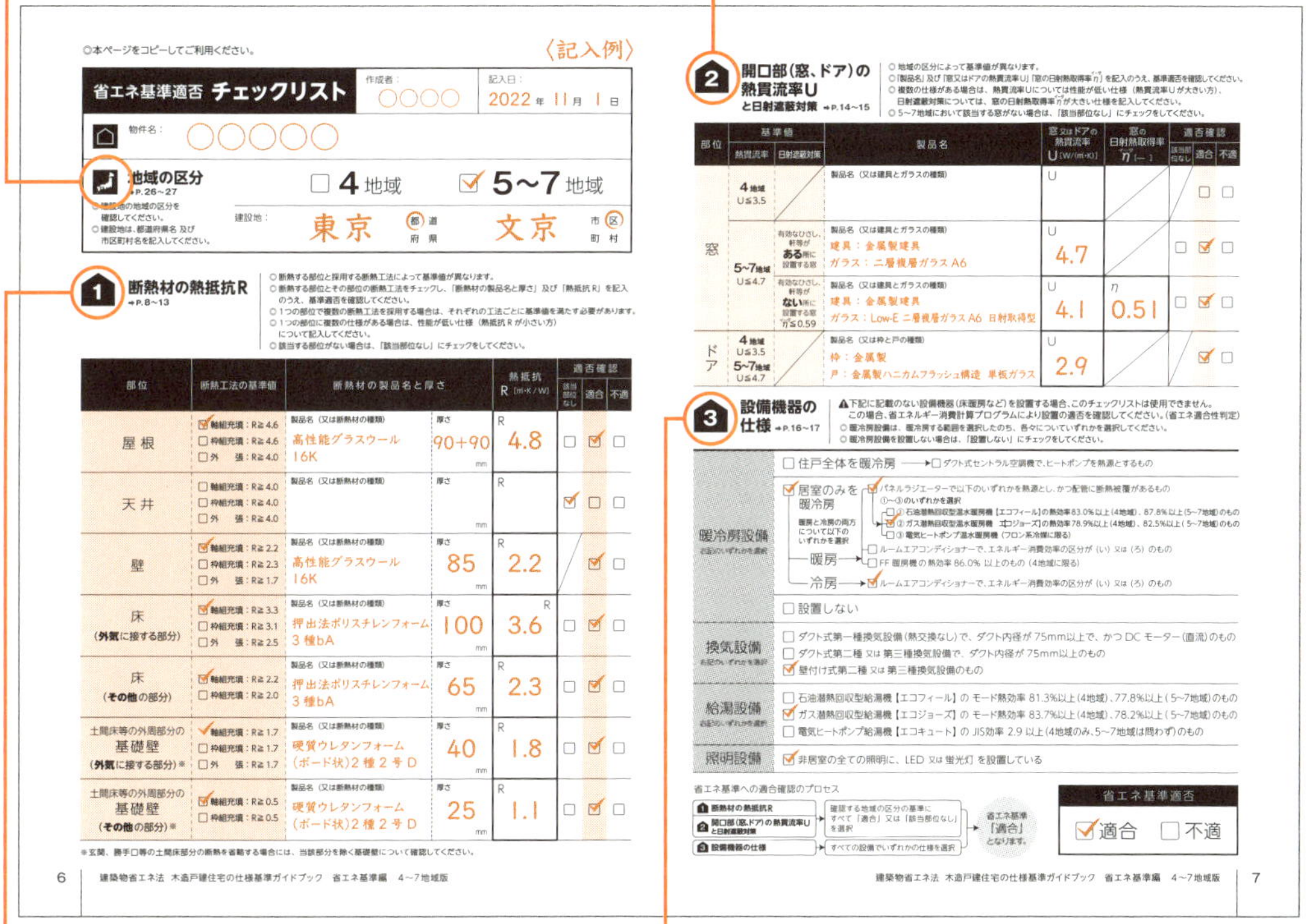

1 断熱材の熱抵抗Rの確認

断熱する部位とその部位の断熱工法、及び各部位の断熱材の種類と厚さに基づき熱抵抗Rを確認。

3 設備機器の仕様の確認

暖冷房・換気・給湯・照明設備の4つの設備機器の仕様を確認。
※エネルギー消費性能計算プログラムで確認することもできる。

省エネ基準への適否を確認する3つの項目

外皮基準	窓や外壁などの「外皮性能」の確認

1 断熱材の熱抵抗R
2 開口部（窓、ドア）の熱貫流率Uと日射遮蔽対策

一次エネルギー消費量基準	設備機器の「一次エネルギー消費量」の確認

3 設備機器の仕様

外皮平均熱貫流率(U_A値)

POINT

熱貫流率(U)は数値が小さいほど断熱性能が高い

外皮等の断熱性能は、外皮平均熱貫流率(U_A値)を地域区分ごとの基準値以下とすることが求められる。

外皮平均熱貫流率(U_A値)とは

U_A値とは、住宅全体の熱の逃げやすさを示す指標で、「内外の温度差が1℃の時に、外部へ逃げる1時間あたりの熱量(外皮給熱損失量)を、外壁、天井又は屋根、開口部などの部位の面積の合計(外皮等面積の合計)で除した値」と定義される。値が小さいほど断熱・遮熱性能が高く暖房効率が良い。

各部位の熱貫流率の算出には、熱橋(梁、下地材、窓枠下地などの断熱構造を貫通する部分で、断熱性能が周囲より劣る部分)の貫流熱量を考慮する。また、木造、RC造などの構造種別によって計算方法が異なる。

U_A値は、地域区分ごとの基準値(表)以下であることが求められる。8地域(沖縄)では基準値は定められていないが、冷房一次エネルギー消費量の計算に用いるため、U_A値は8地域でも算出する必要がある。

住棟単位の外皮平均熱貫流率(U_A値)

共同住宅は現行の戸単位の評価方法に加えて、2019(令和元)年の改正により全住戸の平均値を住棟単位の基準値以下とする住棟単位での評価方法が追加された。改正に伴い住棟単位の平均熱貫流率(値)基準が規定された。ただし住宅性能評価においては住宅毎の評価のみで住棟単位での評価はない。

外皮平均熱貫流率の定義と概念

外皮平均熱貫流率（U_A）

- ✓ 室内と外気の熱の出入りのしやすさの指標
- ✓ 建物内外温度差を1度としたときに、建物内部から外界へ逃げる単位時間当たりの熱量※を、外皮面積で除したもの ※換気による熱損失は除く
- ✓ 値が小さいほど熱が出入りしにくく、断熱性能が高い

$$U_A\ (\mathrm{W/m^2 \cdot K}) = \frac{\text{単位温度差当たりの外皮総熱損失量}}{\text{外皮総面積}}$$

表

地域区分	1	2	3	4	5	6	7	8
外皮平均熱貫流率の基準値: U_A [W/（㎡·K）]	0.46	0.46	0.56	0.75	0.87	0.87	0.87	－

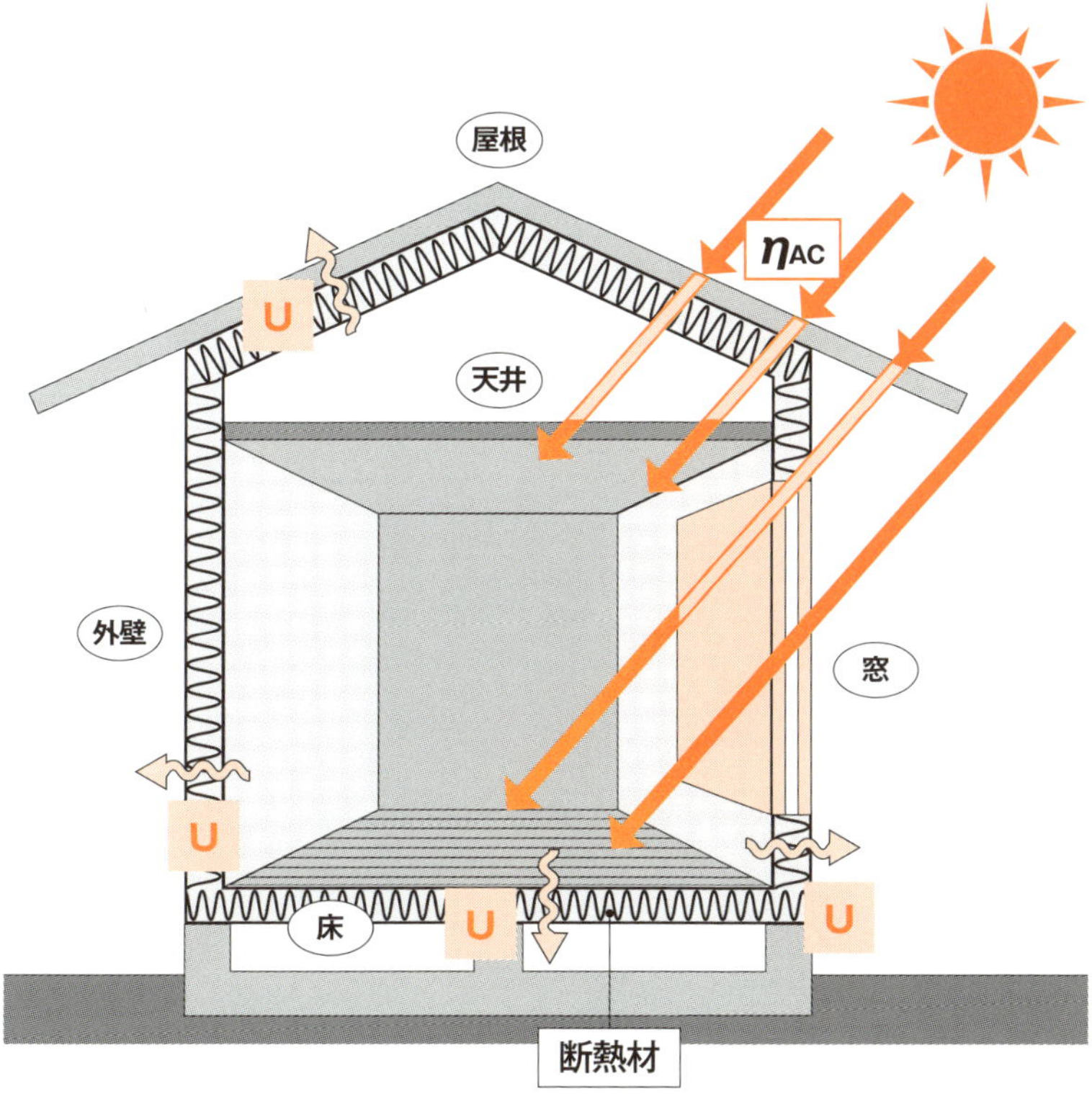

断熱補強

POINT

熱橋部に断熱材を補うことにより断熱性能を強化

結露防止の観点から、内断熱工法（表1）の場合には5地域以北では断熱補強が必要となるが6地域以南では外皮平均熱貫流率を計算して基準値に適合している場合には、断熱補強に関する制約は受けない。同様に、外断熱工法（表2）の場合は、断熱補強が必要となるのは1・2地域以外の地域では断熱補強に関する制約は受けない。

鉄筋コンクリート造における断熱補強

鉄筋コンクリート造等の住宅においては、平成21年の評価方法基準の改正により、断熱性能によらず、結露防止の観点から最低限必要な断熱補強（熱橋に断熱材を補うことで断熱性能を強化すること）が規定されている。

鉄筋コンクリート造等の住宅の床、間仕切壁等が断熱層を貫通する部分（乾式構造による界壁、間仕切壁等の部分および玄関床部分を除く。以下「構造熱橋部（図）」という）では、定める基準により断熱補強を行うこと。柱、梁等が断熱層を貫通する場合は、当該柱、梁等が取り付く壁または床から突出先端部までの長さが900mm以上の場合は構造熱橋部として扱い、900mm未満の場合は当該柱、梁等が取り付く壁または床の一部として取り扱う。

鉄筋コンクリート造等の住宅における構造熱橋部については、熱損失が非常に大きい箇所であり、省エネルギー性能確保には断熱補強が必要となる。「熱貫流率等による基準」においては「仕様型」の基準の内容として、それぞれ断熱補強の範囲と求められる断熱材の熱抵抗が規定されている。

なお、平成21年の設計施工指針の改正において、次の部分が断熱補強を省略できる箇所とされている。

①乾式構造による界壁、間仕切壁等が断熱層を貫通する部分
②玄関床が断熱層を貫通する部分

図 構造熱橋部の形状

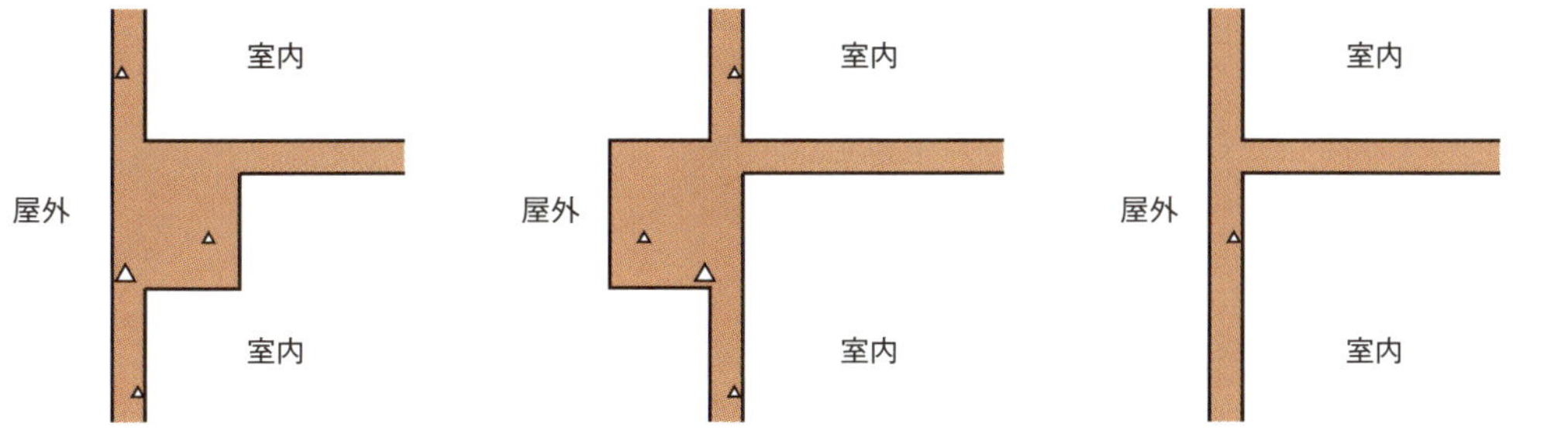

構造熱橋部の梁、柱が室内側に突出している場合

構造熱橋部の梁、柱が室外側に突出している場合

構造熱橋部の梁、柱が室内側、室外側いずれにも突出していない場合

表1 地域の区分等に応じた断熱補強仕様※

構造熱橋部の形状	断熱補強の部位・範囲・基準値		地域区分			
			1・2	3	4	5
構造熱橋部の梁、または柱が室内側に突出している場合	床面	断熱補強の範囲（単位mm　以下同じ）	500	200	150	125
		断熱補強の熱抵抗の基準値（単位㎡・K/W　以下同じ）	0.4	0.1	0.1	0.1
	壁面	断熱補強の範囲	100	50	50	50
		断熱補強の熱抵抗の基準値	0.4	0.1	0.1	0.1
構造熱橋部の梁、または柱が室外側に突出している場合	床面	断熱補強の範囲	200	100	100	
		断熱補強の熱抵抗の基準値	0.2	0.1	0.1	
	壁面	断熱補強の範囲	200	100	100	
		断熱補強の熱抵抗の基準値	0.2	0.1	0.1	
構造熱橋部の梁、柱が室内側、室外側いずれにも突出していない場合	床面	断熱補強の範囲	200	100	100	
		断熱補強の熱抵抗の基準値	0.2	0.1	0.1	
	壁面	断熱補強の範囲	200	100	100	
		断熱補強の熱抵抗の基準値	0.2	0.1	0.1	

※　柱、梁等が断熱層を貫通する場合は、当該柱、梁等が取り付く壁または床から突出先端部までの長さが900mm以上の場合は構造熱橋部として取り扱うものとし、900mm未満の場合は当該柱、梁等が取り付く壁または床の一部として取り扱う。

表2 地域の区分等に応じた断熱補強仕様（断熱工法）※

断熱工法	断熱補強の仕様	地域の区分			
		1、2	3、4	5〜7	8
内断熱	断熱補強の範囲(mm)	900	600	450	—
	断熱補強の熱抵抗の基準値(m^{2}K/W)	0.6			—
外断熱	断熱補強の範囲(mm)	450	300	200	—
	断熱補強の熱抵抗の基準値(m^{2}K/W)	0.6			—

※ 内断熱及び外断熱を併用する場合、またはいずれの断熱工法か判断できない場合は内断熱工法とみなすこととなる。

断熱材熱抵抗値と平均熱貫流率

POINT

熱抵抗(R)は数値が大きいほど断熱性能が高い※

熱抵抗Rと平均熱貫流率

「熱抵抗R」は材料の断熱性能を示す指標。断熱材熱抵抗値とは、熱の伝わりにくさを表しており、断熱材の厚さ(m)を断熱材の熱伝導率(W/m・K)で除して求めるこの数値が大きいほど断熱性能が高い。また、平均熱貫流率とは、内外の温度差1度の場合において、1㎡当たり貫流する平均熱量をワットで表した数値のこと。この数値が小さいほど、断熱性能が高いといえる。

熱橋

「熱橋」とは構造部材、下地材、窓枠下地材その他、断熱層を貫通する部分であって、断熱材を施工している部分より断熱性能が著しく劣る部分を指し、ヒートブリッジともいう(図)。熱の通り道ともなる熱橋部分(熱橋部)は、大きな熱損失の原因となるばかりでなく、冬には結露やカビなどが発生する原因にもなる。平均熱貫流率計算は、通常部と熱橋部の両方の熱貫流率を求め、面積比率を用いた面積加重平均計算を実施する。

平均熱貫流率の計算方法は、(あらかじめ規定された面積比率を用い、通常計算するもの)、面積比率を自分で算出し、計算する方法がある。但し、計算が面倒な場合は「仕様基準」「誘導仕様基準」を用いれば、(構造・構法・工法や断熱材施工方法等の別により「熱橋部を考慮した基準値」が定められているため熱橋部の考慮は不要となる。

開口部の熱貫流率U

「熱貫流率U」は窓やドアなどの部位の断熱性能を示す指標。窓の熱貫流率と建具とガラス、ドアの熱貫流率は枠と戸の組み合わせによって異なる。開口部の熱貫流率数値については、規定で定める数値を用いるか、JIS等の試験結果数値などを用いることになる。

※ 熱抵抗は断熱材の性能と厚さによって決まる。同じ熱抵抗の断熱材でも厚さが異なったり、逆に同じ厚さの断熱材でも熱抵抗が異なったりする。

図 熱橋とは

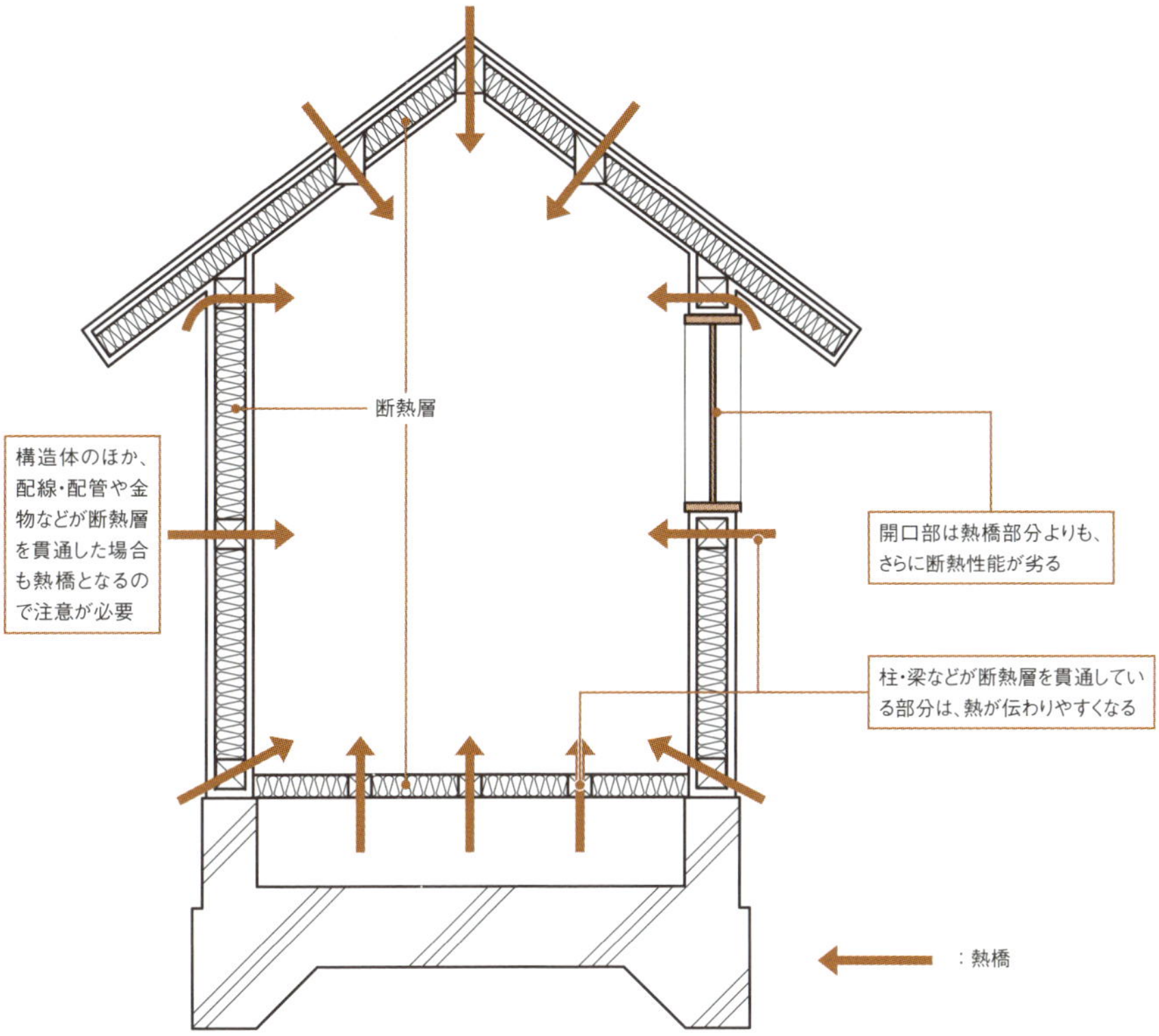
断熱層
構造体のほか、配線・配管や金物などが断熱層を貫通した場合も熱橋となるので注意が必要
開口部は熱橋部分よりも、さらに断熱性能が劣る
柱・梁などが断熱層を貫通している部分は、熱が伝わりやすくなる
：熱橋

平均日射熱取得率（η_{AC}値）

POINT

日射取得率（η）は数値が小さいほど日射遮蔽性能が高い

外皮等の日射遮蔽性能は、冷房期の平均日射熱取得率（η_{AC}値）を地域区分ごとの基準値以下とする。

平均日射熱取得率（η_{AC}値）とは

η_{AC}値は、住宅への日射熱の侵入の程度を示す指標である。「住宅に入射する日射量に対する室内に侵入する日射量の割合を、外皮全体で平均した値」と定義され、値が小さいほど日射遮蔽性能が高く、冷房効率が良い。

η_{AC}値の計算式を表に示す。2017（平成29）年の【建築物省エネ法】への移行に伴う基準の見直しで、開口部の垂直面日射熱取得率にJIS R 3106に定める値を用いる場合は、窓枠の影響を考慮することになった。庇、和障子、外付けブラインドは日除け装置として扱い、形状に基づく取得日射量補正係数を求め、窓の日射熱取得率を補正する。カーテンや内付けブラインドは日除け装置としては扱えない。

外壁、屋根または天井およびドアの日射熱取得率は、当該部位の熱貫流率に係数0.034を乗じて求める。

1～4地域のη_{AC}値に基準値はないが、冷房一次エネルギー消費量の計算に用いるため、η_{AC}値は算出しなければならない。2019（令和元）年の改正で8地域のη_{AC}が見直されている。

住棟単位の平均日射熱取得率（η_{AC}値）

2019（令和元）年の改正により冷房の平均日射熱取得率（2値）の住棟単位の基準値が規定された。

平均日射熱取得率の基準値

冷房期の平均日射熱取得率（ηAC）

- ✓ 太陽日射の室内への入りやすさの指標
- ✓ 単位日射強度当たりの日射により建物内部で取得する熱量を冷房期間で平均し、外皮面積で除したもの
- ✓ 値が小さいほど日射が入りにくく、遮蔽性能が高い

$$\eta_{AC} = \frac{\text{単位日射強度当たりの総日射熱取得量}}{\text{外皮総面積}} \times 100$$

表

地域区分	1~4	5	6	7	8
冷房期の平均日射熱取得率の基準値: η_{AC}[－]	－	3.0	2.8	2.7	6.7

図 平均日射熱取得率の考え方

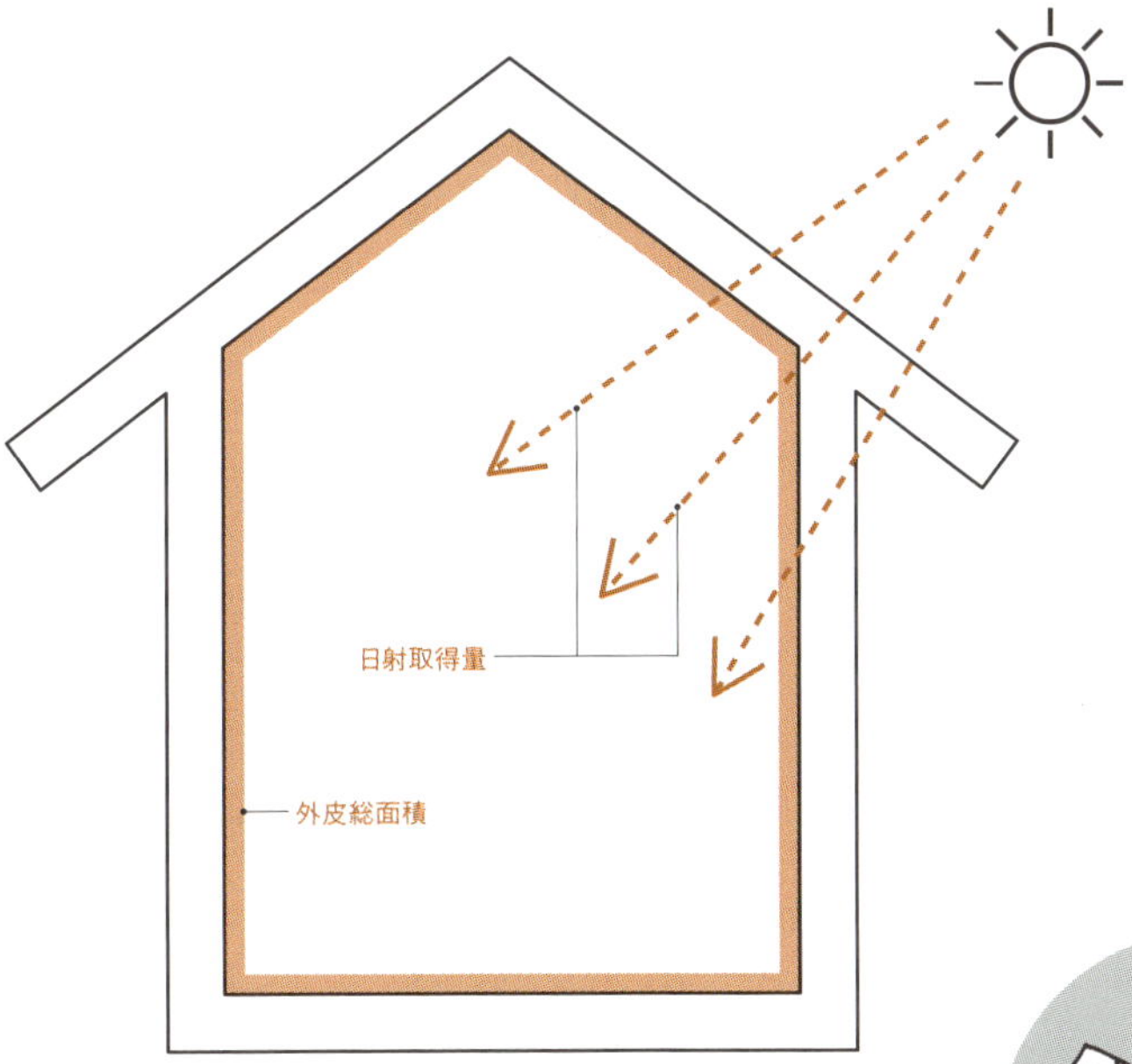

結露発生防止

POINT

防湿層や通気層の設置が基本的な構成

結露発生防止のための基準

断熱性能および耐久性能を損なうおそれのある結露の発生を防止する対策は、省エネ基準では平成21年の改正により配慮事項として位置付けられて定性的に規定されるようになったが、評価方法基準においては、年間暖冷房負荷の低減に加えて、壁体内等の結露の発生を防止する対策を明示的に求めることとしていることから、これまで省エネ基準で規定していた結露防止対策にかかわる主な内容について、あらためて明確に評価基準として規定している（表1）。なお、平成25年の改正においては、運用改善を図る目的でこれまでに得られた知見や検証を踏まえ、以下のとおり、例示仕様の充実を図る等の改正も行っている（表2）。

①繊維系断熱材等を用いる場合の防湿層設置基準の適用除外仕様を追加
②小屋裏換気措置、床下換気措置、床下地盤面の防湿措置の削除
③外壁または屋根への通気層設置にかかわる適用除外仕様を追加
④表面結露抑制の観点から鉄筋コンクリート造等の住宅における断熱補強の仕様を規定

ただし、これらは防湿層や通気層の省略を推奨するものではなく、図に示すとおり、断熱材の室内側には透湿抵抗の高い防湿層を、断熱材の室外側には透湿性・防風性・防水性のある防風層を施工し、通気層等を設けることが高断熱壁体の基本的な構成であるということには変わりはない。

表1　結露の発生を防止する対策に係る準備

<table>
<tr><th>等級</th><th>4</th><th>3</th><th>2</th><th>1</th></tr>
<tr><td rowspan="2">結露の発生を防止する対策に関する基準</td><td>設計及び施工の指針 3(2)ロ(ロ)から(ヘ)までおよびハに掲げる基準に適合していること</td><td>設計及び施工の指針 3(2)ロ(ロ)、(ハ)、(ホ)および(ヘ)に掲げる基準に適合していること。この場合において、設計及び施工の指針 3(2)ロ(ロ)中「防湿気密層」とあるのは「防湿層」と、「気密性及び防湿性」とあるのは「防湿性」とする</td><td rowspan="2">設計及び施工の指針 3(2)ロ(ロ)に掲げる基準に適合していること。この場合において、「防湿気密層」とあるのは「防湿層」と、「気密性および防湿性」とあるのは「防湿性」とする</td><td rowspan="2">不 問</td></tr>
<tr><td colspan="2">評価方法基準3-1(3)イ①g（小屋裏換気の基準）に適合している場合は、設計及び施工の指針 3(2)ロ(ハ)に、3-1(3)イ①(床下の換気・防湿)に適合している場合は、設計施工指針3(2)ロおよび(ヘ)に、それぞれ適合しているものとみなす</td></tr>
</table>

図　断熱壁体の基本構成

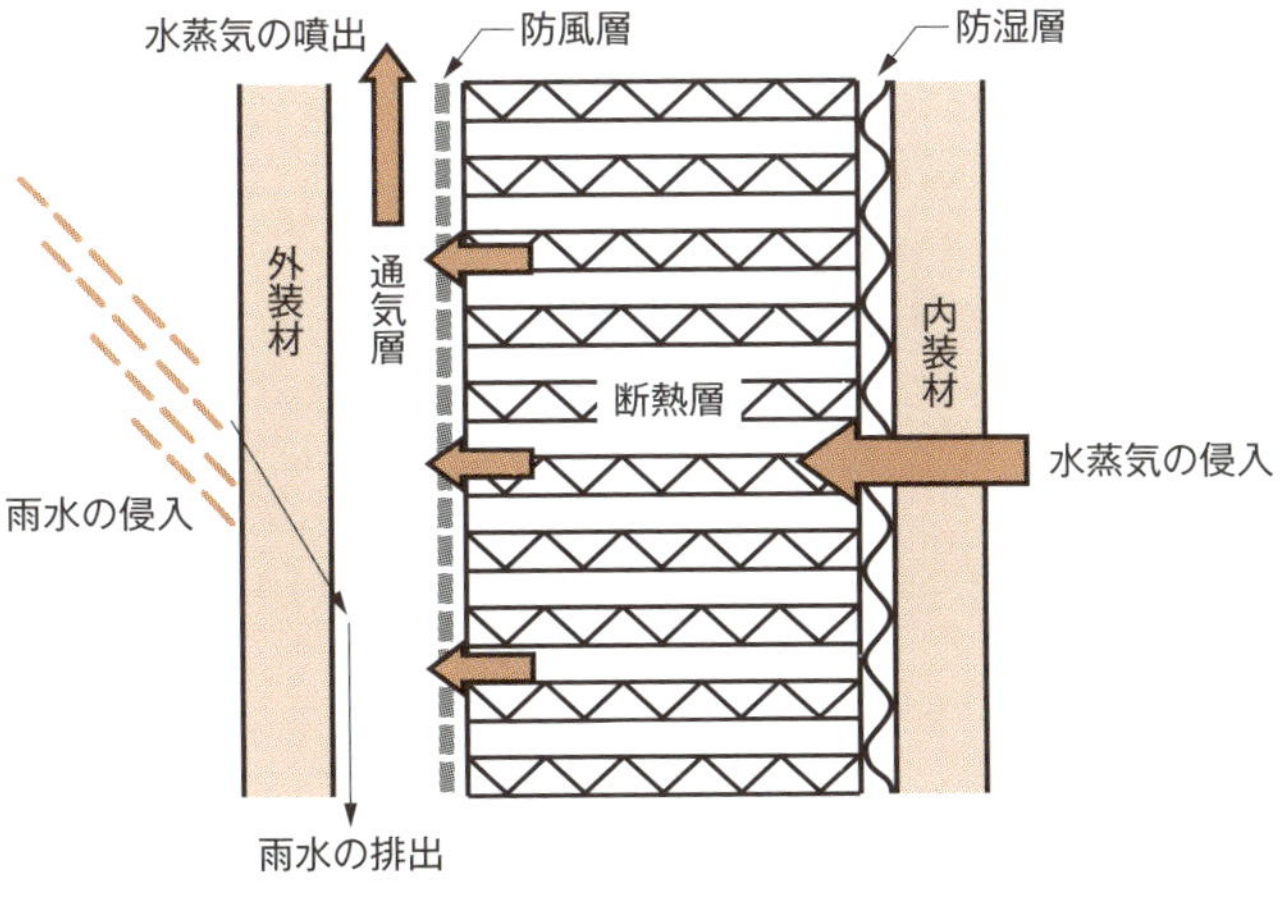

表2　例示仕様の充実

①	繊維系断熱材等を用いる場合の防湿層設置基準の適用除外仕様を追加
②	小屋裏換気措置、床下換気措置、床下地盤面の防湿措置の削除
③	外壁または屋根への通気層設置にかかわる適用除外仕様を追加
④	表面結露抑制の観点から鉄筋コンクリート造等の住宅における断熱補強の仕様を規定

設備性能

POINT

躯体の断熱性能の不足分を設備性能でカバー

基準消費量と設計消費量

一次エネルギー消費量評価の基準となるものを「基準一次エネルギー消費量」、計画建築物（住戸）の実際のエネルギー消費量を「設計一次エネルギー消費量」という。いずれの数値も計算式がかなりややこしいので、独立行政法人建築研究所がWeb上にて提供している判定プログラム利用するのが一般的だ（図）。「基準一次エネルギー消費量」は、主に①建築地の地域区分②主たる居室（LDが該当）の床面積③その他の居室の床面積④延床面積等の基本情報を入力することにより算出される。

「設計一次エネルギー消費量」は、外皮熱損失量・日射熱取得量などの計算結果や、設置される設備機器（冷暖房・換気・照明・給湯・発電）の有無や、その種別を入力することにより算出される。設備機器の性能については、一般的な性能のものを利用、もしくは不利側の前提で算出される。例えば照明器具については「設置しない」を選択するとLEDを使用するものとして基準値は計算される。また、特に省エネ性能が高いものを利用した場合は、そのカタログ数値を別入力することも可能だ。なお、完了検査時点で設置されている設備が評価対象設備となる。

設備機器の効果

実際にWebプログラムを利用してみれば判ることだが、「設計一次エネルギー消費量」算定結果は、設置される設備機器の性能によって結果が大きく変動する。住戸躯体の断熱性能を上げる（断熱材を厚くする）より、設置する給湯器やエアコンの性能を上げるほうが、より良い数値を得られることが多い。逆に、設計一次エネルギー消費量の算定に、不利に働く設備も存在する。床暖房設備などがその典型なので注意されたい。

図　一次エネルギー消費量の判定プログラム

プログラムのトップページ

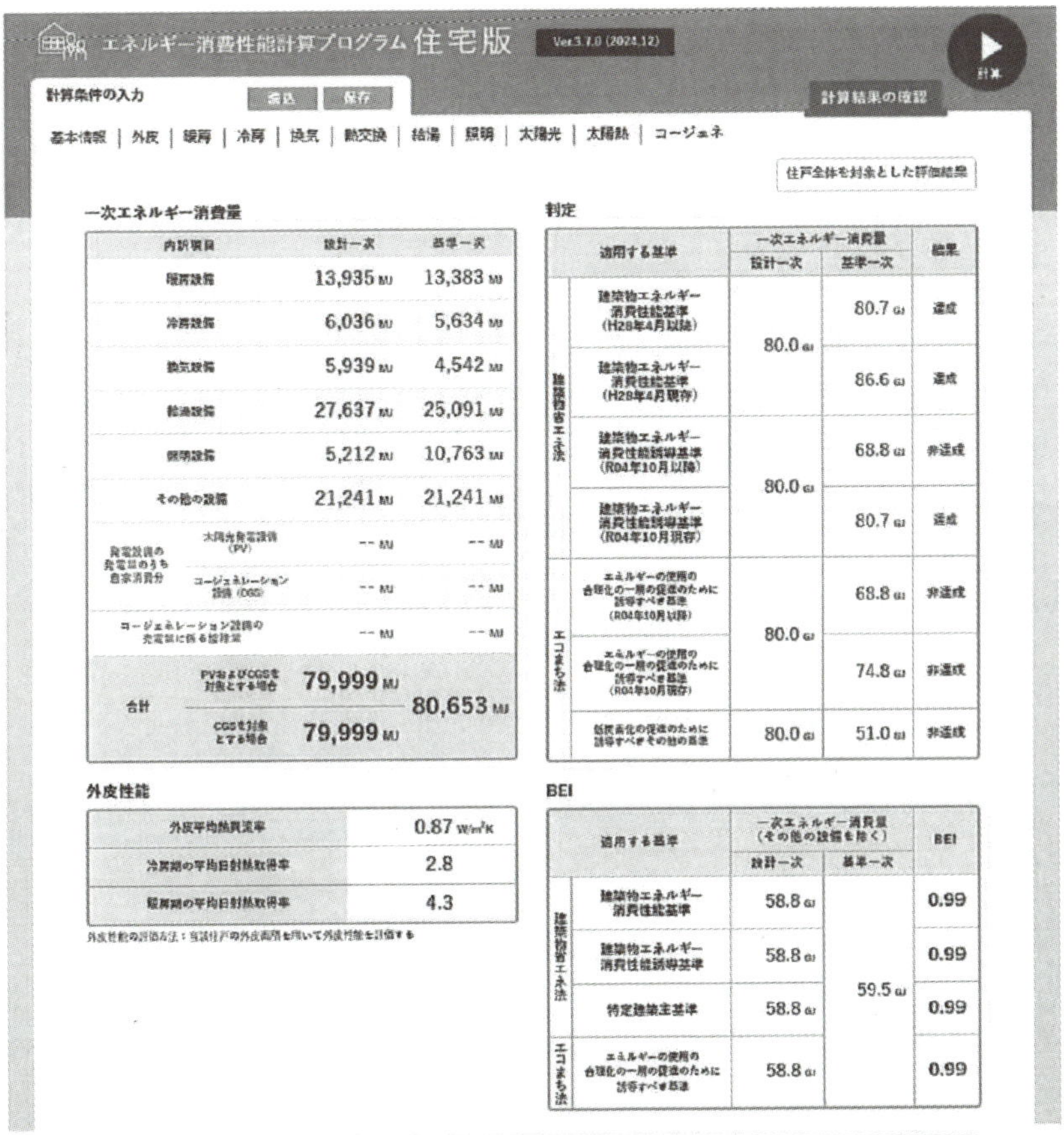

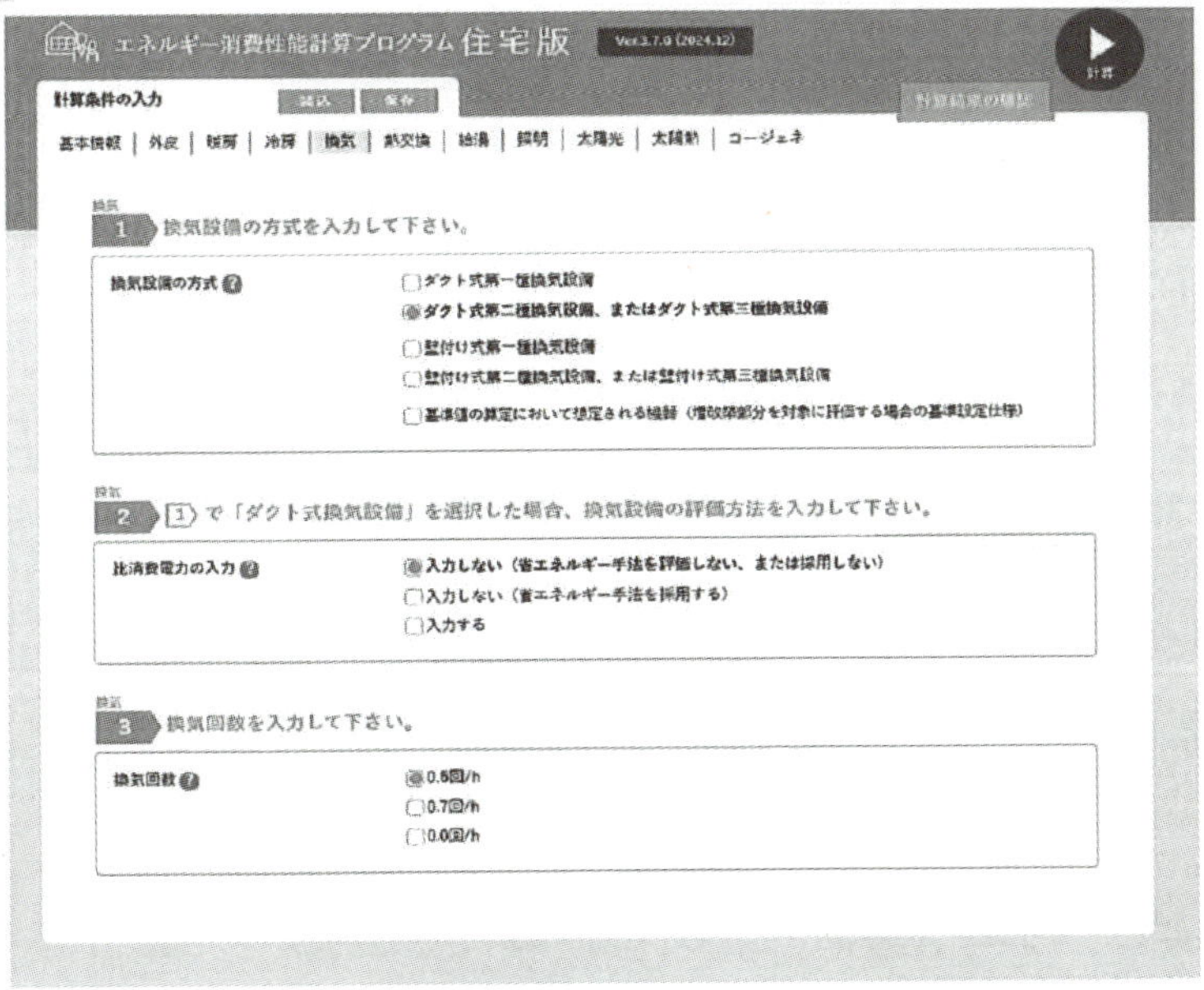

空気環境

POINT

住宅室内の空気環境は、ホルムアルデヒド対策と換気対策を評価する

空気環境の表示項目

住宅室内の空気には、ほこり、微生物、水蒸気、一酸化炭素、二酸化炭素、および建材から発生する多様な化学物質が含まれている。これらの化学物質には空気中に微量に含有していても人が刺激に感じるものや、健康への影響があると指摘されているものがある。

現時点では、化学物質と健康との影響に関して疫学的な因果関係のすべてが解明されてはいないが、建材などから室内に放散するホルムアルデヒドなどにより健康に影響があったとする事例が報告され、「シックハウス問題」として取り上げられるようになってきた。

住宅の設計時点において、実際には、住宅室内の空気中に微量に含まれる化学物質の組成や濃度は、温度・湿度・気流・住宅の気密性・建材などの使用量や養生期間・外気の影響などの多様な要因により容易に変動するものであるために、住宅の設計段階で予測することは極めて困難である。

住宅性能表示制度においては、①「6-1．ホルムアルデヒド対策」について、使用している建材を表示し、化学物質が含まれる建材（特定建材）を使用している場合は、代表的な化学物質の放散量の少ない建材を使用しているかを表示する（図1）。

②「6-2．換気対策」について、換気により化学物質の濃度は変動するため、換気対策を表示する（図2）。

③「6-3．室内空気中の化学物質の濃度等」について、建物の竣工時に、室内の化学物質濃度の測定結果を表示する（選択項目）（図3）。

①の場合具体的には、使用している建材（特定建材の場合）のホルムアルデヒドの放散量が、日本産業規格（JIS）・日本農林規格（JAS）に定められている表示に適合している建材※を使用しているかについて評価する。

※ 建材には、接着剤・塗料等建築現場で使用する材料を含む。

図1 ホルムアルデヒド対策(内装及び天井裏等)

【ホルムアルデヒド発散等級】 特定建材からのホルムアルデヒドの発散量の少なさ

発散量	その他	少ない	極めて少ない
ホルムアルデヒド発散速度	0.02mg /㎡･hを超え 0.12mg /㎡･h以下	0.005mg /㎡･hを超え 0.02mg /㎡･h以下	0.005mg /㎡･h以下
建築材料の区分	第二種ホルムアルデヒド発散建築材料	第三種ホルムアルデヒド発散建築材料	建築基準法施行令第20 条の7 第4 項に該当する建築材料
JIS(日本産業規格) JAS(日本農林規格)	F☆☆ 等級 相当以上	F☆☆☆ 等級 相当以上	F☆☆☆☆ 等級 相当以上
内装	等級1 →	等級2 →	等級3
天井裏等		等級2 →	等級3

図2 換気対策

■居室の換気対策

住宅の居室に必要な換気量が確保できる対策について、機械換気設備等の有無を表示する。

必要な換気回数

0.5 回／時間

(2時間ですべての空気が入れ替わる)

■局所換気対策

住宅内で一時的に汚染物質の濃度が高くなる場所として、換気上重要な便所、浴室及び台所の換気のための対策について、機械換気設備、換気のできる窓の有無を表示する。

図3 室内空気中の化学物質の濃度等

この項目は、住宅の完成段階で、空気中の化学物質の濃度等を実際に測定する。

(建設住宅性能評価の場合に、測定するかどうかを選択できる)

ホルムアルデヒド対策

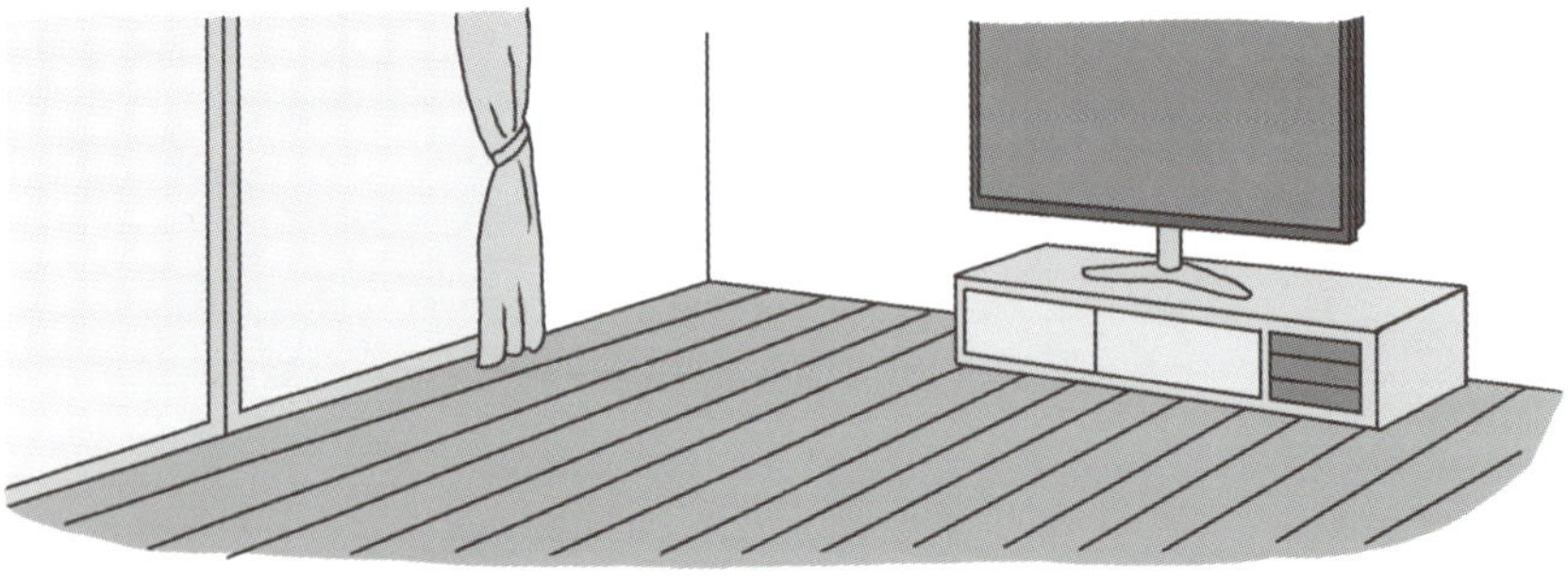

POINT

特定建材を使用している場合は、ホルムアルデヒドの発散量の少ない建材を使用しているかを表示する

JIS・JAS表示について

建築基準法により、建築物の基礎や主要な構造部をはじめ、防災・衛生上重要な各部分に用いられる材料はJIS（日本産業規格）またはJAS（日本農林規格）に適合した品質であることが求められる。

JISまたはJAS規格の建材は、一定の性能を有していることが保証される。各部位における表示区分は左記の通り。

①居室の内装の仕上材等に使用している材料の区分を表示する。

②天井裏等の下地材に使用している材料の区分を表示する。

③特定建材を使用している場合は、ホルムアルデヒド発散量に関する等級を表示する。※

ホルムアルデヒド対策としては、特にホルムアルデヒドを発散する材料（特定建材という）を使用した場合、JIS・JAS表示（大臣認定）の建材を使用していることを等級で表示する（図）。

（JIS・JAS表示上、以下同じ）

・F☆☆☆☆等級相当の特定建材を使用した場合は〝等級3〟と表示。

・F☆☆☆等級相当の特定建材を使用した場合は〝等級2〟と表示。

・F☆☆等級相当の特定建材を使用した場合は〝等級1〟と表示。

居室の内装の仕上材および天井裏等の下地材それぞれ等級を表示するが、天井裏等については、建築基準法上F☆☆の使用が許容されていないため等級1の表示はない。

特定建材の詳細

特定建材（表）とは、ホルムアルデヒドを発散する可能性のある建材であり、建築基準法にもとづき告示に定められたホルムアルデヒド発散建築材料のことである。

※ 等級3：ホルムアルデヒドの発散量が極めて少ない
等級2：ホルムアルデヒドの発散量が少ない
等級1：その他（天井等にあっては「-」と表示される）

表　特定建材の詳細

①合板	⑩壁紙
②木質系フローリング（単層フローリングを除く）	⑪接着剤（現場施工・工場）ホルムアルデヒド水溶液を使用した接着材、ユリア樹脂を用いた接着材
③構造用パネル	⑫保温材
④集成材	⑬緩衝材（浮き床用のグラスウール・ロックウール等）
⑤単層積層材（LVL）	⑭断熱材
⑥MDF（木材等の植物繊維を成形した板）	⑮塗料（現場施工）ユリア樹脂を用いた塗料
⑦パーティクルボード（木材等の小片を接着剤にて成形した板）	⑯仕上塗材（現場施工）ユリア樹脂を用いた仕上塗材
⑧その他の木質建材	⑰接着材（現場施工）ビニール系ゴム系のユリア樹脂等を用いた接着剤
⑨ユリア樹脂板	

図　ホルムアルデヒド対策（特定建材使用）

キーワード
F☆☆☆かF☆☆☆☆

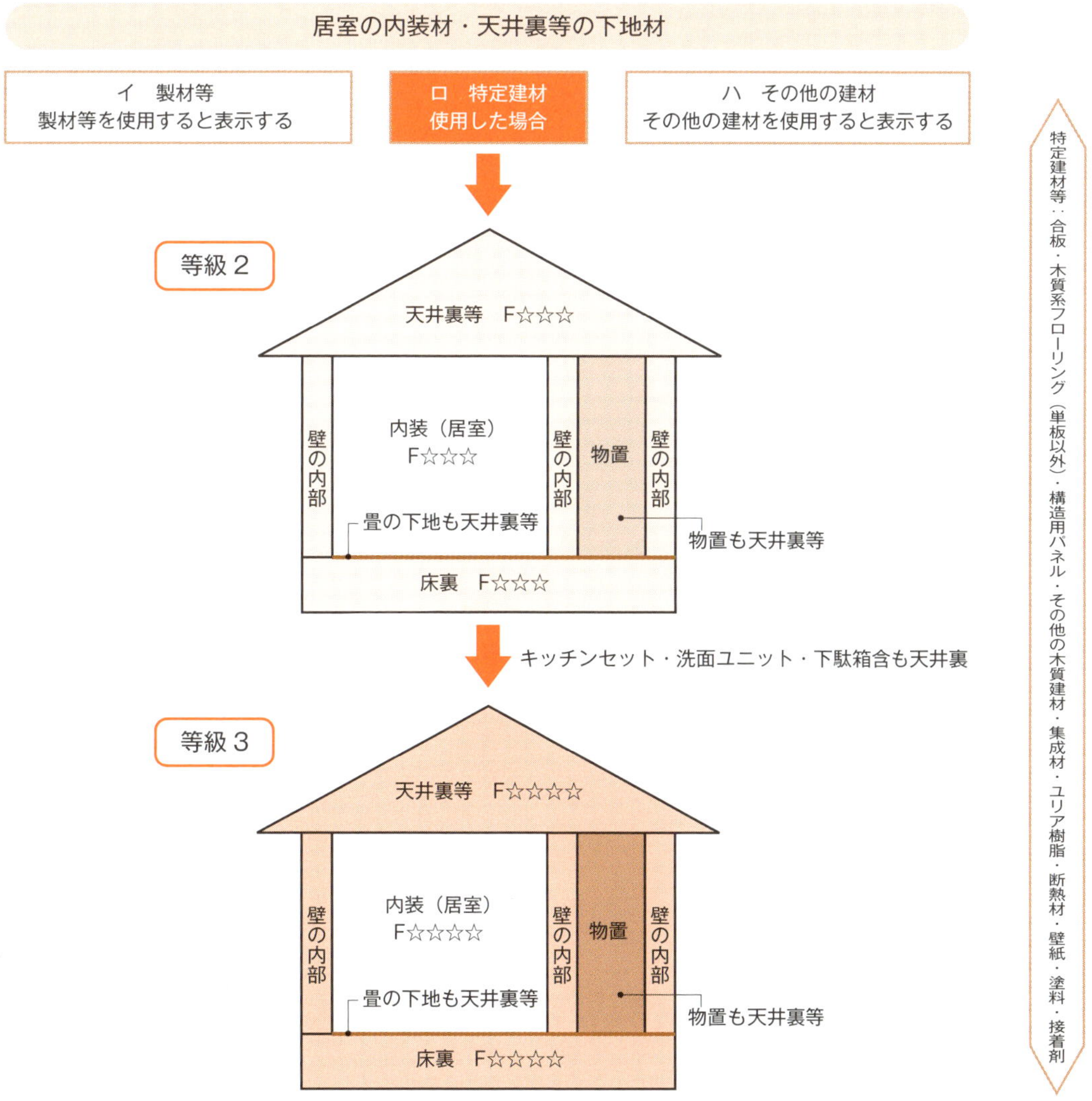

内装と天井裏

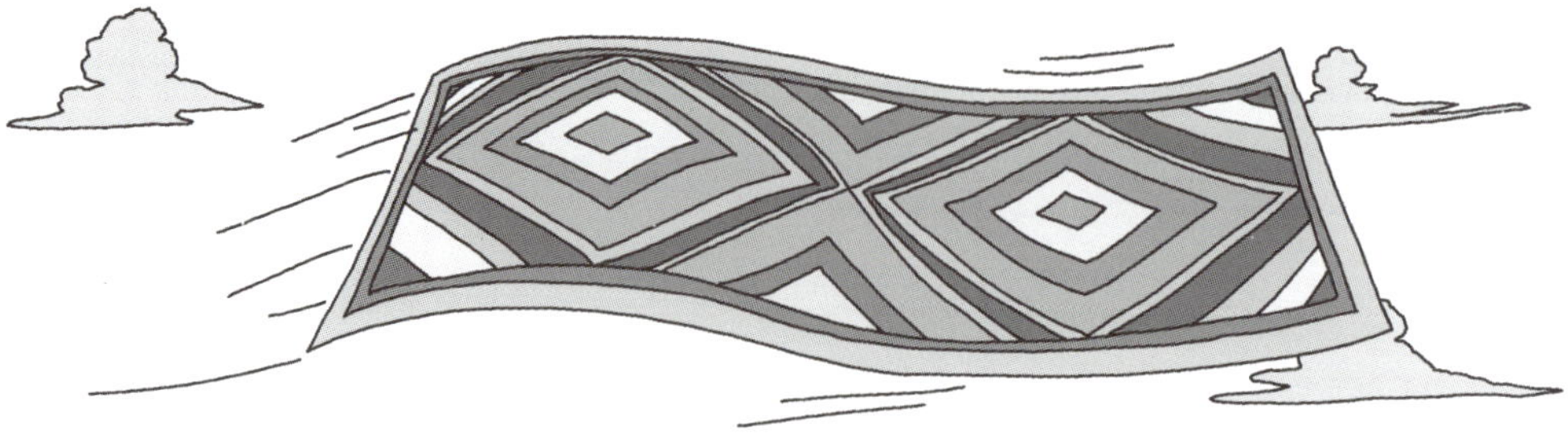

POINT

室内と天井裏等に使用している材料を表示する。畳の下地の合板も天井裏等に該当する

居室について

居室の内装材および天井裏の下地材、材料の区分は左記の通り。該当するものすべてを選択し表示する（図）（複数の表示あり）。

①製材等（無垢材・丸太・単層フローリング）

②特定建材

③その他の建材（①②以外すべての建材、石膏ボードなどが該当する）

②の特定建材を使用した場合は等級を表示する。

居室とは、居間・書斎・応接室・子供室・寝室・食堂・台所等（継続的に使用する室）および常時解放された開口部を通じて居室と相互に通気が確保されている廊下等を含む。

ウォークインクローゼット等の収納スペースでも、換気計画上居室と一体として換気をする箇所は居室となる。

内装と仕上材

内装とは、床・壁・天井・造作家具・建具等である。

仕上材とは、室内側の材料・接着剤等であるが、壁紙・カーペット等、ホルムアルデヒドなどの化学物質が透過する材料が仕上材である場合には、下地材（ボード等）までが評価の対象となる。

天井裏等とは

天井裏等とは、居室にかかわる天井裏・小屋裏・床裏・壁内部・物置等が該当する。畳の下地の合板も天井裏等になる。

なお、ごく少量が使用される建材については、住宅全体への影響が少ないと考えられるため、建材面積の1／10以下の部分、あるいは1㎡未満の面積の部分の建材については評価対象外となる。

図 ホルムアルデヒド対策内装と天井裏

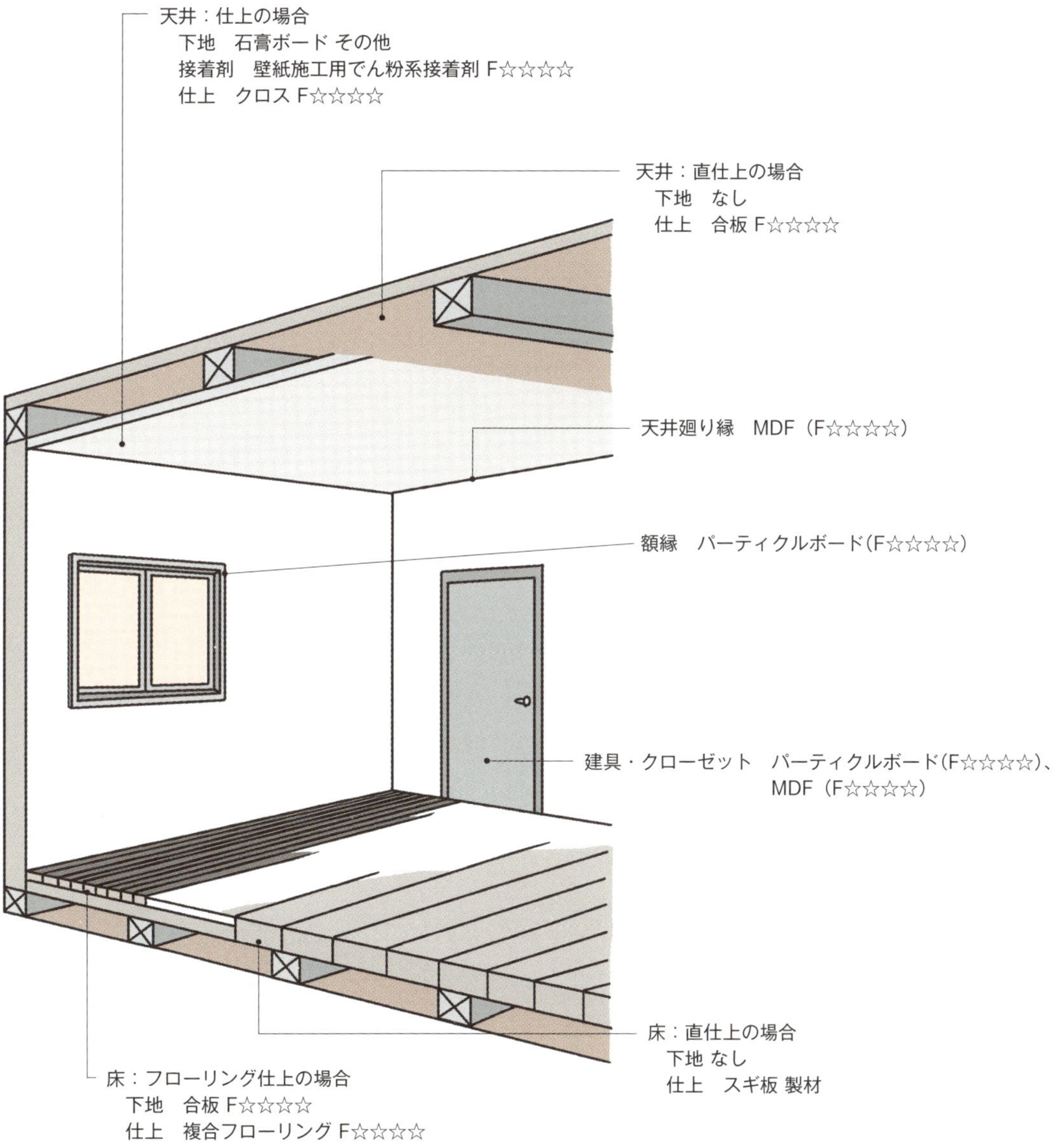

換気対策　居室（全般）換気

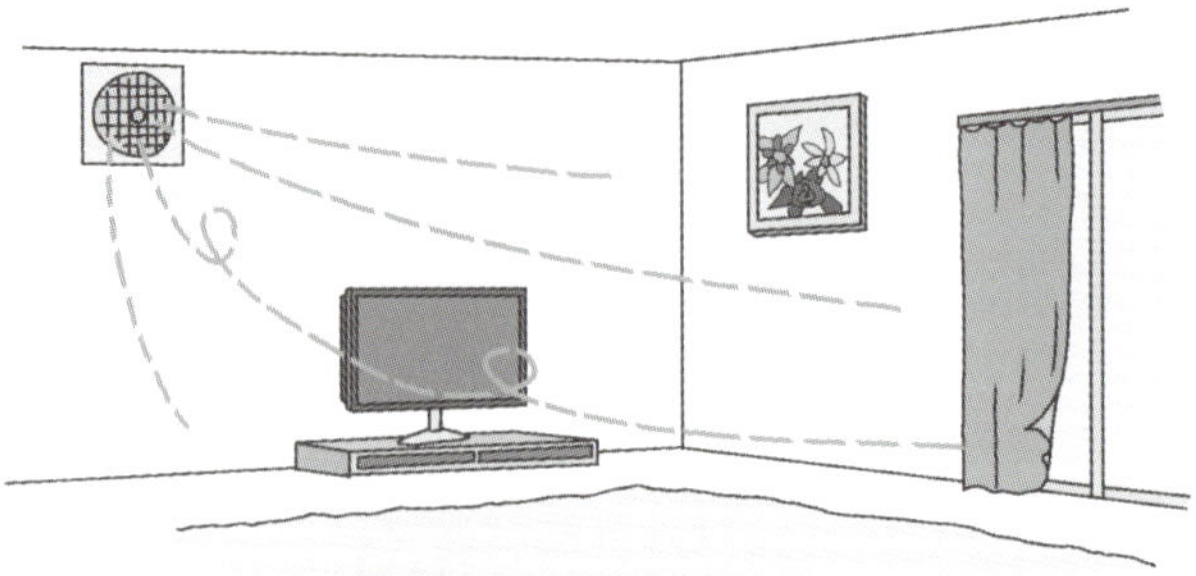

POINT

24時間換気機器が設置されていることと、換気回数を表示する

住宅居室で必要とされる換気量

住宅は、2時間で住宅内の空気が入れ替わることが必要とされている。換気回数としては、1時間あたり0.5回程度といわれている。換気量が多ければ、室内の空気環境は良好になるが、冷暖房の効率が低下するなど換気量と冷暖房効率はトレードオフの関係にある。したがって0.5回/時は換気と冷暖房効率のバランスがとれた数値とされている（図1～3）。

住宅性能評価の換気とは、居住者が操作をすることなく常に換気が確保されている状態、常時換気が対象である。

具体的には、建築基準法（建築基準法施行令第20条の8第1項に規定するもの）により原則として設置が必要となる、換気回数0.5回/時以上の換気設備が設けられている場合は、「機械換気設備」と表示する。

建築基準法で機械換気設備の設置適用外とされている真壁造等の建築物の居室で、外壁・天井・床に合板その他これに類する板状に成形した材料（特定建材）を使用しないものは「その他」として表示する。

機械換気設備には、給気口＋排気機（第3種）、給気機＋排気口（第2種）、給気機＋排気機（第1種）がある。第1種換気設備には熱交換器を備えた機種もある。

図1 換気対策（居室換気）

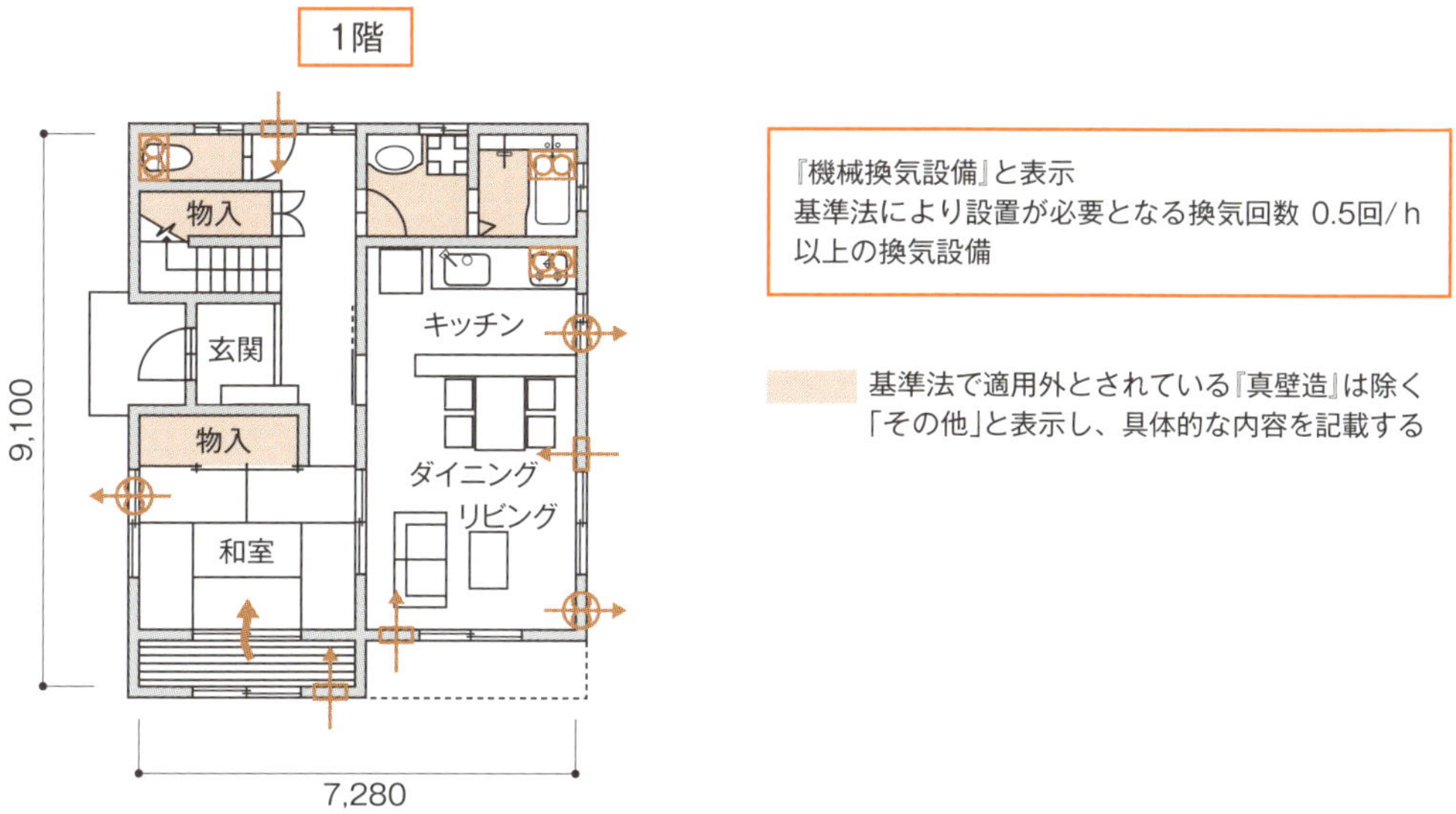

図2 換気による熱損失（例）

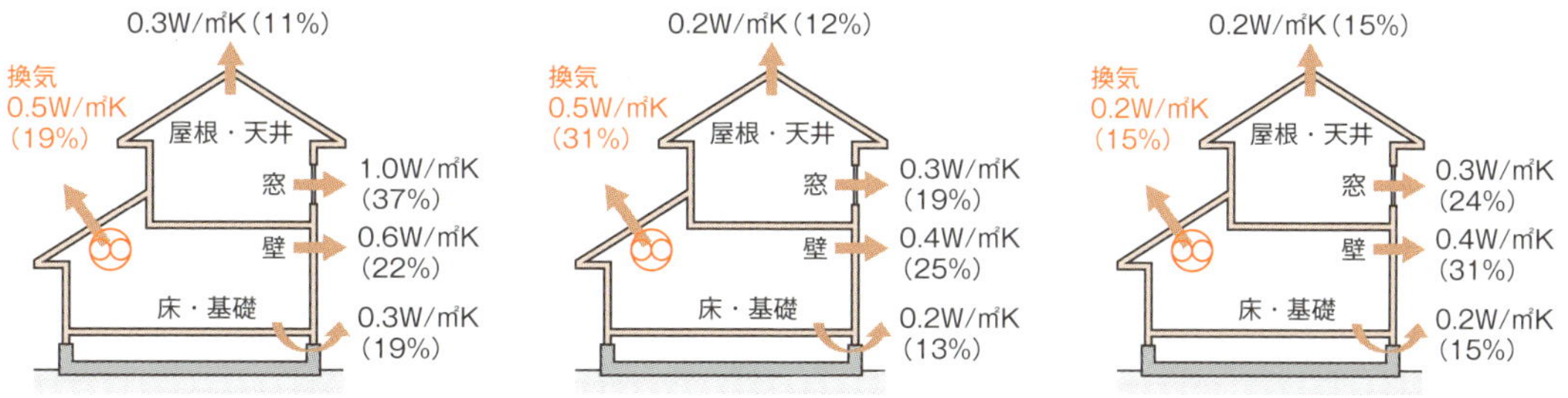

熱損失係数（Q値） 2.7W/㎡K
高断熱化されていない住宅では換気の熱損失の割合は小さい

熱損失係数（Q値） 1.6W/㎡K
高断熱化されるほど換気による熱損失の割合は大きくなる

熱損失係数（Q値） 1.3W/㎡K
換気設備を高効率化して熱損失を小さくする

図3 熱交換器による対策（例）

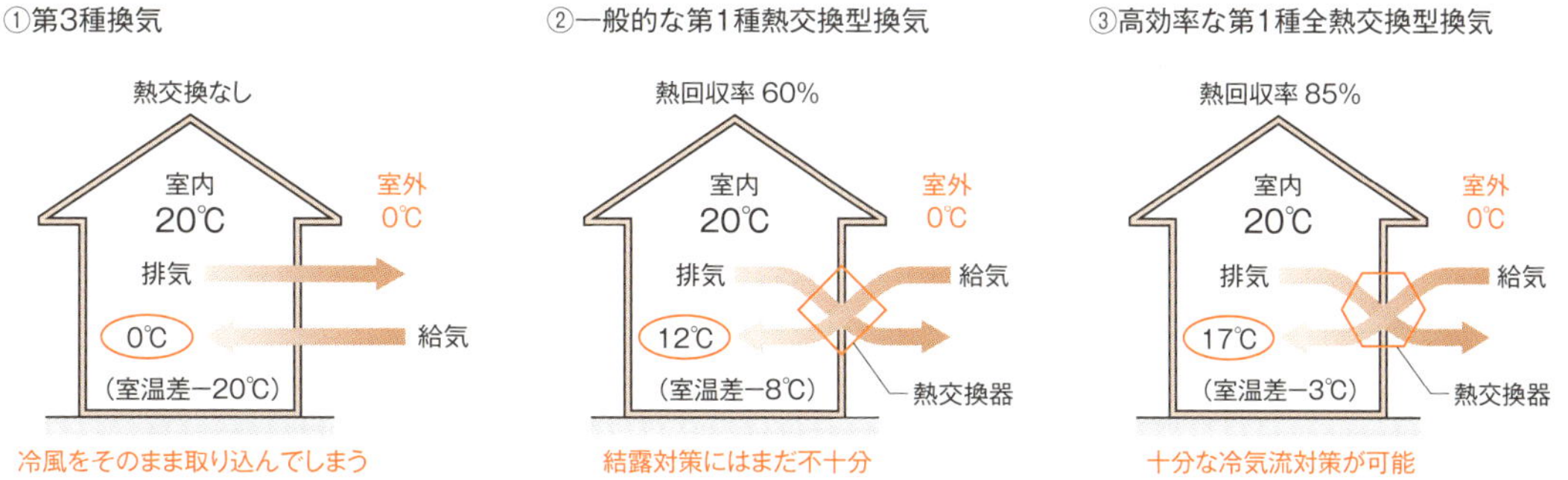

換気対策　局所換気

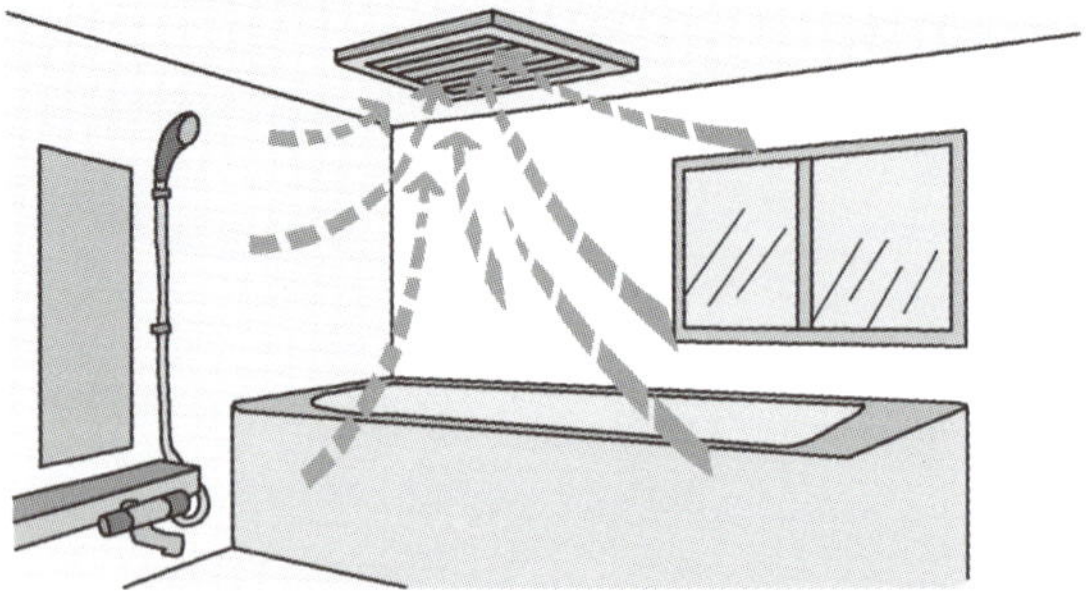

POINT

換気設備や窓の有無など、換気方法を表示する

局所換気とは

換気上重要な便所、浴室、台所の換気のための設備を対象とする。

居室の常時換気に加えて、一次的に汚染物質の濃度が高くなる部屋には局所的な換気が必要となる（図1・2）。

具体的には、左記3箇所が対象となる。

①「便所」臭気の発生する箇所。

②「浴室」湿気の発生、湿気が建築物に損傷を与えることが懸念される箇所。

③「台所」調理の際に汚染物質が発生する箇所。

換気対策の表示

便所・浴室・台所にどのような換気設備が設けられているかを表示する（図1）。

機械換気設備の有無の表示に加えて、便所・浴室・台所に換気ができる窓があるか、ないかについても表示する。

これによって、換気をするには機械を操作する必要があるのか、窓の開け閉めが必要なのか、あるいは換気の対策が講じられていないのかを図面を見なくても判断することができる。

ちなみに個々の換気設備の能力については表示する必要はないが、各設備機器のカタログ等にて性能を把握しておきたい。

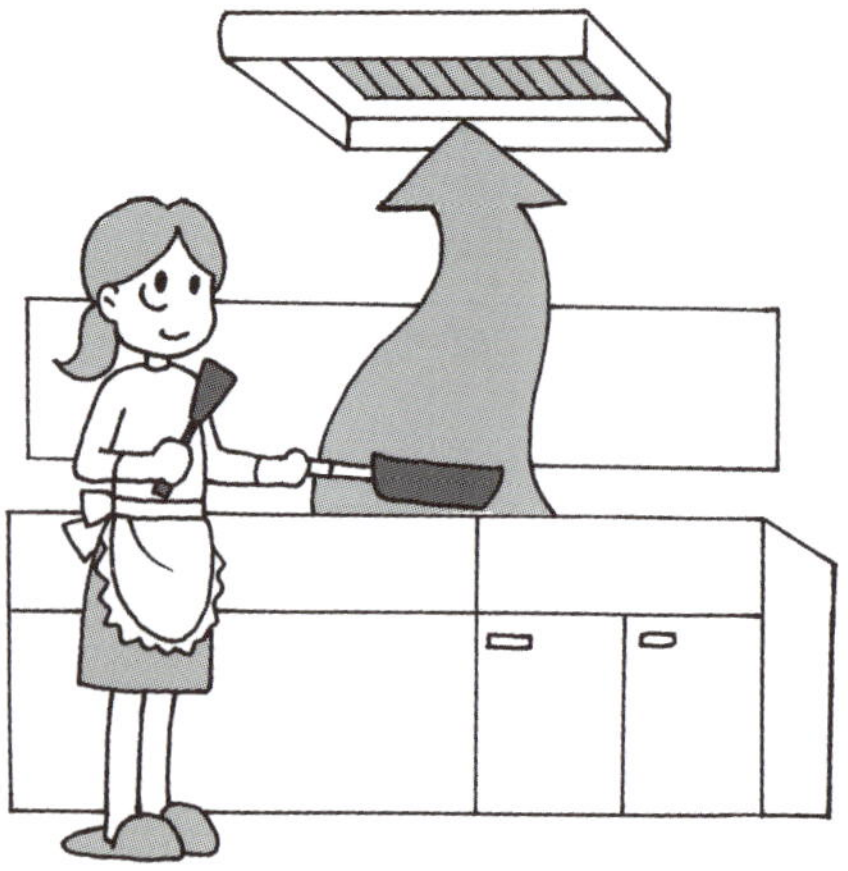

図1 換気対策（局所換気）

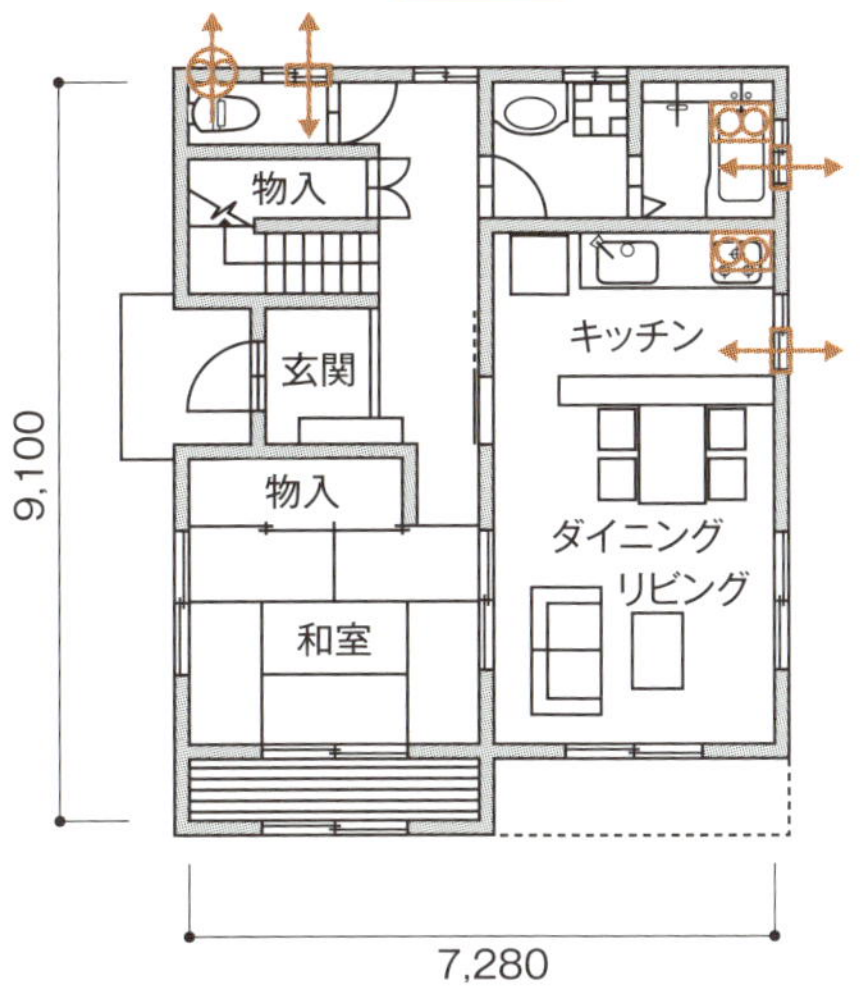

対象は台所、便所、浴室で以下を表記する
①機械換気設備
②換気のできる窓

図2 換気設備の配置計画の注意事項

ホコリなどの影響による風量低下を最小限にすることが省エネにつながる。居住者にもメンテナンスしやすい位置に換気設備を設置することは最重要項目である。一般に、居住者の目につきやすい場所に設置すると清掃が促される

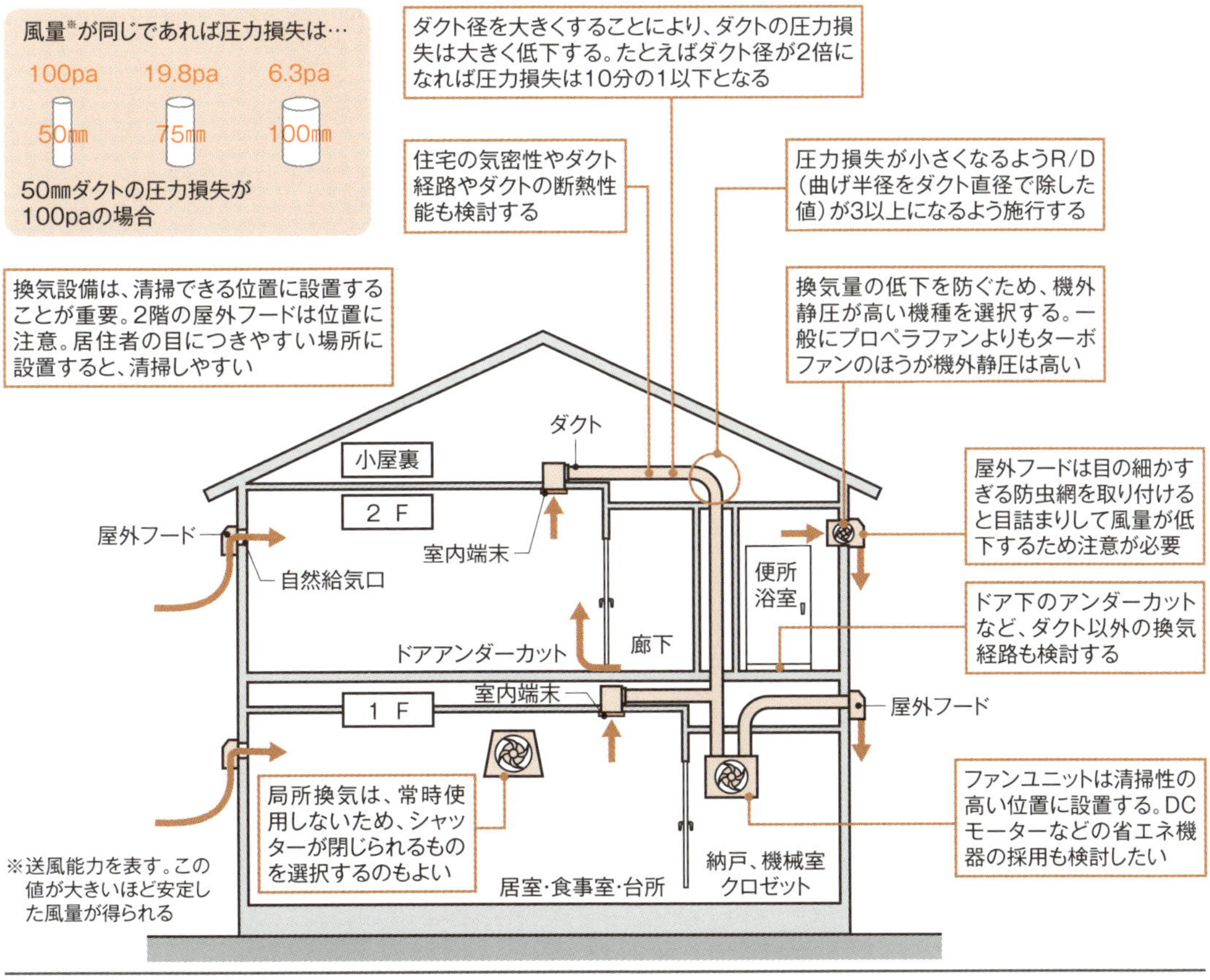

※送風能力を表す。この値が大きいほど安定した風量が得られる

室内空気中化学物質の測定

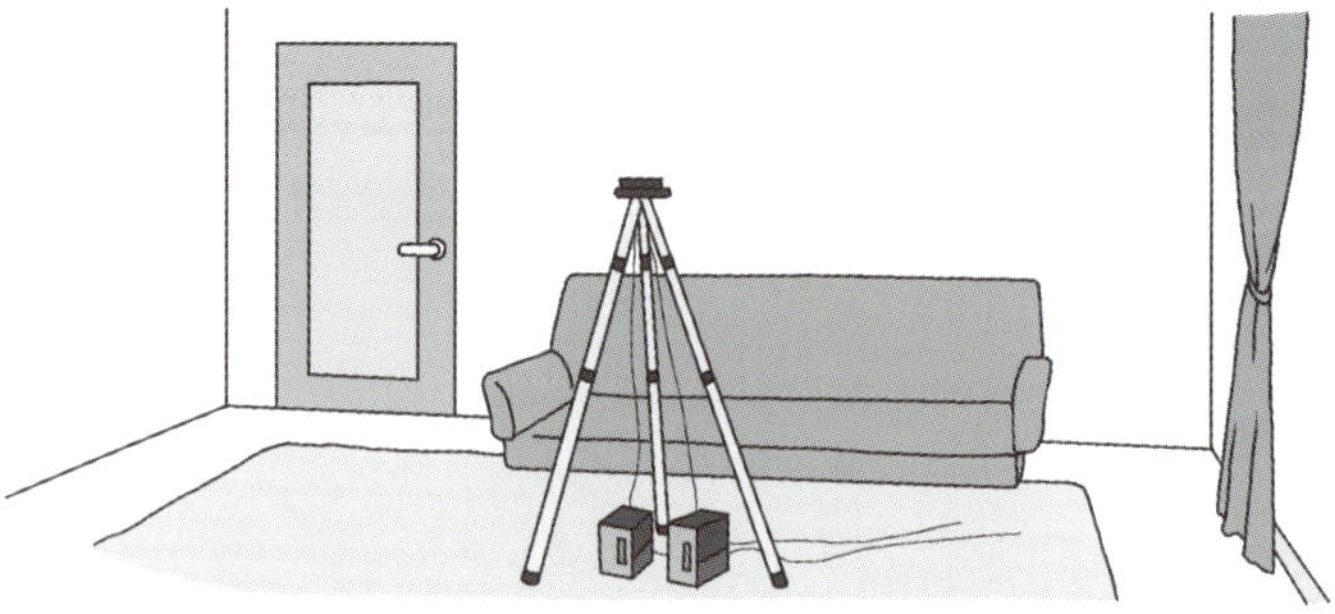

POINT

家具等搬入前の完成した住戸の室内において化学物質の発散状態を測定する。詳細な測定の手順が定められている

住宅の完成段階で、住宅室内の空気中の化学物質の濃度について実測し、結果を表示する（図１・２）。本事項は「選択表示事項」としているため、申請者みずからが評価対象・表示対象とすべきか否かを選択して申請することができる。

なお、化学物質の濃度測定は、専門の測定器具を用いて正しく行う必要があり、ある程度の手間や経費がかかることに留意する必要がある。

「ホルムアルデヒド対策」等は、化学物質の濃度を低減するための対策がどの程度講じられているかを評価・表示するのに対し、本事項は実際の化学物質の濃度を測定し、その測定結果とともに測定環境等も表示する。

化学物質の濃度測定の特徴

①建設評価のみが対象である。

他の性能表示事項は設計図書での評価が可能である。しかし、本事項は、空気中の化学物質の濃度を決定づける要因が、使用される建材の性質や量、換気方法や気密性に関するものだけでも多種多様であることに加えて、測定時期・測定条件等により化学物質の濃度が左右されやすいことから設計段階での評価の対象とはしていない。

②他の表示事項は、設計住宅性能評価書および添付の図書の内容を目視等による現場検査にて確認するが、本事項は現場にて測定機器を用いて濃度を実測する。

③本事項は、他の住宅表示事項とは異なり、抽出検査ではなく、濃度の表示を行うすべての住戸に立入実測検査を行う。

④検査は内装工事仕上げ完了後、家具等の搬入前に行う。

⑤測定の対象となる化学物質は「特定化学物質」として、5物質（表）に限定されている。

図1 表示の方法

①特定測定物質の名称・濃度
②採取および分析に用いた器具の名称
③採取を行った年月日、時刻等
④採取条件
⑤分析者の名称
空気の分析は評価機関が専門の分析機関に委託する場合がある。このような場合は、その名称が表示される。

図2 評価（検査）の方法

・採取条件
①濃度が相対的に高いと見込まれる居室が選定される。
②採取は居室の中央付近
③開口部の開閉状態を適性に維持する。
④採取を行う時刻が指定される。
・測定の方法
①厚生労働省の「シックハウス問題に関する検討会」で策定された測定方法と同様の手順が定められている。

※ホルムアルデヒドは必ず測定する
※トルエン、キシレン、エチルベンゼン、スチレンは選択した場合のみ測定する

表　5物質の概要　（濃度の表示は、厚生労働省が公表している濃度指針値）※

物質名	測定の要不要	特性
ホルムアルデヒド	必須	合板や内装材の接着剤および家具からの放散、喫煙や石油・ガス等の暖房機器から発生することがある。目への刺激、喉の炎症などを引き起こすことがある。(25℃換算で0.08ppm)
トルエン	選択	施工用接着剤、塗料、家具などから放散することがある。頭痛、疲労、脱力感等の症状、および不整脈を引き起こすことがある。(25℃換算で0.07ppm)
キシレン	選択	施工用接着剤、塗料、家具などから放散することがある。頭痛、不眠症、興奮等を引き起こすことがある。(25℃換算で0.20ppm)
エチルベンゼン	選択	施工用接着剤、塗料、家具などから放散することがある。めまい、意識低下をひきおこすことがある。(25℃換算で0.88ppm)
スチレン	選択	ポリスチレン樹脂、合成ゴム、合成樹脂塗料などから揮発することがある。不快な臭い、目や鼻への刺激、眠気、脱力感等を引き起こすことがある。(25℃換算で0.05ppm)

※これらの化学物質は建材から放散するだけではなく、家具やカーテン、防カビ剤、殺虫剤、クリーナー、ワックス、化粧品、開放型ストーブ、タバコの煙等からも放散する。

光視環境

POINT

住戸内の居室における窓の設置状態を数値にて表示する。直射日光量の評価ではない

日照と採光

目に感じる光（可視光線）は、波長が380nm～780nm（ナノメーター）の電磁波で、可視光線以外に赤外線と紫外線がある。住宅における自然光（昼光）には、太陽から直接届く「直射日光」と、大気中で散乱し空からくる「天空光」に大別される。

通常、採光のための光源としては「天空光」のみを対象とする。「日照」とは、直射日光の利用をいい、「採光」とは、直射日光を除いた天空光の利用をいう（図1）。

建築基準法では、天空光を対象とした、建築物が最低限確保すべき開口部の大きさの規制があるが、建築基準法の規制に加えて、住宅室内の採光をはじめとする開口部の総合的効果を見込んだうえで、居室の開口部の面積と位置についてどの程度の配慮がなされているかを評価する。

住宅に求められるのは採光と日照である。採光は北面からも得られるが、日照は基本的には北面からは得られない。日照（直射日光）の量の多い・少ないは住宅の敷地外の諸条件による変化により容易に変動することから、住宅室内への直射日光の量は直接的には評価しない。

窓の機能

住宅の窓の機能は、日照・採光・通風といった物理的な機能に加えて、眺望・開放感などの心理面や健康面に影響する機能があるといわれている（図2）。

ただ、窓の面積を単純に大きくすることは、冷暖房エネルギーの消費量や外部の騒音の侵入の増加を招いたり、壁量が減少することによる地震時の構造の不安定、プライバシーの確保が困難になるなど相反する事項があることに留意する必要がある。

図1 日射と採光

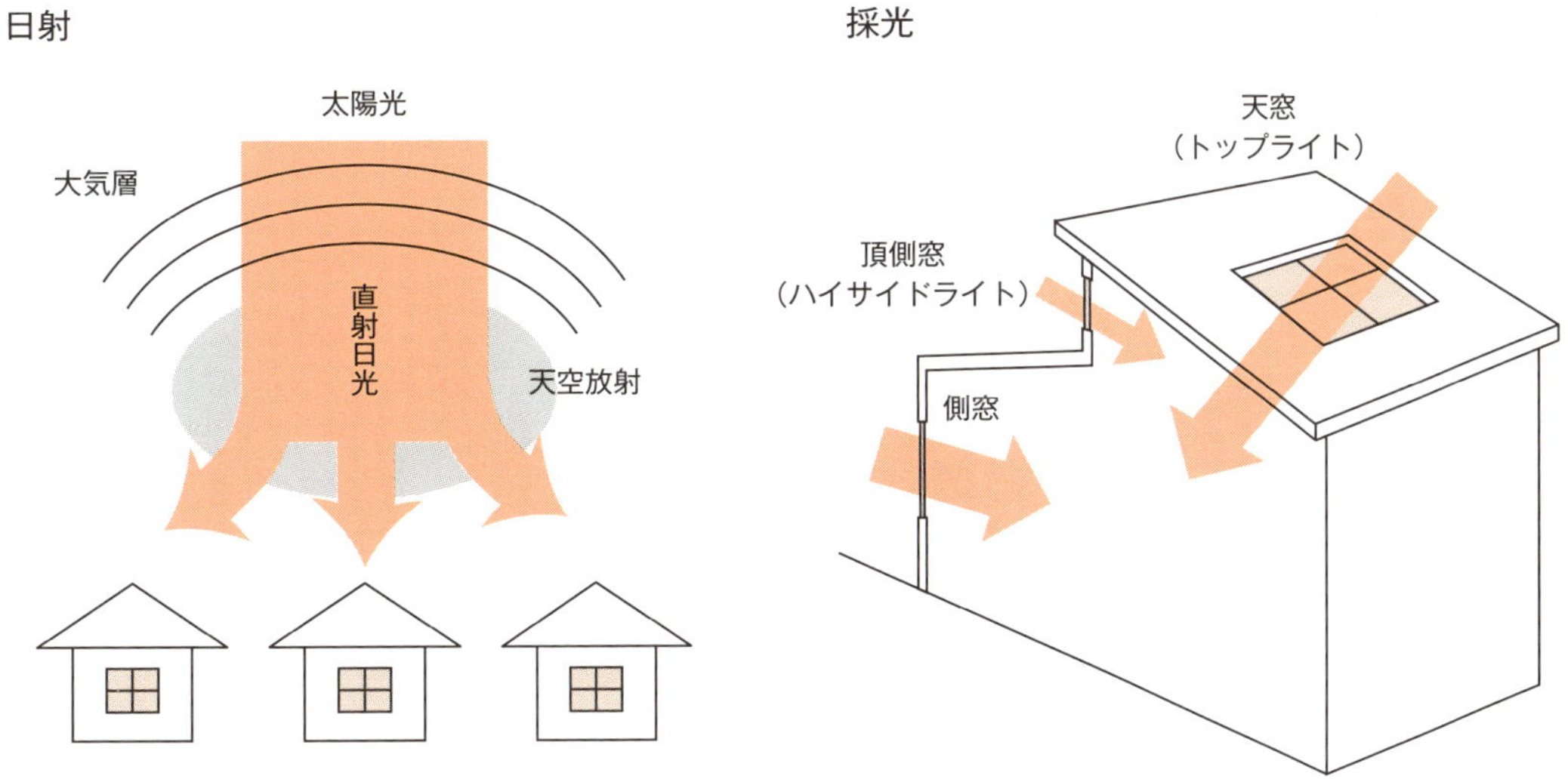

図2 開口部の役割

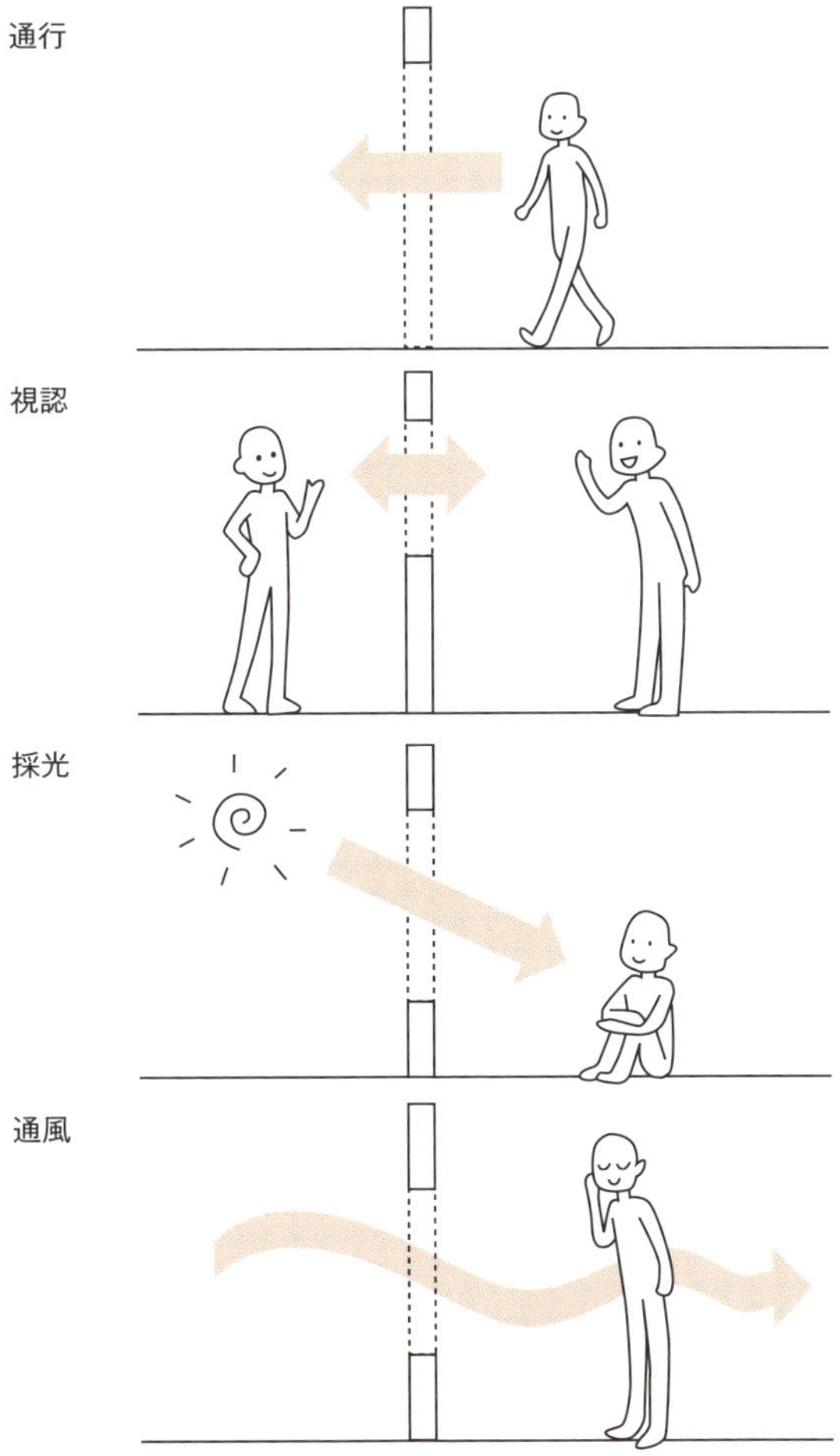

単純開口率

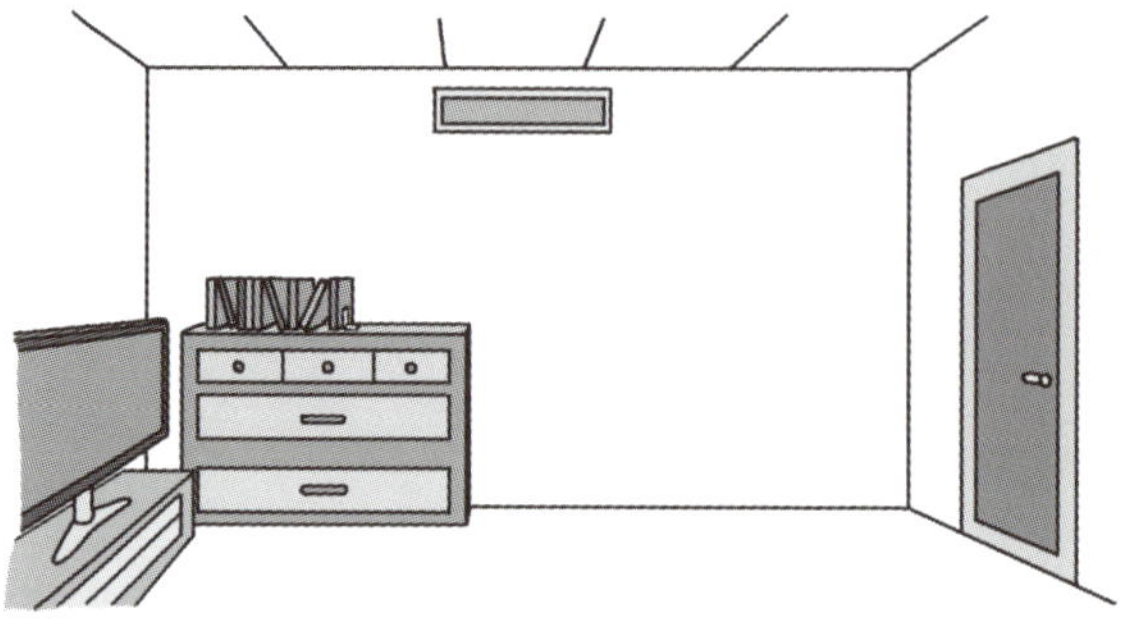

POINT

床面積に対する窓の大きさを数値にて表示する。数値が大きいほど、開放的な住宅といえる

開口部の大きさの評価

性能表示事項においては、住宅の居室(居間や寝室)など、光を取り入れることが望ましいと思われる居室全体を対象に、窓などの開口部の大きさの評価を行う。数値が大きいほど直射日光を取り入れやすいことになるが、直接、直射日光の量を評価するものではない。

単純開口率では、「居室の床面積の合計」に対する「居室の開口部の面積の合計」の割合を算出し、比率(%以上)で表示する。

単純開口率の算出方法

単純開口率の算出方法については図1を参照。

小数点第1位を切り捨て、整数で表示する。

①居室

対象となるのは居室のみである。居室の定義は建築基準法に定められており、継続的に使用する部屋で、居間・食堂・台所・寝室・書斎・子供室・応接室等が該当する。浴室・洗面所・脱衣室・便所・納戸・廊下・階段室・玄関等は含まない(図2)。

②開口部の面積

開口部の面積はサッシの内法面積(サッシの内法幅×サッシの内法高)である(図3)。片引き戸の方立、無目は開口面積から除外する。引き違いサッシは障子を外したサッシの内法面積となる。FIX窓のように開放できなくても、光を透過する材料であれば対象となる。

図1 単純開口率の求め方

$$\text{単純開口率(\%以上)} = \frac{\text{②居室の開口部の面積の合計}}{\text{①居室の床面積の合計}} \times 100$$

開口部の寸法はサッシの内法幅・内法高、出窓は見付面積である

小数点第1位を切り捨て、整数で表示する

居室：居間・食堂・台所・寝室・書斎・子供室・応接室等
（床の間・押入・クローゼット等・縁側は算入しないが、造作家具は算入する）

図2 居室の範囲例

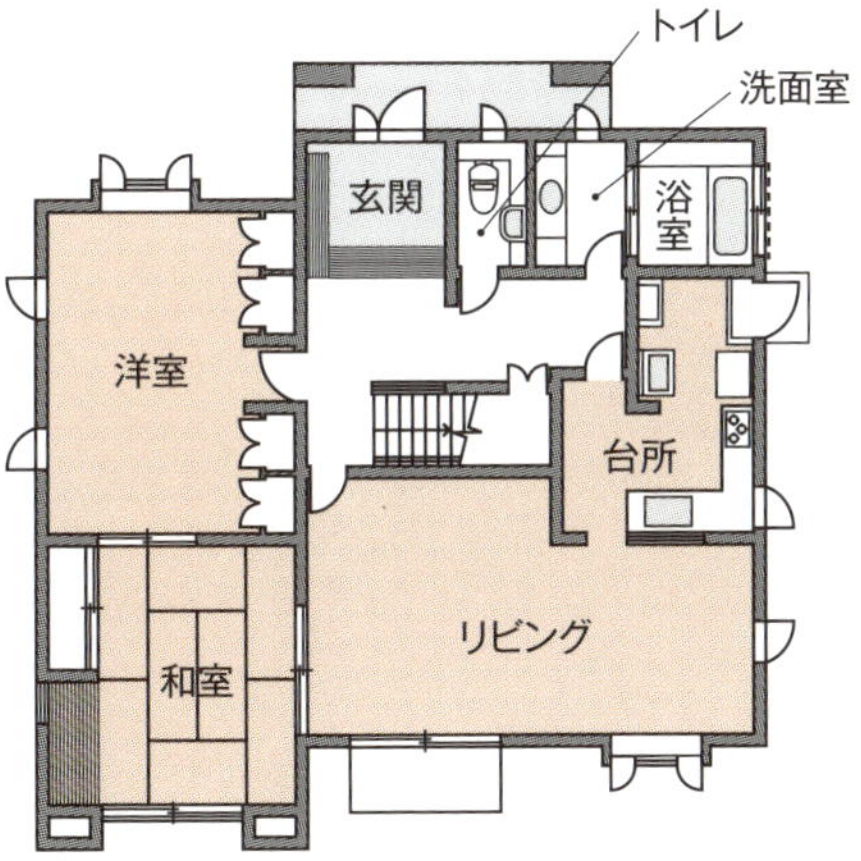

図3 開口部面積のとり方

開口部が垂直・水平でない場合は、開口部の向きによって、垂直・水平投影面積を開口部面積とする

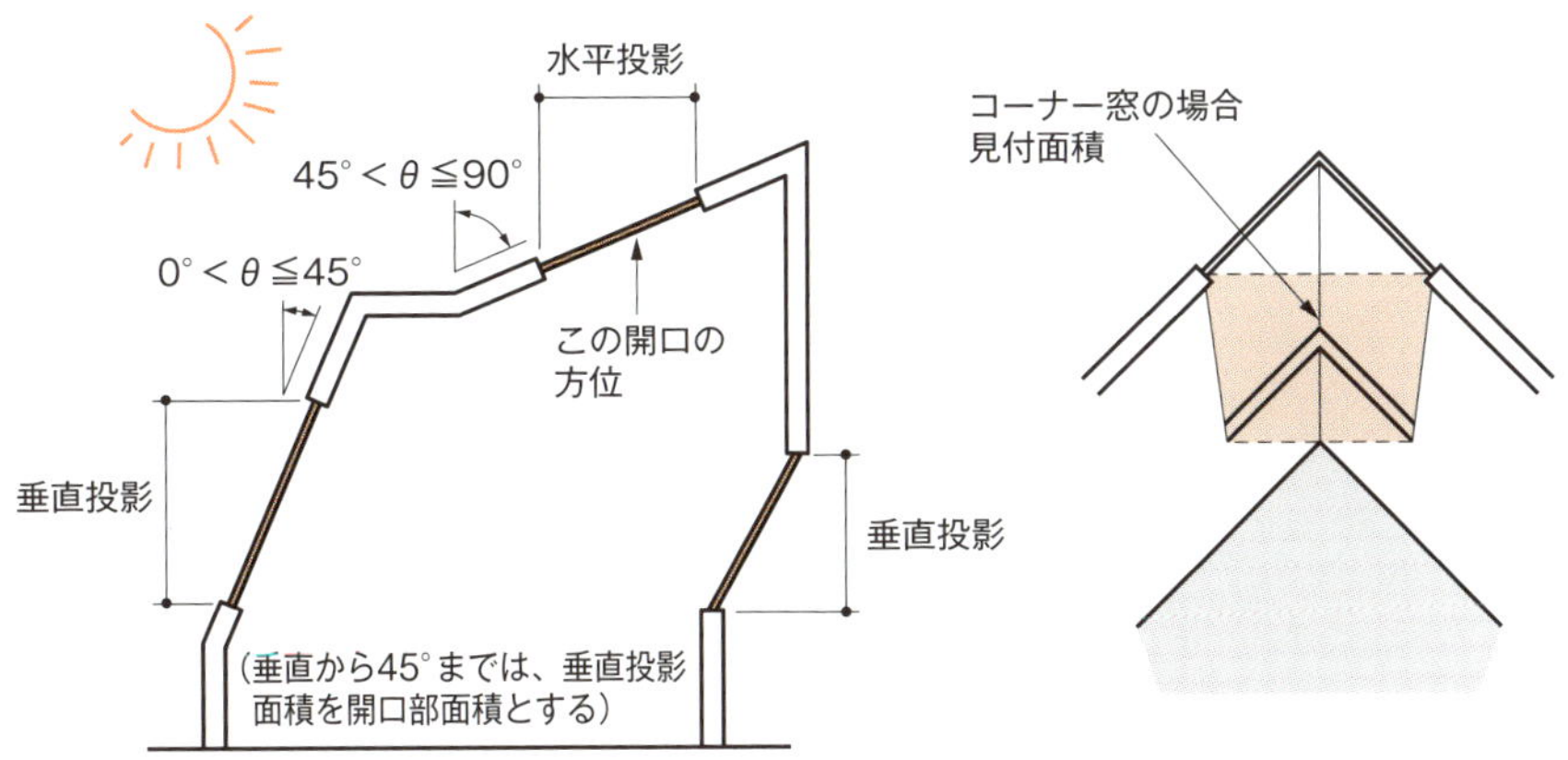

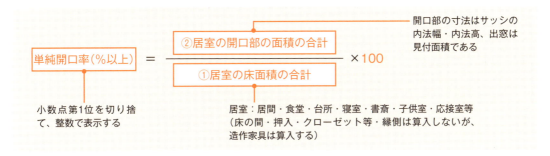

方位別開口比

POINT

窓全体の面積に対する、方位ごとの窓の大きさを数値で表示する。数値の大きい方位に、窓がたくさんある

方位別開口比の考え方

方位別開口比では、単純開口率で求めた「居室の開口部の面積の合計」が、北・東・南・西・真上の各方位に対して、それぞれどのような割合で向いているかを算出のうえ、方位毎に比率(%)で表示する。

方位別開口比の算出方法

方位別開口比の算出方法は図1を参照。開口比の計算は、北・東・南・西・真上の方位に対して行う(図2)。小数点第1位を切り捨て、整数で表示する(表)。

開口部の方位の考え方

平面図において、開口部の両端を直線で結ぶ。次にこの直線と垂直方向に、室内から屋外に向かう垂線を設定する。この垂線が東西南北のどの方位に向かっているかを判断することになる。北±45°の範囲であれば北向き、東±45°の範囲であれば東向き等となる。

出窓等、平面形状が一直線でない開口部も開口部の壁際の両端を結んだ壁面線の鉛直方向が、開口部の方位となる。

なお、該当方位に居室開口部が一切存在しない場合を0%、居室開口は存在するが、算出結果が1%に満たない場合を0%以上と区別している。また、その方向に別の建物など日光を遮るものがあるか否かを問うているものではない。

図1 方位別開口比の求め方

北側の例

$$\text{方位別開口比(\%)} = \frac{\text{居室の開口部のうち、北を向いている開口部の面積の合計}}{\text{居室の開口部の面積の合計}} \times 100$$

- 方位別開口比(%)：小数点第1位を切捨て、整数で表示する
- 居室の開口部のうち、北を向いている開口部の面積の合計：斜めの窓は垂直および水平投影面積に換算
- 居室の開口部の面積の合計：北・東・南・西・真上の方位に対して計算する

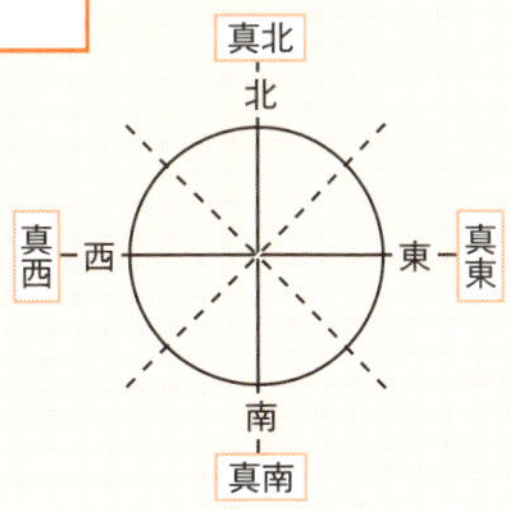

図2 北・東・南・西の考え方

例えば、「南」と言えば、真南方向から東西に45°ずつの範囲をいう

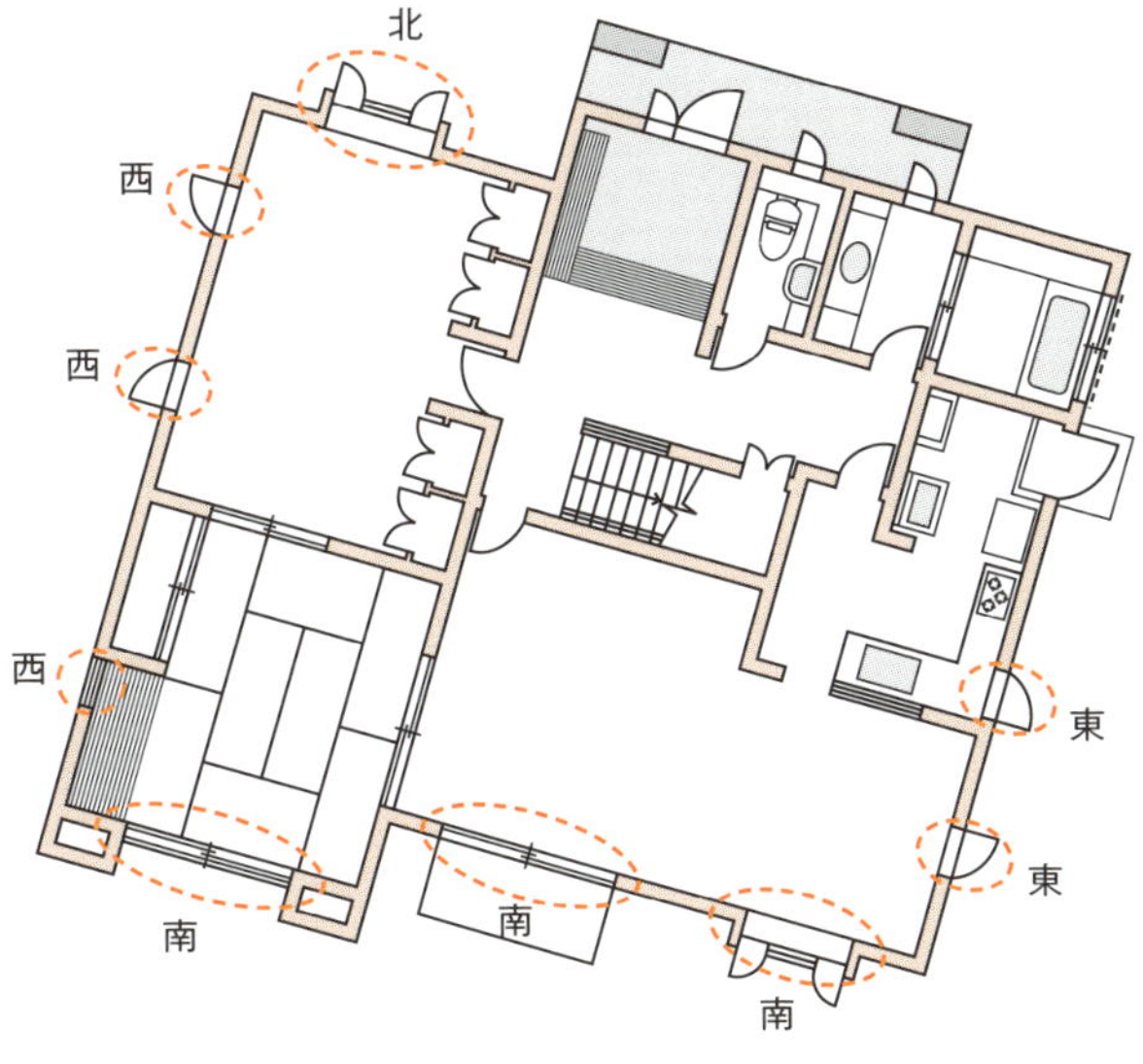

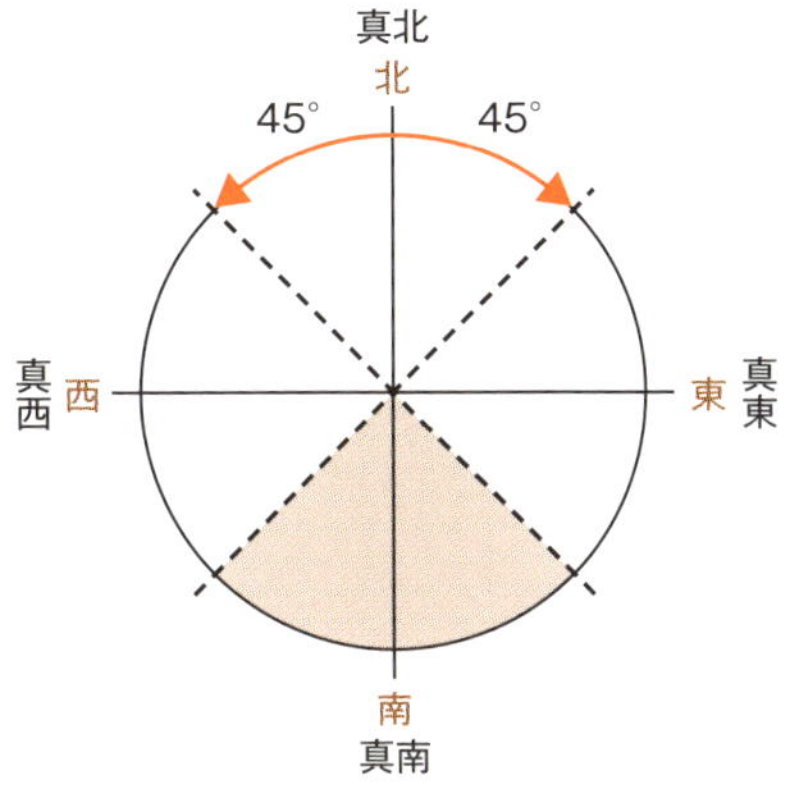

表 方位別開口比の計算例

方位	方位別面積 ㎡		開口部面積合計 ㎡				計算値		表示値
北側	1.25	/	23.70	×	100	＝	5.2742616	→	5%以上
東側	7.54	/	23.70	×	100	＝	31.814346	→	31%以上
南側	12.56	/	23.70	×	100	＝	52.995781	→	52%以上
西側	2.35	/	23.70	×	100	＝	9.9156118	→	9%以上
真上	0	/	23.70	×	100	＝	0	→	0%

（小数点第1位を切り捨て、整数表示）
※表示値は、施工誤差等を見込み、2〜3%少なく表示することもある。

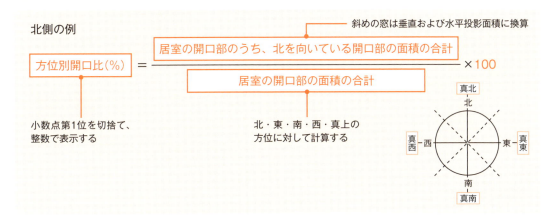

音環境

POINT

「音の伝わりにくさ」を評価するもの。選択制であり評価必須ではない

騒音への対策

共同住宅などでは、隣戸からの話し声や上階からの足音が伝わり、居住者が不快に感じたり、場合によっては住民間トラブルや販売業者・施工業者へのクレームに発展することがある。

一方、住宅の立地場所によっては、外部から室内に侵入する騒音や、室内から外部に漏れる騒音を遮断することが求められる場合もある。これらを踏まえ、共同住宅等の界壁が有している「話し声などの伝わりにくさ」、共同住宅等の界床が有している「足音や物の落下音などの伝わりにくさ」、住宅の外壁の開口部等が有する「騒音の伝わりにくさ」を、それぞれ高めるための対策がどの程度講じられているかを評価しているのが「音環境」である。

選択制の評価項目

音環境の評価は、従来通り選択制で希望があった場合のみ、評価する項目である。なぜなら1つは、騒音の遮断に関し、立地場所や構造方法によって、効果の違いが顕著であることが挙げられる。

また、一般的なマンション等に用いられるRC造以外は、仕様による簡便な評価基準を設定することが現在の科学的見地からは困難であり、構造種別による評価方法の差異が生じてしまうこと等も考慮したものである。

項目は大きく「No.079重量床衝撃音対策①」「No.083軽量床衝撃音対策②」「No.085透過損失(界壁)③」「No.086透過損失(外壁開口部)④」の4つに分類され(図)、そのうちの①~③の3つについては共同住宅のみが対象となっている。

また、重量床衝撃音対策・軽量床衝撃音対策には2種類の表示基準・評価方法基準が定められていることも、特徴的なところである。

図 評価項目

重量床衝撃音:重量のあるものの落下や足音の衝撃音
軽量床衝撃音:軽量のものの落下の衝撃音
空気伝搬音:人の話し声など空気中を伝わってくる音

①重量床衝撃音対策 共同住宅等

「居室に係る上下階との界床の重量床衝撃音を遮断する対策」について、等級または相当スラブ厚を表示

等級1	等級2	等級3	等級4	等級5
その他	やや低い（Li,r,H-65等級相当以上）	基本的性能（Li,r,H-60等級相当以上）	優れている（Li,r,H-55等級相当以上）	特に優れている（Li,r,H-50等級相当以上）最高等級

②軽量床衝撃音対策 共同住宅等

「居室に係る上下階との界床の軽量床衝撃音を遮断する対策」について、等級または軽量床衝撃音レベル低減量を表示

等級1	等級2	等級3	等級4	等級5
その他	やや低い（Li,r,L-60等級相当以上）	基本的性能（Li,r,L-55等級相当以上）	優れている（Li,r,L-50等級相当以上）	特に優れている（Li,r,L-45等級相当以上）最高等級

③透過損失等級（界壁） 共同住宅等

「居室の界壁の構造による空気伝搬音の遮断の程度」を等級で表示

等級1	等級2	等級3	等級4
建築基準法レベル	基本的性能（Rr-45等級相当以上）	優れている（Rr-50等級相当以上）	特に優れている（Rr-55等級相当以上）最高等級

④透過損失等級（外壁開口部）

「居室の外壁に設けられた開口部に方位別に使用するサッシによる空気伝搬音の遮断の程度」を等級で表示

等級1	等級2	等級3
その他	優れている（Rm(1/3)-20相当以上）	特に優れている（Rm(1/3)-25相当以上）最高等級

重量床衝撃音対策※

POINT

上階と下階を別々に評価する。最高と最低の等級も別々に表示する

重量床衝撃音対策の評価方法

一般的には「子どもの飛び跳ねや走りまわりで発生する音が、下階室でどの程度聞こえるか」を評価するものである。評価結果は上階評価（上階住戸で発生した音が自分の住戸でどの程度聞こえるか）と、下階評価（自分の住戸で発生した音が、下階の住戸でどの程度聞こえるか）の評価結果を、最高の評価・最低の評価のそれぞれについて表示する。つまり、「上階の最高」「上階の最低」「下階の最高」「下階の最低」の4つの評価等級を表示する必要がある。

2種類の基準

また、「重量床衝撃音対策等級（1～5の等級評価）」「相当スラブ厚（20㎝以上、15㎝以上などの数値表記）」の2種類の基準があるので、設計評価段階でどちらの基準を利用するのかは、申請者の判断に委ねられている（図・表）。評価方法基準そのものが異なるので、相当スラブ厚では最高評価であっても、重量床衝撃音対策等級を利用すれば最低の評価という具合に、評価結果が異なってしまう事もある。

この場合、評価方法の併用は認められないので、「上階は重量床衝撃音対策等級、下階は相当スラブ厚」といった、（俗にいう）〝いいとこ取り〟はできない。

RC造以外を評価する場合

建物構造・仕様による簡便な評価基準を設定することが現在の科学的見地からは困難なため、重量床衝撃音対策等級および相当スラブ厚の一部例外を除いて、RC造以外の評価方法基準は設定されていない。もし鉄骨造等で評価を実施したい場合は、最低評価とするか「特別評価方法認定」を利用することになる。

※　共同住宅のみ

図 重量床衝撃音対策等級の考え方

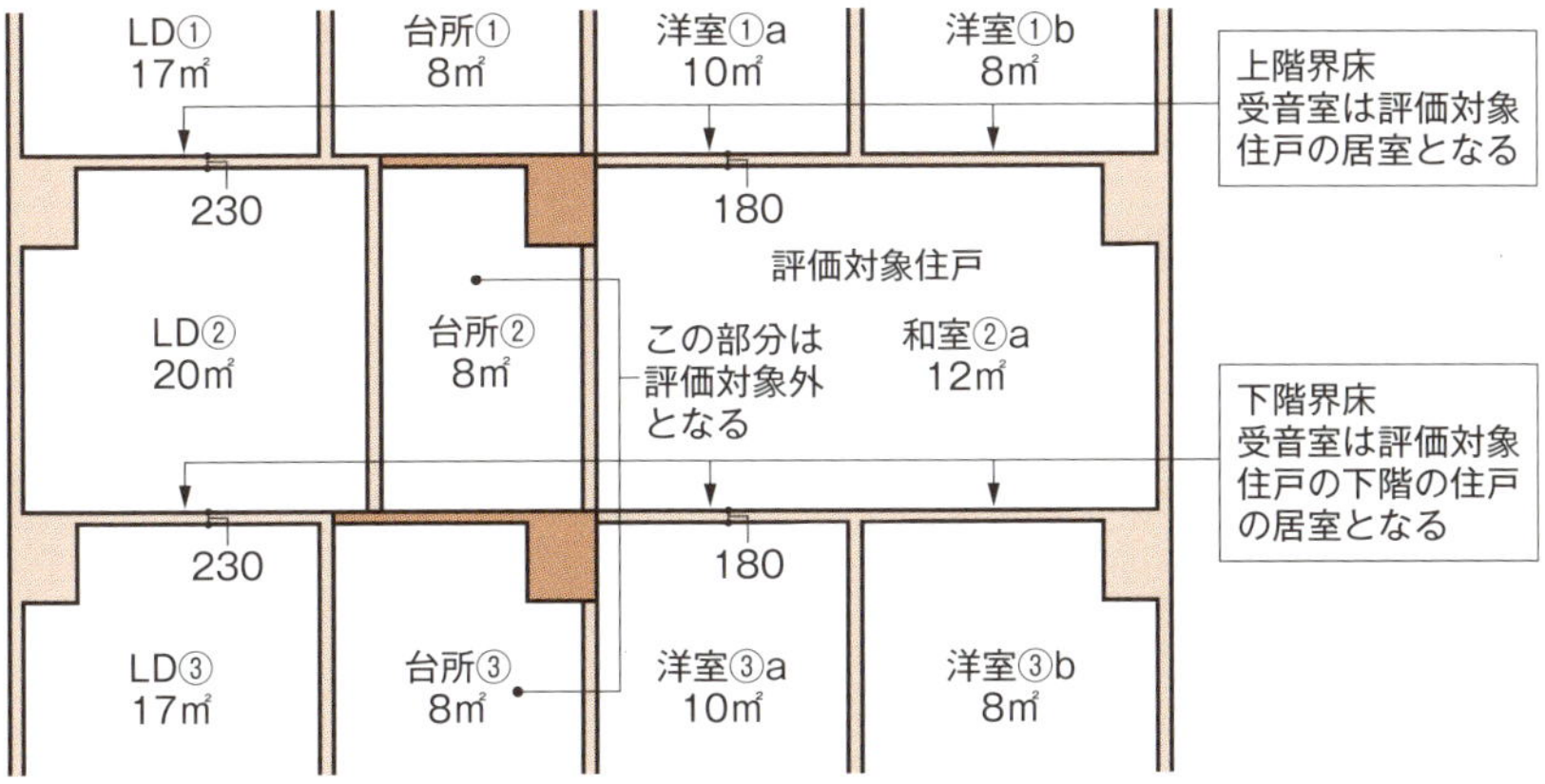

評価対象住戸の居室名	上階との界床				
	床仕上げ	端部拘束条件	スラブ厚	受音室面積	等級
LD②	木質系フローリング材15㎜厚(LD①の床仕上げ)	2（LD②の天井スラブ）	230㎜	20㎡(LD②の面積)	1
	長尺塩ビシート2.3㎜厚(K①の床仕上げ)	2（LD②の天井スラブ）	230㎜	20㎡(LD②の面積)	1
和室②	木質系フローリング材15㎜厚(洋室①aの床仕上げ)	3（和室②の天井スラブ）	180㎜	12㎡(和室②の面積)	4
	タフテッドカーペット2.3㎜厚＋アンダーフェルト5㎜厚(洋室①bの床仕上げ)	3（和室②の天井スラブ）	180㎜	12㎡(和室②の面積)	4

評価対象住戸の居室名	下階との界床				
	床仕上げ	端部拘束条件	スラブ厚	受音室面積	等級
LD②	二重床*の上、木質系フローリング材15㎜厚(LD②の床仕上げ)	2（LD③の天井スラブ）	230㎜	17㎡(LD③の面積)	3
和室②	建材畳床35㎜厚(和室②の床仕上げ)	2(洋室③aの天井スラブ)	180㎜	10㎡(洋室③aの面積)	4
	建材畳床35㎜厚(和室②の床仕上げ)	2(洋室③bの天井スラブ)	180㎜	8㎡(洋室③bの面積)	4

*この二重床は、No. 081で解説している乾式二重床の建材に合致しない

表 重量床衝撃音対策等級に係る評価基準（一例）

床仕上げ	等級	端部拘束条件	等価厚さ	受音室の面積
そのほかの床仕上げの場合	5	3辺以上	280㎜以上	16㎡以下
		2辺以上	280㎜以上	12㎡以下
	4	4辺	210㎜以上	15㎡以下
		3辺以上	230㎜以上	10㎡以下
		1辺以上	230㎜以上	8㎡以下
	3	3辺以上	210㎜以上	21㎡以下
			190㎜以上	16㎡以下
		2辺以上	210㎜以上	17㎡以下
			200㎜以上	15㎡以下
			190㎜以上	12㎡以下
		1辺以上	210㎜以上	13㎡以下
			200㎜以上	11㎡以下
			190㎜以上	10㎡以下
	2	4辺	180㎜以上	21㎡以下
			150㎜以上	16㎡以下
		3辺以上	180㎜以上	21㎡以下
			160㎜以上	13㎡以下
			150㎜以上	11㎡以下
		2辺以上	180㎜以上	17㎡以下
			170㎜以上	13㎡以下
			160㎜以上	12㎡以下
			150㎜以上	11㎡以下
		1辺以上	180㎜以上	13㎡以下
			170㎜以上	11㎡以下
			150㎜以上	10㎡以下
	1	—	—	—

受音室と拘束辺

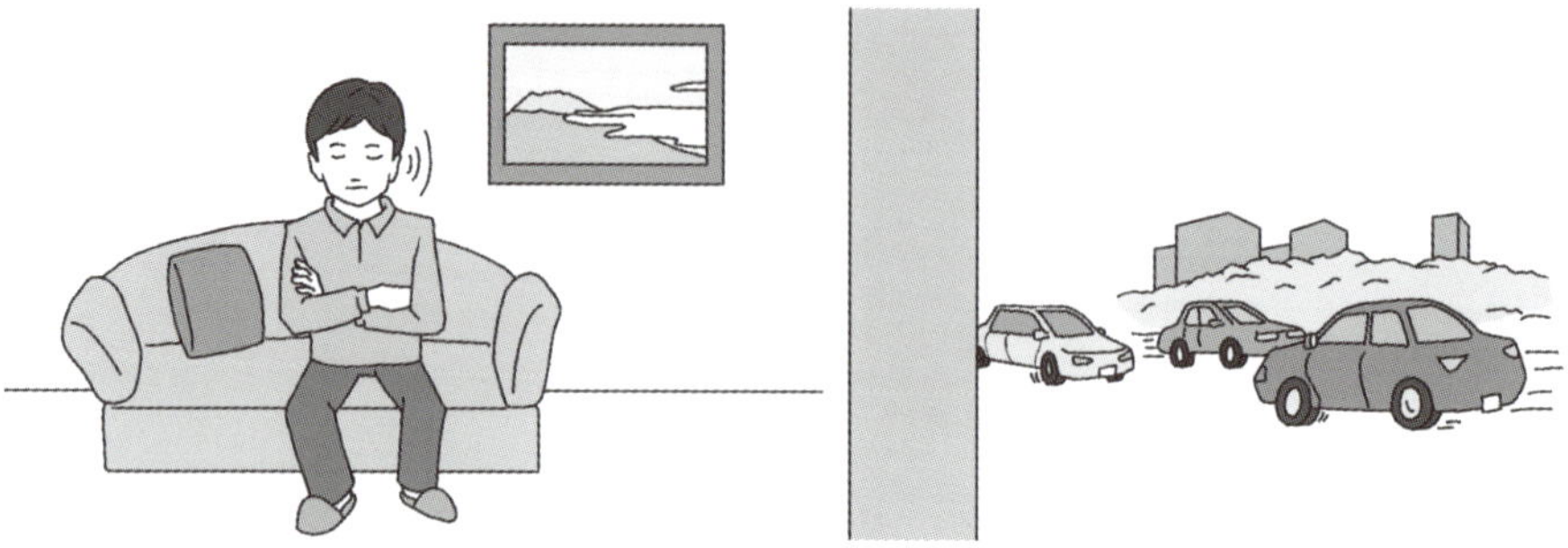

POINT

評価等級は受音室面積と拘束辺の数で決まる

評価における4要素

重量床衝撃音対策等級※（1～5の等級評価）における等級決定要素は、主に「床仕上げ構造」「端部拘束条件」「等価厚さ」「受音室の面積」の4つとなり、この4要素をそれぞれ評価方法基準の表にあてはめることにより、等級が決定される。

評価方法基準には、均質単板スラブおよびボイドスラブの基準しか定められていないため、それ以外の床スラブ構造、およびRC造以外の他構造の場合は、「特別評価方法認定」を利用すること。

等級決定要素のポイント

床仕上げ構造とは床のうち、構造耐力上主要な部分を「床構造」それより上部の部分を「床仕上げ構造」と区別している（図1・2）。コンクリート床の場合は、RCスラブ部分のみが床構造とみなされ、押さえコンクリートや押さえモルタルなども、床構造に含まれる。

「受音室」とは、評価対象住戸の居室、および対象住戸直下の他住戸等の居室（ただし、台所は除く）のことである（図3）。この受音室で「音がどう聞こえるのか？」を評価する。受音室の面積算定にあたっては、大梁と壁が重なる部分は大梁の中心を、それ以外の場合は、壁の中心をとり、面積を算定することになる。

端部拘束条件は大梁（ラーメン構造の場合）か耐力壁（壁式構造の場合）が、受音室の天井スラブ（界床）の周囲の辺のうち、何辺にあるかで判断する。ただし、壁式構造の場合は、「辺の1／2以上が耐力壁」である場合のみ、拘束辺とみなす（図4）。

ひとつの受音室に条件の異なる複数の界床が存在する場合は、一番不利な仕様の界床が全面にあるものとして、安全側で検討することになる。

※ 重量床衝撃音の遮断性能を向上させるためには、床の構造や構成方法の違いに応じて次の対策が必要となり、ここではこのような対策のうちその効果がある程度定量的に判断出来るものについて評価。・床の構造の厚さを増加させる、・床を重くする、・振動を抑えられるように床の端部の取り付け方を工夫する、・衝撃音を増幅しないように床仕上げ材の種類を選択する。

図1 コンクリート床の断面図

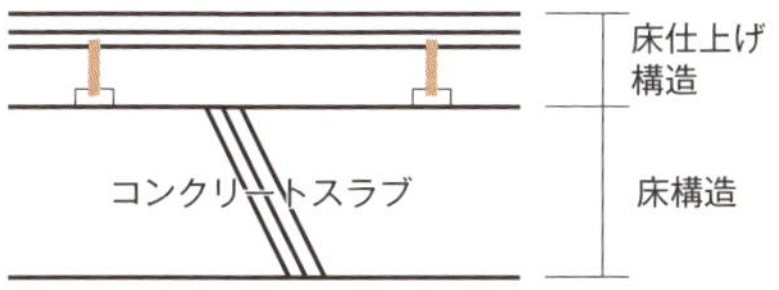

図2 木造軸組構造の床の断面図

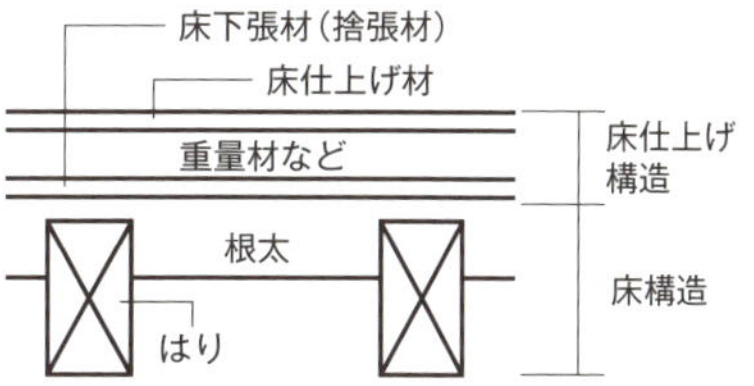

図3 メゾネット型集合住宅住戸における界壁、上階界床、下階界床、等の考え方

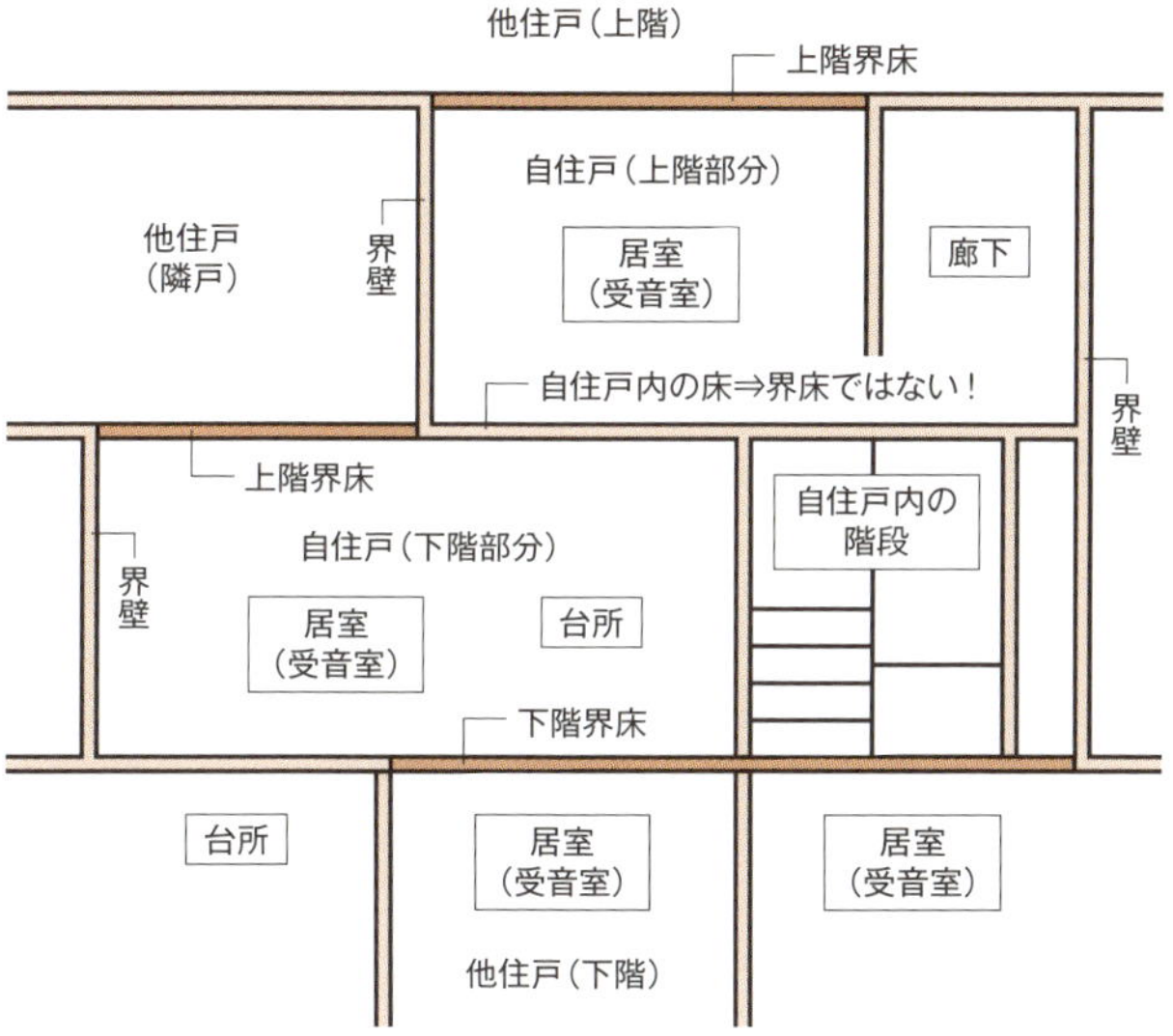

図4 端部拘束条件の考え方

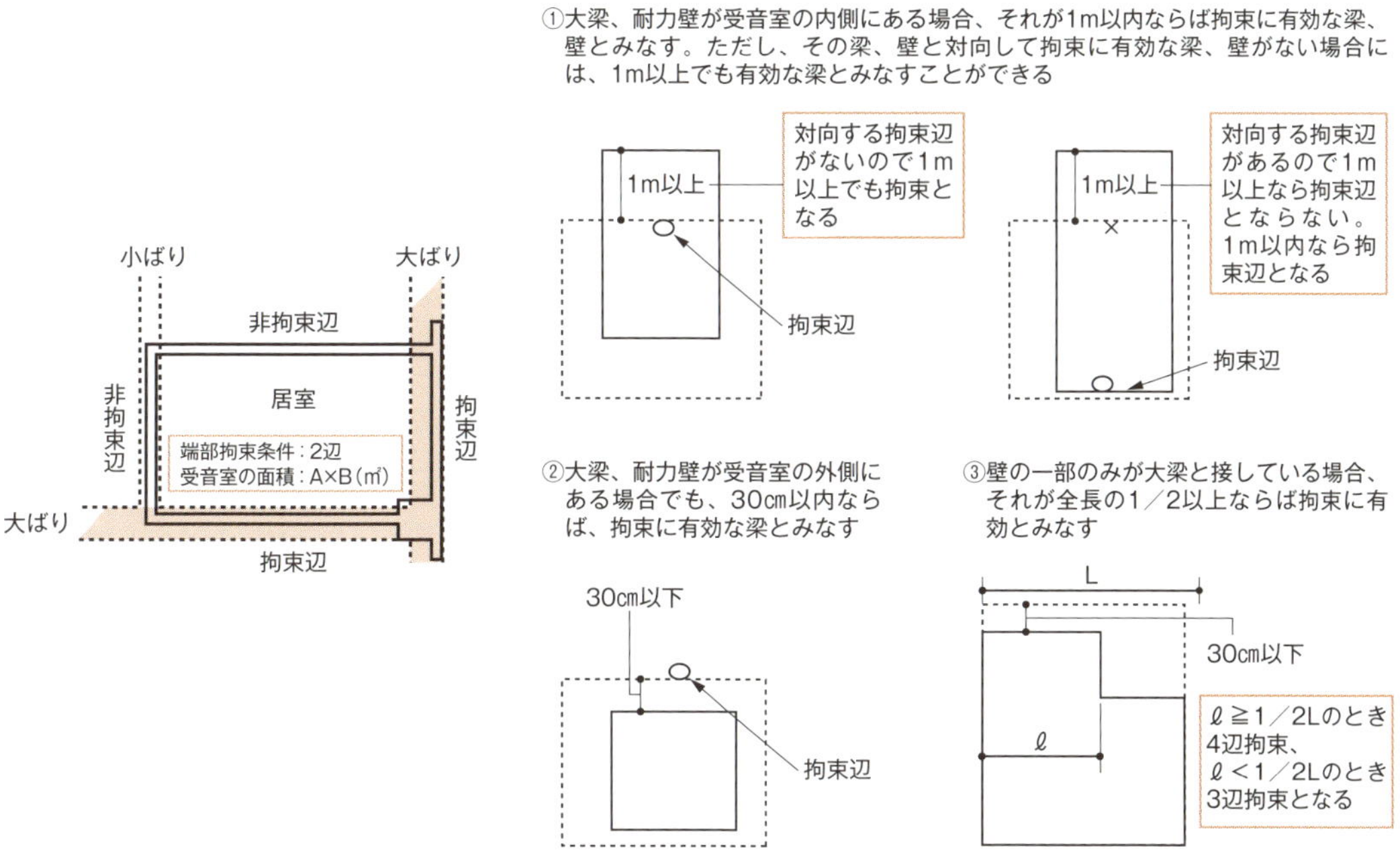

①大梁、耐力壁が受音室の内側にある場合、それが1m以内ならば拘束に有効な梁、壁とみなす。ただし、その梁、壁と対向して拘束に有効な梁、壁がない場合には、1m以上でも有効な梁とみなすことができる

②大梁、耐力壁が受音室の外側にある場合でも、30㎝以内ならば、拘束に有効な梁とみなす

③壁の一部のみが大梁と接している場合、それが全長の1／2以上ならば拘束に有効とみなす

乾式二重床

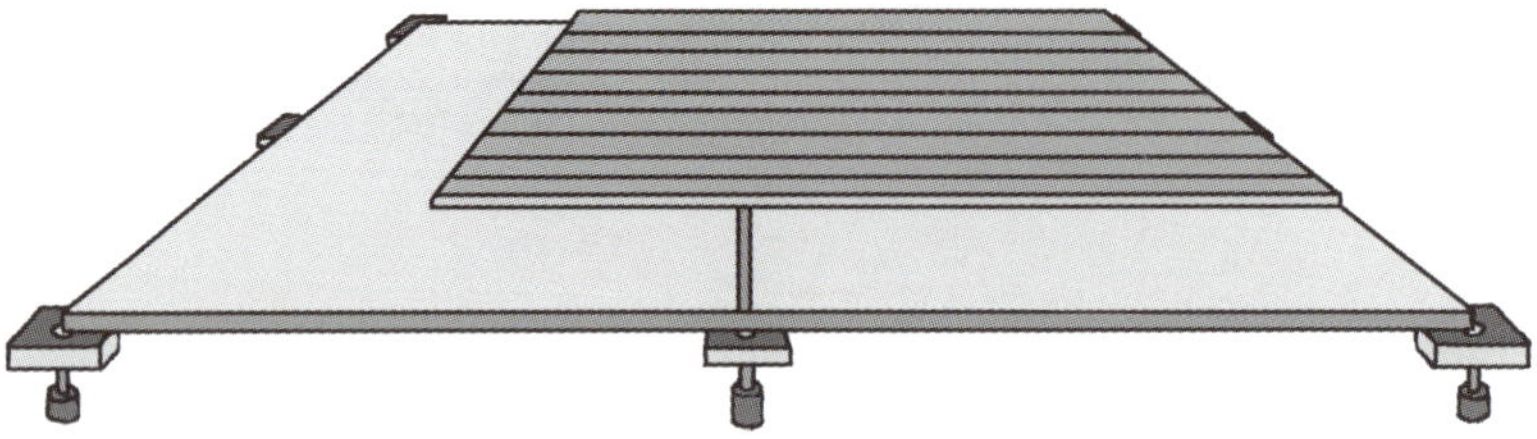

POINT

住宅性能評価上の二重床は、仕様が決まっており、通常の二重床は「その他の床」扱いとなる

床仕上げ構造の種類

床仕上げ構造は「特定の床仕上材を直貼施工」「特定の床仕上材を乾式二重床構造材上に施工」「特定の床仕上材を発泡プラスチック系床下地構造材上に施工」「それ以外の床仕上構造」の4種に分類される。

この際の乾式二重床構造材（図1）、発泡プラスチック系床下地構造材（図2）の仕様は、評価方法基準によって定められており、この仕様から外れたものはすべて「それ以外の床仕上構造」として扱われる。よって通常の二重床構造の場合は、この仕様から外れてしまっている場合が多いため、規定の仕様に変更するか、「特別評価方法認定」を取得した既製品を利用するなどの工夫をする必要がある。

特定の床仕上材

特定の床仕上材とは、①JIS L 4404規定の織じゅうたん、②JIS L 4405規定のタフテッドカーペット、③JIS A 5902規定の畳、④JIS A 5914規定の建材畳床を用いた畳、⑤JIS A 5705規定のビニル系床材、⑥JIS A 1440の5.1カテゴリーI床材などや、⑦厚さ16㎜以内の木質系フローリング材が挙げられる。

等価厚さの算出方法

等価厚さの数値は、同一仕様で密実に打設された均質単板スラブ（図3）であればそのスラブ厚＝等価厚さになる。

部分的に中空層を有して打設されるボイドスラブ（図4）の場合は、コンクリートのヤング率や断面形状等を用いて「同等の均質単板スラブの置き換えた値」を計算する必要がある。この際、押さえコンクリート・モルタルの厚さは考慮しないので、注意する。

図1 乾式二重床下地構造材(ΔL＝5)の場合

乾式二重床下地構造材に該当する床仕上げ構造とは、以下のとおりである

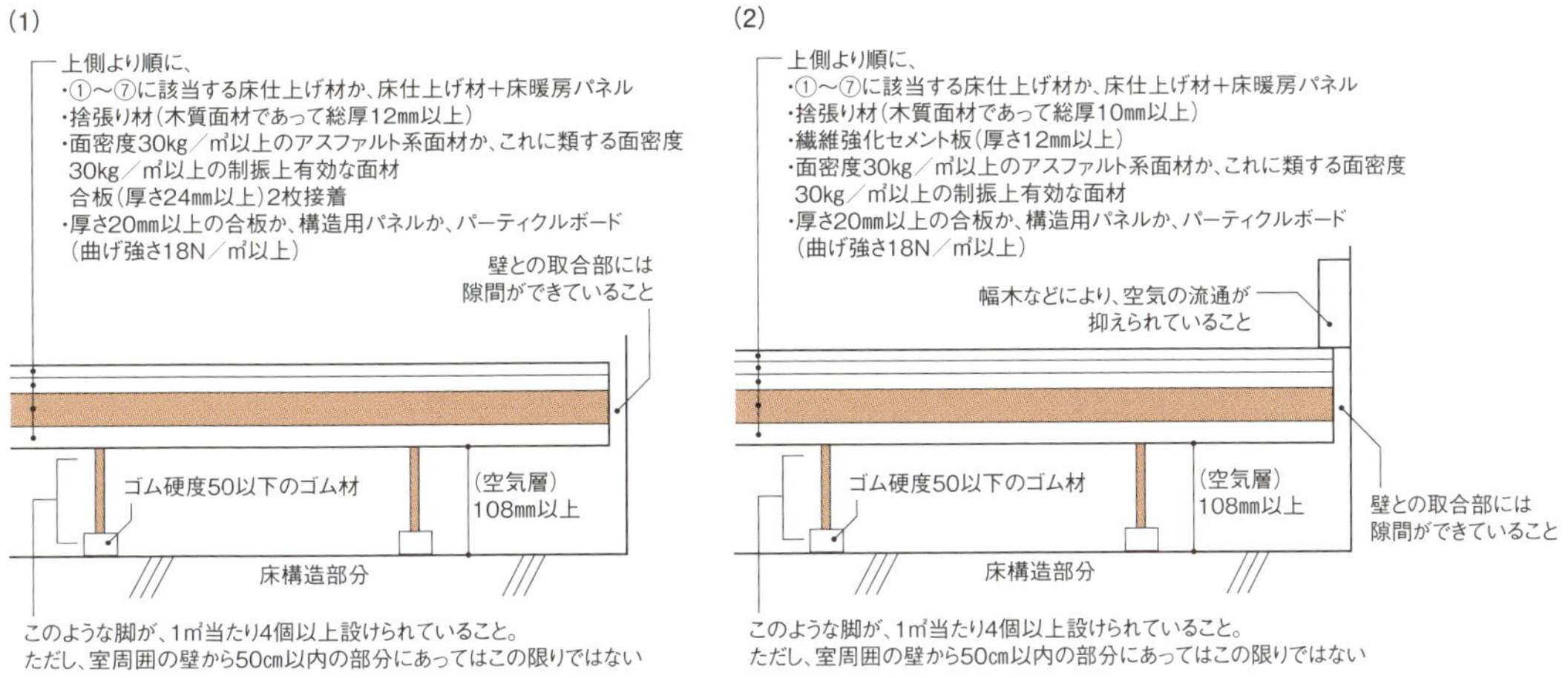

図2 発泡プラスチック系床下地構造材の場合

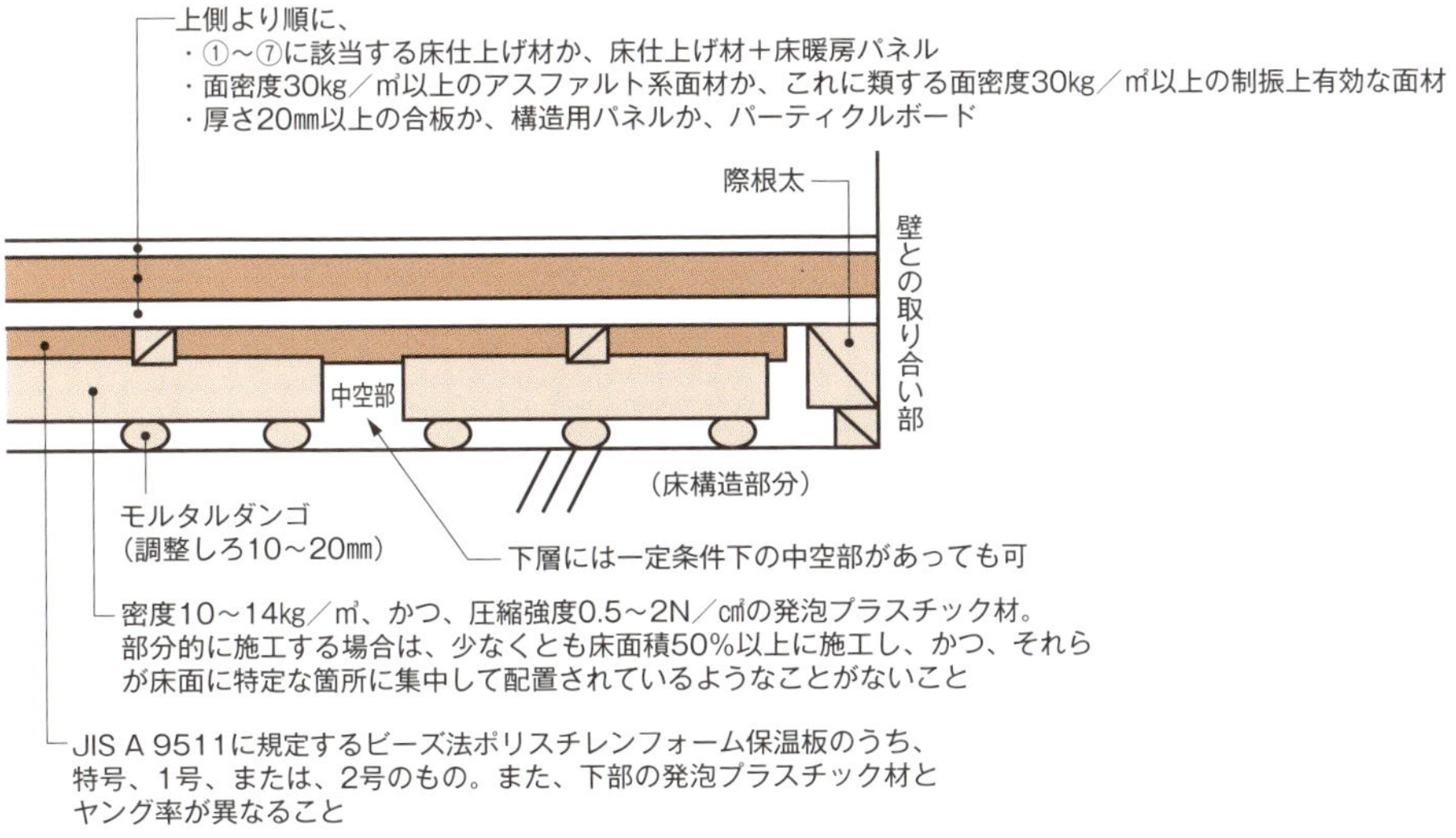

図3 均質単板スラブの断面例

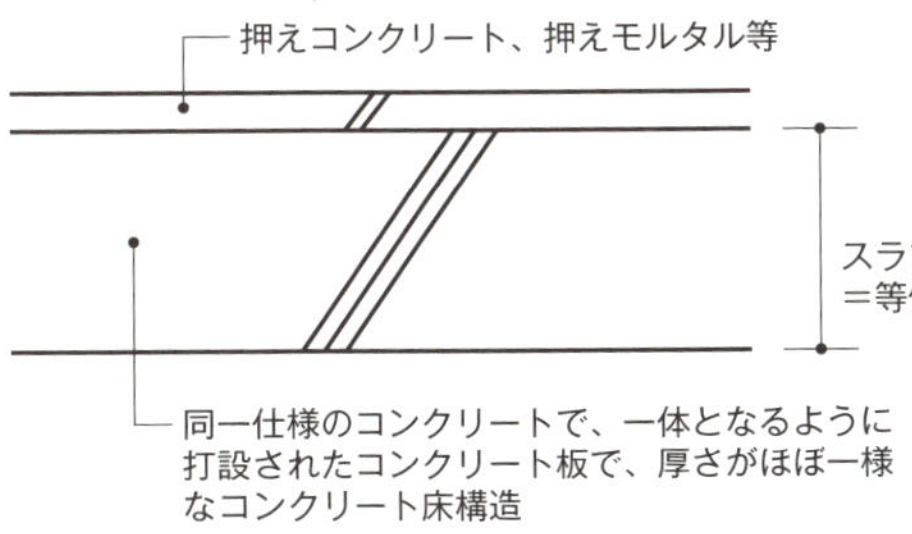

図4 ボイドスラブの断面例

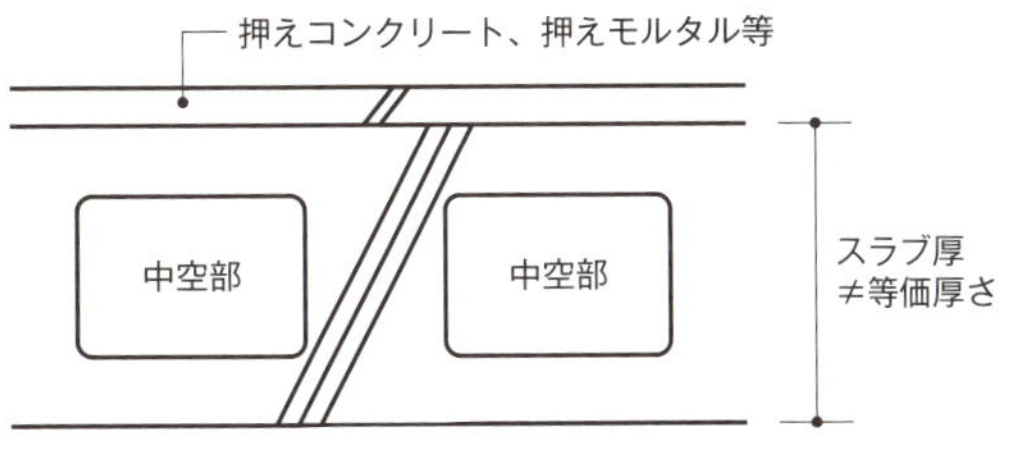

※等価厚さは、スラブ厚に相当する部分から計算で算出する

相当スラブ厚※［重量床衝撃音］

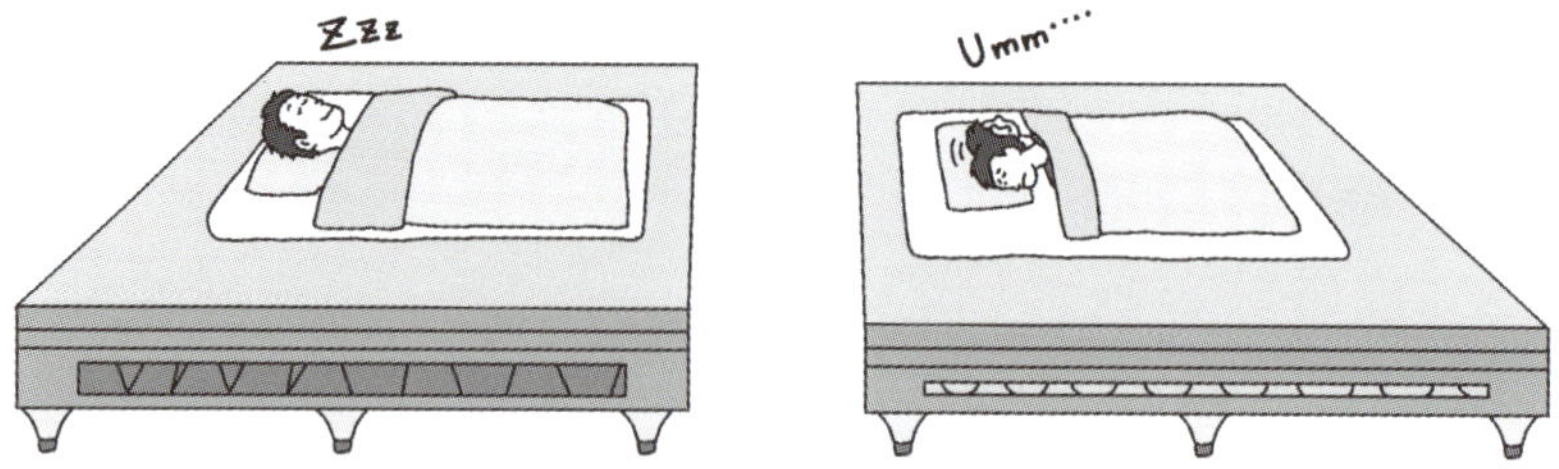

POINT

スラブ厚＝相当スラブ厚ではないため、床仕上げに注意する

相当スラブ厚の等級決定要素

重量床衝撃音対策等級（1〜5の等級評価）とは異なり、相当スラブ厚における等級決定要素は、「床仕上げ構造」「等価厚さ」の2つである。

これは床の構成と形状（表）を、計算によって普通コンクリートを用いた均質単板スラブの厚さに置き換え（図）、床仕上げ構造の実験室測定における重量床衝撃音の低減効果を見込んで補正したもので、〝数値が大きい＝低減性能が高い〟と評価される。要は「床が厚ければ厚いほど、音が聞こえにくいだろう」という考え方である。

この評価方法のメリットはスラブの面積や構造が基準に適合していない場合など、実際に保有していると思われる性能を正しく評価に反映させたい時には有効な点である。

ただし、「端部拘束条件」「受音室の面積」が考慮されていない分、同一スラブ厚であっても、重量床衝撃音対策等級の等級と対応するものとはならない。つまり、基準自体が異なるため、両方の評価結果を同等のものとして比較することはできない点に注意すること。

等価厚さ≠相当スラブ厚

床仕上げ構造の低減補正をしている関係上、床躯体の等価厚さ＝相当スラブ厚とはならない場合がほとんどである。この補正値をΔL（dB）といい、基準に定められている床仕上げ仕様以外は、すべてΔL＝－5として計算する必要がある。この場合、おおよそ「等価厚さ×0・75＝相当スラブ厚」となる。

評価結果は①27cm以上、②20cm以上、③15cm以上、④11cm以上、⑤その他のいずれかで表記される。計算結果をそのまま表記するのではないので注意する。

※　相当スラブ厚：上の階の床から下の階の居室に伝わる重量床衝撃音（重量のあるものの落下や足音の衝撃音）の遮断の程度をコンクリート単板スラブ厚に換算した場合、その厚さで表示する

表　床仕上げ構造の重量床衝撃音レベル低減量

重量床衝撃音レベル低減量（ΔL）	床仕上げの仕様	
+5dB	右に挙げる床仕上げ①～⑦をNo.81図1.2（ΔL＝+5dB）の乾式二重床下地構造の上に施工したもの	①日本産業規格L4404に定める織じゅうたんおよびこれと同等のもの
		②日本産業規格L4405に定めるタフテッドカーペットおよびこれと同等のもの
		③日本産業規格A5902に定める畳およびこれと同等のもの
0dB	右に挙げる床仕上げ①～⑦を直接床スラブ上に施工もしくは、No.81図1.2（ΔL＝0dB）の乾式二重床下地構造、または発泡プラスチック系下地構造材の上に施工したもの	④日本産業規格A5914に定める建材畳床を用いた畳およびこれと同等のもの
		⑤日本産業規格A5705に定めるビニル系床材およびこれと同等のもの
		⑥日本産業規格A1440-2の6.2においてカテゴリーⅠに該当するもの
		⑦断面が一様で厚さが16㎜以内の木質系のフローリング材
−5dB	上記以外の床仕上げ	

注　乾式二重床下地構造材と発泡プラスチック系下地構造材については、No. 081にて解説している仕様基準に適合していることが条件

図　相当スラブの計算方法

相当スラブ厚の計算は、以下の計算式により行うこととなっている。

$$hs = h1 \times 10^{\Delta L/40} \times 100$$

この式において、hs、h1、および⊿Lは、それぞれ次の数値を表すものとする。

hs：相当スラブ厚（単位 ㎝）
h1：床躯体の等価厚さ（単位 m）（均質単板スラブの場合は当該スラブ厚さ）
⊿L：床の仕上げ構造の重量床衝撃音レベル低減量（単位 dB）

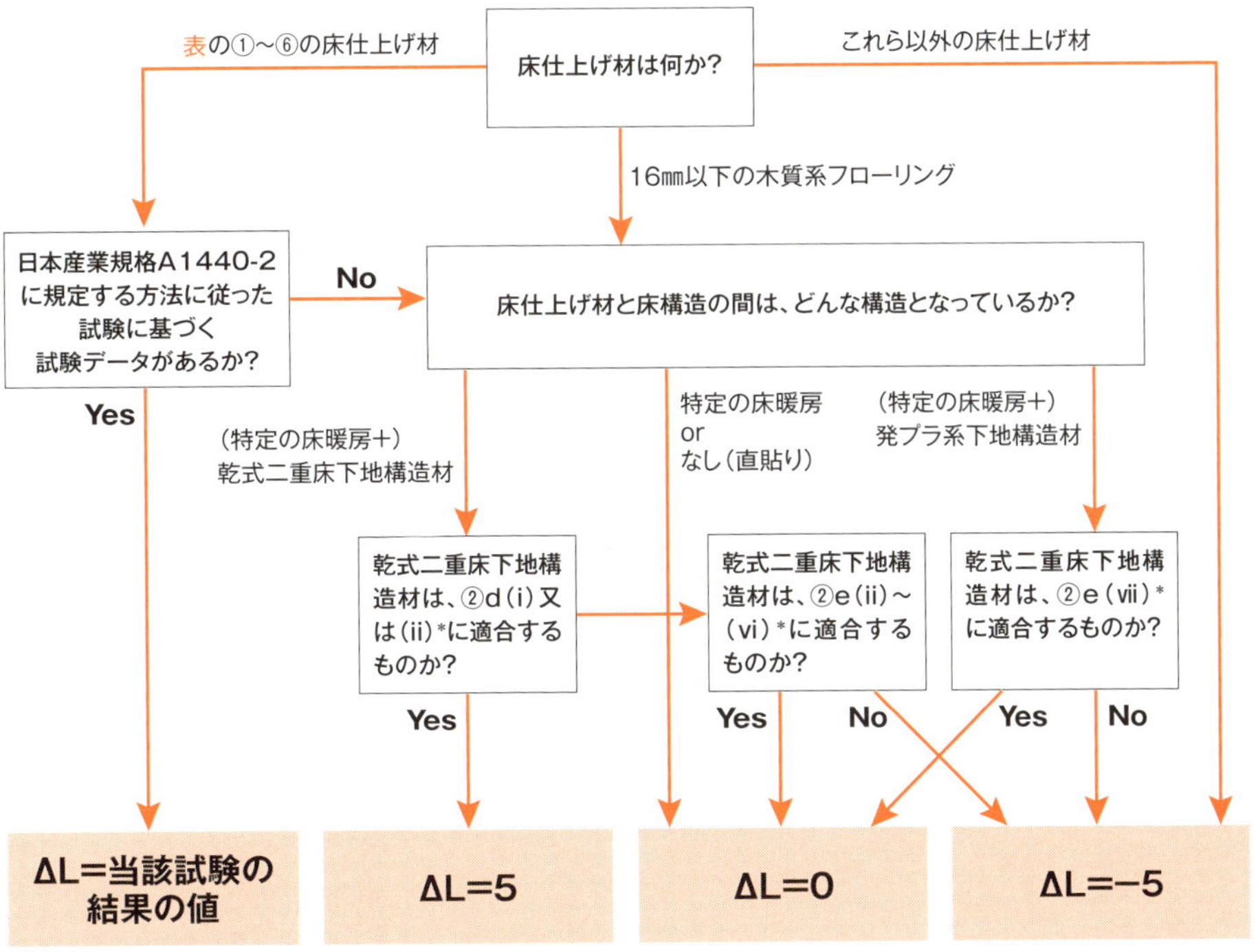

＊詳しくは、評価方法基準8-1（3）ロ②を参照のこと

軽量床衝撃音対策※

POINT

**4つの評価結果を表示するのは重量床と同様。
直貼り以外は等級1！**

軽量床衝撃音対策の評価方法

重量床衝撃音対策が比較的質量が大きく軟らかいものによる衝撃音を対象としているのに対し、軽量床衝撃音対策は「椅子の移動時や食器・硬貨の落下時など、比較的小さく硬いものが床に落下した際に発生する衝撃音」を対象としている。

評価方法は「軽量床衝撃音対策等級（1～5の等級評価（表1））」「軽量床衝撃音レベル低減量（30 dB以上、25 dB以上などの数値表記（表2））」の2種類の基準が存在する。

2種類の基準のポイント

軽量床衝撃音対策等級は「（構造耐力上主要な部分である）床構造の衝撃音遮断性能と（その上部にある）床仕上げ構造の衝撃音レベル低減性能を勘案し、等級表記したもの」である。また、軽量床衝撃音レベル低減量は「床仕上げ構造の衝撃音レベル低減性能のみに着目し、dB数値で表記したもの」となっている。これは本来（構造耐力上主要な部分である）床構造の衝撃音遮断性能と（その上部にある）床仕上げ構造の衝撃音レベル低減性能を勘案して評価すべきにもかかわらず、木造の床構造などにあっては、衝撃音遮断性能を簡易に規定できないことが理由とされている。

したがって、RC造建物以外は、軽量床衝撃音レベル低減量でしか評価できないことになるといえる。

評価結果の表示

評価結果は重量床衝撃音対策同様、「上階の最高」「上階の最低」「下階の最高」「下階の最低」の4つの評価等級（結果）を表示する必要があり、設計評価段階で2種類どちらの基準を利用するのかを申請者の判断で決定しておかねばならない点も一緒である。

※共同住宅のみ。軽量床衝撃音の遮断性能を向上させるためには、重量床衝撃音の場合と同様に、床の構造や構成方法の違いに応じて以下の対策が必要となる。
・床の構造躯体の厚さを増加させる
・衝撃音を増幅させないように床仕上げ材に柔らかい材料を選択する
ここでは、このようは対策のうち、その効果がある程度定量的に判断できるものについて評価する

表1　軽量床衝撃音対策等級にかかわる評価基準

等級	床構造区分1 均質単板スラブ230mm以上 ボイドスラブ等価厚280mm以上	床構造区分2 均質単板スラブ170mm以上 ボイドスラブ等価厚230mm以上	床構造区分3 均質単板スラブ130mm以上 ボイドスラブ等価厚200mm以上	その他の床構造
5	床仕上げ構造区分1または2	床仕上げ構造区分1	－	－
4	床仕上げ構造区分1から3	床仕上げ構造区分1または2	床仕上げ構造区分1	－
3	床仕上げ構造区分1から4	床仕上げ構造区分1から3	床仕上げ構造区分1または2	床仕上げ構造区分1
2	床仕上げ構造区分1から5	床仕上げ構造区分1から4	床仕上げ構造区分1から3	床仕上げ構造区分1または2
1	－	－	－	－

表2　床仕上げ構造の区分表

床仕上げ構造の区分	直接床構造の上に施工される床仕上げ（直張り工法に限る）	軽量床衝撃レベル低減量				
		125Hz	250Hz	500Hz	1kHz	2kHz
床仕上げ構造区分1	①以下の（ⅰ）から（ⅴ）までの仕上げ構造が右記の軽量床衝撃音レベル低減量の基準を満たすもの （ⅰ）日本産業規格L4404に規定するビニル系床材及びこれと同等のもの （ⅱ）日本産業規格L4405に規定する織じゅうたん及びこれと同等のもの （ⅲ）日本産業規格A5902に規定するタフテッドカーペット及びこれと同等のもの （ⅳ）日本産業規格A5914に規定する畳及びこれと同等のもの （ⅴ）日本産業規格A5705に規定する建材畳床及びこれと同等のもの ②厚さ８mm以上の合成繊維フェルト、厚さ８mm以上で面密度1．2kg／m 2以上のウレタンチップフォームシート又は厚さ８mm以上で発泡倍率35倍以上の発泡ポリエチレンシートの直上に、8―1（3）ロ②c（ⅱ）に掲げるもので毛足の長さ４mm以上であり、かつ、毛足がカット仕上げ又はループパイル仕上げであるものを設けた床仕上げ材	15dB以上	24dB以上	30dB以上	34dB以上	36dB以上
床仕上げ構造区分2	①以下の（ⅰ）から（ⅴ）までの仕上げ構造が右記の軽量床衝撃音レベル低減量の基準を満たすもの ②厚さ５mm以上の塩化ビニール樹脂発泡の面材又は厚さ５mm以上のフェルト材の直上に、8―1（3）ロ②c（ⅱ）に掲げるもので毛足の長さが４mm以上であり、かつ、毛足がカット仕上げ又はループパイル仕上げであるものを設けた床仕上げ材 ③厚さ55mm以上の日本産業規格A5901に規定する稲わら畳床を用いた畳又はこれと同等のもの	10dB以上	19dB以上	25dB以上	29dB以上	31dB以上
床仕上げ構造区分3	①以下の（ⅰ）から（ⅴ）までの仕上げ構造が右記の軽量床衝撃音レベル低減量の基準を満たすもの ②厚さ４mm以上のゴム製の面材の直上に、厚さ３mm以上のニードルパンチカーペットを設けた床仕上げ材 ③厚さ55mm以上の日本産業規格A5901に規定するポリスチレンフォームサンドイッチ稲わら畳床を用いた畳、厚さ55mm以上の日本産業規格A5901に規定するタタミボードサンドイッチ稲わら畳床を用いた畳又はこれらと同等のもの	5dB以上	14dB以上	20dB以上	24dB以上	26dB以上
床仕上げ構造区分4	①以下の（ⅰ）から（ⅴ）までの仕上げ構造が右記の軽量床衝撃音レベル低減量の基準を満たすもの ②8―1（3）ロ②c（ⅱ）に掲げるもので毛足の長さ４mm以上かつ毛足がカット仕上げ又はループパイル仕上げであるもの ③厚さ３mm以上の塩化ビニール樹脂製の面材又は厚さが３mm以上のアスファルト系の面材の直上に、毛足の長さ４mm以上かつ毛足がカット仕上げ又はループパイル仕上げであるカーペットを設けた床仕上げ材 ④厚さ55mm以上の日本産業規格A5914に規定する建材畳床を用いた畳又はこれと同等のもの	0dB以上	9dB以上	15dB以上	19dB以上	21dB以上
床仕上げ構造区分5	①以下の（ⅰ）から（ⅴ）までの仕上げ構造が右記の軽量床衝撃音レベル低減量の基準を満たすもの	−5dB以上	4dB以上	10dB以上	14dB以上	16dB以上

軽量床衝撃音レベル低減量※

POINT

床仕上げ材の性能をdBで表示する。直貼り以外は最低等級

対策等級とレベル低減量のちがい

軽量床衝撃音対策等級の評価は「床構造区分（スラブの厚み）」と「床仕上げ構造区分（床表面材の材質による性能）」を勘案するものに対して、軽量床衝撃音レベル低減量は「床仕上げ構造区分（床表面材の材質による性能（図・表））」のみで評価する方法である。

レベル低減量の評価にはスラブ本体の遮音性能が考慮されていないために、対策等級による評価のほうが、直接的に床の遮音性能を表しているという点で分りやすい。したがって、可能であるなら対策等級による評価の方が望ましい。

重量床評価と軽量床評価

重量床評価と大きく異なる点は床仕上げ材の施工方法が、直張り工法に限定されていることである。すなわち、一般的な共同住宅で用いられている二重床の場合、「直張り工法ではない」という理由により最低等級の評価となってしまう。

また、基準に定める床仕上材には「フローリング」が含まれていないため、事実上高評価を取得するためには、床仕上げにカーペットや畳、クッションフロア等を使用せざるをえない。

ただし、既製品の二重床の場合、「特別評価方法認定」取得により、高評価を取得できる場合がある。そのため、状況によっては、それらの商品を利用するという方法もある。

複数の床仕上げ材を使用する場合

ひとつの受音室に条件の異なる複数の床仕上げ材が存在する場合は、一番不利な仕様が全面にあるものとして、安全側で検討することになる。その点においては、重量床評価と同様の方法である。

※ 居室の上下階との界床の仕上げ構造に関する軽量床衝撃音（軽量のものの落下の衝撃音）の低減の程度を表示

図　仕上げ種別の一般仕様

軽量床衝撃音レベル低減量（500Hz帯域）	床仕上げ構造の区分	カーペット	畳
30dB等級	床仕上げ構造 1	①タフテッドカーペット＋クッション材 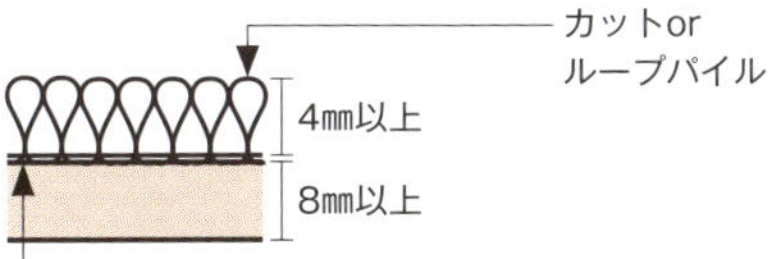 カットorループパイル 4mm以上 8mm以上 〔カーペット〕タフテッドカーペット（JIS L 4405）毛足長さ　4mm以上 〔クッション材〕厚8mm以上 ・合繊フェルト ・ウレタンチップフォームシート　約1.2kg／m² ・発泡ポリエチレンシート　発泡倍率35倍以上	
25dB等級	床仕上げ構造 2	①タイルカーペット（軟質材料裏打タイプ） 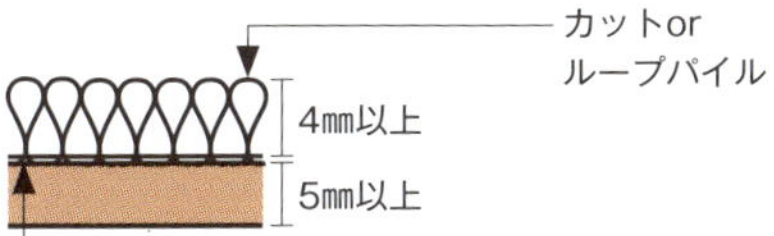 カットorループパイル 4mm以上 5mm以上 〔カーペット〕毛足長さ　4mm以上 〔軟質裏打材料〕厚5mm以上 ・塩ビ樹脂発泡体・フェルト	①JIS A 5901 畳床を用いた畳厚55mm 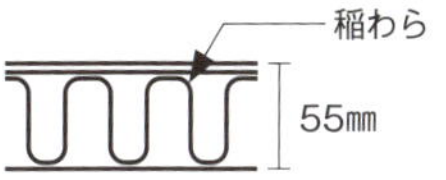 稲わら 55mm
20dB等級	床仕上げ構造 3	①ラバー裏打ニードルパンチカーペット  3mm以上 4mm以上 〔ニードルパンチ〕パイル層厚3mm以上 〔裏打ラバー〕厚4mm以上	①JIS A 5911 ポリスチレンフォームサンドウィッチ畳床を用いた畳　厚55mm ②JIS A 5912 インシュレーションファイバーボードサンドウィッチ畳床を用いた畳厚55mm  稲わら一部使用 55mm
15dB等級	床仕上げ構造 4	①JIS L 4405 タフテッドカーペット単体 毛足長さ　4mm以上 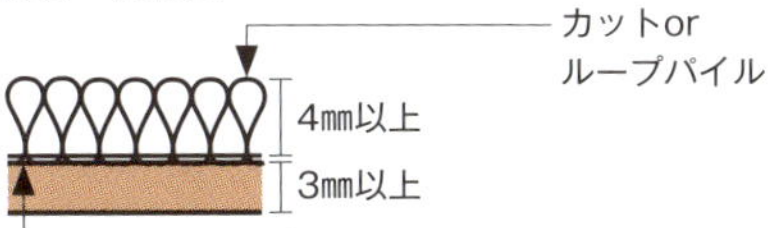 カットorループパイル 4mm以上 3mm以上 〔カーペット〕毛足長さ　4mm以上 〔硬質裏打材料〕厚3mm以上 ・塩ビ樹脂シート・アスファルト系シート ②タイルカーペット（硬質材料裏打タイプ） 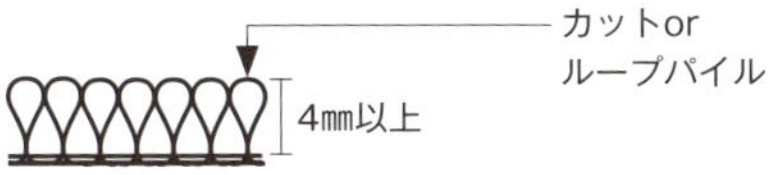 カットorループパイル 4mm以上	①JIS A 5914 建材畳床を用いた畳　厚55mm 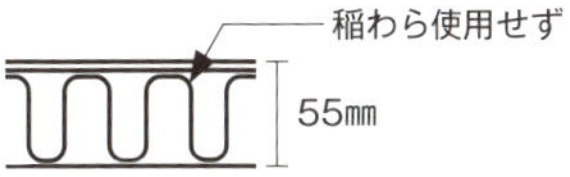 稲わら使用せず 55mm

表　軽量床衝撃音レベル低減量にかかわる評価基準

軽量床衝撃音レベル低減量	以下の床仕上げ構造を直接床スラブ上に施工する場合
30dB以上	床仕上げ構造区分1
25dB以上	床仕上げ構造区分1または2
20dB以上	床仕上げ構造区分1または2または3
15dB以上	床仕上げ構造区分1または2または3または4
その他	上記以外

透過損失［界壁］※1

POINT

**GL工法は禁止！
コンセントボックスの対面欠込みにも注意**

透過損失等級(界壁)とは※2

音は波動であるため、反射・透過のほかに、回折・屈折などの特性を併せ持つ。よって本来住戸間の空気伝搬音の遮断性能を評価するのであれば、界壁の音響透過損失だけではなく、同一外壁面上にある開口部を通して回り込む音(側路伝搬音)についても考慮すべきである。

しかし、現状では設計図面から側路伝搬音を高い精度で予測することが困難なため、あくまで界壁の有する音の透過しにくさ(音響透過損失)のみを評価したのが「透過損失等級(界壁)」である。

基準はコンクリート壁を対象とした仕様のみが示されており、その厚みに応じ評価等級が決まっている(表)。そのため、本来乾式遮音壁などは最低ランクの位置づけをされてしまう。ただし、これも既製品の乾式界壁で「特別評価方法認定」を取得した商品を使用することにより、高評価を取得することができる。

高等級に必要な条件

高等級を取得するにはいくつかの条件をクリアする必要がある。

①コンセントボックス・スイッチボックス類が界壁両面の対面位置に欠込んで設けられていないこと(図-①)。

これは対面位置で界壁を欠込んでしまう場合、欠込×2倍分だけ厚みが薄くなり、全体の性能が落ちるためである。

②界壁にボード類を接着する場合、接着モルタル等の点付けによる空隙が生じない工法であること(図-②)(いわゆるGL工法の禁止)。

これは、従来の実験結果や研究からオクターブ帯域の125Hz～250Hzにおいて、音響透過損失が大幅に低下することが明らかになっているためである。

※1 共同住宅のみ　※2 居室の界壁の構造による空気伝搬音の遮断の程度を表示する（等級1～4）。空気伝搬音の遮断性能を向上させるためには、住宅や壁の構造や材料の構成方法の違いに応じて、「壁の構造躯体の厚さを増加させる」「壁の厚さを増す」「界壁に隙間やコンセントボックスをつくらないようにする」「バルコニーや共用廊下に面する窓や換気口などから空気伝搬音が回り込まないようにする」といった対策が必要となる。しかしながら、このような対策を総合的に評価するには相当程度の測定値の蓄積が必要となるため、多様な構造方法が用いられる我が国の共同住宅等について等しく評価を行うことは容易ではない。そこでここでは、隣戸から当該住戸の居室への音の伝わりにくさに関して、界壁に使用する構造と材料を評価対象として設定する。

表　透過損失等級（界壁）の評価基準

等級	水準	評価基準
4	Rr-55等級以上 （※）	界壁の構造が、次の基準に適合していること ①厚さが26㎝以上の鉄筋コンクリート造、鉄骨鉄筋コンクリート造もしくは鉄骨コンクリート造で普通コンクリートを用いたもの又はこれらと同等の面密度を有する構造で以下のａからｃまでのいずれかに該当するもの ａ　鉄筋コンクリート造、鉄骨鉄筋コンクリート造または鉄骨コンクリート造で軽量コンクリートを用いたもの ｂ　無筋コンクリート造のもの ｃ　コンクリートブロック造、れんが造または石造のもので両面に厚さ15㎜以上のモルタル塗りまたはプラスター塗りが施されたもの ②コンセントボックス、スイッチボックスその他これらに類するものが、当該界壁の両側の対面する位置に当該界壁を欠込んで設けられていないこと ③当該界壁にボード類が接着されている場合にあっては、当該界壁とボード類の間に接着モルタル等の点付けによる空隙が生じていないこと ④建築基準法第30条第1項の規定に適合していること
3	Rr-50等級以上	界壁の構造が、次の基準に適合していること ①厚さが18㎝以上の鉄筋コンクリート造、鉄骨鉄筋コンクリート造もしくは鉄骨コンクリート造で普通コンクリートを用いたもの又はこれらと同等の面密度を有する構造で以下のａからｃまでのいずれかに該当するもの ａ　鉄筋コンクリート造、鉄骨鉄筋コンクリート造または鉄骨コンクリート造で軽量コンクリートを用いたもの ｂ　無筋コンクリート造のもの ｃ　コンクリートブロック造、れんが造または石造のもので両面に厚さ15㎜以上のモルタル塗りまたはプラスター塗りが施されたもの ②コンセントボックス、スイッチボックスその他これらに類するものが、当該界壁の両側の対面する位置に当該界壁を欠込んで設けられていないこと ③当該界壁にボード類が接着されている場合にあっては、当該界壁とボード類の間に接着モルタル等の点付けによる空隙が生じていないこと ④建築基準法第30条第1項の規定に適合していること
2	Rr-45等級以上	界壁の構造が、次の基準に適合していること ①厚さが12㎝以上の鉄筋コンクリート造、鉄骨鉄筋コンクリート造もしくは鉄骨コンクリート造で普通コンクリートを用いたもの又はこれらと同等の面密度を有する構造で以下のａからｃまでのいずれかに該当するもの ａ　鉄筋コンクリート造、鉄骨鉄筋コンクリート造または鉄骨コンクリート造で軽量コンクリートを用いたもの ｂ　無筋コンクリート造のもの ｃ　コンクリートブロック造、れんが造または石造のもので両面に厚さ15㎜以上のモルタル塗りまたはプラスター塗りが施されたもの ②コンセントボックス、スイッチボックスその他これらに類するものが、当該界壁の両側の対面する位置に当該界壁を欠込んで設けられていないこと ③当該界壁にボード類が接着されている場合にあっては、当該界壁とボード類の間に接着モルタル等の点付けによる空隙が生じていないこと ④建築基準法第30条第1項の規定に適合していること
1	令22条の3に定める透過損失	建築基準法第30条の規定に適合していることとする

※JIS A 1419-1に規定する音響透過損失等級

図　高等級取得の条件

①コンセントボックス類の界壁両面の対面配置の禁止

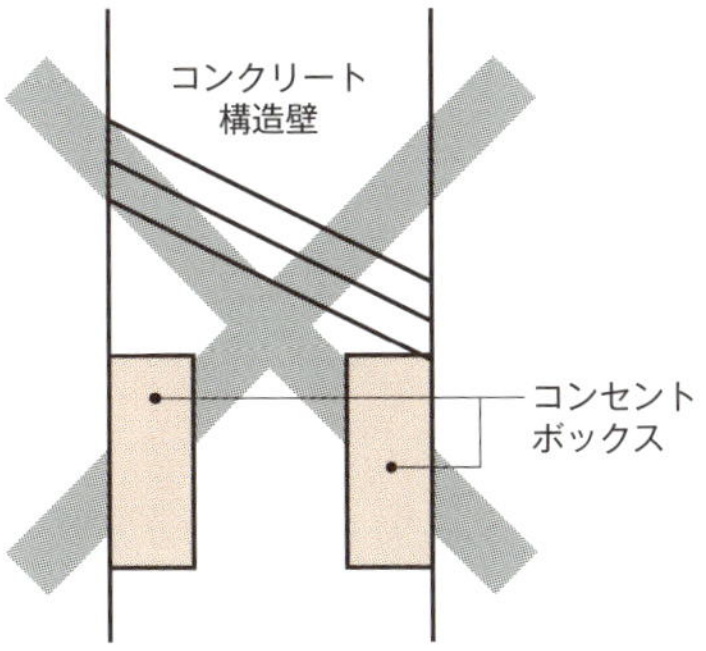

②GL工法の禁止

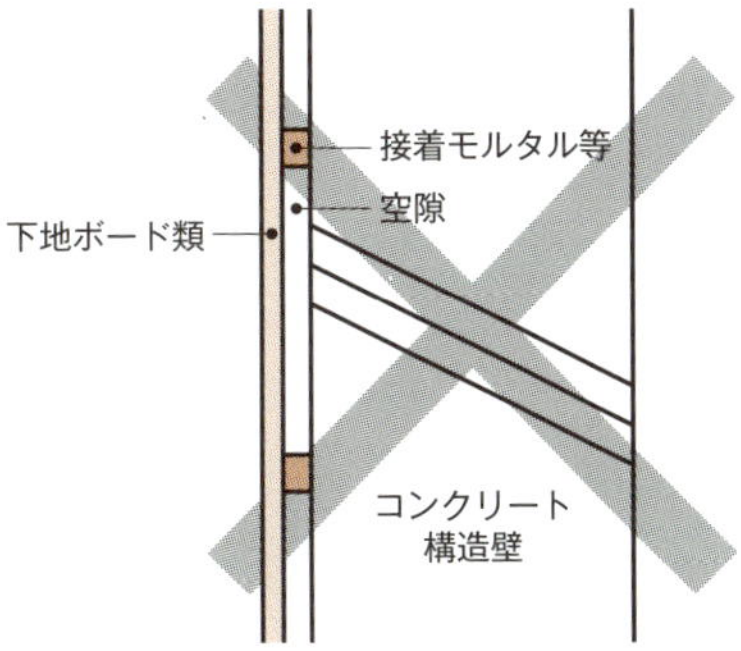

透過損失［開口部］※1

POINT

東西南北の方位別に遮音性能を表示する。非居室開口は対象外

透過損失等級(外壁開口部)とは

主に屋外で発生している騒音の住戸内への侵入をどの程度防止できるかを示したものであり、その対象騒音は、主に交通騒音(特に道路騒音)である。

一般的な住宅の場合、外部騒音の室内への浸入や室内騒音の外部への放射に関して、外壁に設けられた窓が最も弱点となることが多い。この項目では東西南北の4方位に分けて評価を行う。これは、外部の騒音発生源がどの方位にあるのかによって、遮音性の高いサッシやドアを用いるべきか否か判断されることに配慮したものである。例えば、南側に騒音の発生源となる工場や道路がある場合には、南側の開口部のサッシは極めて重要な役割を果たすが、北側はさほどではない場合も多いと考えられる。したがって、方位ごとに必要性に応じた等級を確保する。

等級の評価は、原則として「1/3オクターブバンドで100Hz～2,500Hzにおける透過損失平均値」を元に決定するが、従来からサッシの遮音性能等級として用いられてきたT等級でも評価できる。大まかに言えば、等級3=T-2以上のサッシ、等級2=T-1以上のサッシ、等級1=T等級なし、ということになる(図1)。

居室の開口部のみが対象

評価※2対象となる開口部は、居室の開口部のみ。浴室などの開口部は対象とはならない。方位のとり方は、光・視環境と同様に、開口部の法線の向く方向で決定する(図2)。出窓の方位決定についても、光・視環境のルールに準じる。すなわち同一方位の開口部のうち、最も性能の低い開口部の性能をその方位の評価として表示する。ただし、真上・真下方向を向いた開口部については、評価の対象より除外する。

※1　居室の外壁に設けられた開口部に、方位別に使用するサッシによる空気伝搬音の遮断音の程度を表示する(等級1～3)

※2　サッシ、ドアセットを対象とする関係上、そのいずれにも該当しないガラスブロックについては、この評価の対象外となるので注意する必要がある。

図1 透過損失等級(外壁開口部)

居室の外壁に設ける開口部に使用するサッシの空気伝搬音の遮断の程度を方位別に示す

東面、西面、南面、北面の各々について

等級1	等級2 優れる	等級3 特に優れる
その他	=JISのRm{1/3}－20以上 =遮音等級T-1以上	=JISのRm{1/3}－25以上 =遮音等級T-2以上

●等級2、3に該当するサッシは、いわゆる防音サッシであり、通常のサッシと比べると相当の防音効果があるものである。このため、外部からの騒音の侵入があまりない閑静な住宅地などでこのようなサッシを使用する必要性は、あまりなく、地域によるニーズの差があることに留意すべきである。また、サッシの遮音性能のみを向上させると、通常では気にならなかった室内の様々な音がかえって気になってしまうこともある。こういったことを考慮して、必要な遮音性能を確保する。

幹線道路に面する側など、住宅の立地に応じて騒音が気になる方位の遮音性能だけを高めることも効果的である。

ガラスブロックについて

●透過損失等級(開口部)は、サッシおよびドアセットに適用される。JIS A 4706のサッシおよびJIS A 4702のドアセットに該当しないガラスブロックは、透過損失等級(開口部)の適用はない。〈8・4(2)ロ①〉

図2 開口部の方位の考え方

平面上において開口部の両端を直線で結び、この直線と垂直方向に室内から屋外に向かう矢印がどの方位に向いているかを判断する。

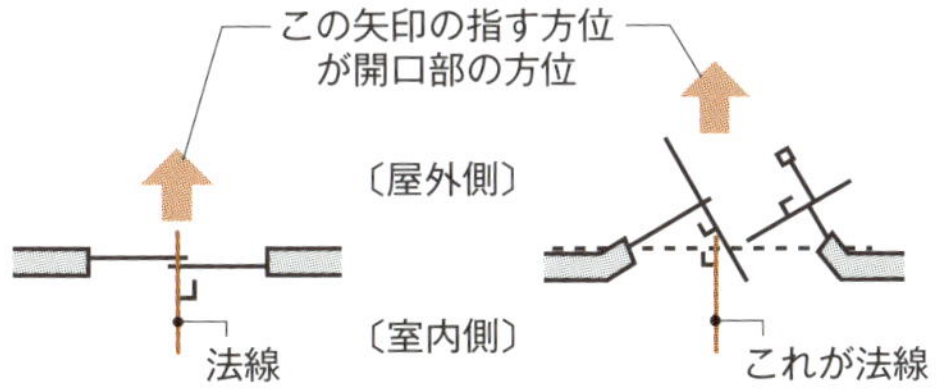

■開口部がどの方位を向いているかの判断

南面を例に取ると、真南をはさんで東西に45度ずつの方位に面している開口部が南面である。
下図の居室の外壁開口部 ( ) のうち、南と記したものが南面する開口部である。

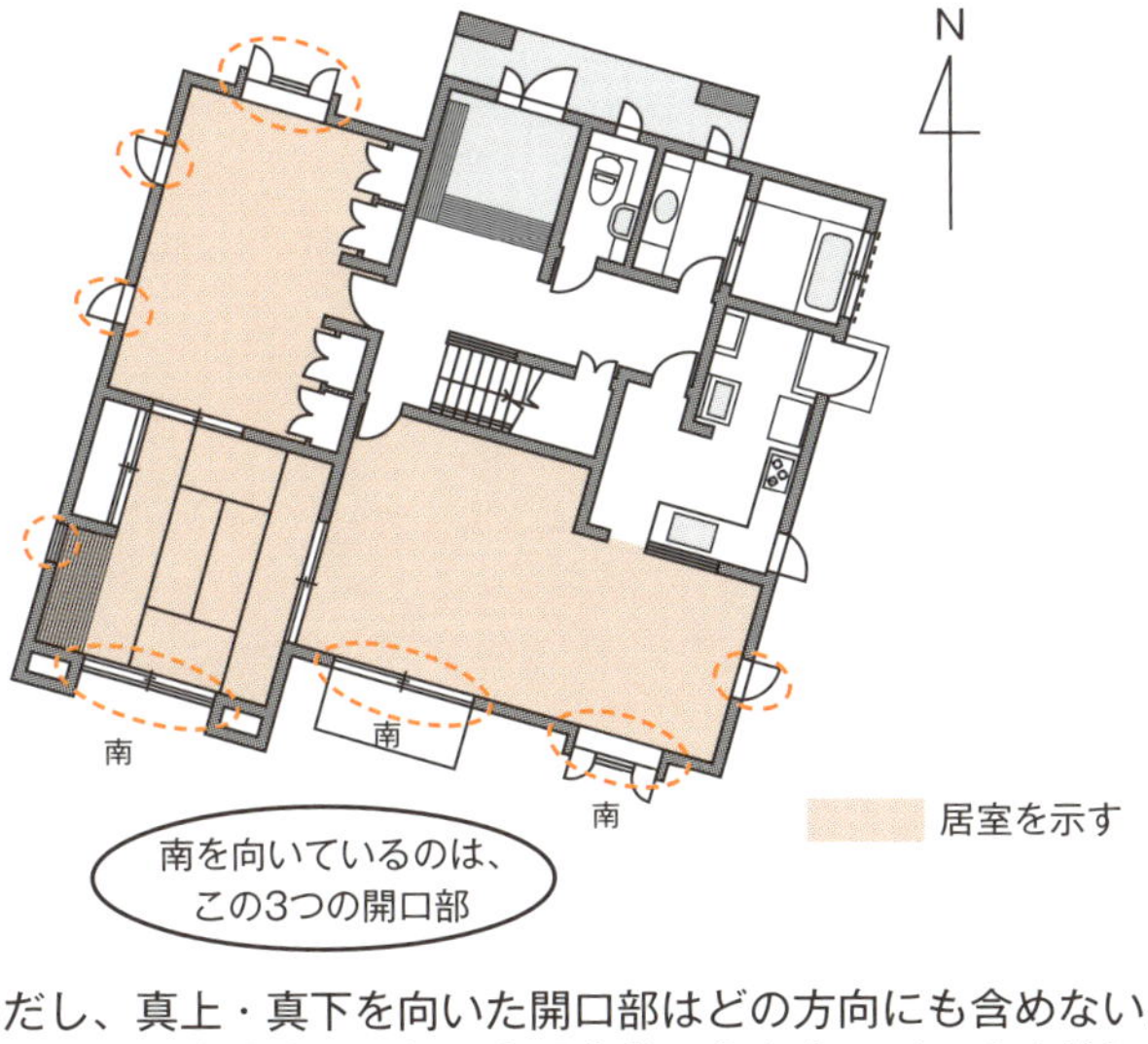

北・東・南・西の考え方

例えば、「南」と言えば、真南方向から東西に45°ずつの範囲である。

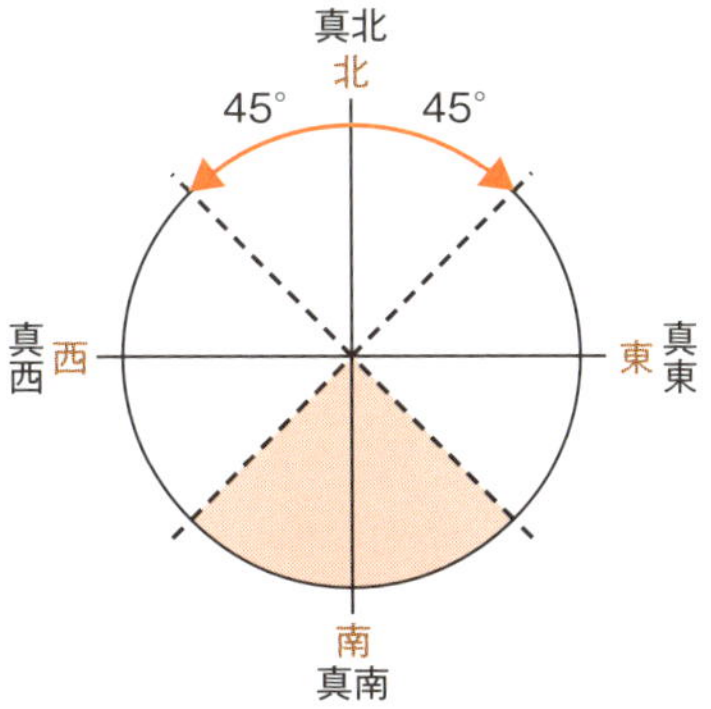

ただし、真上・真下を向いた開口部はどの方向にも含めない。
真上・真下を除く開口部は東西南北のうち向いている方位に含める。

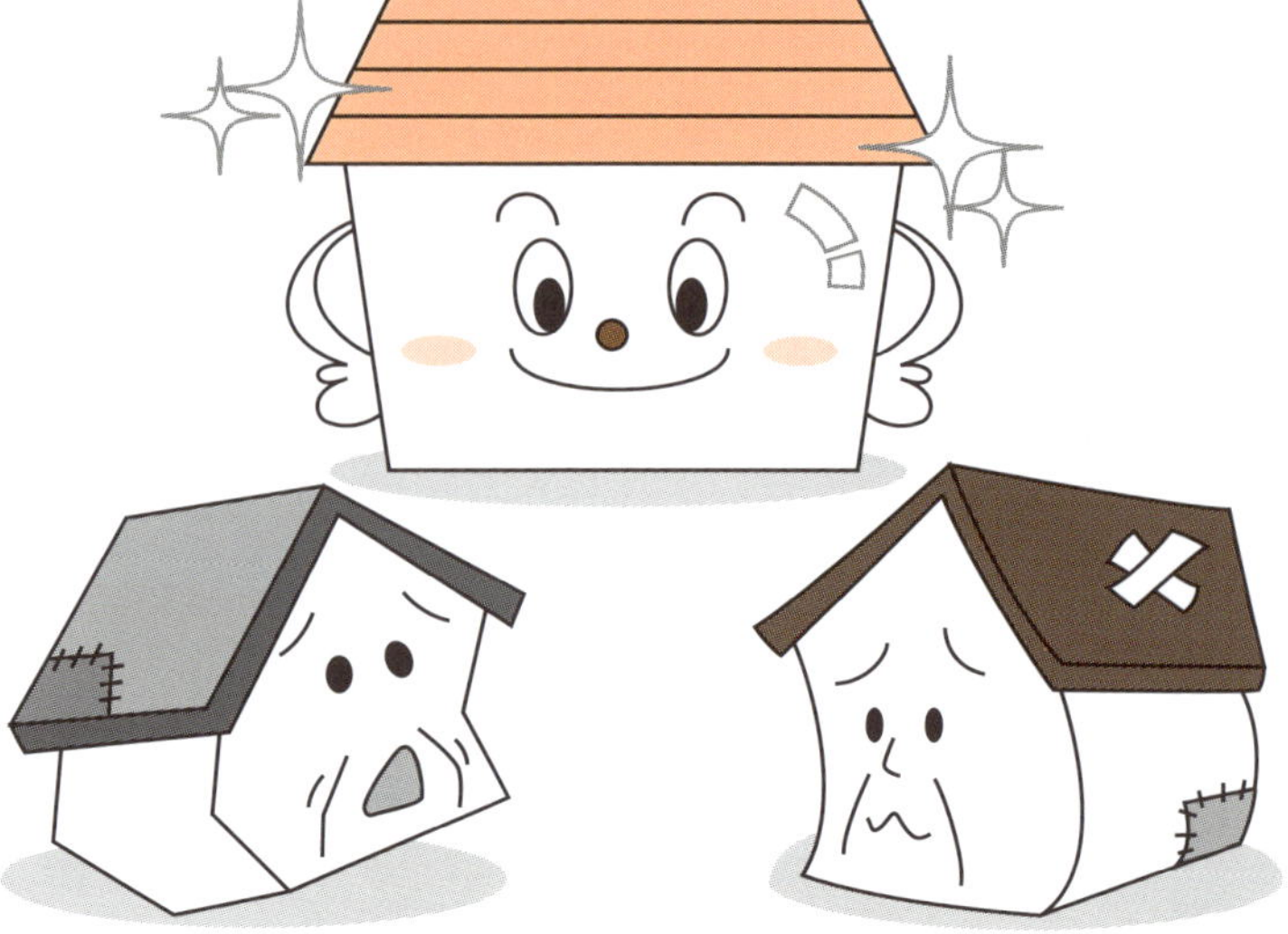

第5章 高齢者・防犯

高齢者対策

POINT

高齢者への配慮の程度により、等級が異なる

「高齢者等への配慮に関すること」

加齢、病気、怪我などによって身体の機能が低下すると、歩き・立座り・建具や設備の操作などの日常の動作が負担に感じられたり、転倒などの思わぬ事故に遭ったりすることがある。また、車いすを使用したり、介助者の助力を得たりするときに、必要なスペースが確保されていないと不都合を感じる場合もある。このような身体上の負担や事故などを軽減するために、あらかじめ住宅の部屋の配置や廊下の広さなどを工夫することが有効な対策と言える。高齢者等に配慮した建物の工夫には、必要になったときに簡単な工事で対応できるものもあるが、廊下の幅や部屋の広さなど変更するには大規模な工事が必要なものも多くあり、それらはむしろ新築時点での対策が必要である。「高齢者等への配慮に関すること」の評価項目では、加齢や障害などにより身体に問題が生じたとしても、各要求レベルに応じて比較的容易に対応が可能なようにすることを念頭に置いて、それぞれの等級の基準が定められている（図1・2）。もともと、我々の暮らしを支えるための住宅の基本は「安全と使いやすさ」であり、この使いやすさのなかには「加齢や障害などによっても不都合が生じないこと」も含まれている。

ここで考えている安全は、基本的には移動に関わるもので、水平あるいは垂直移動、姿勢変化に加えて、寄りかかりも対象としている。また、安全を担保するための対象として、日常の生活空間内での基本生活行為を主に想定。日常生活上不可避な排泄、入浴、洗顔、食事、移動を考えている。また、自立が難しくなっても、介助によりそれをカバーすることも可能であり、住宅に求められるものは、自立・介助両方の視点から考えることが重要である。※

※ 例えば介助が必要になった際に改造工事なしで対応ができ、軽微な改造のみで対応できるとするならば、このような住宅については、介助しやすさに対する一定の配慮があると考えることができる。また、共同住宅等にあっては共用部分にも移動容易性に関わる要求条件を設けており、建築物の出入口から専用住戸の玄関までの移動経路についてや、共用廊下の幅員、エレベーターなどに関する規定を設けている。

図1 高齢者等配慮対策等級（専用部分）

「移動時の安全性に配慮した措置」と「介助の容易性に配慮した措置」の程度を組み合わせて住戸の玄関から内部までのバリアフリー化の程度を表示

【主な基準】　建築基準法に定める措置 → 等級1　最高等級 → 等級5

項目		等級1	等級2	等級3	等級4	等級5
高齢者等の移動時の安全性		建築基準法レベル	基本的な措置		配慮した措置	特に配慮した措置
特定寝室と同一階に配置すべき居室等		適用なし	便所		便所、浴室	便所、浴室、玄関、食事室、脱衣室・洗面所
玄関の上がりかまち			—		段差11cm以下など	
出入口の段差	浴室		浴室内外の高低差12cm以下など		段差2cm以下など	段差なし
	バルコニー		段差36cm 以下（踏み段を設けた場合）など			段差18cm以下など
階段	勾配	蹴上げ23cm以下 踏面15cm以上	22／21以下 踏面19.5cm以上		6／7以下	
	蹴込み	—	3cm以下		3cm以下 蹴込み板あり	
手すり	階段	片側				両側
	浴室	—	浴槽出入りのためのもの			浴槽・浴室出入り等のためのものなど
	便所	—	立ち座りのためのもの			
	玄関	—	靴の着脱等のためのもの			
	脱衣室	—	衣服の着脱のためのもの			
介助用車いす使用者の介助の容易性		なし		基本的な措置	配慮した措置	特に配慮した措置
廊下等の通路幅		適用なし		78cm以上		85cm以上
出入口の幅	浴室			60cm以上	65cm以上	80cm以上
	浴室以外			75cm以上		80cm以上
浴室の大きさ				短辺1.3m以上 面積2.0㎡以上（戸建て住宅の場合）	短辺1.4m以上 面積2.5㎡以上	
便所の大きさ				長辺1.3m以上など	1.1m×1.3m以上	短辺1.3m以上など

注）この表は主な基準をわかりやすく整理したものであり、特例等が定められている場合がある

図2 高齢者等配慮対策等級（共用部分） 共同住宅等

共同住宅等の建物出入口から住戸の玄関までの間のバリアフリー化の程度を表す

【主な基準】　建築基準法に定める措置 → 等級1　最高等級 → 等級5

項目		等級1	等級2	等級3	等級4	等級5
高齢者等の移動時の安全性		建築基準法レベル	基本的な措置		配慮した措置	特に配慮した措置
スロープ（傾斜路）	勾配	1／8以下	1／12以下			
	手すり	片側				両側
	幅	75cm以上			90cm以上	120cm以上
共用階段	勾配等	踏面21cm以上	踏面24cm以上			7／11以下
	蹴込み	—	3cm以下		3cm以下 蹴込み板あり	2cm以下 蹴込み板あり
共用廊下の幅		120cm以上				140cm以上
自走式車いす使用者の介助の容易性		なし		基本的な措置	配慮した措置	特に配慮した措置
エレベーター	設置	適用なし		建物出入口の存する階まで到達可能		
	開口幅			80cm以上		
	かごの大きさ			—	内法135cm以上	
エレベーターホールの大きさ				150cm角以上		

注）この表は主な基準をわかりやすく整理したものであり、特例等が定められている場合がある

第5章 高齢者・防犯

専用部と共用部

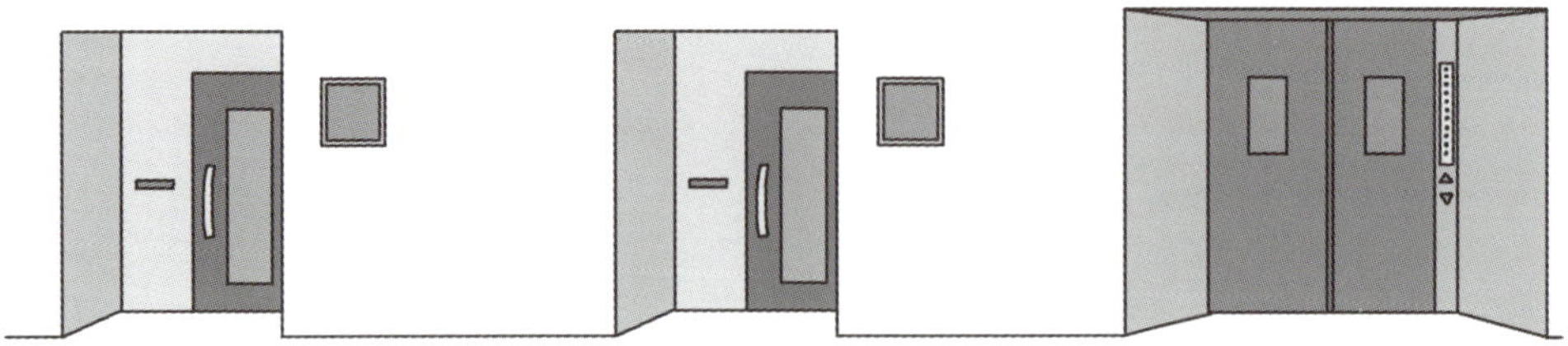

POINT

専用部と共用部のそれぞれについての基準がある[※1]

専用部分と共用部分の基準

「高齢者等への配慮に関すること」の評価項目では「移動時の安全性に配慮した処置」の程度と、「介助の容易性に配慮した処置」の程度を組み合わせて判断し、「専用部分」[※2]と「共用部分」[※3]で基準が構成されている（図1）。

専用部分の基準の構成としては、

- **部屋の配置**
- **段差、階段、手すり**
- **通路及び出入口の幅員**
- **寝室、便所及び浴室の広さ**

で構成させており、共用部分では

- **共用廊下、共用階段（手すり含む）**
- **エレベーター**
- **共用廊下の幅員、共用階段の幅員**

で構成されている（図2）。

専用部分の基準の考え方

専用部分では、加齢などに伴う身体機能の低下などに対応した住宅の物理的な工夫を考えるとき、配慮すべきは居住者による「姿勢の変化を伴う容易さ」と「場所の移動の容易さ」である。

専用部分では、これらを踏まえて評価の内容を「移動等」[※4]と「介助行為」[※5]の2つに整理した基準としている。

共用部分の基準の考え方

共用部分の基準については、「移動の安全性」と「介助必要時の移動などの容易性」の配慮についての対策の程度について等級が定められている。「移動の安全性」については、それぞれの評価対象住戸から高齢者などが日常的に利用する可能性のある住棟内の空間に最低限到達できることが要求されており、「介助必要時の移動等の容易性」については、建築物の出入口から評価対象住戸の玄関までが評価の対象となっている（全ての経路でなく一の経路でよい）。

※1 移動時の安全性と介助の容易さを考える際に、住宅の内部と共同住宅等の共用部分とでは用いる車いすの種類が異なることなど、想定される状況が大きく異なるので、ここでは専用部分に関する等級と共用部に関する等級とを別々に表示することとしている。 ※2 住戸内における高齢者等への配慮のために必要な対策の程度 ※3 共同住宅等の主に建物出入り口から住戸の玄関までの間における、高齢者等への配慮のために必要な対策の程度

図1 専用部と共用部

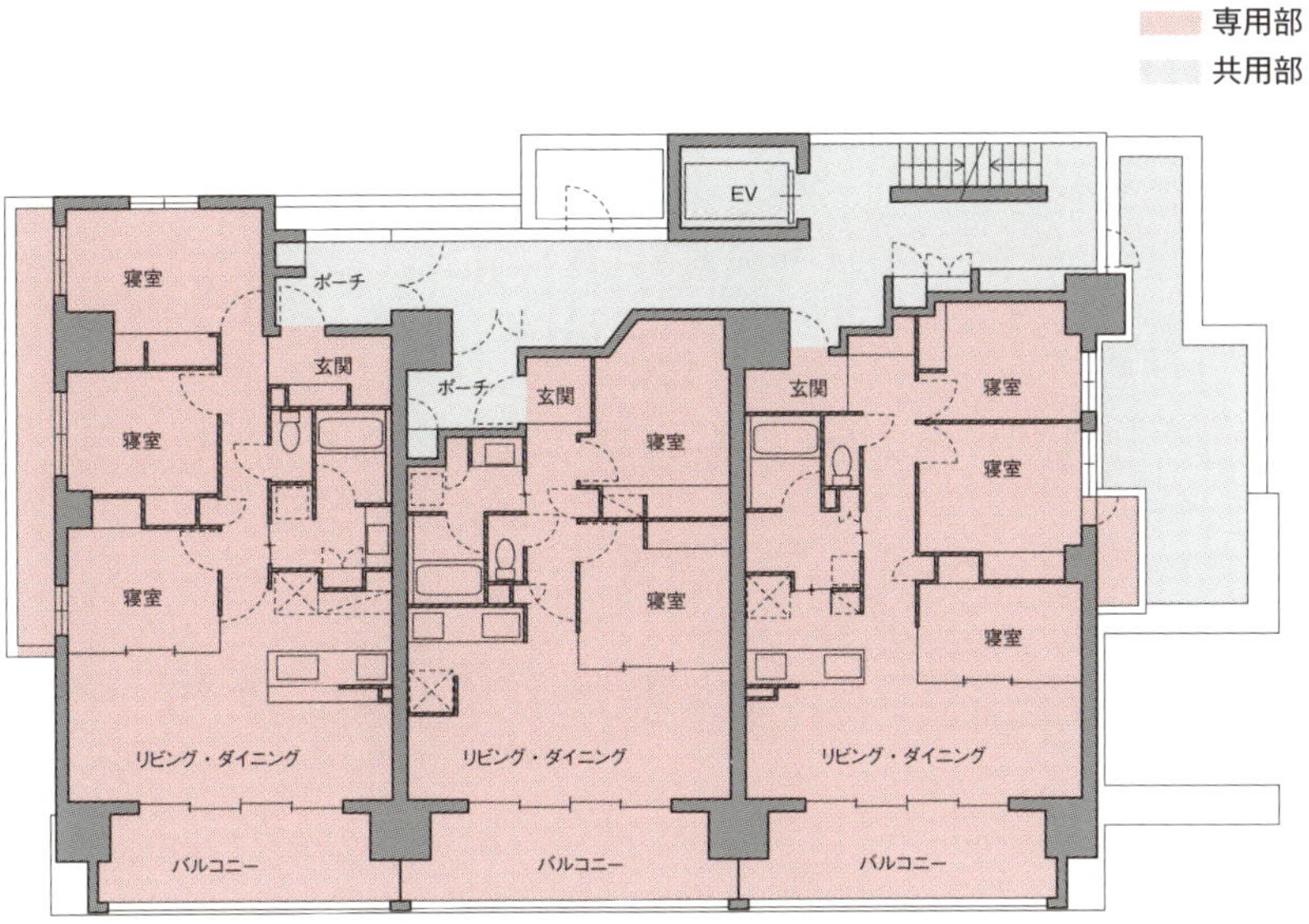

■2階平面図 S=1：250

図2 共用部分の評価の対象範囲

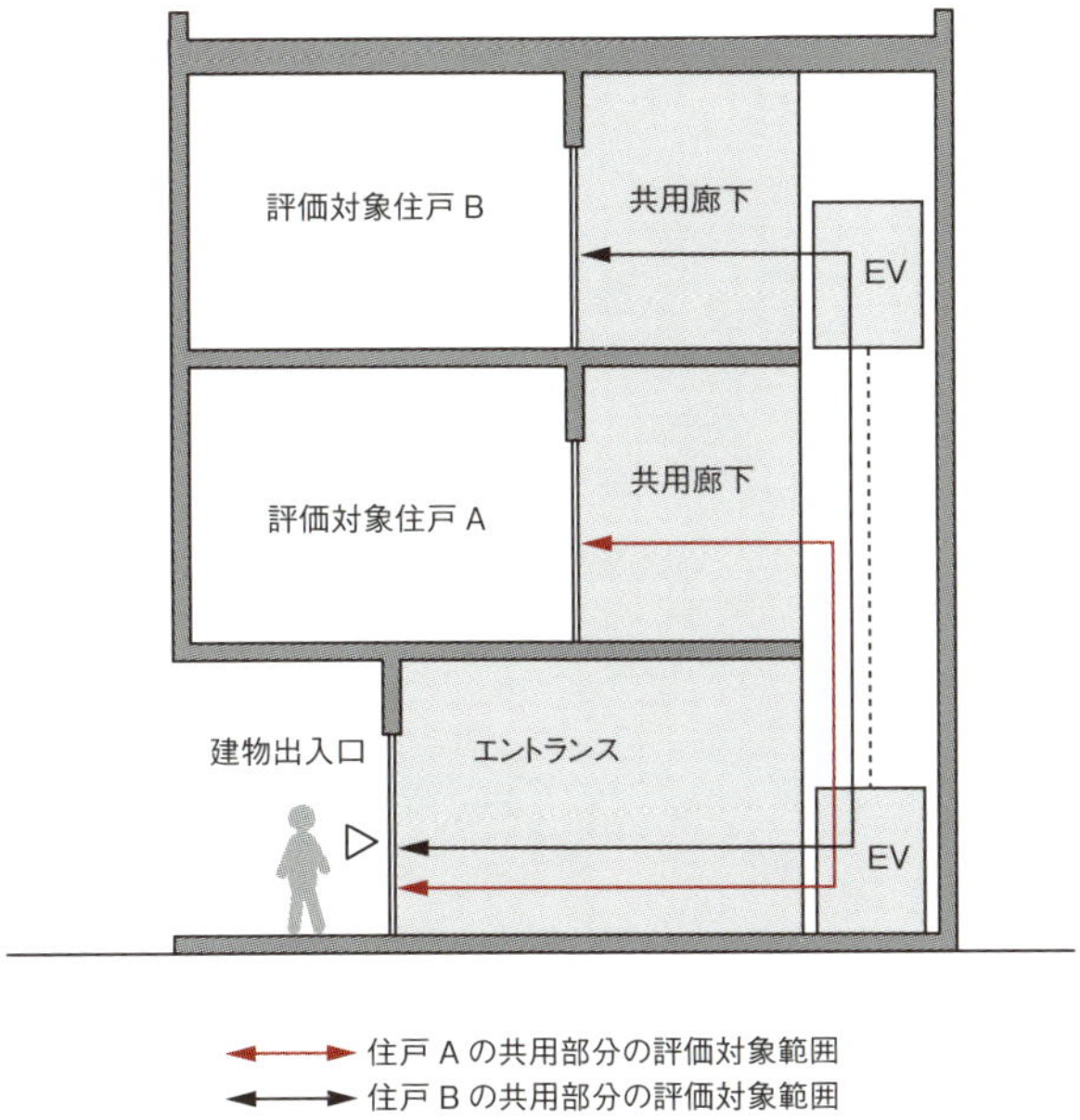

※4「移動等」とは、水平移動、垂直移動、姿勢の変化および寄りかかりの各行為をいう（共用部分についても同じ） ※5「介助行為」とは、介助用車いすの通行の補助、浴室における浴槽への出入りおよび体の洗浄、寝室における介助用車いすからベッドへの移乗ならびに便所における介助用の車いすから便器への移乗、衣服の着脱および排泄後の処理の各動作をいう

特定寝室

POINT

特定寝室と日常生活空間内の部屋の配置により等級が異なる

特定寝室とは

特定寝室とは、現在または将来において高齢者等が就寝するために使用する部屋のことをいう。現在はもちろん将来も高齢者は生活しないと想定している場合、あるいは将来増築などにより高齢者等の部屋を確保すると想定している場合でも、居室のうちいずれか1つを特定寝室と仮定する。

日常生活空間とは

「日常生活空間」とは、高齢者等の使用を想定する

①玄関
②便所
③浴室
④脱衣室
⑤洗面所
⑥特定寝室
⑦食事室
⑧特定寝室と同じ階にあるバルコニー
⑨特定寝室と同じ階にある全ての居室
⑩①〜⑨を結ぶ経路

を指す。

部屋の配置の基準

特定寝室と日常生活空間には、密接な関係がある。高齢者対策の基準には、「部屋の配置の基準」があり、特定寝室が日常空間（右記の①〜⑩）との部屋の配置の関係によって、等級が異なっており

等級2・3→便所と特定寝室が同一階
等級4→便所と浴室が特定寝室と同一階
等級5→玄関・便所・浴室・洗面所・脱衣室・食事室が特定寝室と同一階

の基準で構成されている（表・図）。

特定寝室と同一階にある部屋は、階段の昇降がないことにより、高齢者等の負担が少なく、配慮されているということになる。

表　部屋の配置

等級	部屋の配置
2・3	便所と特定寝室が同じ階にあること
4	便所と浴室が特定寝室と同じ階にあること
5	玄関、便所、浴室、洗面所、脱衣所、食事室が特定寝室と同じ階にあること

※特定寝室とは、現在、または将来、高齢者等が寝室として使用する部屋のことをいう
※LDも特定寝室として認められている（極小住宅のための緩和措置）
※特定寝室の大きさ……等級3→9㎡以上（内法面積）
　　　　　　　　　　　等級4・5→12㎡以上（内法面積）

図　部屋の配置の基準　移動の安全性

高齢者等の寝室（特定寝室）と同じ階に、日常的に利用する部屋（便所、玄関、浴室、食事室等）が配置されているかを評価する

「特定寝室」とは、
高齢者等の利用を想定する一つの主たる寝室をいう

「日常生活空間」とは、
高齢者等の利用を想定する一つの主たる玄関、便所、浴室、脱衣室、洗面所、特定寝室、食事室および特定寝室の存する階（接地階を除く）にあるバルコニー、特定寝室の存する階にあるすべての居室並びにこれらを結ぶ一つの主たる経路をいう

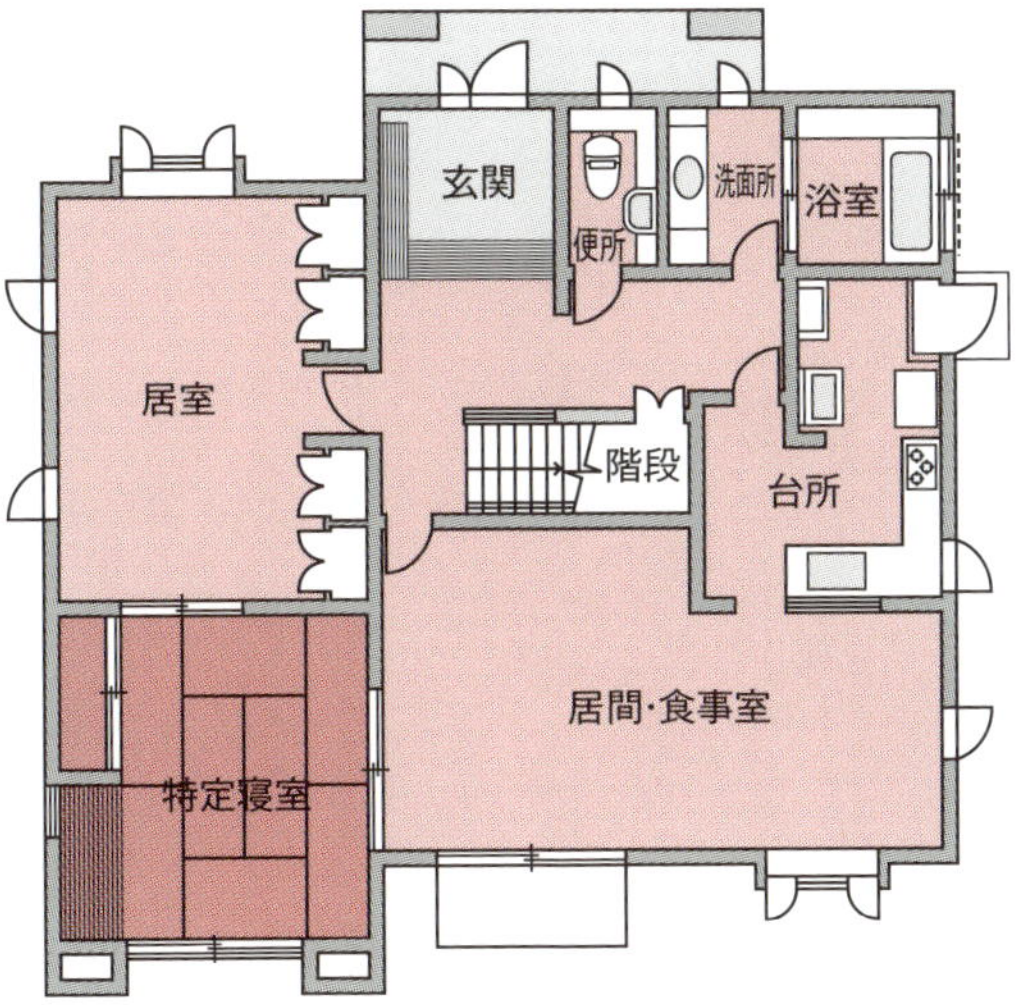

※階段以外はすべて日常生活空間

段　差

POINT

段差を解消し(5㎜以下)、安全性に配慮

居住空間の日常生活において、段差があると、高齢者にとっては大変不便であり不自由である。例えば、日常生活空間内であるトイレや浴室、高齢者となった場合に使用する寝室(特定寝室)など、毎日頻繁に行き来する室やそこに至る廊下などに段差があっては、毎日の生活に支障をきたしてしまう。高齢者対策として段差を解消することは、普段の生活を快適にするだけでなく、安全性に配慮した住空間となる。

段差の解消の基準について

日常生活空間(No.089参照)の床が段差のない構造であることが求められる。

ただし、各等級(2～5)により、段差の基準が異なる(表)。また、構造上やむを得ず段差となる箇所については、段差を認めたり、許容寸法を設定している。

段差の許容寸法

この評価項目では、日常生活空間内の床は、段差のない構造であることを基準としている。段差のない構造とは、現実につまずく可能性がほとんどない水準として、仕上げ段差5㎜以下を想定している(図1)。しかし、現実にはさまざまな制約からやむを得ず段差が生じてしまう場合があるため、玄関の出入口の段差(水処理)、玄関の上がり框の段差(上下足の履き替え)、バルコニーの段差(水処理)や居室の一部に設けられる畳コーナー(車いすからの移動が容易な高さを勘案)のような部分に関しては、それぞれの許容寸法を規定している(図2)。等級に応じて規定が除外される部分もあり、等級が高くなるにつれて条件が厳しくなっている。また、日常生活空間「外」については、寸法の条件を付加せずに一定の段差を許容している。

表　段差の解消の基準　移動の安全性

等級	5	4	3	2	1
日常生活空間内	以下を除き、段差なし				不問
玄関の出入口	くつずりと玄関外側20mm以下かつ、くつずりと玄関土間5mm以下				
玄関上がり框	接地階180mm以下　それ以外の階110mm以下		寸法は不問		
勝手口等の出入口および上がり框	寸法は不問				
畳コーナー等	以下を除き、床からの高さが300mm以上～450mm以下 a　介助用車いすの移動の妨げとならない位置に存すること b　面積が3㎡以上9㎡未満であること c　当該部分の面積の合計が、当該居室の面積の1／2未満であること d　間口が1,500mm以上であること e　その他の部分の床より高い位置にあること				
浴室の出入口	段差なし	20mm以下の単純段差	下記のいずれか ・20mm以下の単純段差 ・浴室内外の高低差120mm以下、180mm以下のまたぎ段差＋手すり		
特定寝室が2階以上にある場合 特定寝室と同じ階にあるバルコニーの出入口	180mm以下の単純段差	下記のいずれか ・180mm以下の単純段差 ・250mm以下の単純段差＋手すり ・180mm以下のまたぎ段差＋手すり	寸法は不問		
日常生活空間外	右記を除き、段差なし　玄関の出入口、玄関上がり框、勝手口等の出入口および上がり框、バルコニー出入口、浴室出入口等90mm以上の段差				

図1　段差の解消の基準

・廊下など、生活動線上の段差の程度を評価する
・等級によって段差をなくす個所や寸法などの基準が定められている

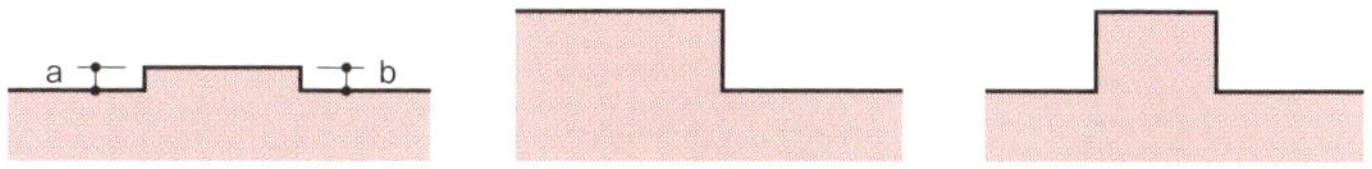

段差のない構造
abとも5mm以下

単純段差
段差の一方が他方から単純な状態で下がる段差

またぎ段差
両側に段差のある構造

図2　等級3、2の段階の規定

a　日常生活空間内の床は段差のない構造とする。ただし、次のものは除く
①玄関出入口の段差
②勝手口等の出入口および上がり框の段差
③畳コーナーの段差
④玄関上がり框の段差
⑤浴室出入口の20mm以下の単純段差、または浴室内外の高低差120mm以下またぎ高さが180mm以下で手摺を設置したもの
⑥バルコニーの出入口段差
ただし非接地住宅は次のものならびにバルコニーと踏み段との段差および踏み段と框との段差で180mm以下の単純段差としたものに限る。
ⓐ180mm（踏み段を設ける場合にあっては、360mm）以下の単純段差
ⓑ250mm以下の単純段差、かつ、手摺を設置できるようにしたもの
ⓒ屋内外とも180mm以下のまたぎ段差（踏み段を設ける場合にあっては、屋内側の高さが180mm以下で屋外側の高さが360mm以下のまたぎ段差）、かつ、手摺を設置できるようにしたもの
b　日常生活空間外の床は、次の①～⑤とする
①玄関出入口の段差
②玄関上がり框の段差
③勝手口等の出入口および上がり框の段差
④バルコニーの出入口の段差
⑤浴室の出入口の段差

玄関の規定

等級3の場合はそのほかに、以下の要件を満たすことが必要
・通路の幅員：有効幅員780mm以上（柱等の個所は750mm以上）
・出入口の幅員：有効幅員750mm以上
・上がり框の昇降、靴の着脱のための手摺を設置準備（これのみ等級2も同様）

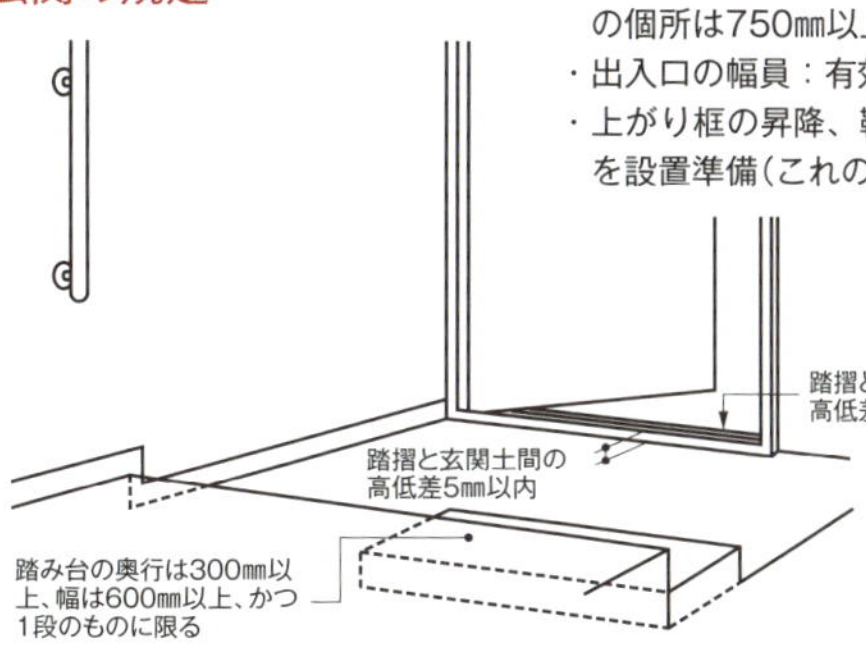

バルコニー出入口の段差（非接地階のみ）の規定

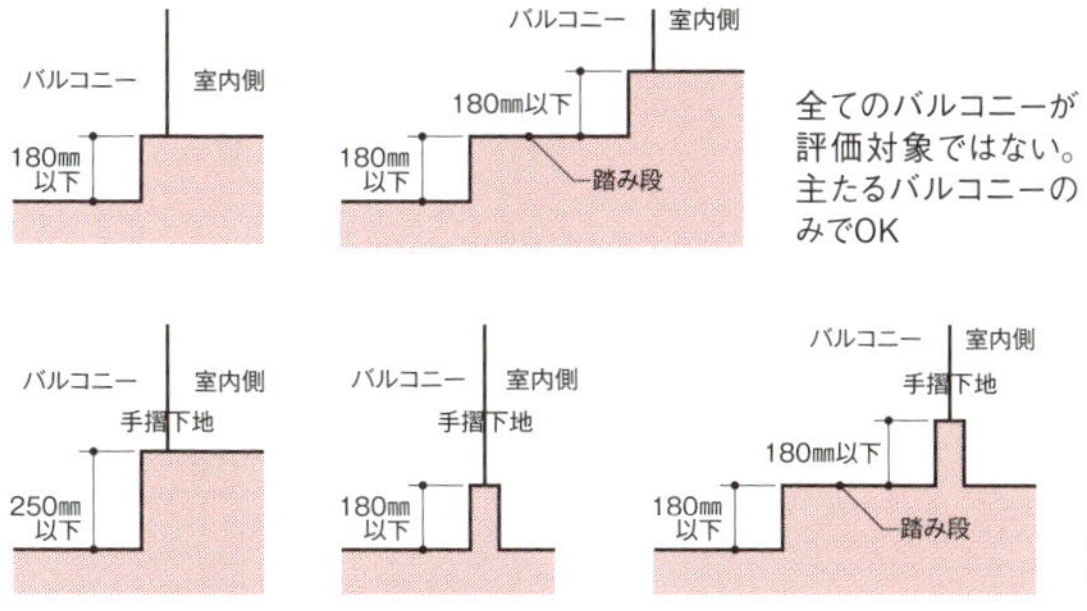

全てのバルコニーが評価対象ではない。主たるバルコニーのみでOK

接地階は制限なし

階段

POINT

住宅内のすべての階段が対象。エレベーターがあると要件が緩和

階段に関する規定

階段に関する規定は基本的に日常の移動の安全性にかかわっており、住宅内の階段(ただし、小屋裏の物置に達するものなど、居室のない階にのみ達する階段は除く)すべてに適用される。歩行が困難で階段利用が不可能になれば階段規定は意味がないが、手すりを使いながら上下移動ができる限りは、普段の生活においては生活が制約されないという意味で重要である。

基準は、

①階段の勾配に関する基準
②蹴込・踏面・段鼻の基準
③階段形式の基準

があり、各等級に応じて基準が異なっている(図1・2・3)。また、複数階からなる住宅において、上下移動の手段は階段が原則であるがエレベータがある場合には階段の要件を緩和することができ、等級5・4に関しては等級3の規定が、等級3・2には等級1の規定が適用される。なお、この場合のエレベーターについては、車いすの利用を想定してはいないため、出入口の幅員に関する基準は設けられていない。

階段形式の基準

階段は、転倒・転落などの事故が起こりやすい。そのため、階段の安全性の基準においては、等級4・5の場合には、①まわり階段(台形や三角形等の形状の踏面を含む階段)、②最上段の通路等への食い込み、③最下段の通路等への突出の階段形式の使用を禁止している。

①は階段の踊り場部においての転倒の危険を排除するため、②は通路に階段が食い込むことによる階段への転落防止のため、③は廊下に階段が突出することによる転倒防止に配慮した内容となっている。

図1 等級5の階段の規定

次に挙げる基準に適合していること。ただし、ホームエレベータが設けられており、かつ等級3のa～dまでに挙げる基準に適合している場合にあっては、この限りではない

a 勾配は6／7以下、かつ、550㎜≦蹴上×2＋踏面≦650㎜
b 蹴込みは30㎜以下、蹴込み板設置
c まわり階段等安全上問題がある形式は用いず、最上段の通路等への食い込み、最下段の通路等への突出を避ける
d 踏面に滑り防止のための部材を設ける場合は、踏面と同一面とする
e 踏面と蹴込み板を、60度から90度の斜面で滑らかにつなぎ、段鼻をださない
f 建築基準法施行令第23条から第27条に適合すること
(1)蹴上：230㎜以下、踏面：150㎜以上
(2)階段幅：750㎜以上。ただし、直上階の居室床面積が200㎡を超える地上階、または居室の床面積が100㎡を超える地下階の場合は1,200㎜以上
(3)手すり：高さ1,000㎜を超える部分には、手すりを設置

階段の仕様

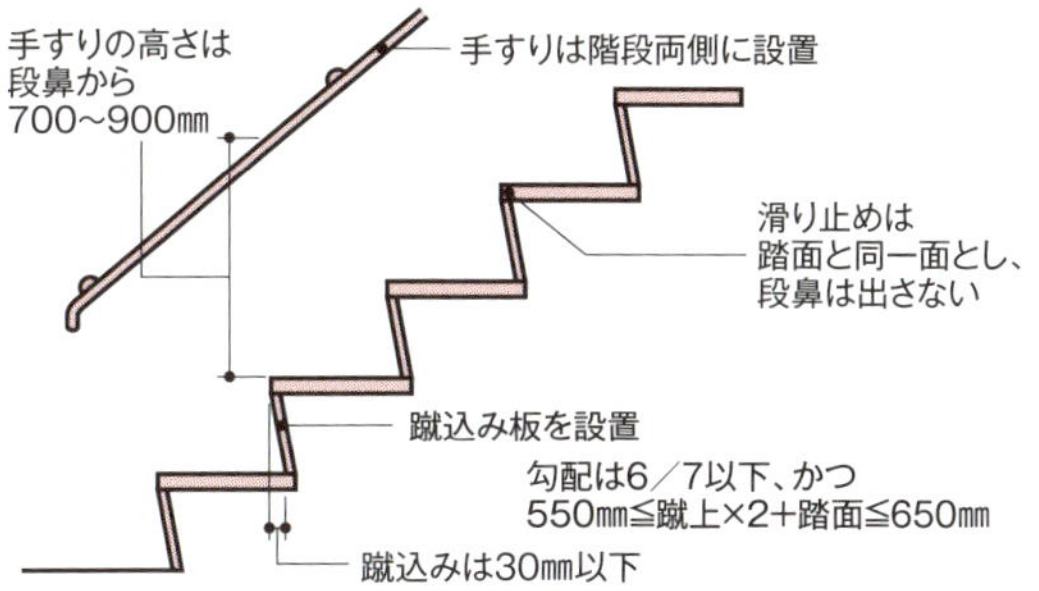

階段（開放側）の転落防止手すりの仕様（等級5～2共通）

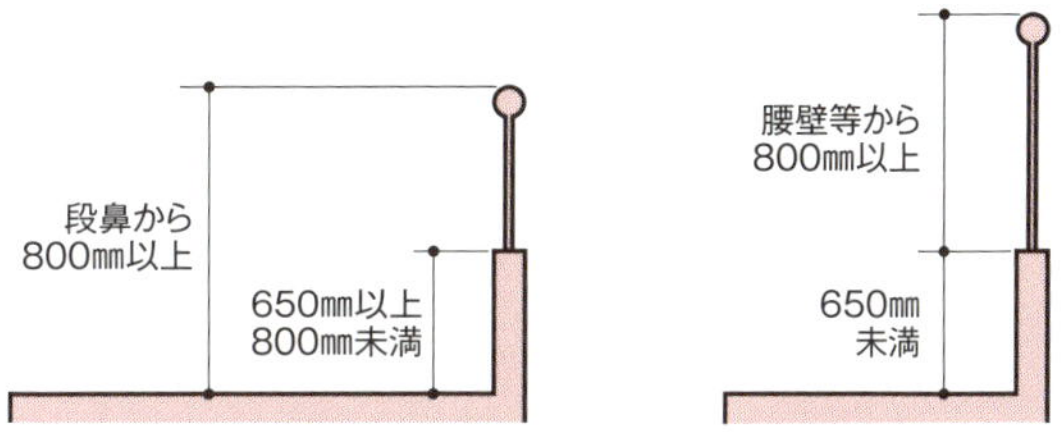

階段形式の基準

右記の(1)～(3)の階段形式は使用禁止

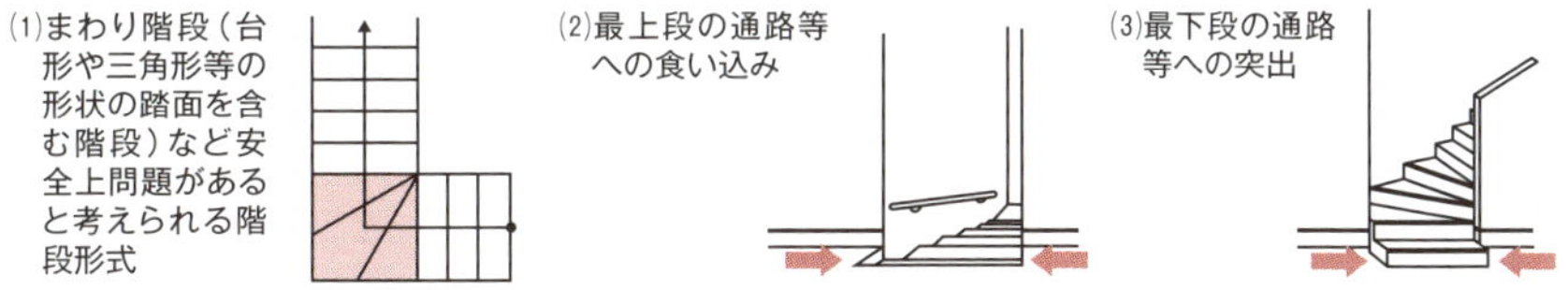

図2 等級4の階段の規定

等級5のａ、ｂ、ｃおよびｆに挙げる基準に適合していること。ただし、ホームエレベーターが設けられており、または当該階段が日常生活空間外にあり、かつ、等級3のａからｄまでに挙げる基準に適合している場合にあっては、この限りでない。

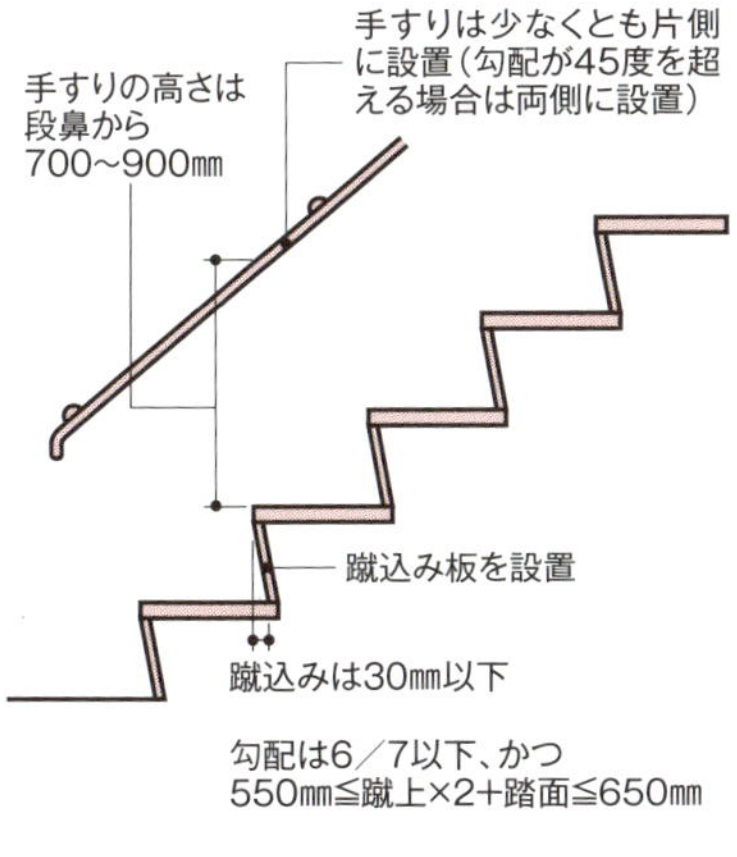

図3 等級3・2の階段の規定

次に挙げる基準に適合していること。ただし、ホームエレベーターが設けられており、かつ、建築基準法施行令第23条から第27条までに定める基準に適合しているものにあっては、この限りでない

a 勾配は22／21以下、かつ、550㎜≦蹴上×2＋踏面≦650㎜、かつ、195㎜≦踏面
b 蹴込みは30㎜以下
c aの寸法は、回り階段では狭いほうから30㎝の位置の寸法とする。ただし、次のいずれかの部分には適用しない
(1) 90度屈曲部が床上り3段以内、踏面30度以上の回り階段の部分
(2) 90度屈曲部が踊り場上り3段以内、踏面30度以上の回り階段の部分
(3) 180度屈曲部が4段で、踏面60度、30度、30度、60度の順の回り階段の部分
d 等級5のｆに適合すること

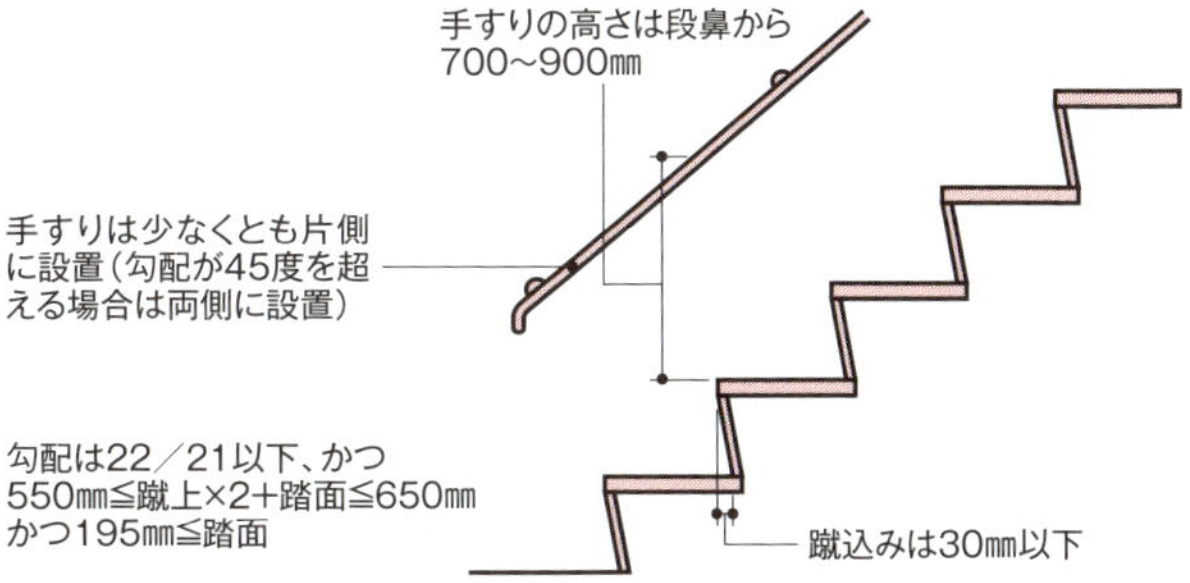

手すり

POINT

手すりは必要な箇所に設置する。設置準備で許容される場合もある

手すりの主な目的は、①姿勢保持と②移動補助であり、手すりの補助が必要と想定される便所・浴室・階段（図1）・玄関・脱衣室及び共同住宅における共同廊下に関して基準が設定されている。

手すりの設置と手すりの設置準備

手すりは、対象箇所や等級に応じて設置（実装）が必要な場合や、手すりの下地（設置準備）のみで許容される場合がある。便所や浴室は生理的欲求に関わるため、設置（実装）が求められる。一方、玄関・脱衣室に関しては、便所・浴室と比較して身体機能がより低下した場合に必要と想定されているので、等級２・３では手すりの下地（設置準備）を許容している。

転落防止の手すり

手すりの基準には、「転落防止用の基準」も設けられている。この基準は「大人が寄りかかって乗り越えない」こと、「子どもがよじ登って乗り越えないこと」の観点から定められており、前者は「手すり高さが床面から1，100㎜以上」、後者の場合は「腰壁等から800㎜以上」の高さが必要であり、この２つが基本的要件となっている（図２～４）。ただし、２階部分の窓等に関しては、その空間に応じた危険度を考慮しているため、規定の緩和等が設けられている。なお、腰壁や窓台のほかにも足がかりとなるおそれのある部分（家具などの非建築部分を除く）があれば、同様に規定が適用される。また、転落した場合の高さが１ｍ以下の部分は適用外となっている。さらには、ＦＩＸ窓やジャロジー窓のように転落するおそれのないものについては適用外となる。転落防止の手すりの手すり子間隔については、人がすり抜けを防止する要件として110㎜以下の寸法規定を置いている。

図1 階段に設置する手すりの規定

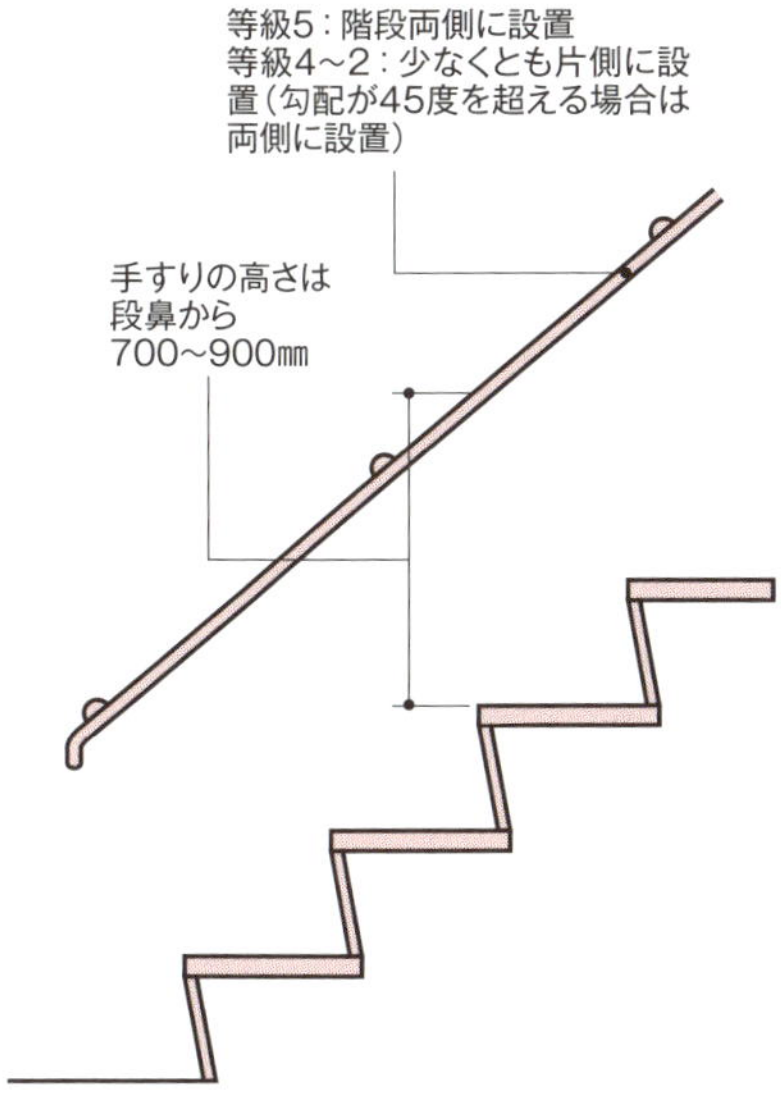

図2 転落防止のための手すりを設置する箇所

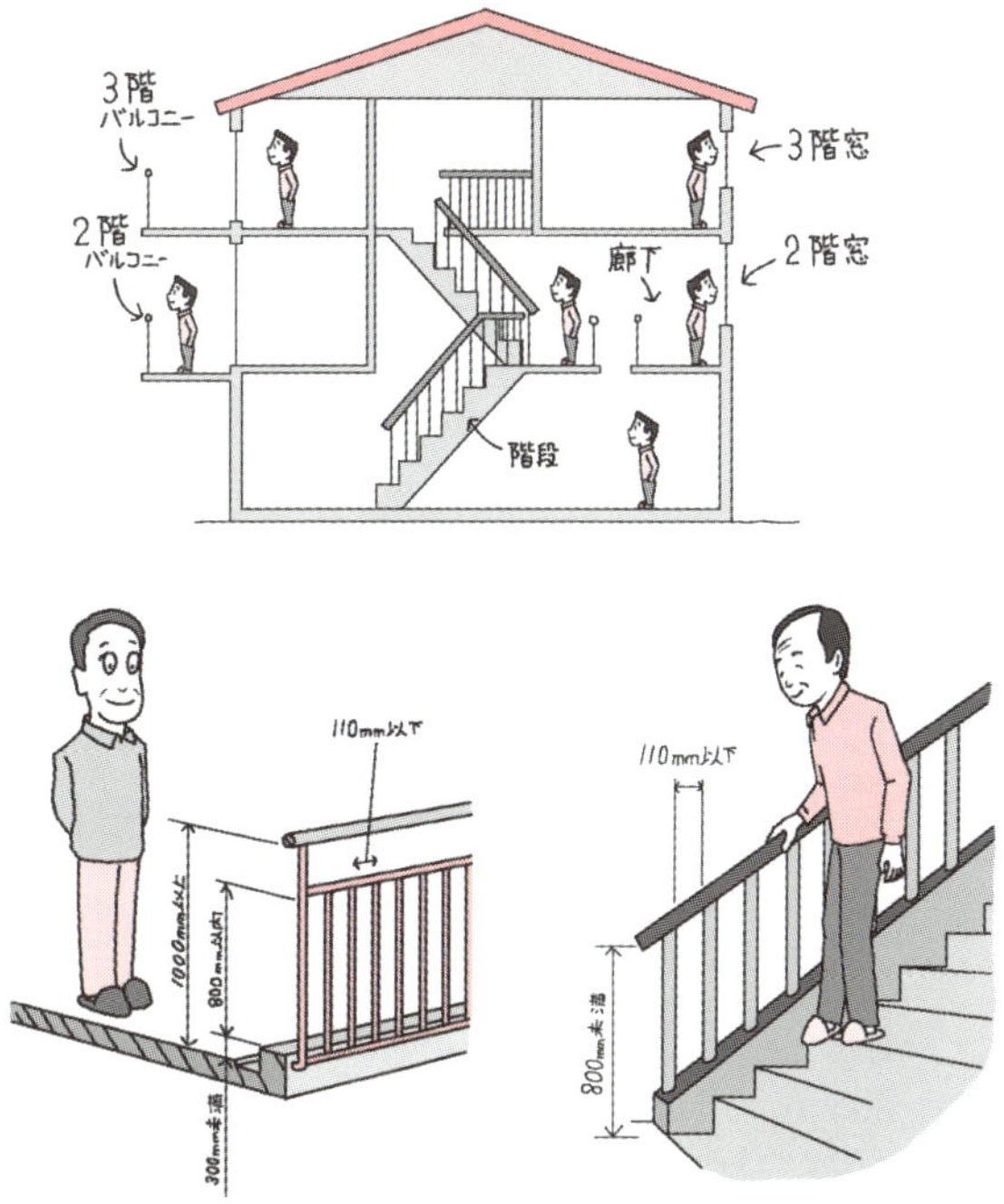

床面または足がかりからの高さが800㎜未満の部分

階段の踏面先端からの高さが800㎜未満の部分

図3 バルコニーの転落防止手すりの規定

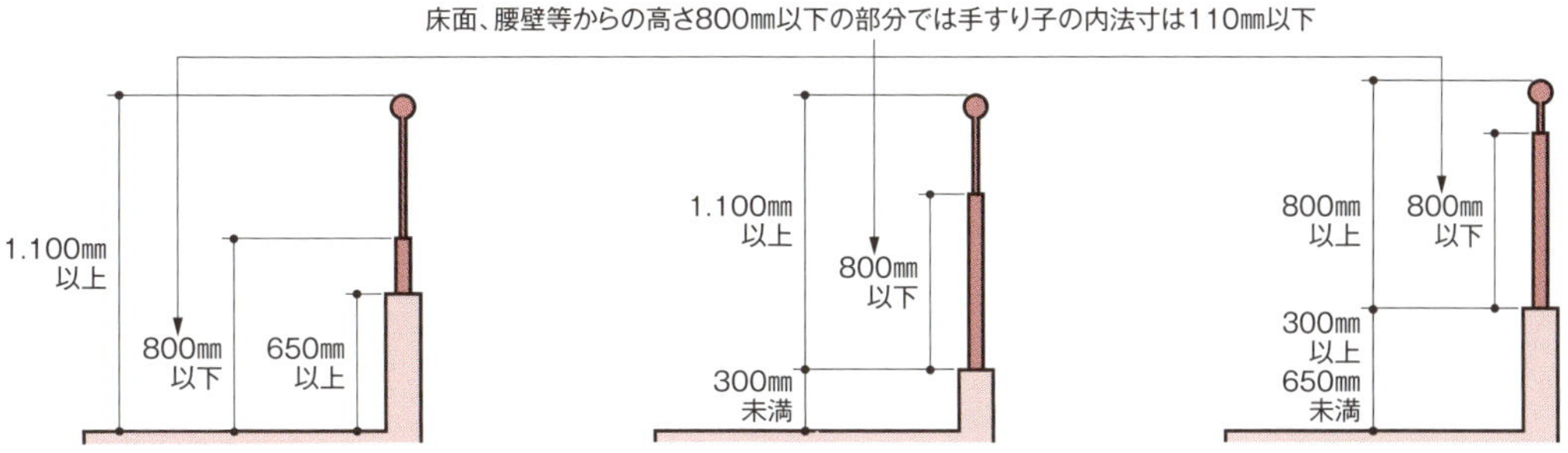

図4 2階以上の窓の転落防止手すりの規定

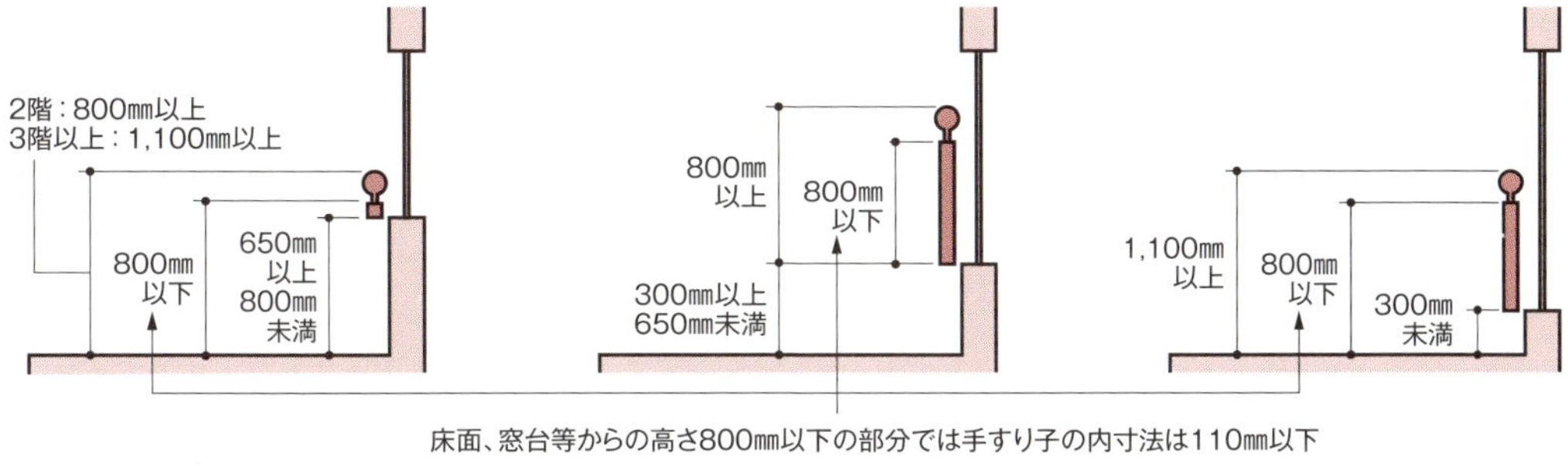

通路・出入口幅

POINT

通路・出入口幅は車いすの利用を想定すること

車いすの利用を想定した幅員

通路・出入口幅の基準は、日常生活空間内（No.089参照）の出入口に関し基準が設けられており、介助用の車いすを利用した場合を想定している。

等級について

等級が高くなるにつれて厳しい基準となっている。等級5での場合は無理なく通過可能であり、等級4および3にはやや苦しくなるものの通過可能な寸法を想定して基準が定められている（図1～3）。

出入口幅

出入口幅の基準は、日常生活空間内の出入口が対象となっている。なお、日常生活空間のうち、浴室出入口の幅員についてはシャワーチェアの利用を想定しており、等級4および3ではその寸法を緩和している。

また、バルコニー及び勝手口への出入は車いすの利用を想定していないため、基準の適用外となる。

軽微改造と工事を伴わない撤去

出入口の幅員については、将来対応（将来車いすを使用することになった場合に対応できる設計であること）を勘案した基準となっている。したがって、玄関・浴室以外の出入口については、「軽微な改造」や「工事を伴わない撤去等（等級3の場合のみ）」により対応し、確保できる部分を幅員とすることを許容している（図4）。

「軽微な改造」とは一定の工事を伴う程度のものであり、「工事を伴わない撤去等」とはドライバーでビス・ねじを外す程度の軽作業によるものを想定している。柱の切断等、構造躯体に影響を及ぼすような工事を伴うものについては、「軽微な改造」とはみなすことができないので注意されたい。

図1 等級5の規定

a　日常生活空間（ホームエレベーターの経路を含む）内の通路の有効幅員は850㎜以上とする（柱等の個所にあっては800㎜）

b　日常生活空間内の出入口（バルコニーの出入口および勝手口等の出入口を除く。以下同）の幅員は800㎜以上とする（玄関および浴室の出入口幅員は、開き戸は建具の厚み、引き戸は引残しを除く有効幅員とし、それ以外の出入口幅員は工事を伴わない撤去による長さを含む）

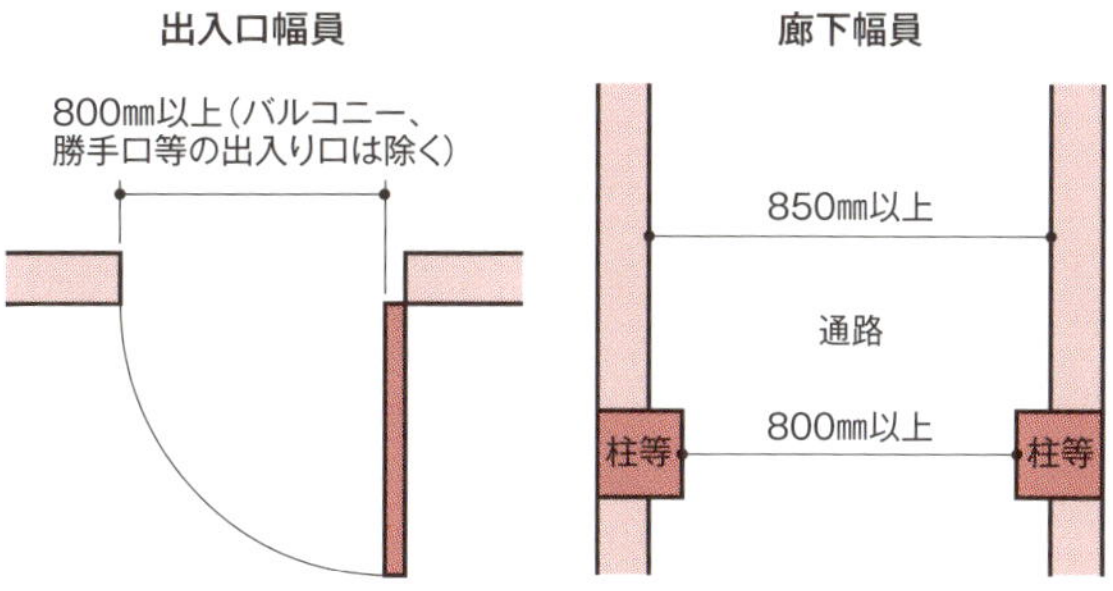

図2 等級4の規定

a　日常生活空間（ホームエレベーターの経路を含む）内の通路の有効幅員は780㎜以上とする（柱等の個所にあっては750㎜）

b　日常生活空間内の出入口の幅員は、750㎜（浴室の入口にあっては650㎜）以上とする。（玄関および浴室の出入口幅は、開き戸は建具の厚み、引き戸は引残しを除く有効幅員とし、それ以外の出入口幅は、工事を伴わない撤去による長さを含む）

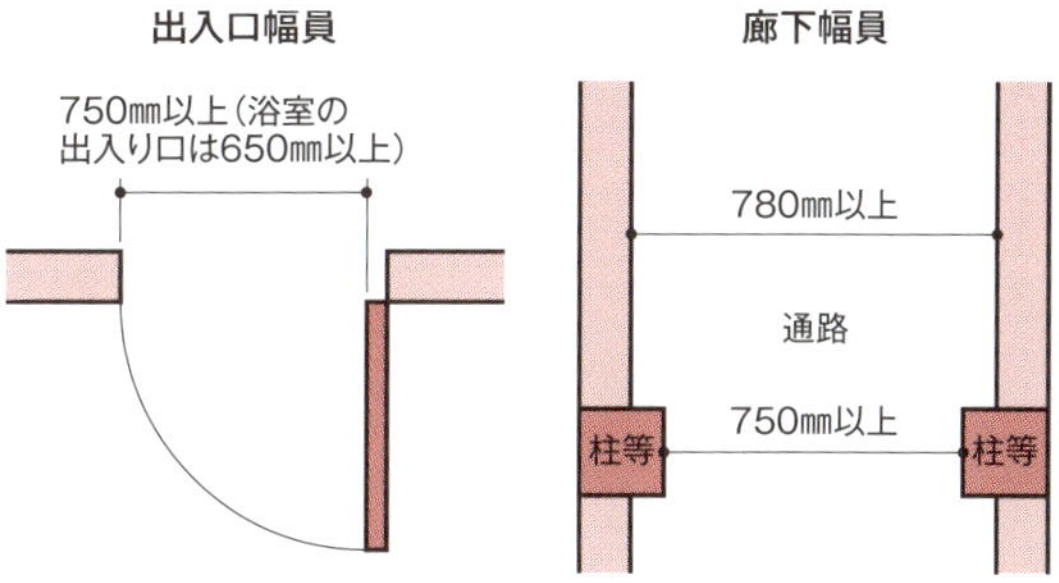

図3 等級3の規定

a　日常生活空間の通路の有効幅員は780㎜以上とする（柱等の個所にあっては750㎜）

b　日常生活空間内の出入口の幅員は、750㎜（浴室の入口にあっては600㎜）以上とする（玄関および浴室の出入口幅は、開き戸は建具の厚み、引き戸は引残しを除く有効幅員とし、それ以外の出入口幅は、軽微な改造による長さを含む）

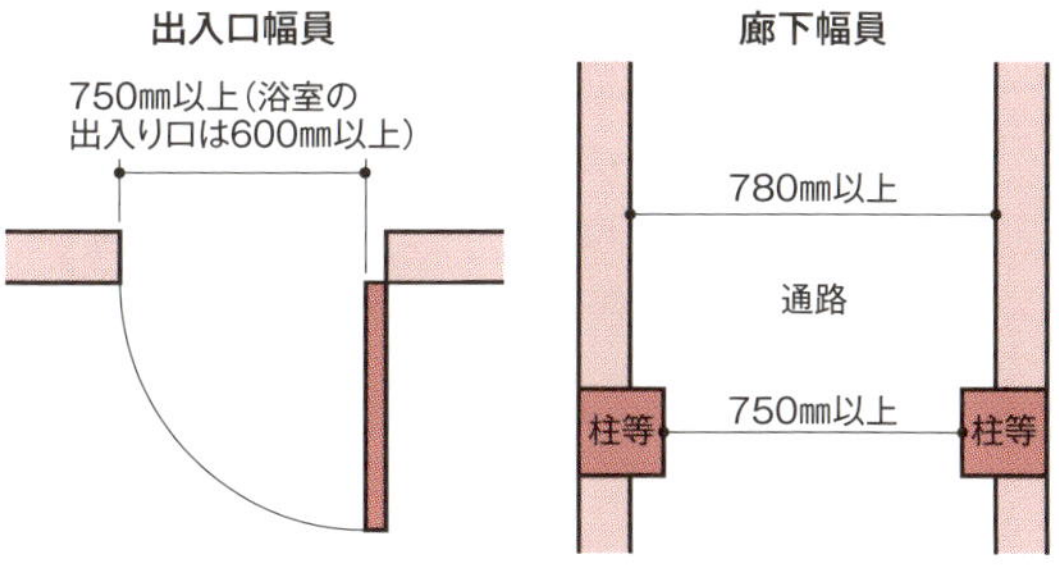

図4 「軽微な改造」と「工事を伴わない撤去」

・軽微な改造とは、住宅の構造に影響を与えない範囲での改造をいう

・工事を伴わない撤去とは、ビスを外して建具を撤去する程度の措置をいう

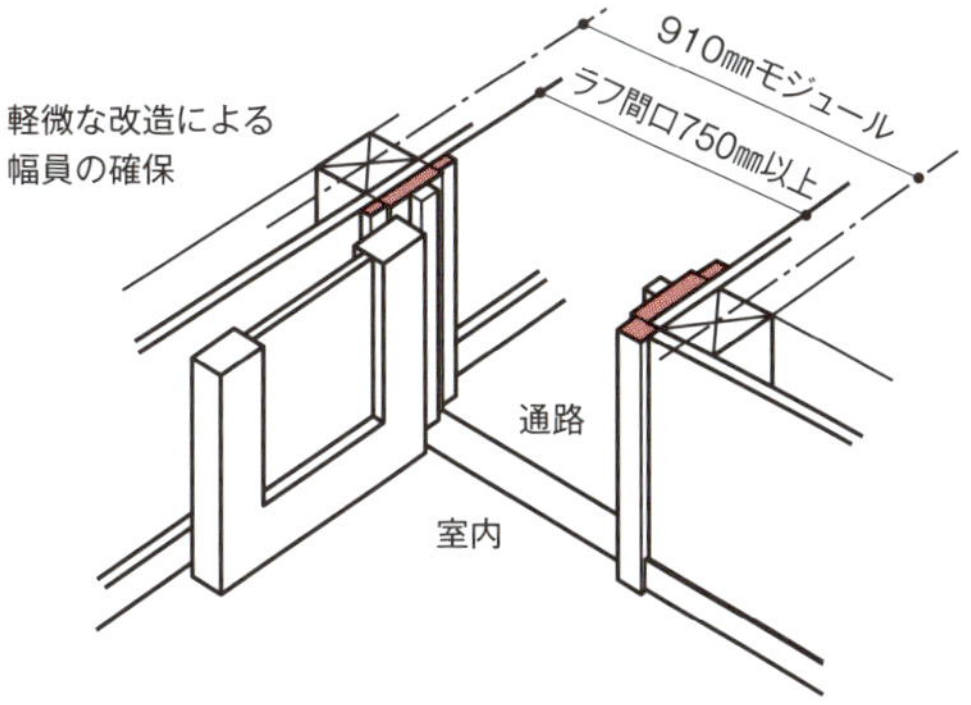

寝室（特定寝室）・便所・浴室

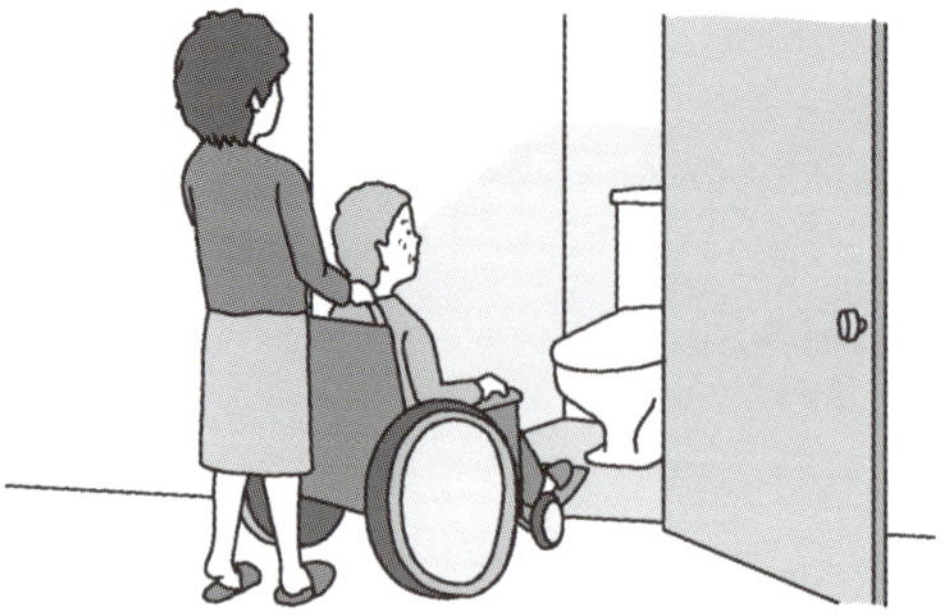

POINT

寝室（特定寝室）・便所・浴室は等級3以上が対象

寝室・便所・浴室

各室の広さ・介助スペースの寸法により評価する。等級は3以上が対象。

寝室の基準（特定寝室）

加齢に伴う身体機能の低下等に対応するために、ベッドを利用することが一般的であるため、その場合を想定した寝室の広さを確保することが基準となっている。等級に応じて面積の基準は異なっており、等級5・4の場合は寝室にベッドを入れてなおかつ介助用の車いす利用時にも無理なく操作でき、さらには余裕を持って介助用の車いすからベッドへの移乗が行えるものとして「12㎡」（面積は内法寸法）、等級3の場合にはこれらの想定のもと、基本的に対応が可能と思われる寸法として「9㎡」（面積は内法寸法）を必要面積として確保しなければならないこととなっている。

便所の基準

加齢に伴う身体機能の低下などにより、排泄に際して介助が必要になった場合を想定して、介助の容易さによって等級を分けている。等級5（図1）では便器の前方・側方の「どちらからでも介助が可能であること」を想定した場合を、等級4（図2）では便器の前方・側方の「いずれかの側から介助が可能であること」、等級3（図3）では「すくなくとも前方から」の介助が可能となる場合を想定している。

浴室の基準

入浴時の介助行為の容易さにより、等級を定めている。等級5・4（図1・2）ではシャワーチェアを利用する場合でも、浴槽の出入の介助に支障のない寸法を定めている。等級3（図3）では最低限介助に必要な面積を想定して寸法を定めている。

図1 等級5の規定

a　浴室は短辺で内法1,400㎜以上、かつ内法面積2.5㎡以上とする
b　便所は短辺（工事を伴わない撤去を含む）の内法1,300㎜以上または背壁から便器先端＋500㎜以上の長さを確保し、かつ、便器は腰掛式とする
c　特定寝室は内法面積12㎡以上とする

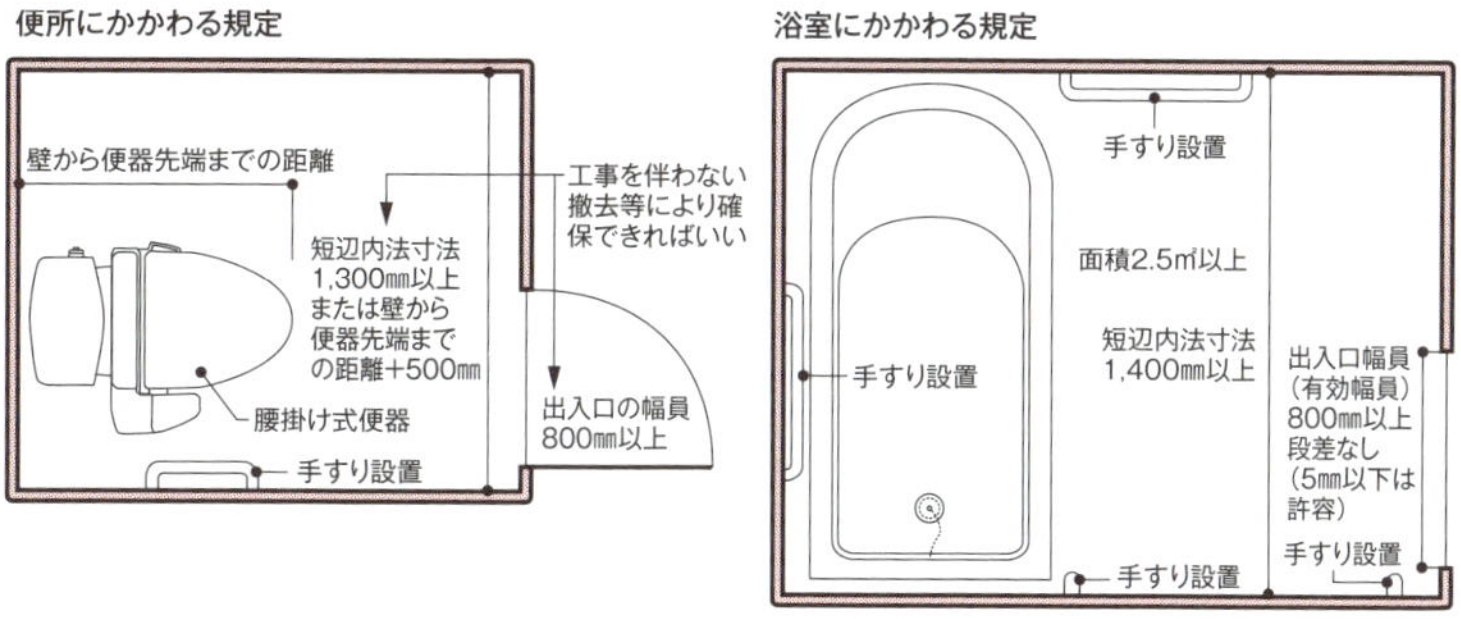

図2 等級4の規定

a　等級5のa、cに適合する
b　便所は次のいずれかとし、便器は腰掛式とする
①短辺（軽微な改造を含む）の内法1,100㎜以上、長辺（軽微な改造を含む）の内法1,300㎜以上とする
②便器の前方および側方に500㎜以上確保する（ドアの開放または軽微な改造による長さを含む）

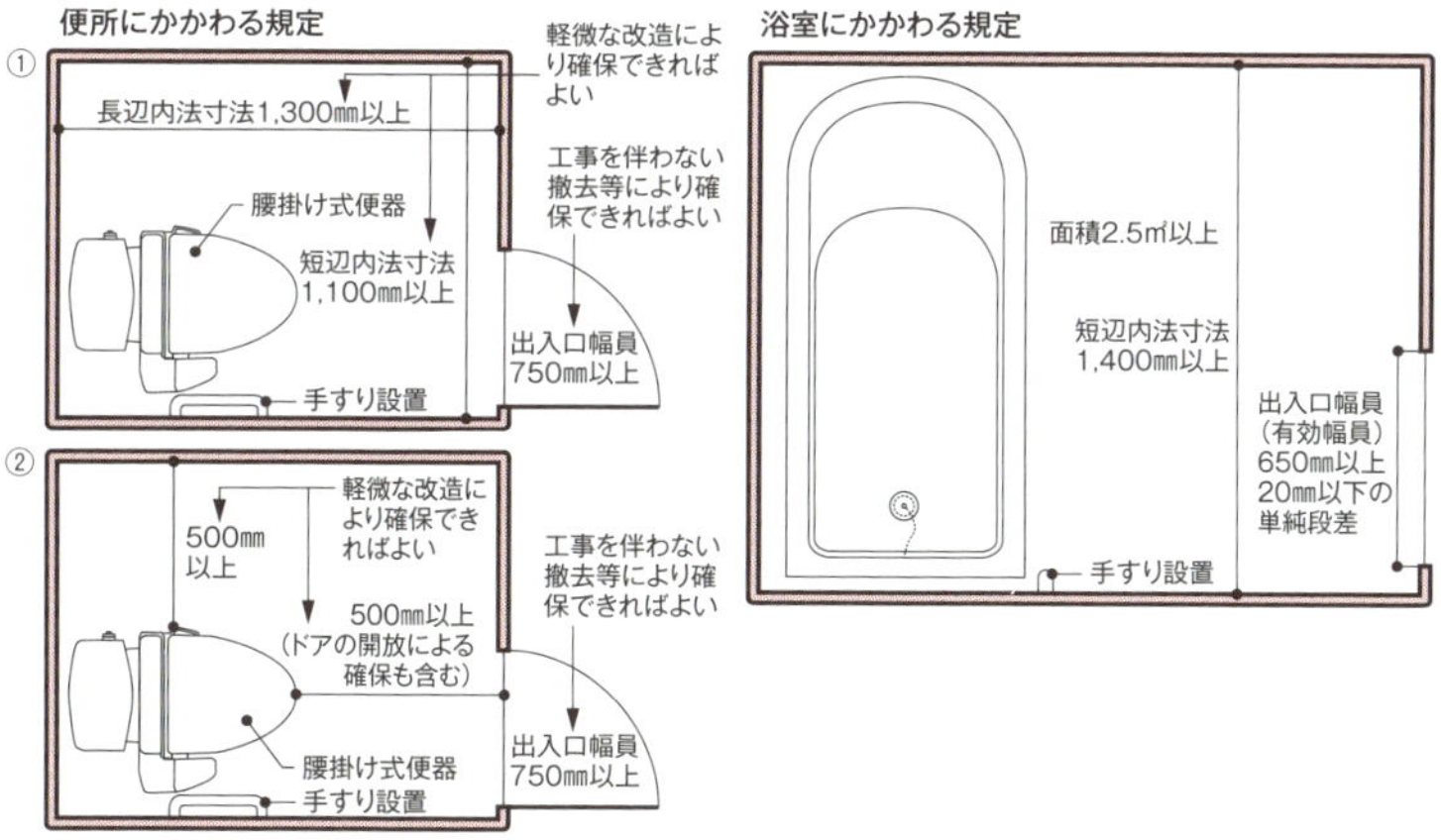

図3 等級3の規定

a　浴室は短辺の内法1,200㎜以上、かつ内法面積1.8㎡以上とする
b　便所は次のいずれかとし、便器は腰掛式とする
①長辺（軽微な改造により確保できる部分の長さを含む）の内法1,300㎜以上とする
②便器の前方または側方に500㎜以上確保する（ドアの開放または軽微な改造により確保できる部分の長さを含む）
c　特定寝室は内法面積9㎡以上とする

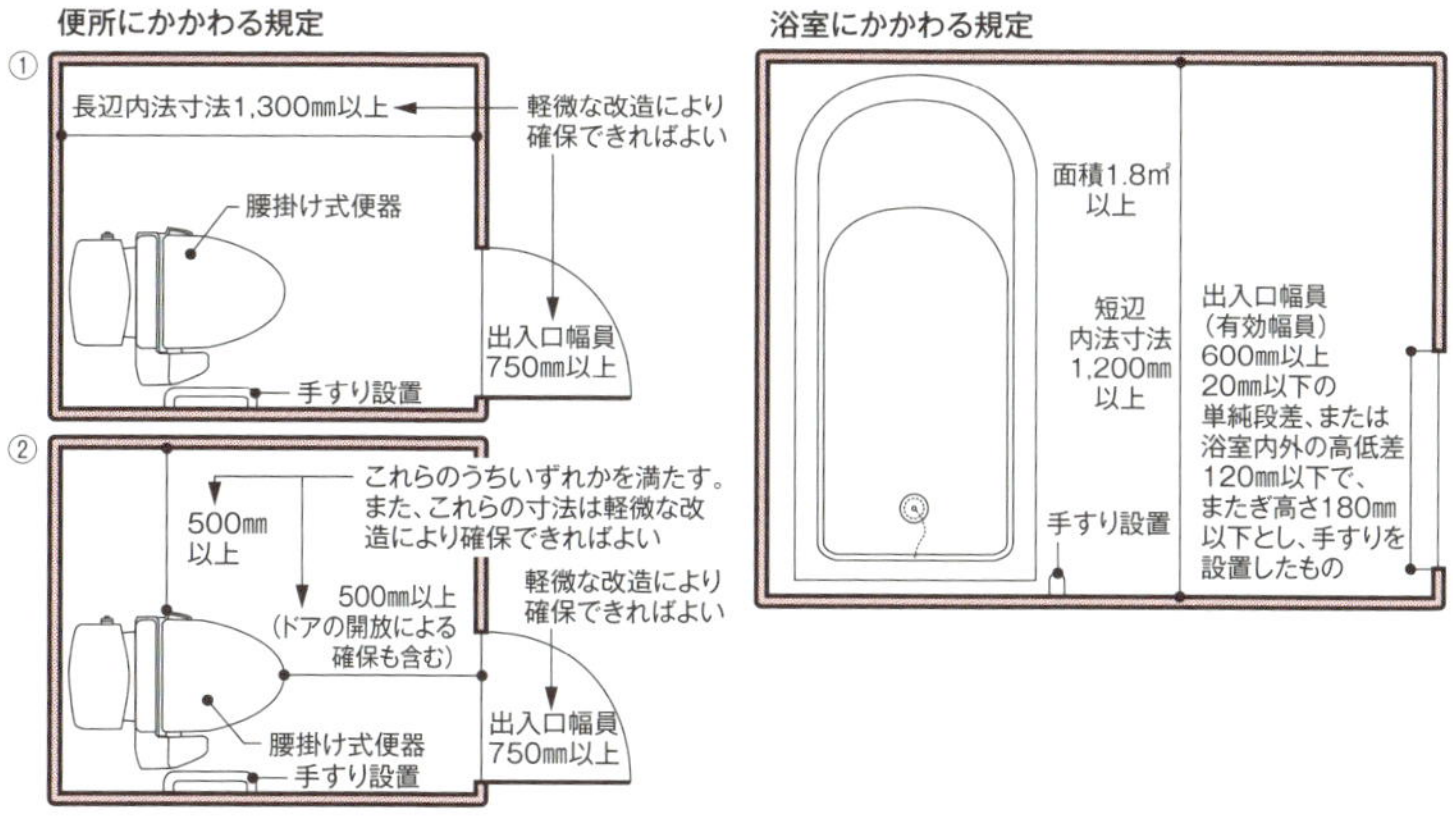

共用階段

POINT

玄関だけでなく、日常利用する空間までの経路が対象

共用階段の基準

各階を連絡する共用階段のうち、少なくとも1つの階段について評価が行われ、階段の仕様・寸法によって等級が判定される（図1～3）。共用階段の規定は、日常的な移動の安全性の観点から基準が構成されており、高齢者等が日常的に利用する可能性のある住棟内の空間に最低限到達できることが要求される。必ずしも評価対象住戸から建築物玄関までの経路上のある階段のみが評価の対象ということではないので、注意が必要である。評価の基準のうち、歩行補助手摺と転落防止手摺については、等級5～2まで共通で、これに適合しない場合は等級1となる。

共用階段の幅員に関する取り扱い

共用階段の幅員の算定の際、手すり等の緩和措置は、建築基準法と同様に幅10cmを限度にないものとみなすことができる。

また、幅木についてもないものとみなすことができ、両側それぞれの幅木に対して適用される。

外部に開放されている共用階段の転落防止の仕様

外部に開放されている共用階段の転落防止の手すりにおいては、腰壁等の高さが650mm以上1，100mm未満の場合にあっては、踏面の端から1，100mm以上の高さに設けられていることが必要である。

また、腰壁等の高さが650mm未満の場合にあっては、腰壁等から1，100mm以上の高さに設けられていることが必要である。

加えて、手すりの手すり子に関し、踏面の先端および腰壁等からの高さが800mm以内の部分に存するものは、手すり子の間隔が内法寸法で110mm以下であることも必要である。

図1 等級5の共用階段の規定

a　少なくとも1の共用階段は、次の基準に適合すること
①勾配は7／11以下、かつ550㎜≦蹴上×2＋踏面≦650㎜
②蹴込みは20㎜以下とし、蹴込み板を設置
③踊場付き折れ階段、または直階段とし、最上段の通路等への食い込みや、最下段の通路等への突出を避ける
④踏面にすべり防止のための部材を設ける場合は踏面と同一面とする
⑤踏面と蹴込み板を60度から90度の斜面で滑らかにつなぎ、段鼻を出さない
⑥手すりを両側に、踏面先端から700㎜から900㎜に設置

b　外部共用階段の転落防止手すりは以下による。ただし、高さ1m以下の階段の部分は除く
①手すり高さは次による
・650㎜≦腰壁等の高さ＜1,100㎜　段鼻から1,100㎜以上
・腰壁等の高さ＜650㎜　腰壁等から1,100㎜以上
③手すり子の内法寸法は次の部分を110㎜以下とする
・650㎜≦腰壁等の高さ　段鼻から800㎜以内
腰壁等の高さ＜650㎜　腰壁等から800㎜以上

c　建築基準法施行令第23条から第27条までおよび第126条第1項に定める基準に適合していること
①野外階段は直通階段の場合幅員は900㎜以上、その他のものは600㎜以上
②直上階の居室床面積が200㎡を超える地上階、居室床面積が100㎡を超える地下階に通じるもの
・蹴　上：200㎜以下　　・踏面：240㎜以上
・階段幅：1,200㎜以上
③上記以外の階段
・蹴　上：220㎜以下　　・踏面：210㎜以上
・階段幅：750㎜以上
④手すり
高さが1mを超える階段には手すりを設置。それ以外の部分には側壁を設置。階段幅が3mを超える場合は中央に手すりを設置。ただし、蹴上が15㎝以下、かつ踏面が30㎝以上の場合は不要

勾配、蹴込みなどの仕様

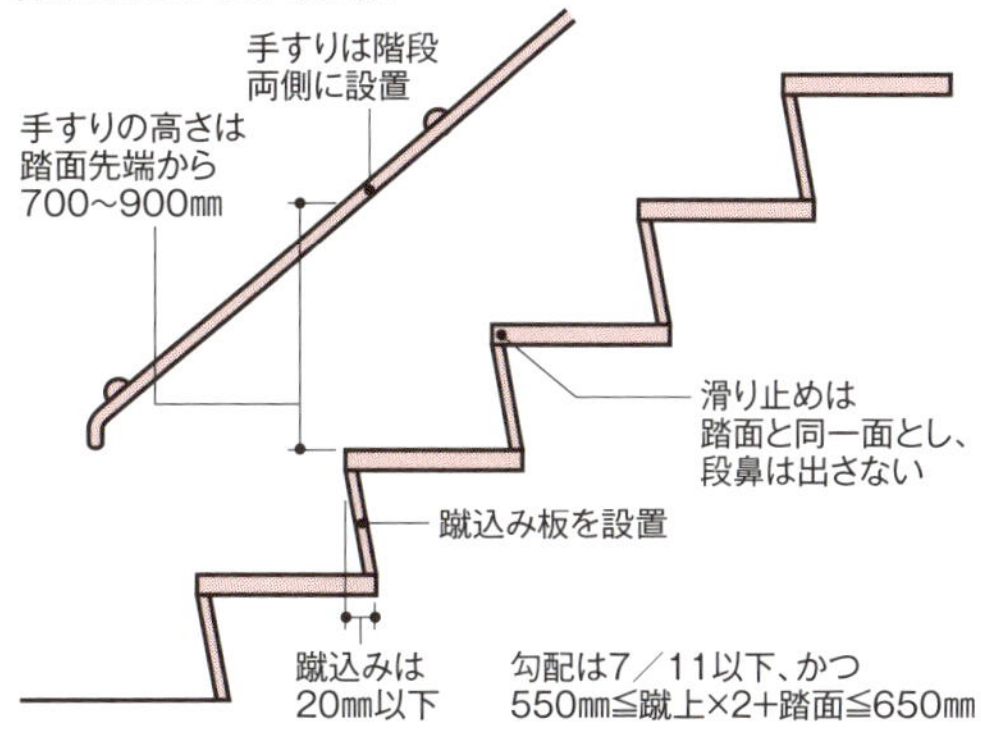

外部に解放されている共用階段の転落防止手すりの仕様（等級5～2共通）

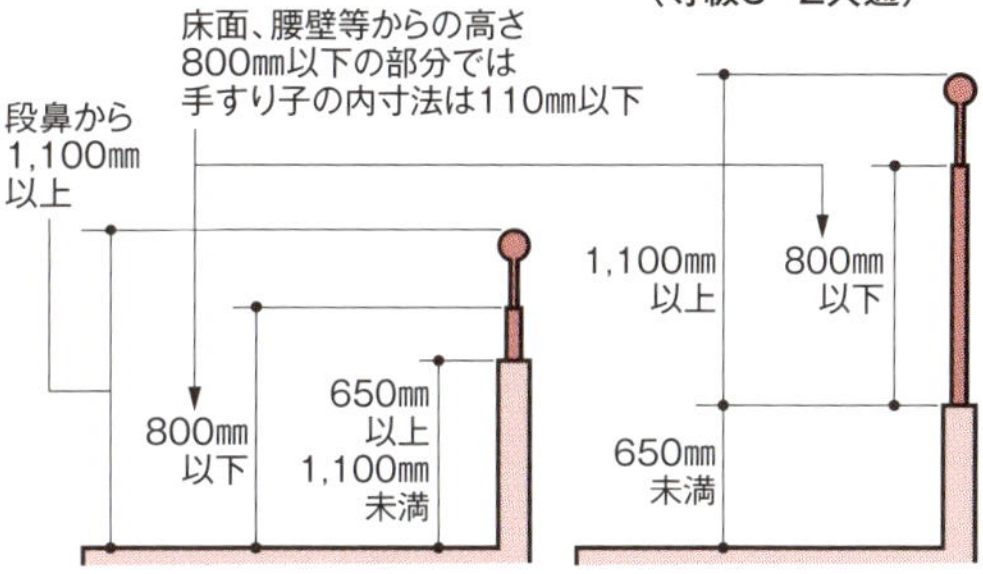

図2 等級4の共用階段の規定

a　少なくとも1の共用階段は、次の基準に適合すること
①踏面が240㎜以上、かつ550㎜≦蹴上×2＋踏面≦650㎜
②蹴込みは30㎜以下とし、蹴込み板を設置
③最上階の通路などへの食い込みや、最下段の通路などへの突出を避ける
④手すりを少なくとも片側に、踏面先端から700㎜から900㎜の位置に設置

b　等級5bおよびcに適合すること

勾配、蹴込みなどの仕様

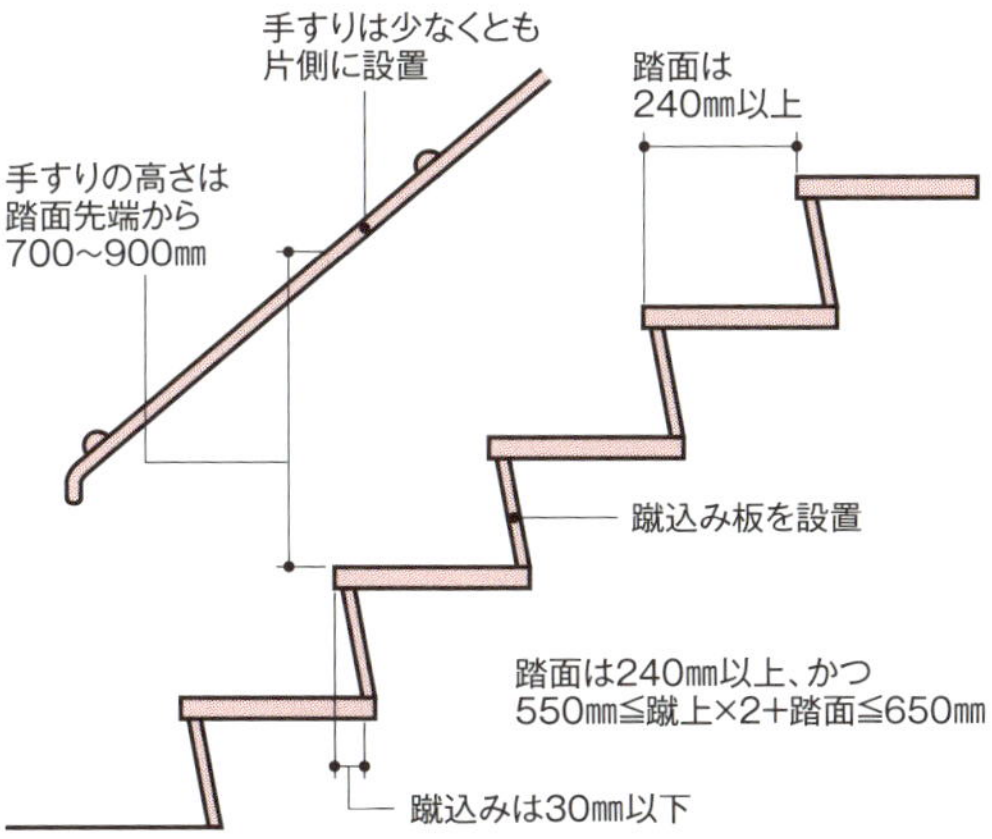

図3 等級3、2の共用階段の規定

a　少なくとも1の共用階段は、次の基準に適合すること（エレベーターを利用できるときは、③のみ）
①踏面は240㎜以上、かつ550㎜≦蹴上×2＋踏面≦650㎜
②蹴込みは30㎜以下とする
③等級4aの③および④に適合すること

b　等級5のbおよびcに適合すること

c　対象住戸のある階でエレベーターを利用できない場合、建物出入口のある階またはエレベーター停止階に至る1の共用階段の有効幅員は900㎜以上

勾配、蹴込みなどの仕様

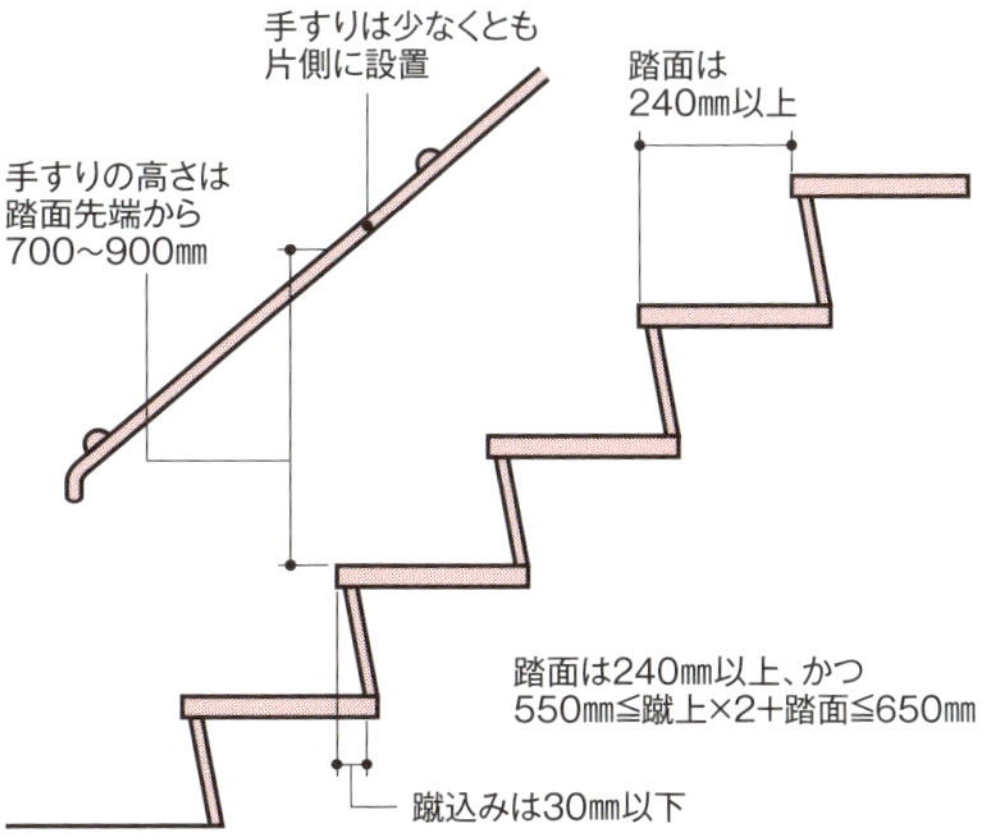

共用廊下

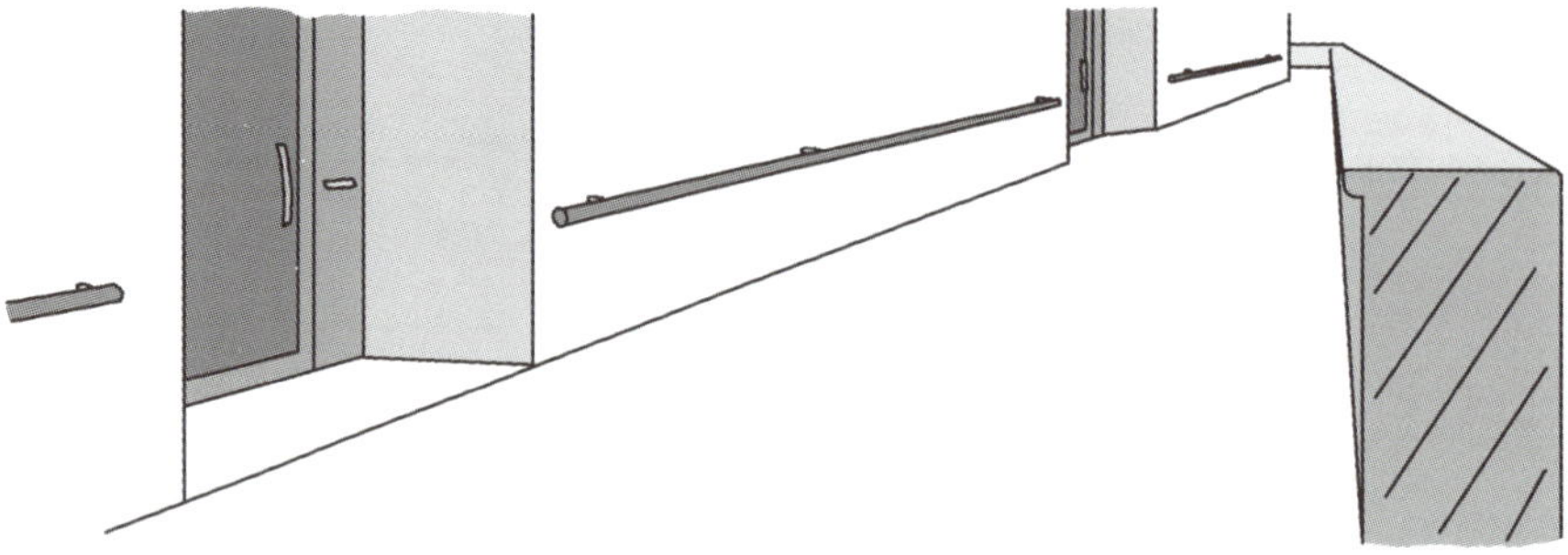

POINT

段差・高低差がある場合は、傾斜路・手すりを設置

移動の安全性と容易性

共同住宅等の共用部分の廊下（共用廊下）について、高齢者等への配慮として基準を設けている（図1～3）。

具体的には、段差、高低差がある場合の傾斜路等、手すりの設置についての基準が「移動の安全性」に関連するものとして、幅員についての基準が「介助必要時の移動の容易性」として設けられている。

共用廊下の範囲

評価の対象となる共用廊下の範囲としては、評価の対象住戸から建物の出入口、共用施設、他住戸等の空間に至る少なくとも1つの経路上にある共用廊下が対象となる。

共用廊下の段差

段差については、専用部分の段差と同様に「等級1を除き」、原則段差のない構造が求められる。また、床に高低差がある場合は、傾斜路＋手すり設置か、または傾斜路＋手すりと段の併設についての基準が置かれ、等級によって条件の厳しさが相違している。

共用廊下の手すり

手すりの設置については、住戸等の出入口や、動線が交差部分など、やむを得ず手すりを設けることができない部分や、エントランスホールなど手すりを設けてもそれに沿って歩くと著しく遠回りになってしまうような部分には歩行補助の手すりは設けなくてよいこととされている。

転落防止手すりは、外部に開放された廊下にのみ適用され、等級5～2まで同じ基準が設けられている。専用部分の転落部分の手すりと同様に「大人が寄りかかって乗り越えないこと」、「子どもがよじ登って乗り越えないこと」の2つが趣旨となっている。

図1 等級5の共用廊下の規定

評価対象住戸から建物出入口、共用施設、他住戸等その他日常的に利用する空間に至る少なくとも1の経路上に存する共用廊下が、次に掲げる基準に適合すること

a 共用廊下の床は段差なし

b 共用廊下の床に高低差があるときは、次の基準に適合すること
 ①それぞれの幅員1,200㎜以上の傾斜路（勾配1／12以下）と段が併設されているか、または、幅員1,200㎜以上の傾斜路で高低差80㎜以下で勾配1／8以下、もしくは勾配1／15以下のもの
 ②手すりを傾斜路の両側に、床面から700㎜から900㎜に設置
 ③段がある場合は、「共用階段」等級5aに適合すること

c 手すりを、共用廊下（次の①および②に掲げる部分を除く）の少なくとも片側に、床面からの高さが700㎜から900㎜の位置に設置
 ①住戸その他の室の出入り口、交差する動線がある部分その他やむを得ず手すりを設けることのできない部分
 ②エントランスホールその他手すりに沿って通行することが動線を著しく延長させる部分

d 開放廊下（1階を除く）の転落防止手すりは次の基準に適合すること
 ①手すり高さは次による
  ・650㎜≦腰壁等の高さ＜1,100㎜：床面から1,100㎜以上
  ・腰壁等の高さ＜650㎜：腰壁等から1,100㎜以上
 ②手すり子の内法寸法は次の部分を110㎜以下とすること
  ・650㎜≦腰壁等の高さ：床面から800㎜以内
  ・腰壁等の高さ＜650㎜：腰壁等から800㎜以内

e 建築基準法施行令第119条および第126条第1項に定める基準に適合していること
 ①共用廊下幅員は共同住宅の住戸、もしくは住室の床面積の合計が100㎡超の階のもの、または居室床面積が200㎡超（地階にあっては100㎡超）の階のもの（3室以下の専用のものを除く）は以下による
  ・南側に居室がある場合：1,600m以上
  ・それ以外の場合：1,200m以上
 ②傾斜路の勾配1／8以下、表面は粗面仕上げ
 ③外部開放廊下には手すりを床面から1,100㎜以上に設置する

f 住戸からエレベーターを経て、建物出入口に至る共用廊下の幅員は、1,400㎜以上

幅員・手すりの規定（手すりは等級5〜2共通）

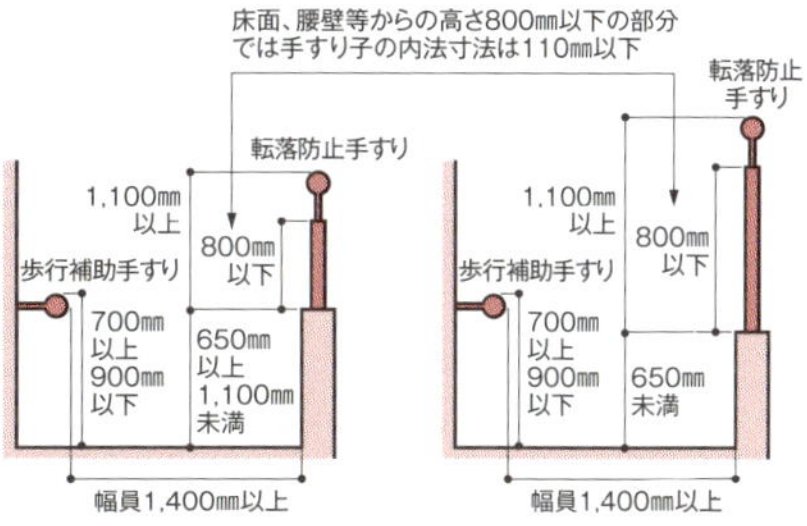

傾斜路等の規定

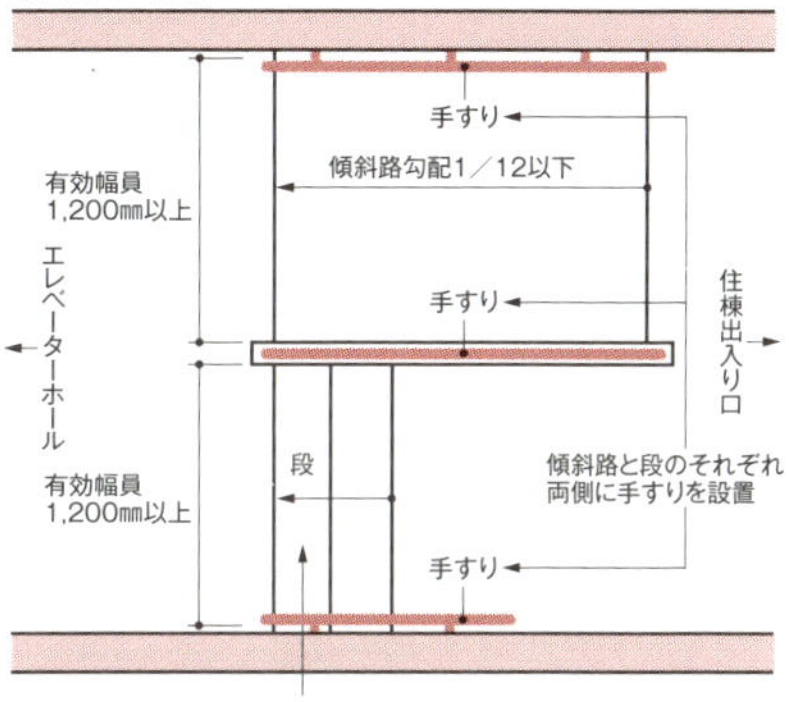

併設される段は等級5の共用階段の基準に従ってつくられていること。ただし、傾斜路の勾配を1／15以下（高低差が80㎜以下の場合は1／8）とし、かつ幅員が1,200㎜以上とした場合は、段を設置しなくともよい

図2 等級4の共用廊下の規定

評価対象住戸から建物出入口、共用施設、他住戸等その他日常的に利用する空間にいたる少なくとも1の経路上に存する共用廊下が、次に挙げる基準に適合すること

a 共用廊下の床は段差なし

b 共用廊下の床に高低差があるときは、次の基準に適合すること
 ①それぞれの幅員900㎜以上の傾斜路（勾配1／12以下）と段が併設されているか、または、幅員1,200㎜以上の傾斜路で高低差80㎜以下で勾配1／8以下、もしくは勾配1／15以下のもの
 ②手すりを傾斜路の少なくとも片側に、床面から700㎜から900㎜の位置に設置
 ③段がある場合は、「共用階段」（No. 095）等級4aに適合すること

c 等級5のc〜eに適合すること

傾斜路等の規定

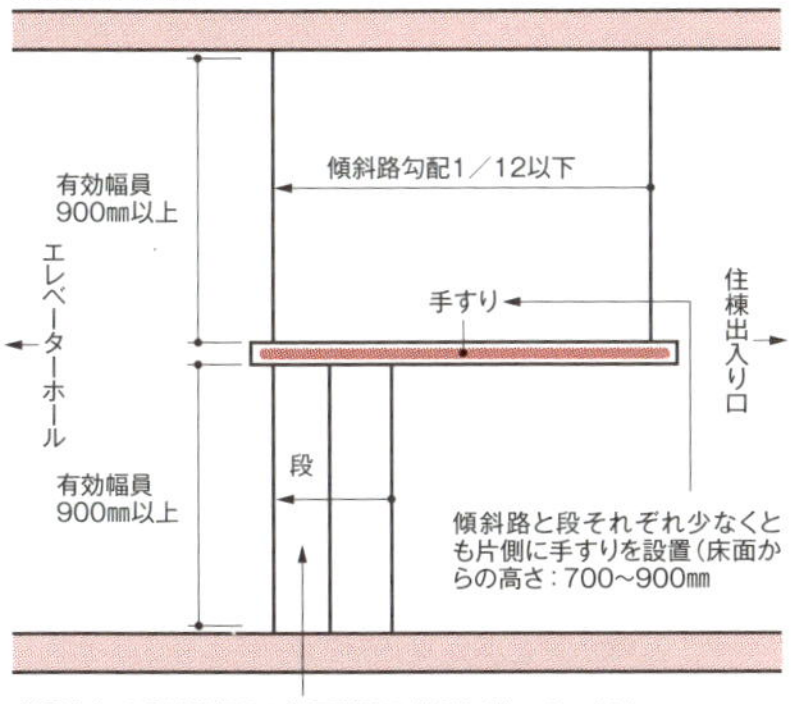

併設される段は等級5の共用階段の基準に従ってつくられていること。ただし、傾斜路の勾配を1／15以下（高低差が80㎜以下の場合は1／8）とし、かつ幅員が1.200㎜以上とした場合は、段を設置しなくともよい

図3 等級3・2の共用廊下の規定

評価対象住戸から建物出入口、共用施設、他住戸等その他日常的に利用する空間にいたる少なくとも1の経路上に存する共用廊下が、次に挙げる基準に適合していること

a 共用廊下の床は段差なし

b 共用廊下の床に高低差があるときは、次の基準に適合すること
 ①勾配1／12以下（高低差が80㎜以下で1／8以下）の傾斜路、または、傾斜路と段の併設
 ②段がある場合は、「共用階段」等級3aの①〜③に適合すること

c 等級5のc〜eに適合すること

傾斜路等の規定

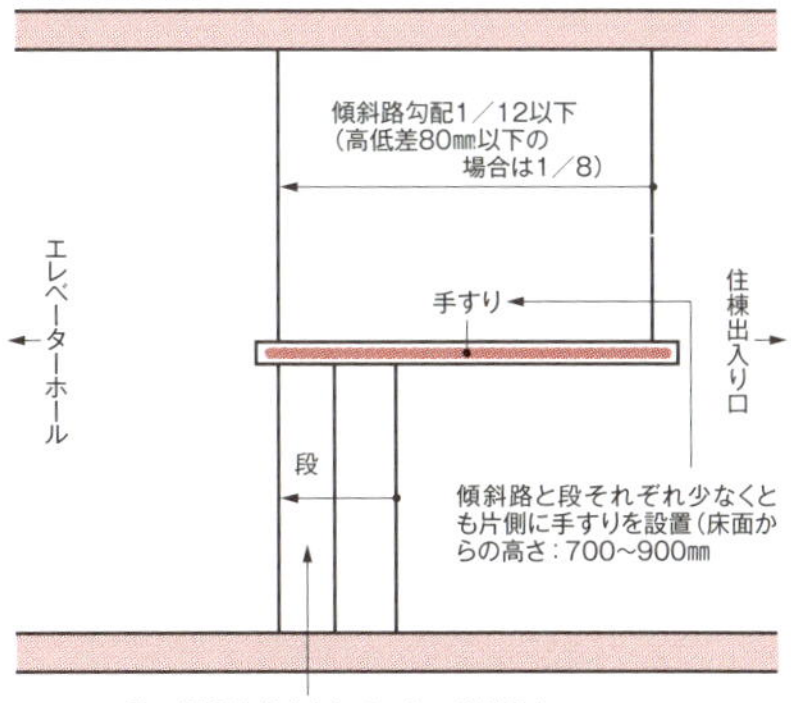

段の併設は求められていないが併設する場合の段は、等級3の共用階段の基準に従ってつくられていること

共用エレベーター

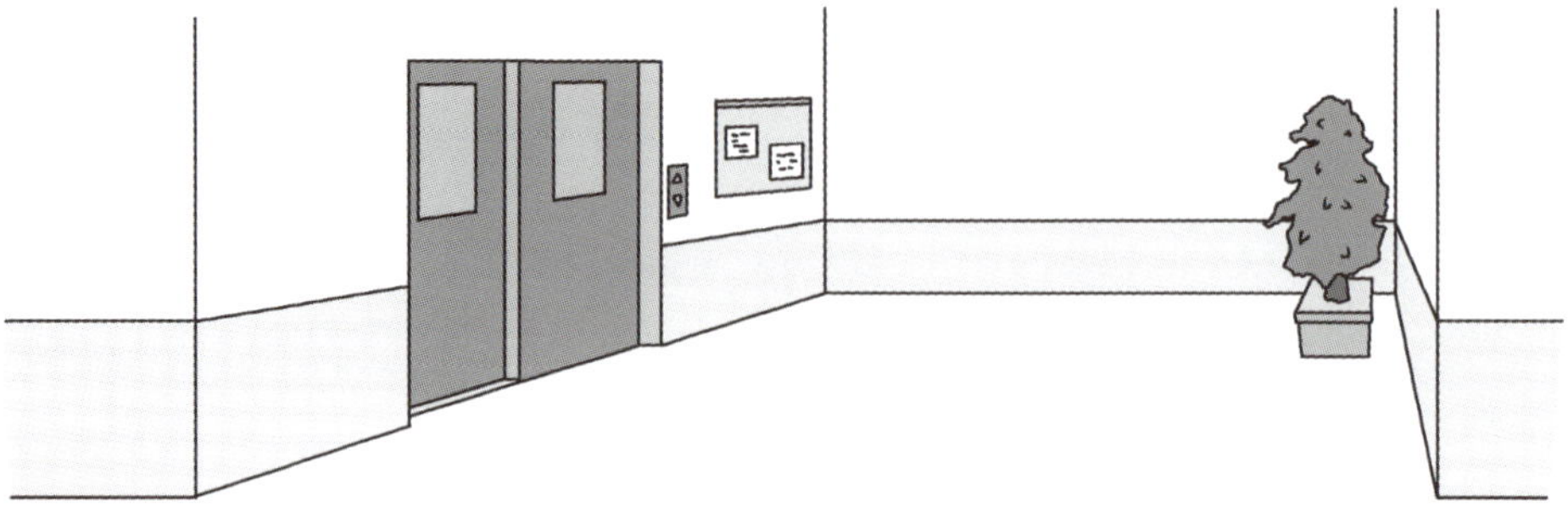

POINT

共用エレベーターは等級3以上が対象

共同住宅などでは、共用のエレベーターを利用して各住戸へ移動することが多いが、この「共用エレベーター」に関し、基準を設けている。

等級について

等級3～5が対象であり、等級2・1は対象外である。また、等級が高くなるにつれて、基準が厳しくなる。評価対象住戸が建築物入口の存する階にある場合、エレベーターの利用を想定していないため、対象外となっている。

等級5の場合（図1）

① エレベーター出入幅　800㎜
② かご奥行　1,350㎜（内法）
③ エレベーターホール　1,500㎜角以上
④ 建築物出入口～エレベーターホールの経路に段差なし
⑤ 高低差がある場合、「共用廊下」等級5bの①～③に適合（No.096）

等級4の場合（図2）

①～④ 等級5と同じ
⑤ 高低差がある場合、等級4bの①～③に適合（No.096）

等級3の場合（図3）

①～④ 等級4と同じ
⑤ 高低差がある場合、等級4bの①・②に適合（No.096）
⑥ 段がある場合
・踏面290㎜以上、かつ550㎜≦蹴上×2＋踏面≦650㎜
・蹴込み30㎜以下
・段が通路への食い込みや突出をしないこと
・少なくとも片側に手すり（H＝700～900㎜の位置）

エレベーターの停止階について

等級5・4については、全階にエレベーターが停止することが要求される。等級3においては、スキップ階の停止でもよいが、その場合は共用階段の幅員が900㎜以上必要とされる。

図1 等級5の規定

住戸が建物出入口のある階以外の場合、住戸からエレベーターを利用し、建物出入口に至るまでの経路上にあるエレベーター、およびエレベーターホールは、次の基準に適合すること

a　エレベーター等の寸法
- ①エレベーター出入口幅は800㎜以上
- ②かご奥行き寸法は内法1,350㎜以上
- ③エレベーターホールは1,500㎜角以上

b　建物出入口からエレベーターホールまでの経路上は段差なし

c　高低差がある場合は、「共用廊下」等級5bの①～③に適合すること（No.096）

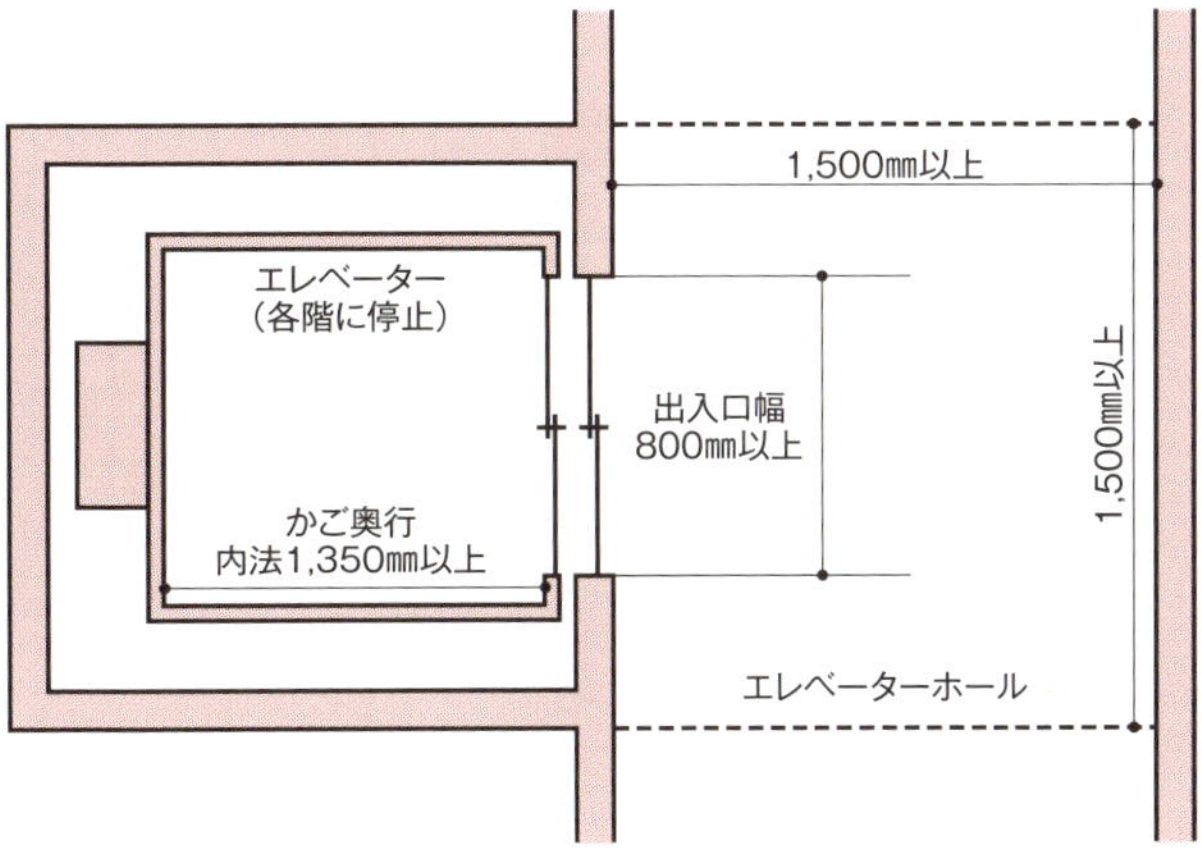

図2 等級4の規定

住戸が建物出入口のある階以外の場合、住戸からエレベーターを利用し、建物出入口に至るまでの経路上にあるエレベーター、およびエレベーターホールは、次の基準に適合すること

a　エレベーター等の寸法は等級5aの基準に適合すること

b　建物出入口からエレベーターホールまでの経路上は段差なし

c　高低差がある場合は、「共用廊下」等級4bの①～③に適合すること（No.096）

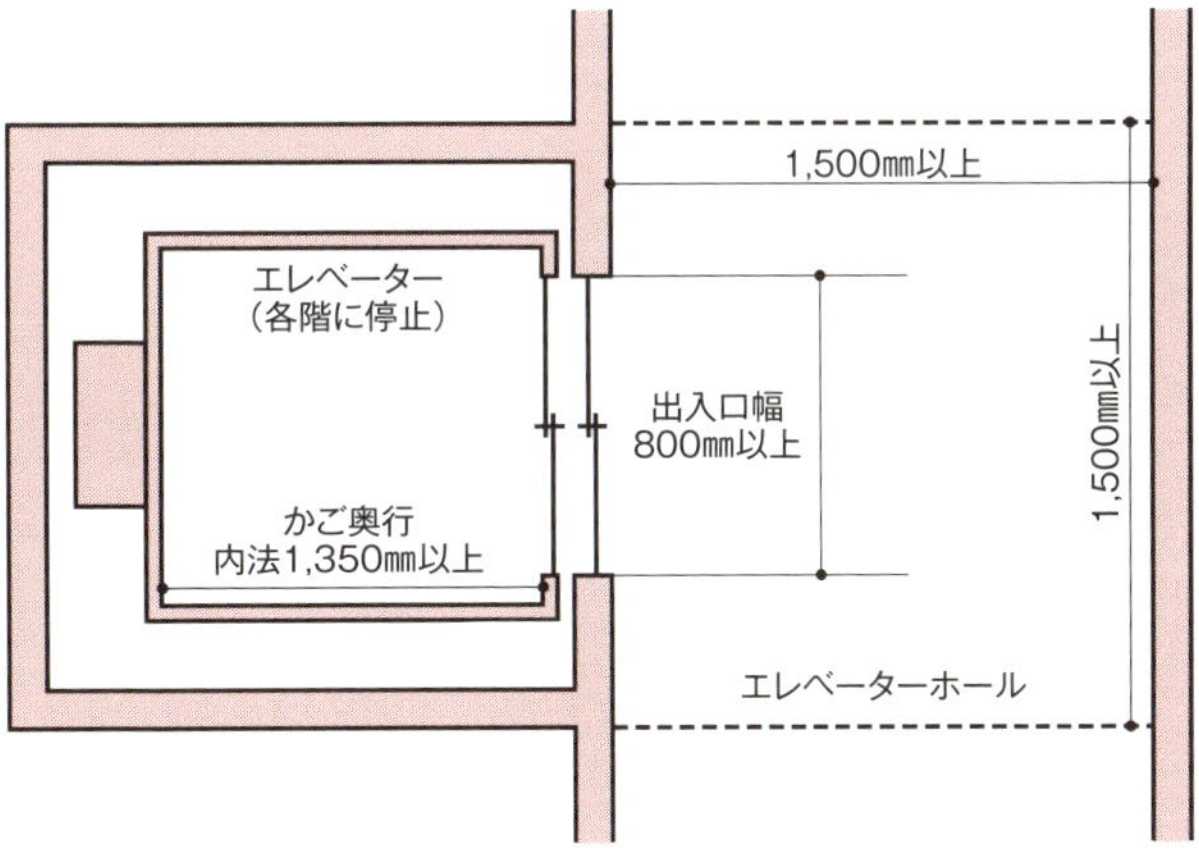

図3 等級3の規定

住戸が建物出入口のある階以外の場合、住戸からエレベーターまたは1階部分の共用階段で建物出入口階に到達できること。この場合、エレベーターおよびエレベーターホールは、次の基準に適合すること

a　エレベーター等の寸法は等級5aの①および③に適合すること

b　建物出入口からエレベーターホールへの経路上は段差なし

c　高低差がある場合は、次の基準に適合すること
- ①「共用廊下」等級4bの①および②（No.096）に適合すること
- ②段がある場合は、「共用階段」等級3aの①～③（No.096）に適合すること

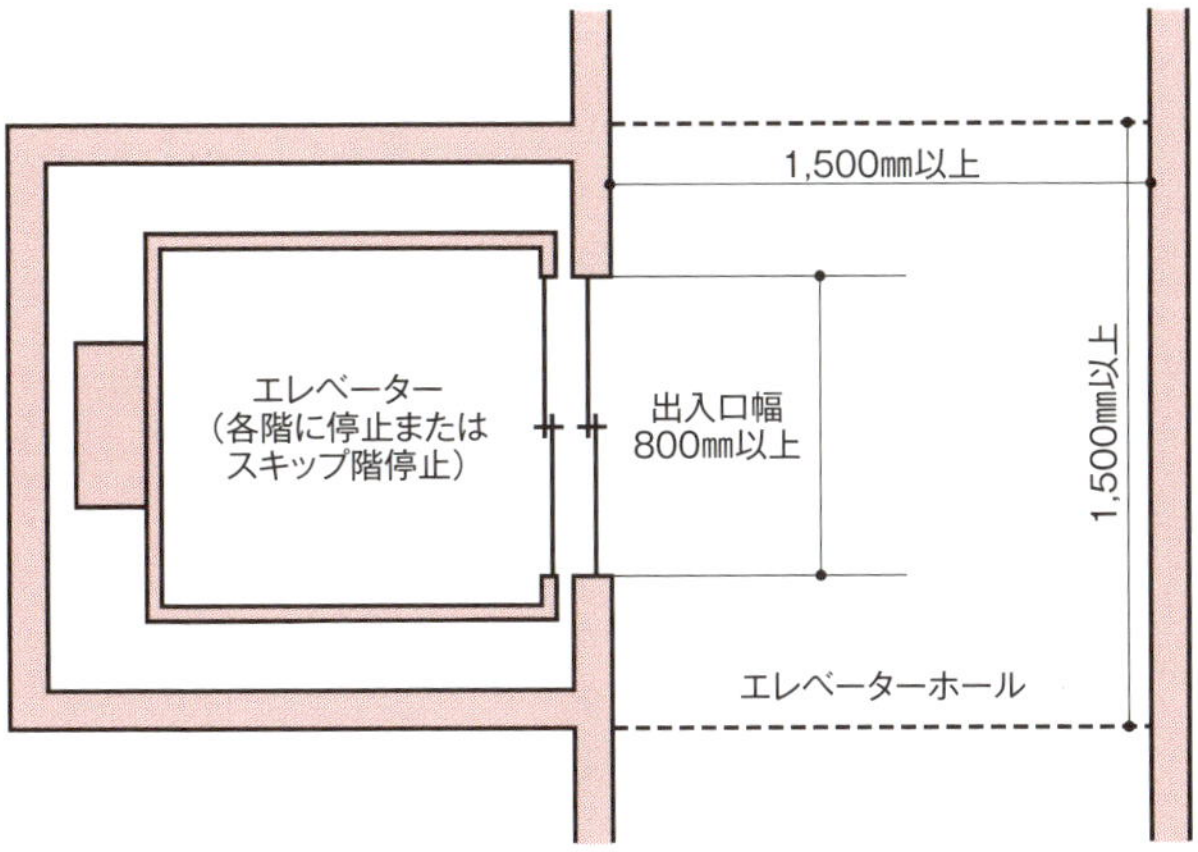

防犯対策

POINT

外部からの「接近のしやすさ」を評価し表示する

防犯に配慮した設計指針

近年、住宅をめぐる犯罪は著しく悪化しており、侵入犯罪件数も増加している。新しい手口も増え、巧妙化し、被害が広がっている。その様な状況の中、住宅の防犯性に対する住宅購入者の関心は高まっている。

防犯性を向上させるには、左記の「4つの原則（防犯に配慮した設計指針）」（図1）を守ることが有効とされている。

①周囲からの見通しを確保する（監視性の確保）
②居住者の帰属意識の向上、コミュニティ形成の促進（領域性の強化）
③犯罪企画者の動きを限定し、接近を防げる（接近の制御）
④建築物の部材や設備を破壊されにくいものとする（被害対象の強化）

住宅性能評価では「4つの原則」の中で「被害対象の強化」について住宅の開口部（図2）の侵入防止対策を表示している。ただし、敷地周辺の状況、侵入に用いる工具の性能、犯人の熟練度や人数などの様々な要因によって、この基準で想定していた侵入を防ぐことのできる抵抗時間が基準に満たない場合もあり得ることに留意する必要がある。

防犯対策とは

「防犯対策」とは、ドアや窓などの住宅内部に通じる開口部について、外部からの「接近のしやすさ」に応じて各階毎にグループ化し、グループ毎に属するすべての開口部について「防犯建物部品」を使用（侵入防止対策上有効な措置）をしているか否かを評価し、表示することである。

図1 防犯性向上の「4つの原則」

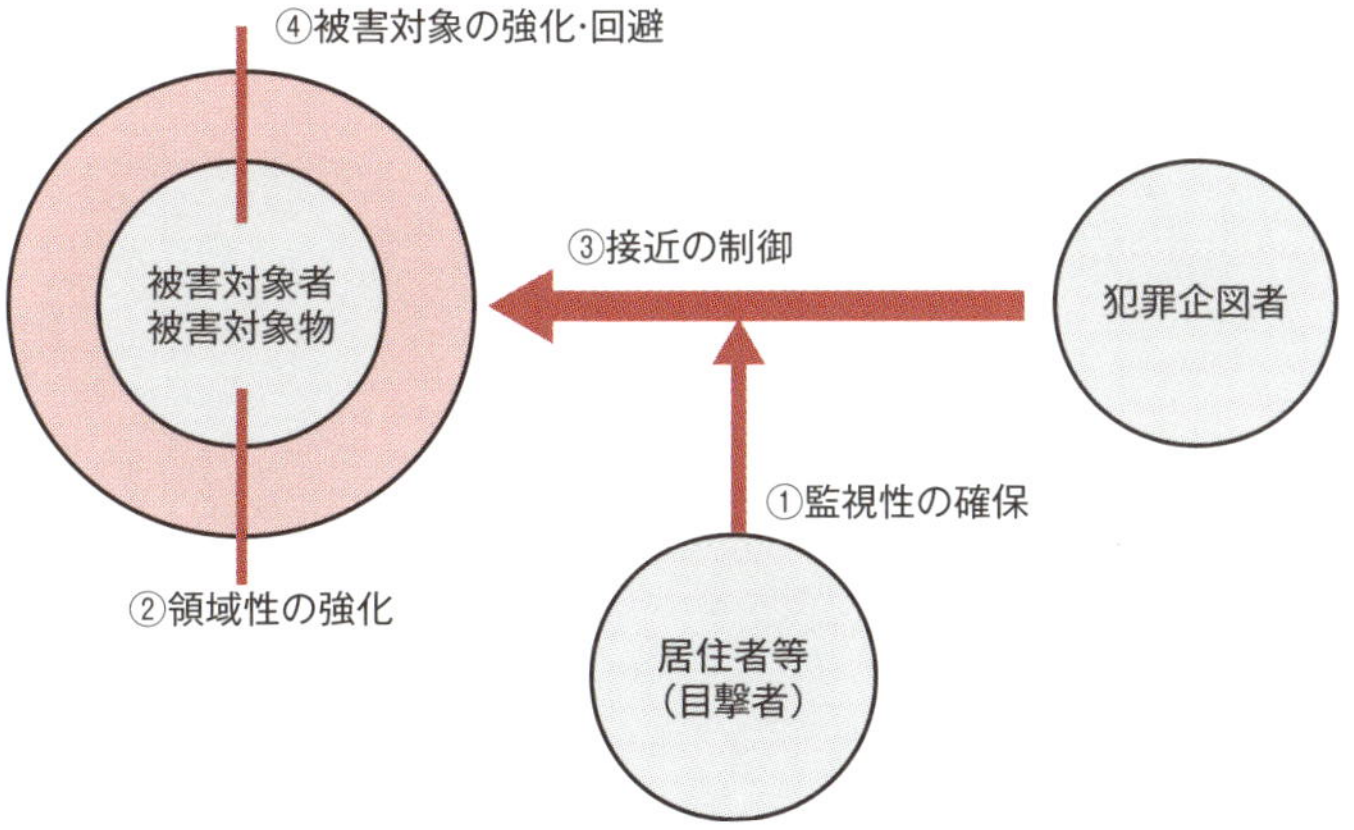

図2 開口部の例

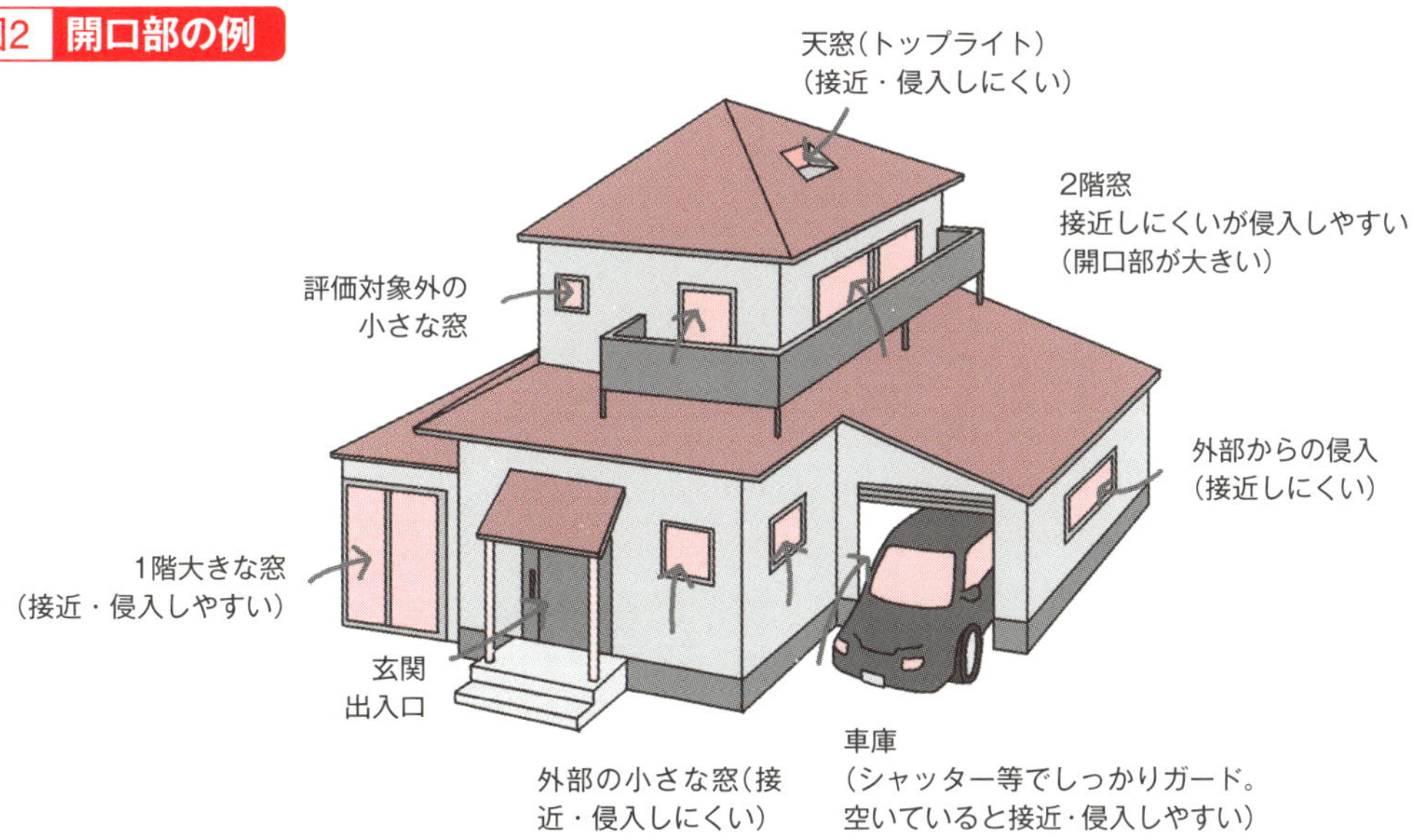

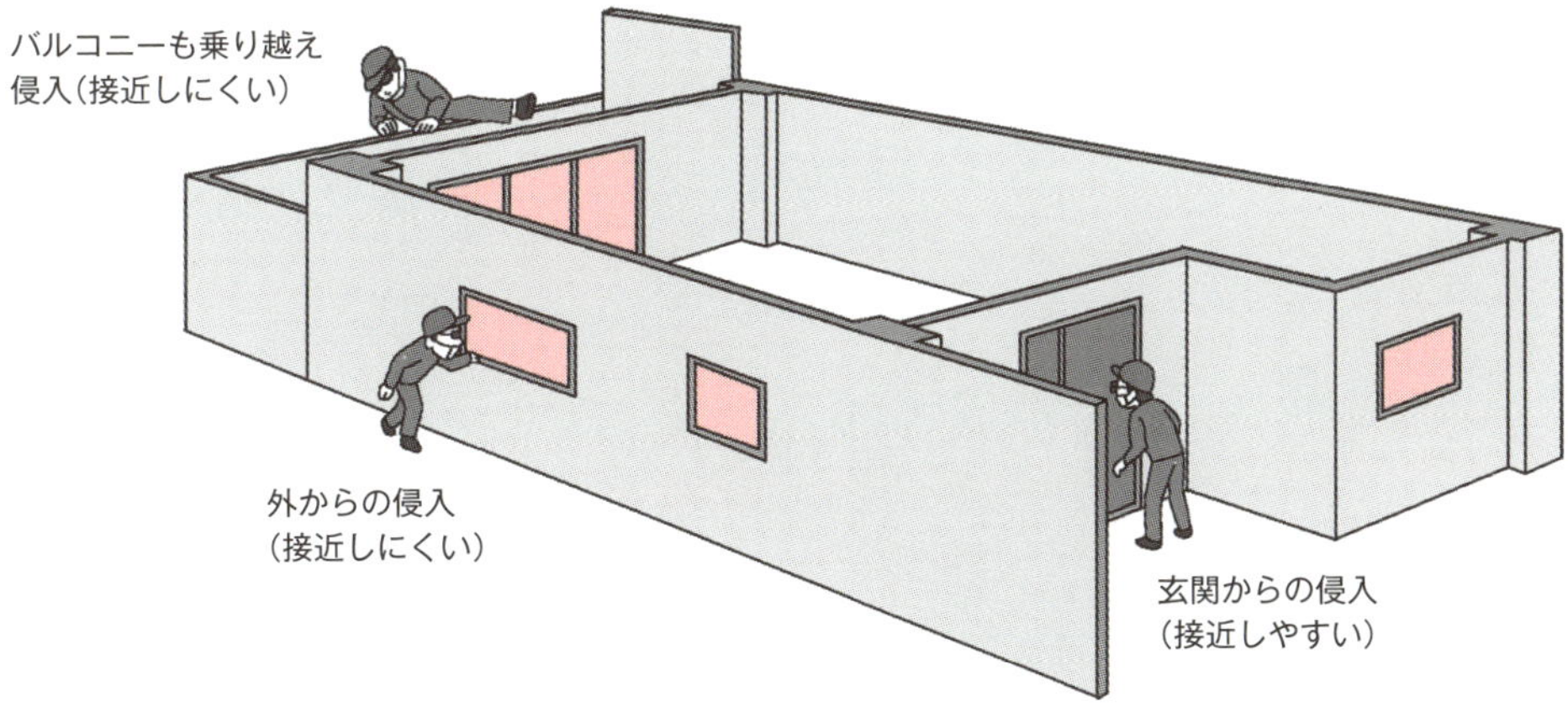

侵入可能な開口部※

POINT

人体が通過し得る開口部の大きさ

侵入が可能になるサイズとは

侵入可能な規模の開口部とは、住戸の内部に通じる開口部のうち、人体が通過しうる大きさの開口部で図1に示す大きさの断面ブロックのいずれかが通過可能な開口部のことをいう。

図1のいずれの大きさにも満たない開口部は、侵入できない開口部（人体が通過することのできない大きさ）とみなされるため、評価の対象外となる。

開口部の寸法の計り方は、開閉できるサッシおよびドアは枠の内法寸法とし、開閉機能ができないＦＩＸ窓等はガラス開口部寸法となる。

住戸の内部に通じる開口部とは、外部から住戸内部に直接通じる出入口や窓等で、トップライト・吹き抜けに面した窓・専用屋上への出入口等も含まれる。

侵入可能な開口部の評価対象と対象外

図2のように、住戸外部の開口部Ⓐ・Ⓑ・Ⓒを侵入防止対策上有効な措置が講じられた開口部とした場合には、開口部Ⓓ・Ⓔは評価対象外とすることができる。

開口部の内側での対応策

侵入可能な規模の開口部であっても、開口部の「内側」に、例えばアルミパイプのような強力な桟を設置することにより開口部を区切ることができれば、たとえ枠全体が図1の大きさ以上であっても、侵入が可能な開口部の評価対象外として評価することができる。

この場合、内部の桟で区切った開口部（図3のⒶ・Ⓑ・Ⓒ・Ⓓ）のそれぞれを、図1で示されたいずれの大きさよりも小さくすることが条件となる。

※　住宅の開口部も外部からの接近のしやすさ（開口部の存する階、開口部の種類）に応じてグループ化し、そのうえで各グループに属するすべての開口部について、防犯建物部品を使用しているか否かを階ごとに表示する

図1 侵入可能な開口部の大きさ

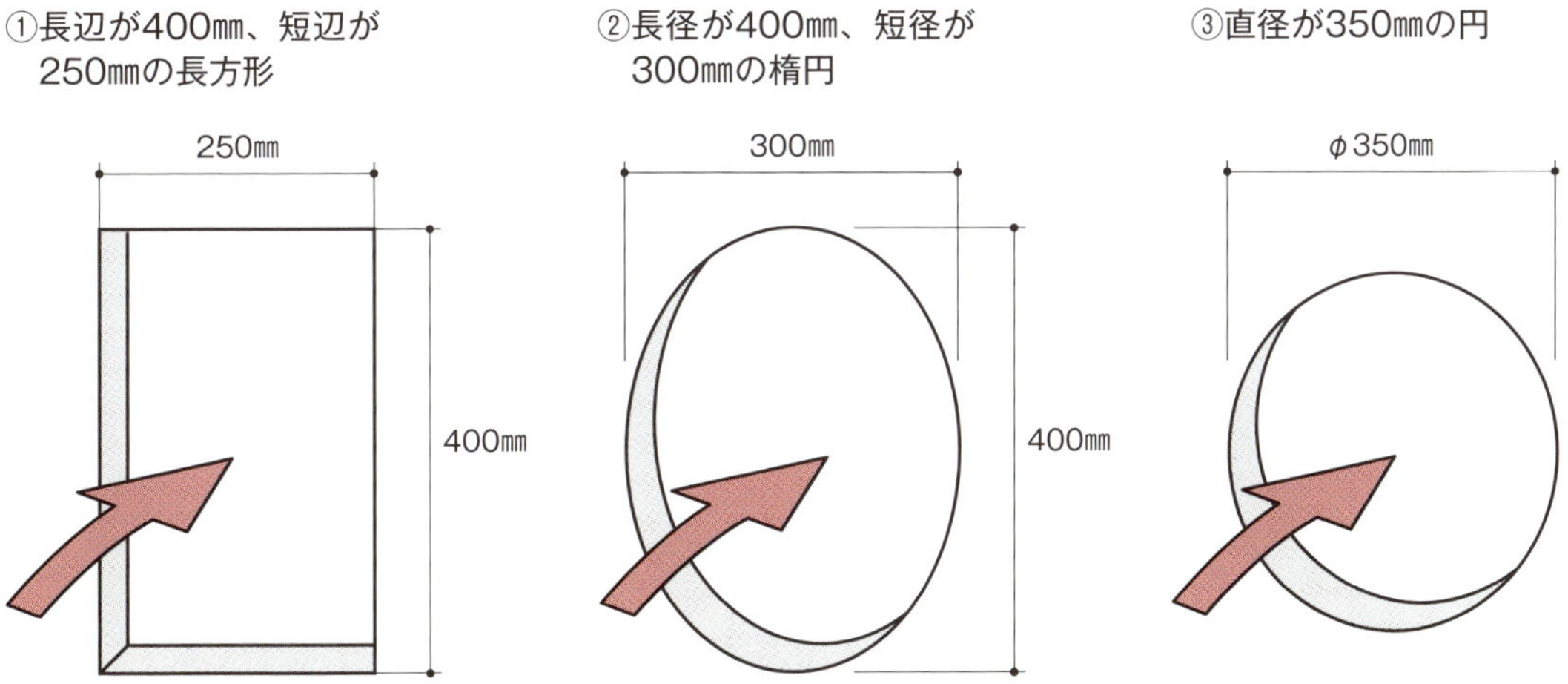

※上記のブロックのいずれかが通過可能な窓

図2 侵入可能な開口部の評価対象と対象外

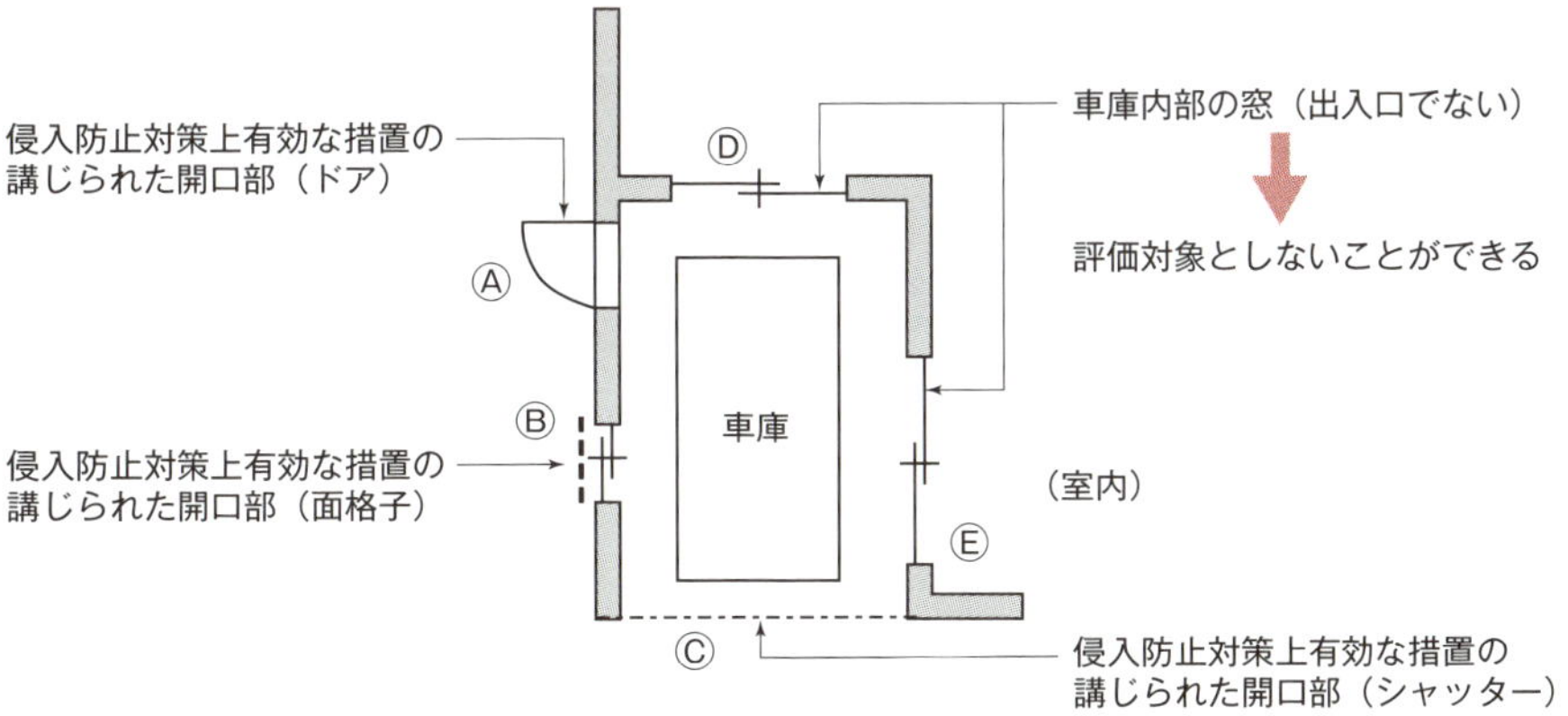

図3 開口部の内側での対策例

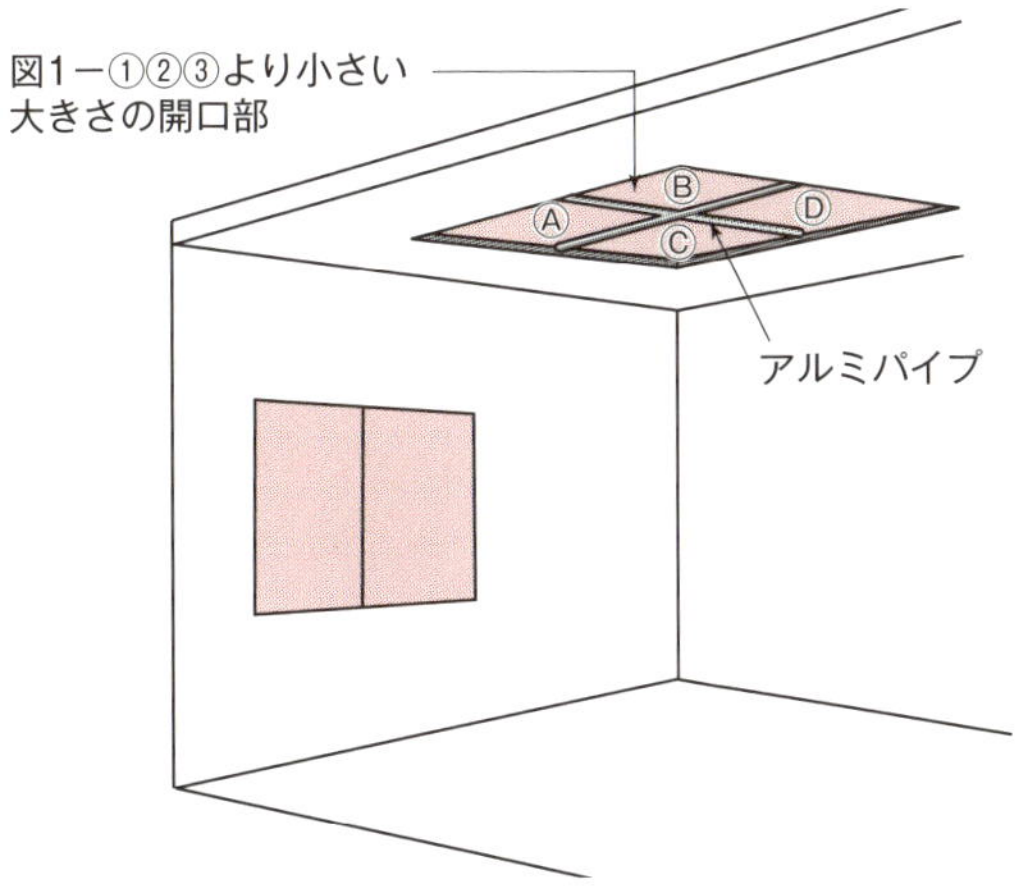

侵入を防止する性能

POINT

開口部には防犯建物部品の性能の高いものを使用する

防犯建物部品とは

防犯建物部品とは、建築物への侵入までに5分以上の時間を必要とするなど、一定の防犯に対する性能を保証された建物部品のことをいう。

国土交通省、警察省、民間団体等による「防犯性の高い建物部品の開発・普及に関する官民合同会議」の目録掲載品等である。防犯建物部品に認定された製品にはCPマーク（図1）が表示されている。代表的なものには玄関ドア・サッシ・雨戸・面格子・シャッターなどが挙げられる（図2）。

防犯建物部品の性能

・大きな騒音が発生しない方法に対する性能

錠のピッキング・窓のこじ破り・ドアの切り破りのように、通常は大きな騒音が発生しない攻撃方法に対する抵抗性能をもつ。

通常想定される、騒音の発生を可能な限り避ける侵入行為に対しては、5分以上侵入を防止することが条件となる。

・大きな騒音が発生する方法に対する性能

バールによるガラスの打ち破りのように、短時間に大きな騒音が発生する方法に対する抵抗性能をもつ。

通常想定される、騒音を伴う侵入行為に対しては、騒音を伴う打撃回数7回を超えて防止する性能が求められる（侵入行為時間1分以内）。

なお、規定されている抵抗時間・抵抗回数や「侵入を防止する性能」の要件は犯罪情勢の変化等により、連動して変化する。また、環境によって耐えられる時間には幅がある。例えば人の目があまりない環境では、侵入に5分以上の時間をかけることも可能なため、周囲の環境と併せて対策を立てることが重要である。

図1 共通標章「CPマーク」

図2 防犯建物部品の一例

●玄関ドア

※出入口については戸と錠の両方に対策を講じることが必要

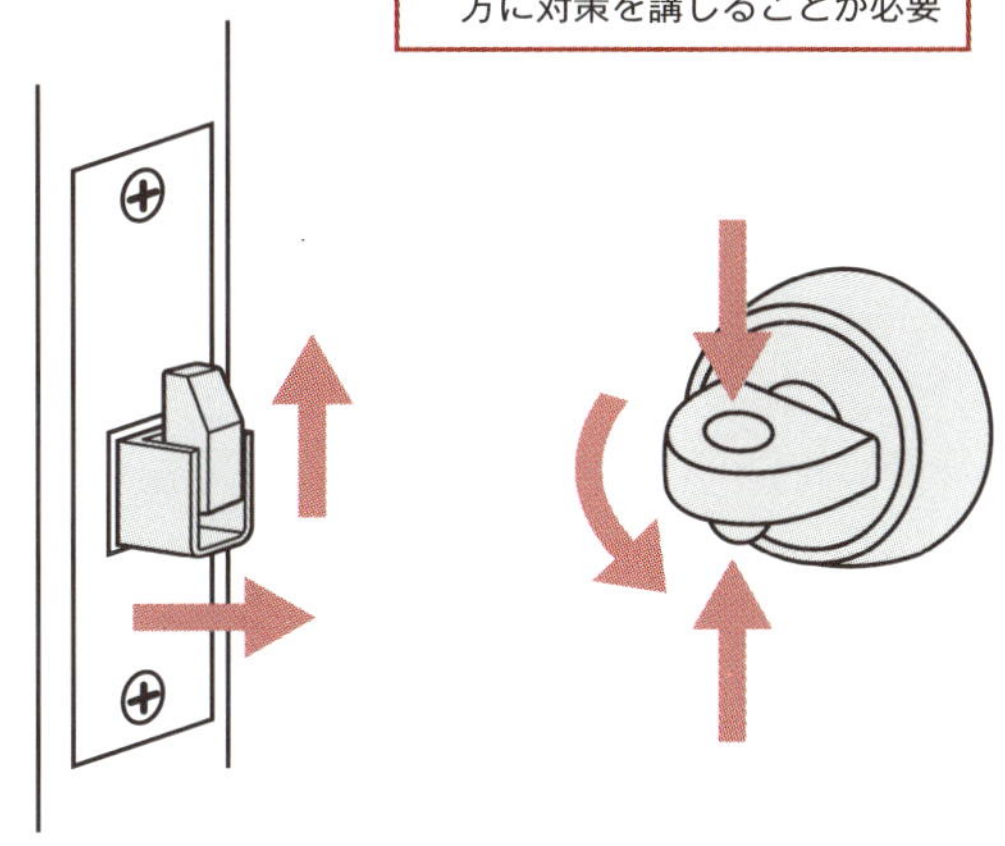

●サッシ

・2以上のロック付クレセント、補助錠を装着

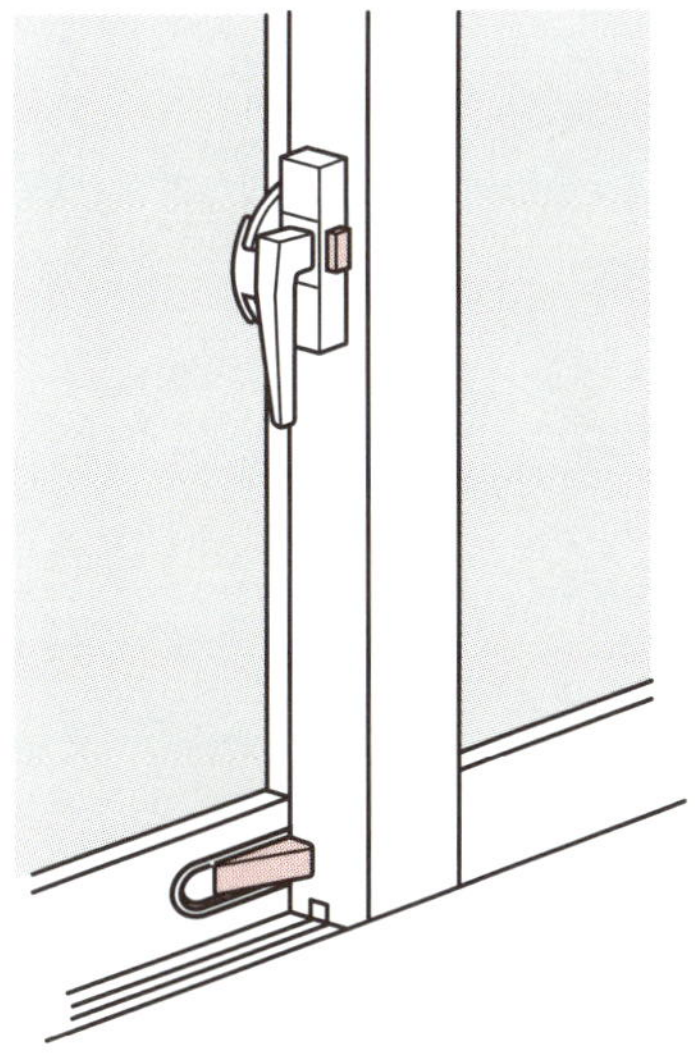

●雨戸、面格子、シャッター

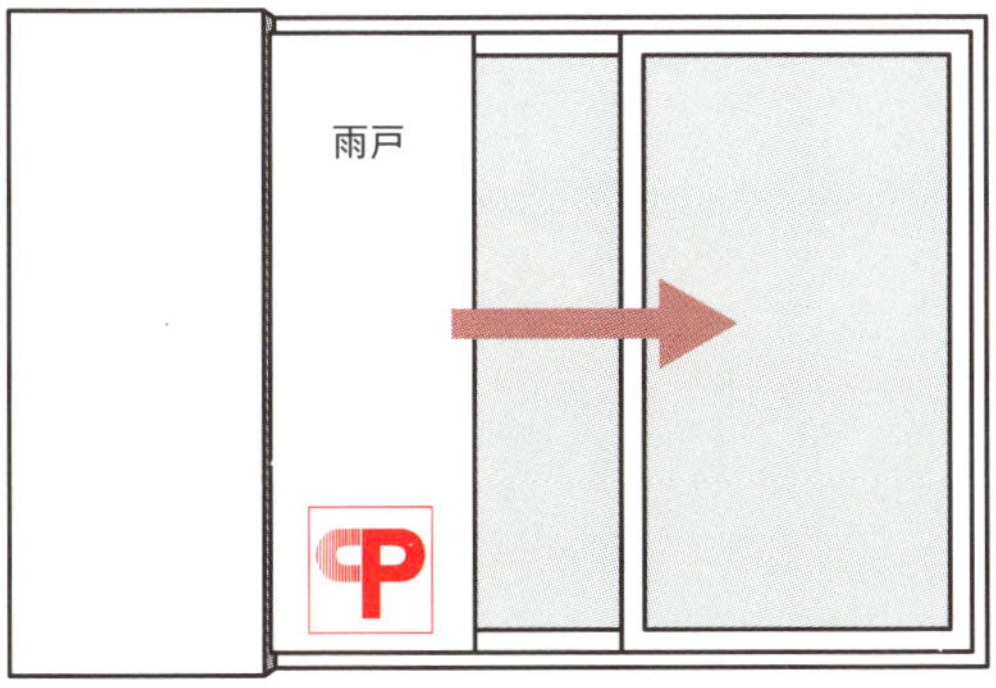

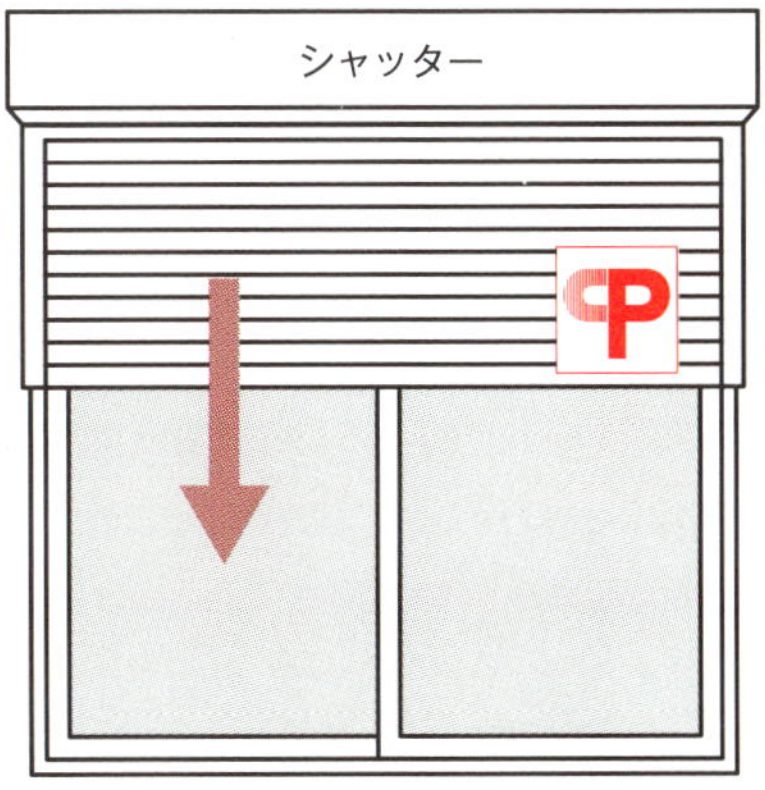

評価区分［戸建と共同住宅］

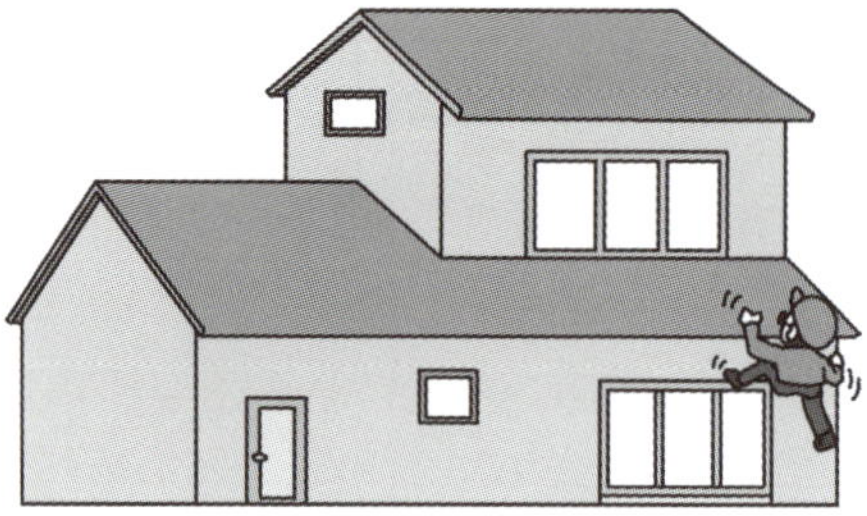

POINT

開口部を住戸の階毎に分類し、接近のしやすさで評価

侵入防止対策の評価区分

開口部の侵入防止対策は、侵入可能な規模の開口部を開口部の種類および位置（外部からの接近のしやすさ）により、まず各開口を住戸の階別に分類し、①住戸出入口、②外部からの接近が比較的容易な開口部、③その他の開口部、の3つの区分に分類して表示する（図1・2）。

②外部からの接近が比較的容易な開口部とは、地面から開口部の下端まで高さが2m以下、またはバルコニー等から開口部の下端までの高さが2m以下であって、かつ、バルコニー等から該当開口部までの距離が0.9m以下であるものをいう。（①に該当するものを除く）

①、②、③の各区分は、外部からの接近・到達の容易さの違いにより①>②>③の順に低くなると考えられている。

階別での分類

階別に分類した開口部は、住戸内部に直接通じている地階やペントハウスの開口部も評価対象になる（ペントハウスの場合はR階として分類）。

また、共同住宅でメゾネット形式等で評価対象住戸が複数階に分かれる場合には、階毎に分類し、評価する必要がある。

複数階にまたがる場合

吹き抜けの側面の窓や上部のトップライトなどのように、複数階にまたがる開口部については、その対象窓からの侵入先となる階の開口部として評価する。

図1 戸建住宅の評価区分

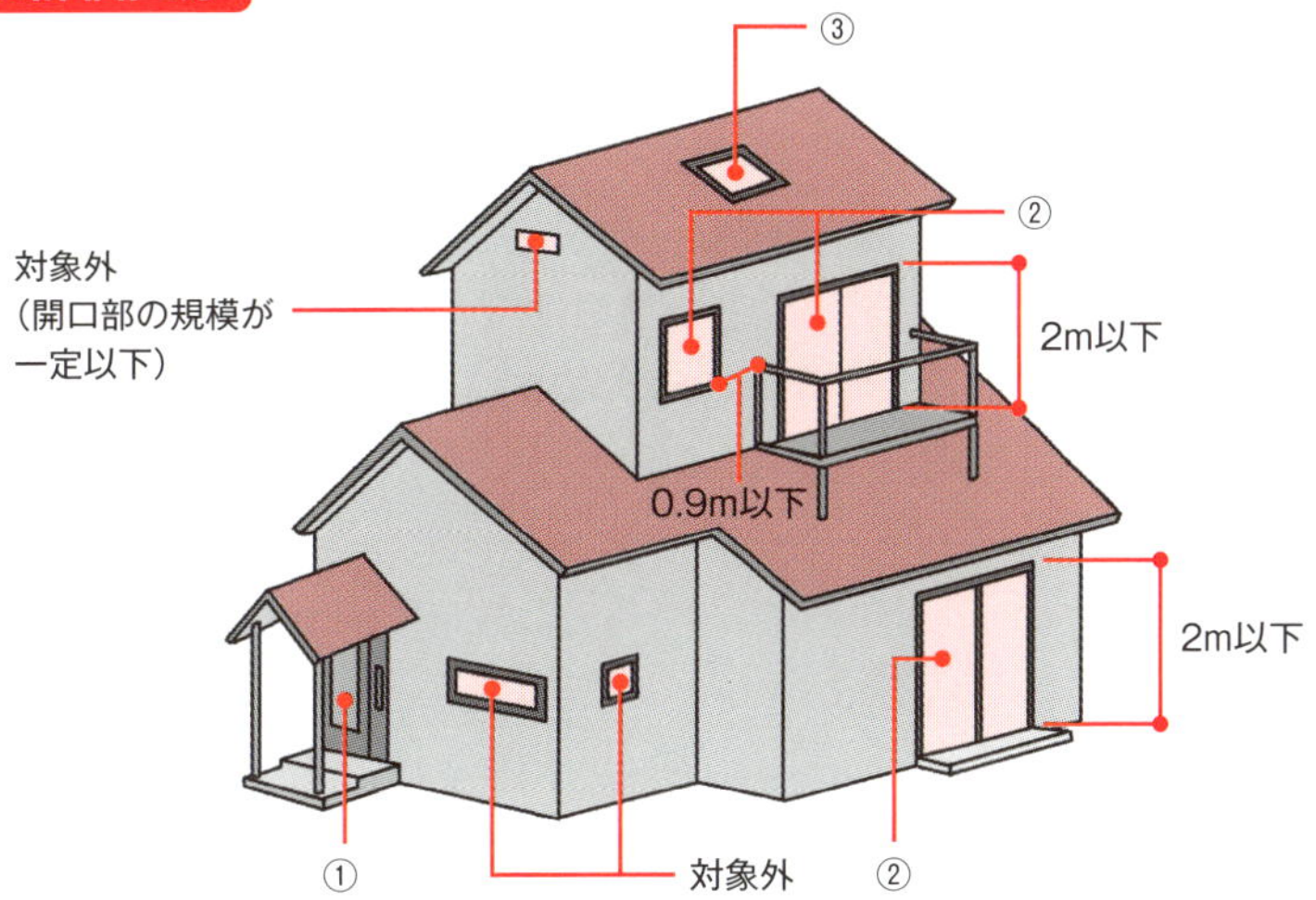
③
②
対象外
（開口部の規模が
一定以下）
2m以下
0.9m以下
2m以下
①
対象外
②

防犯区分（グループ分）
①：住戸出入口（外部から施解錠可）
②：外部からの接近が比較的容易な開口部
③：その他の開口部（外部からの接近がしにくい開口部）

図2 共同住宅の評価区分

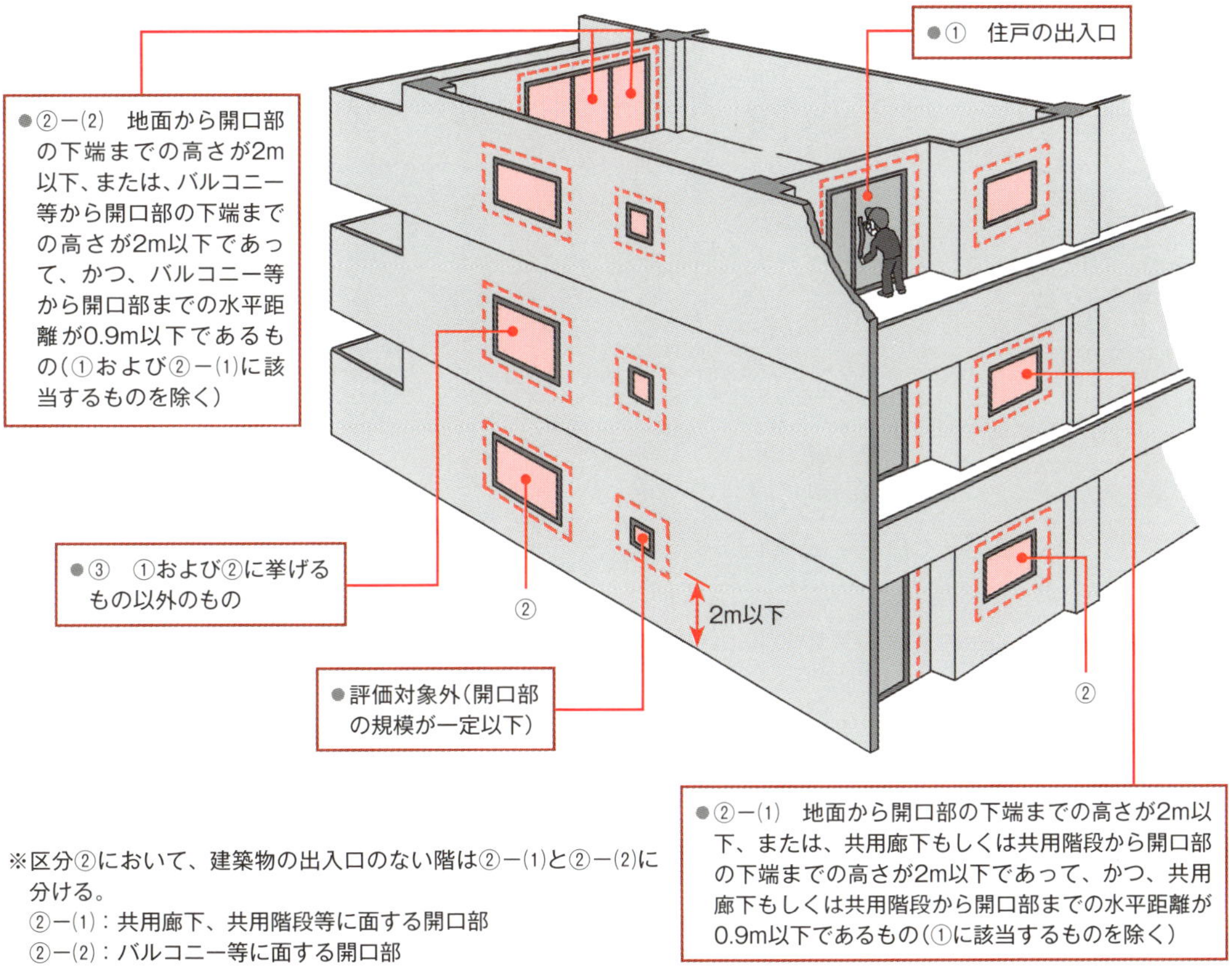
●①　住戸の出入口
●②－(2)　地面から開口部の下端までの高さが2m以下、または、バルコニー等から開口部の下端までの高さが2m以下であって、かつ、バルコニー等から開口部までの水平距離が0.9m以下であるもの（①および②－(1)に該当するものを除く）
●③　①および②に挙げるもの以外のもの
②
2m以下
●評価対象外（開口部の規模が一定以下）
②
●②－(1)　地面から開口部の下端までの高さが2m以下、または、共用廊下もしくは共用階段から開口部の下端までの高さが2m以下であって、かつ、共用廊下もしくは共用階段から開口部までの水平距離が0.9m以下であるもの（①に該当するものを除く）

※区分②において、建築物の出入口のない階は②－(1)と②－(2)に分ける。
②－(1)：共用廊下、共用階段等に面する開口部
②－(2)：バルコニー等に面する開口部

既存住宅評価※

POINT

現況検査は必須であるが、個別性能は任意の評価項目である。既存住宅の場合、評価内容を契約に含むには売主・買主の合意が必要である

現状検査と個別性能

既存住宅（新築住宅以外）の住宅性能評価「既存住宅性能評価」は、住宅の部位ごとの傷み具合（劣化事象等）の状況を評価する「現況検査」と、新築住宅の基準に準じた「個別性能」に大別される（図1）。

現況検査は必須項目であるが、個別性能は任意（希望する場合のみ評価を行う）の評価項目である。

すでに建築済の住宅の評価を行うわけであるから、図面審査にあたる「設計評価」はなく、「建設評価」のみの評価となる（図2）。この点が新築住宅の評価の場合とは大きく異なる。

評価書類の名称

また、建築物の傷み具合を劣化事象として記載する都合上、新築住宅用の性能評価書とは異なる内容も多い。そのため、消費者の誤解を避けるためにも、その名称を「現況検査・評価書」としている。しかし、内容からいうと、評価書というより報告書といった方がその実態を表し、分かりやすいかもしれない。

契約書に添付する際の注意

新築住宅の場合であれば、「契約書に住宅性能評価書を添付した場合、その評価結果が契約内容とみなされる」のだが、既存住宅の場合、「たとえ住宅性能評価書を契約書に添付したとしても、売主・買主の合意がない限り、契約内容とはみなさない」という点も、異なるところであるため、注意が必要である。

※ 現状と性能を評価

図1 既存住宅性能評価の表示内容

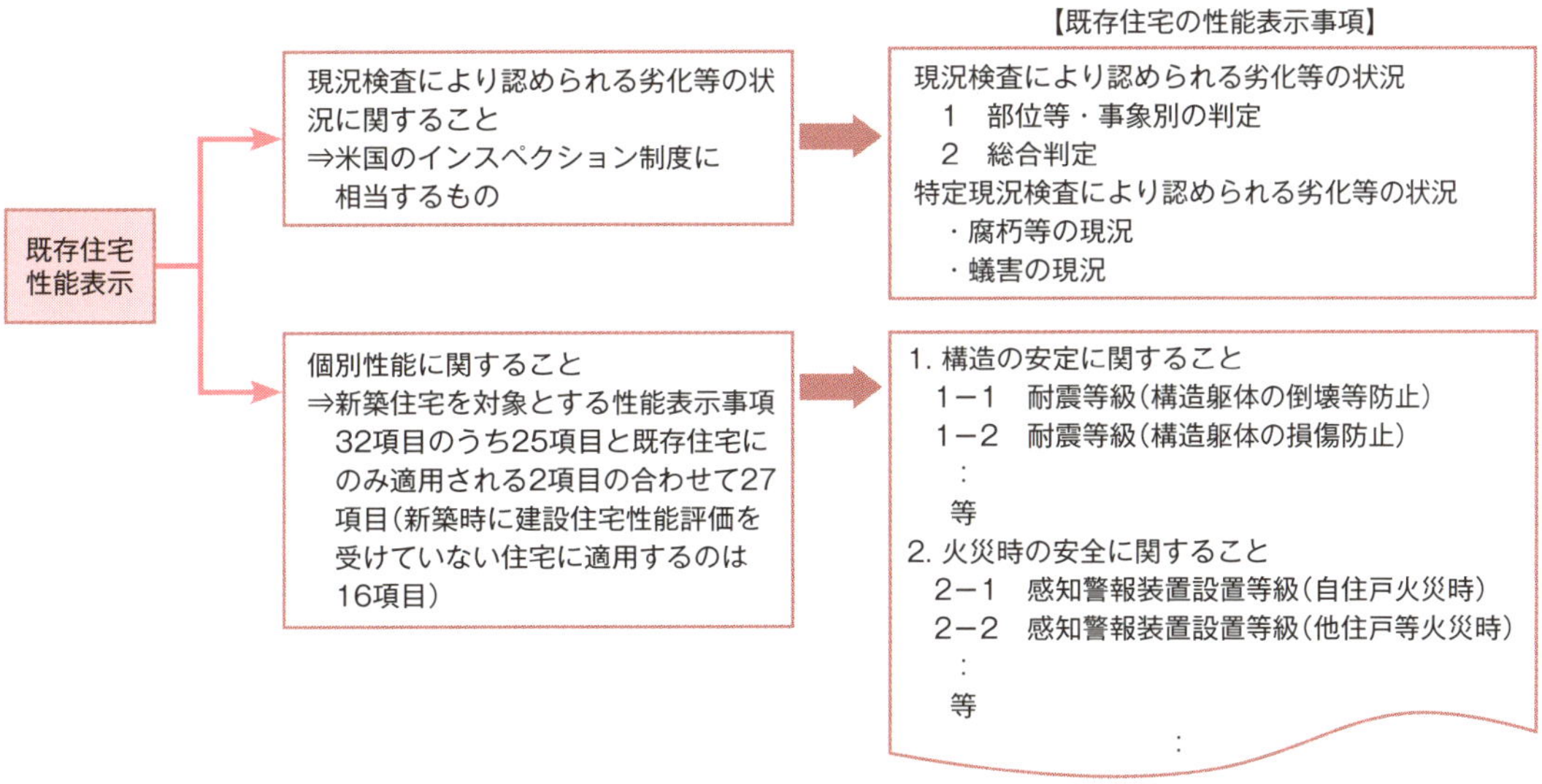

図2 性能項目別評価の流れ

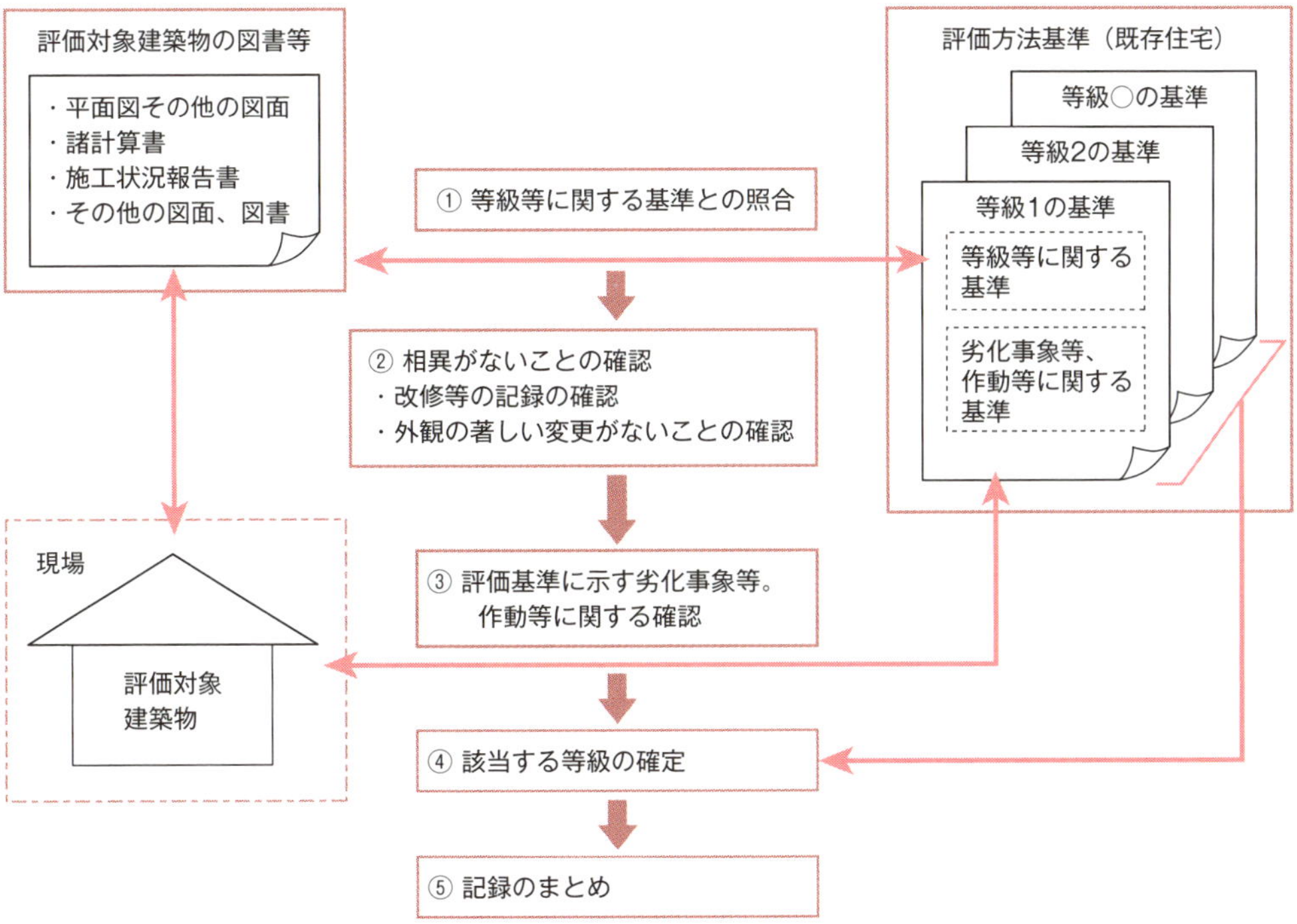

現況検査と個別性能

POINT

**現況検査は、部位事象別の判定と総合的な判定を行う。
個別性能の評価項目数は建設住宅性能評価の取得により異なる**

現況検査で表示する判定内容

「現況検査」[※]においては「部位・事象別の判定」と「総合判定」の２つを表示する（図）。

・部位事象別の判定

部位・事象別の判定では、住宅の部位、仕上げ等区分毎に定める劣化事象等について、当該事象が認められたか否かを示す。

・総合判定

総合判定では、部位・事象の判定で対象にしている劣化事象のうち、①構造躯体に何らかの関連があるもの、②雨水侵入に関連があるもの、これら２点についての結果をもとに、劣化等の状況を総合的に示す。

個別性能の評価対象

現況検査に対し、「個別性能」は新築の評価項目の一部について、既存住宅において技術的に相応の信頼度をもって評価が可能な項目のみを対象としている（表）。

評価可能な個別性能の項目数は、「建設住宅性能評価を取得した住宅」であるか否かによって異なる。

例えば、構造関連の耐震等級（倒壊防止）であれば、すべての既存住宅に適用可能であるが、耐風・耐積雪等級については建設住宅性能評価書を取得した建築物以外は評価できないことになっている。

この場合、新築住宅の設計住宅性能評価と同様、現状の住宅仕様および図面等の関連資料をもとに評価を実施することになる。

※　外壁などに生じている「ひび割れ」や床の「傾き」、壁や天井の「漏水等の跡」などについて検査を行う（部位等、事例別の判定）。また、住宅の劣化等の状況を容易に把握しやすいように、一定の項目の個々の検査結果に基づいてその住宅全体の総合的な判定も行う（総合判定）

図 現況検査の流れ

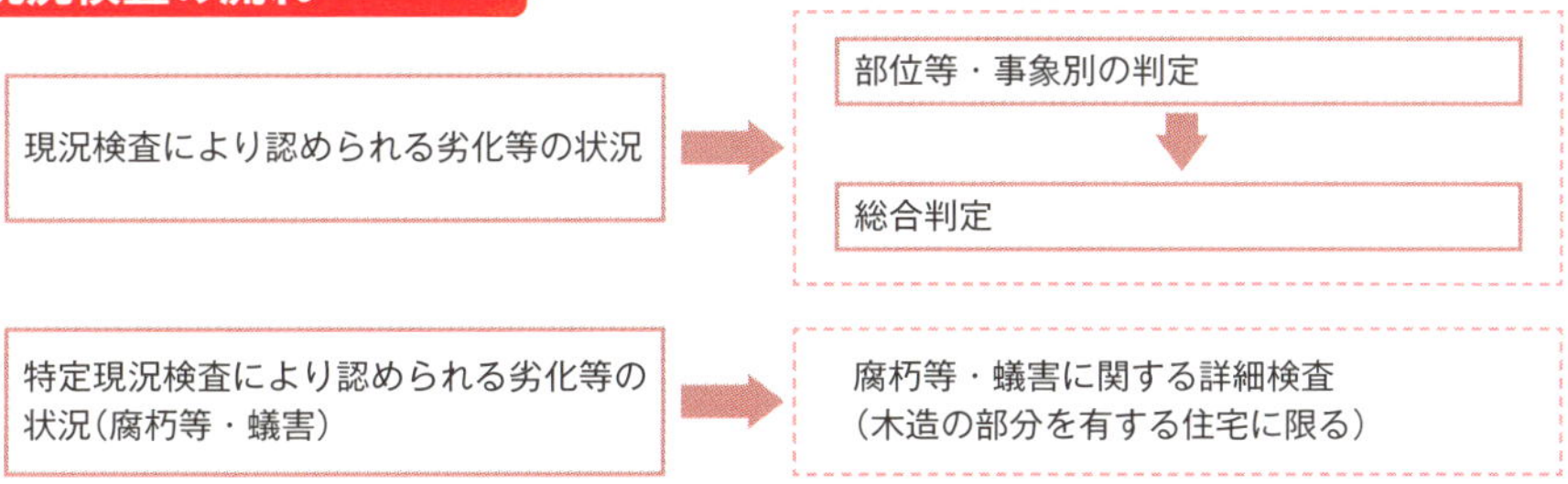

表 既存住宅に適用する性能表示事項

性能表示事項		既存住宅性能評価に適用する性能表示事項
1. 構造の安定に関すること	1−1　耐震等級（構造躯体の倒壊等防止）	●
	1−2　耐震等級（構造躯体の損傷防止）	●
	1−3　その他（地震に対する構造躯体の倒壊等防止及び損傷防止）	●
	1−4　耐風等級（構造躯体の倒壊等防止及び損傷防止）	●
	1−5　耐積雪等級（構造躯体の倒壊等防止及び損傷防止）	●
	1−6　地盤又は杭の許容支持力等及びその設定方法	●
	1−7　基礎の構造方法及び形式等	●
2. 火災時の安全に関すること	2−1　感知警報装置設置等級（自住戸火災時）	●
	2−2　感知警報装置設置等級（他住戸等火災時）	●
	2−3　避難安全対策（他住戸等火災時・共用廊下）	●
	2−4　脱出対策（火災時）	●
	2−5　耐火等級（延焼のおそれのある部分（開口部））	●
	2−6　耐火等級（延焼のおそれのある部分（開口部以外））	●
	2−7　耐火等級（界壁及び界床）	●
3. 劣化の軽減に関すること	3−1　劣化対策等級（構造躯体等）	●
4. 維持管理・更新への配慮に関すること	4−1　維持管理対策等級（専用配管）	●
	4−2　維持管理対策等級（共用配管）	●
	4−3　更新対策（共用排水管）	●
	4−4　更新対策（住戸専用部）	●
5. 温熱環境・エネルギー消費量に関すること	5−1　断熱等性能等級	●
	5−2　一次エネルギー消費量等級	●
6. 空気環境に関すること	6−1　ホルムアルデヒド対策（内装及び天井裏等）	—
	6−2　換気対策（居室の換気対策）	—
	6−2　換気対策（局所換気対策）	●
	6−3　室内空気中の化学物質の濃度等	●
	6−4　石綿含有建材の有無等	●
	6−5　室内空気中の石綿の粉じんの濃度等	●
7. 光・視環境に関すること	7−1　単純開口率	●
	7−2　方位別開口比	●
8. 音環境に関すること	8−1　重量床衝撃音対策	—
	8−2　軽量床衝撃音対策	—
	8−3　透過損失等級（界壁）	—
	8−4　透過損失等級（外壁開口部）	—
9. 高齢者等への配慮に関すること	9−1　高齢者等配慮対策等級（専用部分）	●
	9−2　高齢者等配慮対策等級（共用部分）	●
10. 防犯に関すること	10−1　開口部の侵入防止対策	●

〈注〉
●印が既存住宅に適用する性能表示事項、
"—"印のものは、既存住宅にあっては評価・表示しない性能表示事項を示す。

特定検査

POINT

オプションによる土台・柱などの腐朽・蟻害の詳細検査

特定現況検査は、木造住宅の土台や柱などの腐朽や蟻害の詳細検査である（図）。

「腐朽」とは、腐朽菌の分泌する酵素により木材の細胞壁の構成成分が分解され、木材の組織構造が崩壊していく現象をいう（表1）。また、腐朽以外に菌糸またはキノコが木材上に生息している状態を含めて「腐朽等」という。

「蟻害」とは、シロアリの蟻道や被害が認められたり、複数のシロアリが認められる状態をいう（表2）。

特定現況検査は、検査員が目視、打診、触診などにより、床下から屋根裏（小屋組）などについて細かく検査する。なお、特定現況検査はオプションなので、既存住宅性能評価の申請時に希望するかどうかを明示する必要がある。

家屋の腐朽・蟻害

木造住宅では、屋根や外壁からの漏水、樋を伝わった雨水や跳ね返りの水、台所や浴室などの水廻りの湿気、結露による浸水により、腐朽やシロアリ発生がしやすい環境が形成される。土台や柱などの腐朽等や蟻害の発生は、建築物全体の耐久性を脅かすとともに構造耐力にも影響する。阪神大震災による被害の多くは、腐朽・蟻害による強度低下が指摘されている。

神戸市東灘区の調査では、震災時において腐朽・シロアリの被害確認家屋の約90％が全壊となっている。

注意が必要な家屋

以下のような家屋は注意が必要である。

①かつてシロアリ（羽根蟻）を見たことがある
②蟻道・蟻土・食害痕があった
③過去に洪水などの被害にあった
④水廻りや外壁の欠けやシールの切れを長年放置している

図 現況検査と特定現況検査

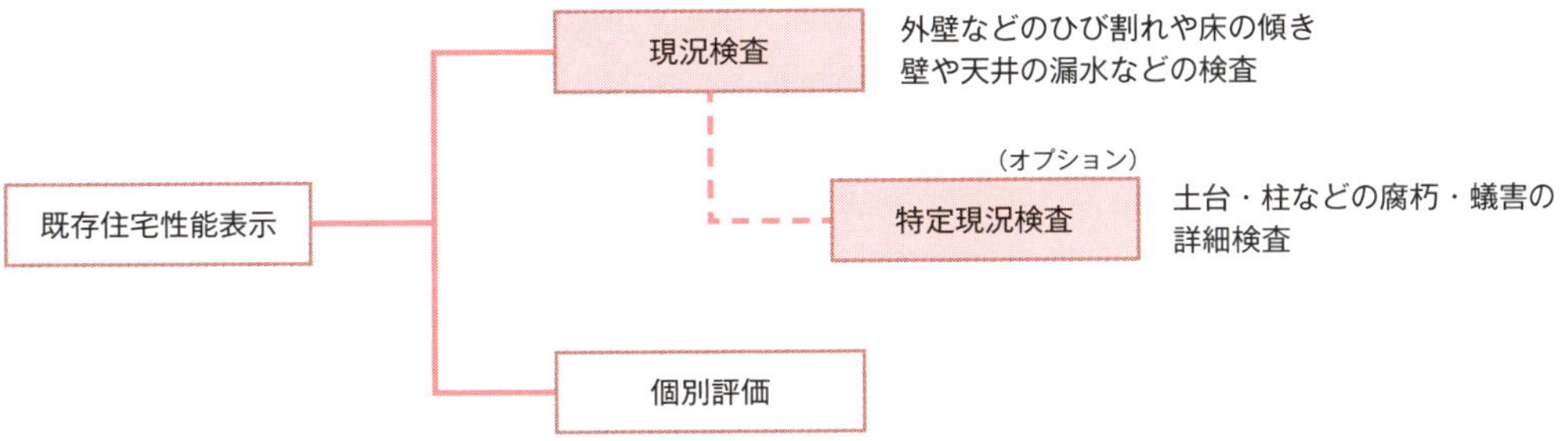

表1　腐朽等の現況

検査部位	判断基準
建築物の外回り	外壁・軒天井の変色、屋根の変形　等
基礎	基礎コンクリート表面の菌糸、子実体の付着
床下	土台木部・床組の腐朽、菌糸、子実体の有無
水廻り	水廻り木部等の腐朽、菌糸、子実体の有無
外壁木部	外壁木部の腐朽、菌糸、子実体の有無
軸組材	軸組み材の腐朽、菌糸、子実体の有無
天井裏	小屋組み材、天井の腐朽、菌糸、子実体の有無
バルコニー	バルコニーの腐朽、菌糸、子実体の有無

表2　蟻害の現況

検査部位	判断基準
建築物の外回り	外壁・軒天井の食害、蟻道等の有無
基礎	基礎コンクリート表面の蟻道等の有無
床下	土台木部・床組の食害、蟻道等の有無
水廻り	水廻り木部等の食害、蟻道等の有無
外壁木部	外壁木部の食害、蟻道等の有無
軸組材	軸組み材の食害、蟻道等の有無
天井裏	小屋組み材、天井の食害、蟻道等の有無
バルコニー	バルコニーの食害、蟻道等の有無
敷地	敷地の蟻の生息状況

液状化に関する情報提供について

POINT

申請者から申出があった場合に、液状化に関する情報を提供する

液状化に関する情報提供と情報の内容について

東日本大震災では広範囲で地盤が液状化し、戸建住宅を中心に傾斜や沈下の被害が発生した。そのため、住宅性能表示制度で液状化に関する情報の提供が行えるよう定めている。

液状化に関わる情報提供は、申請者からの申出があった場合に行う、参考となる情報と位置付けられている。申請者からの申出書に記載された事項が、性能評価書に転記されることになる。

申請者からの申出は、住宅性能評価の申請における申請書第二面別紙により行う(図)。なお、申出は通常は申請時に行うが、申請時後でも各機関が業務規定等で定める変更申告書等で手続き可能である。

提供を行う参考情報の概要

1 広域的情報

広域的情報とは、評価対象住宅を含めた広域的な情報について、自治体などで示されている液状化の予測図やハザードマップ、過去の液状化の履歴及び地形分類等、資料から得られた情報について記載する。

2 個別の住宅敷地の情報

個別の住宅敷地の情報とは、評価対象住宅の敷地の情報について、地盤調査の結果に基づく記録、指標や液状化に関連して行う工事記録等を記載する。

①敷地の地盤調査の記録
②地下水位の情報
③地盤調査から得た液状化に関する指標
④宅地造成工事の記録
⑤液状化に関連して行う地盤に関する工事の記録・計画
⑥その他地盤に関する工事の記録・計画

図 提出書類の例

【新築住宅・既存住宅】

項目	内容(参考情報)		
液状化に関すること	(イ)液状化に関する広域的情報		
	液状化マップ	■あり □なし □不明	【液状化に関する表記】 (表記：液状化の可能性が高い　　) 【備考・出典】(東京都　液状化予測図：平成24年度改訂版)
	液状化履歴に関する情報	■あり □なし □不明	【住宅敷地周辺の液状化履歴】 ■あり　□なし 【備考・出典】(関東大震災時　液状化発生したという情報あり)
	地形分類	■あり □なし □不明	【該当する地形名称】 (三角州　　) 【備考・出典】(国土交通省発行　土地条件図　　)
	その他土地利用履歴に関する資料	■あり □なし □不明	【旧土地利用】 (種別：■水田　□池沼・川　□海　□その他(　　) 【備考・出典】(旧版地形図　国土地理院：昭和6年6月30日)
	(ロ)液状化に関する個別の住宅敷地		
	敷地の地盤調査の記録	■あり □なし □不明	【地盤調査】 (方法：■スウェーデン式サウンディング試験　□標準貫入試験 □その他(　　) (仕様：数量　4ポイント　・深度　9～12m) 【試料採取】 ■あり　□なし 【備考】(スウェーデン調査孔を利用し、かきとり式(開閉型)にて採取)
	地下水位の情報	■あり □なし □不明	【地下水位】(地表面から2.0m付近　　) 【測定方法】(スウェーデン調査孔を利用し測定　　) 【備考】(通電比抵抗式水位計仕様　　)
	地盤調査から得た液状化に関する指標	■あり □なし	【指標・備考】 Dcy値＝10cm スウェーデン式サウンディング試験結果から、200gal　M7.5として国総研のプログラムにより算出
	宅地造成工事の記録	□あり ■なし □不明	【造成図面】 □あり　■なし 【備考】(　　)
	液状化に関連して行う地盤に関する工事の記録・計画	■あり □なし □不明	【工法分類】(固化工法　　) 【工法名称】(深層混合処理方　　) 【施工時期】(昭和45年7月ごろ　　) 【工事内容】(改良径800mm　改良長10m　2mピッチ配置　　) 【工事報告書】■あり　□なし 【備考】(　　)
	その他地盤に関する工事の計画	□あり ■なし □不明	【工法分類】(　　) 【工法名称】(　　) 【施工時期】(　　) 【工事内容】(　　) 【工事報告書】□あり　□なし 【備考】(　　)
	(ハ)液状化に関する当該住宅基礎等における工事の情報		
	液状化に関連して行う住宅基礎等に関する工事の記録・計画	■あり □なし □不明	【工法分類】(建築物の基礎で対応する方法　　) 【工法名称】(杭状地盤補強工法　　) 【施工時期】(平成25年12月12日～16日　　) 【工事内容】(杭径165.2mm　杭長12m　鋼管　　) 【備考】(　　)
	【備考】		

上記の記載事項は、住宅の品質確保の促進等に関する法律施行規則第一条第十一号に基づき、申請者からの申出により住宅性能評価を行った住宅の地盤の液状化に関し、住宅性能評価の際に入手した事項のうち参考となるものとして、申請図書等に記載された内容を転記したものであり、登録住宅性能評価機関が評価するものではない。

必須項目と選択項目

POINT

申請者側の負担を減らすべく、選択項目種類を拡大

必須項目と選択項目

新築住宅では10の分野に区分された33の性能表示が定められている。このうち、4分野10項目は必須項目であり、その他の選択項目は登録住宅性能評価機関への評価申請の際に、評価を受けるかどうか自由に選択することができる。なお、令和4（2022）年10月より「5・温熱環境・エネルギー消費量に関すること」の「5-1・断熱等性能等級」及び「5-2・一次エネルギー消費量等級」の両方の評価取得が必須となっている。（表）。

必須として残されたのは、構造関連評価の一部である（1-1耐震等級（構造躯体の倒壊等防止）、1-3その他（免震建築物か否か）、1-6地盤又は杭の許容支持力等及びその設定方法、1-7基礎の構造方法及び形式等である。また、耐久性関連（3-1劣化対策等級）、維持管理・更新関連（4-1・2維持管理対策等級（共用部・専用部）、4-3更新対策（共用排水管））、及び省エネルギー関連も必須項目だ。省エネルギーについては、5-1断熱等性能等級、及び5-2一次エネルギー消費量等級を必須としなければならない。

必須項目については、住宅購入者等の関心の高い項目等に厳選するとともに、外見では分かりにくく建設後には調査しにくい項目でもある長期優良住宅の認定基準を勘案している。すなわち、長期優良住宅の認定基準として、必要とされる事項のみを必須として残し、それ以外の項目を選択項目とした訳だ。

但し、既存住宅評価においては、新築住宅において必須とされている事項全てが選択項目として取り扱われるので注意されたい。

表　改正後の必須項目と選択項目

性能表示項目		戸建住宅	共同住宅等
1.構造の安定に関すること	1-1（必須項目）　耐震等級（構造躯体の倒壊等防止）	○※1	○※1
	1-2　耐震等級（構造躯体の損傷防止）	○※1	○※1
	1-3（必須項目）　その他（地震に対する構造躯体の倒壊等防止及び損傷防止）	○	○
	1-4　耐風等級（構造躯体の倒壊等防止及び損傷防止）	○	○
	1-5　耐積雪等級（構造躯体の倒壊等防止及び損傷防止）	○※2	○※2
	1-6（必須項目）　地盤または杭の許容支持力等及びその設定方法	○	○
	1-7（必須項目）　基礎の構造方法及び形式等	○	○
2.火災時の安全に関すること	2-1　感知警報装置設置等級（自住戸火災時）	○	○
	2-2　感知警報装置設置等級（他住戸等火災時）	—	○
	2-3　避難安全対策（他住戸等火災時・共用廊下）	—	○
	2-4　脱出対策（火災時）	○※3	○
	2-5　耐火等級（延焼のおそれのある部分（開口部））	○	○
	2-6　耐火等級（延焼のおそれのある部分（開口部以外））	○	○
	2-7　耐火等級（界壁及び界床）	—	○
3.劣化の軽減に関すること	3-1（必須項目）　劣化対策等級（構造躯体等）	○	○
4.維持管理・更新への配慮に関すること	4-1（必須項目）　維持管理対策等級（専用配管）	○	○
	4-2（必須項目）　維持管理対策等級（共用配管）	—	○
	4-3（必須項目）　更新対策（共用排水管）	—	○
	4-4　更新対策（住戸専用部）	—	○
5.温熱環境・エネルギー消費量に関すること	5-1（必須項目）　断熱等性能等級	○	○
	5-2（必須項目）　一次エネルギー消費量等級	○	○
6.空気環境に関すること	6-1　ホルムアルデヒド対策（内装及び天井裏）	○	○
	6-2　換気対策	○	○
	6-2　室内空気中の化学物質の濃度等	○	○
7.光・視環境に関すること	7-1　単純開口率	○	○
	7-2　方位別開口比	○	○
8.音環境に関すること	8-1　重量床衝撃音対策	—	○
	8-2　軽量床衝撃音対策	—	○
	8-3　透過損失等級（界壁）	—	○
	8-4　透過損失等級（外壁開口率）	○	○
9.高齢者等への配慮に関すること	9-1　高齢者等配慮対策等級（専用部分）	○	○
	9-2　高齢者等配慮対策等級（共用部分）	—	○
10.防犯に関すること	10-1　開口部の侵入防止対策	○	○

※1　免震建築物以外
※2　多雪区域のみ
※3　地上階数3以上

長期優良住宅

POINT

長期優良住宅が普及することで、環境負荷の低減や、良質な住宅のストックを次世代に継承することができる

長期優良住宅とは

長期優良住宅認定制度は、長期にわたり良好な状態で使用するための措置が講じられた優良な住宅の建築・維持保全に関する計画を「長期優良住宅の普及の促進に関する法律」に基づき認定するもの。平成21年6月4日より新築を対象とした認定が開始され、平成28年4月1日から既存住宅の増築・改築を対象とした認定も開始。さらに、令和4年10月1日には既存住宅について建築行為を伴わない認定も開始された。

長期優良住宅の認定(表)を取得することで、補助金、住宅ローンの金利引き下げ、税の特例や地震保険料の割引を受けることができる。

認定申請[※1]の流れ

・「長期優良住宅建築等計画」の認定は所管行政庁である。

・所管行政庁が行う長期優良住宅建築等計画の認定が円滑に行われるように、登録住宅性能評価機関が事前に長期使用構造等であるかの確認審査を行い、適合していると認めた場合「確認書または住宅性能評価書[※2]」を交付する。

・申請者は、所管行政庁に提出する「認定申請書」に「確認書等」を添えて申請する。

長期優良住宅の認定後(居住してから)行うこと

①認定を受けた者は、認定を受けた計画(認定書の図面)にもとづき建築し、建築完了後は計画(維持保全計画書[※3])にもとづいてメンテナンスを行う。

②認定を受けた者は、認定長期優良住宅の建築やメンテナンスの状況に関する記録を作成・保存する必要がある。

※1 新築の場合申請は着工前までに行う必要がある
※2 長期使用構造であることの確認結果が記載されたもの

表　長期優良住宅の認定基準（概要）

性能項目等	新築基準の概要	
劣化対策	劣化対策等級（構造躯体等）等級3かつ構造の種類に応じた基準	
	木造	床下空間の有効高さ確保及び床下・小屋裏の点検口設置　など
	鉄骨造	柱、梁、筋交いに使用している鋼材の厚さ区分に応じた防錆措置または上記木造の基準
	鉄筋コンクリート造	水セメント比を減ずるか、かぶり厚さを増す
耐震性	次のいずれかに該当する場合 耐震等級（倒壊防止）等級2（階数が2以上の木造建築物等で壁量計算による場合にあっては等級3） 耐震等級（倒壊防止）等級1かつ安全限界時の層間変形を1/100（木造の場合1/40）以下 耐震等級（倒壊防止）等級1かつ各階の張り間方向及びけた行方向について所定の基準に適合するもの（鉄筋コンクリート造等の場合に限る） 品確法に定める免震建築物	
省エネルギー性	断熱性能等級等級5　かつ一次エネルギー消費量等級等級6	
維持管理・更新の容易性	維持管理対策等級（専用配管）等級3	
	維持管理対策等級（共用配管）等級3 更新対策（共用排水管）等級3	
可変性	躯体天井高さ2,650㎜以上	
バリアフリー性	高齢者等配慮対策等級（共用部分）等級3 ※一部基準を除く	
居住環境	地区計画、景観計画、条例によるまちなみ等の計画、建築協定、景観協定等の区域内にある場合には、これらの内容と調和を図る。 ※申請先の所管行政庁に確認が必要	
住戸面積	一戸建ての住宅　75㎡以上	※少なくとも1の階の床面積が40㎡以上（階段部分を除く面積） ※地域の実情を勘案して所管行政庁が別に定める場合は、その面積要件を満たす必要がある
	共同住宅等　40㎡以上	
維持保全計画	以下の部分・設備について定期的な点検・補修等に関する計画を策定	
	・住宅の構造耐力上主要な部分 ・住宅の薄いの侵入を防止する部分 ・住宅に設ける給水又は排水のための設備 ※政令で定めるものについて仕様並びに点検の項目および時期を設定	
災害配慮	災害発生のリスクのある地域においては、そのリスクの高さに応じて、所管行政庁が定めた措置を講じる。 ※申請先の所管行政庁に確認が必要	

※3　維持保全計画書：期間30年以上、点検時期の間隔は10年以内
・地震・台風時に臨時点検を実施
・点検の結果を踏まえ必要に応じて調整・修繕又は改良を実施
・住宅の劣化状況に応じて内容を見直し

低炭素建築物

POINT

一次エネルギー消費量の低い建築物を低炭素建築物として認定

低炭素建築物とは

低炭素建築物とは、二酸化炭素の排出の抑制に資する建築物で、所管行政庁(都道府県、市又は区)が認定を行う。認定の対象は市街化区域内における左記であることが求められる。

①建築物の低炭素化に資する建築物の新築

②低炭素化のための建築物の増築・改築・修繕もしくは模様替え

③低炭素化のための建築物への空気調和設備、その他の政令で定める建築設備の設置

④建築物に設けた空気調和設備等の改修

低炭素建築物新築等の計画の認定を受けるためには、低炭素化のための建築物の新築等計画を作成して所管行政庁へ認定申請することになる。提出された計画が基準に適合する場合認定される。また、所管行政庁への低炭素建築物新築等計画の認定申請に先立って、技術的審査を登録住宅性能評価機関等が行う(図)。

低炭素住宅の具体的な認定基準は左記のとおり(表)。

認定基準

①外皮性能(誘導基準)住宅においては強化外皮基準

②省エネ法の省エネ基準から一次エネルギー消費量が20%以上削減

③再生可能エネルギー利用設備の導入

④省エネ効果による削減量と再生可能エネルギー利用設備で得られる創エネルギー量の合計値が、基準一次エネルギー消費量の50%以上であること(戸建住宅の場合のみ)

⑤その他の低炭素化に資する措置が講じられていること

認定のメリットである税の特例措置※については、232頁表に示す。

※　建築基準法に定められている分とは別枠で、低炭素化に資する設備(蓄電池や蓄熱槽等)面積について、通常の建築物の床面積を越える部分が(上限はあるものの)容積率不算入となる。

図　登録住宅性能評価機関が行なう技術的審査

- 所管行政庁で登録住宅性能評価機関の技術的審査を活用することとしている場合には、所管行政庁への低炭素建築物新築等計画の認定申請に先立って、事前に登録住宅性能評価機関の技術的審査を受けることができる
- 登録住宅性能評価機関の技術的審査を受けて、その適合証を添付して所管行政庁に認定申請をする
- 技術的審査を行ったのち適合証が交付されるが、当該適合証の交付は、所管行政庁が定めた区分の認定基準について適合していることを証明するもの

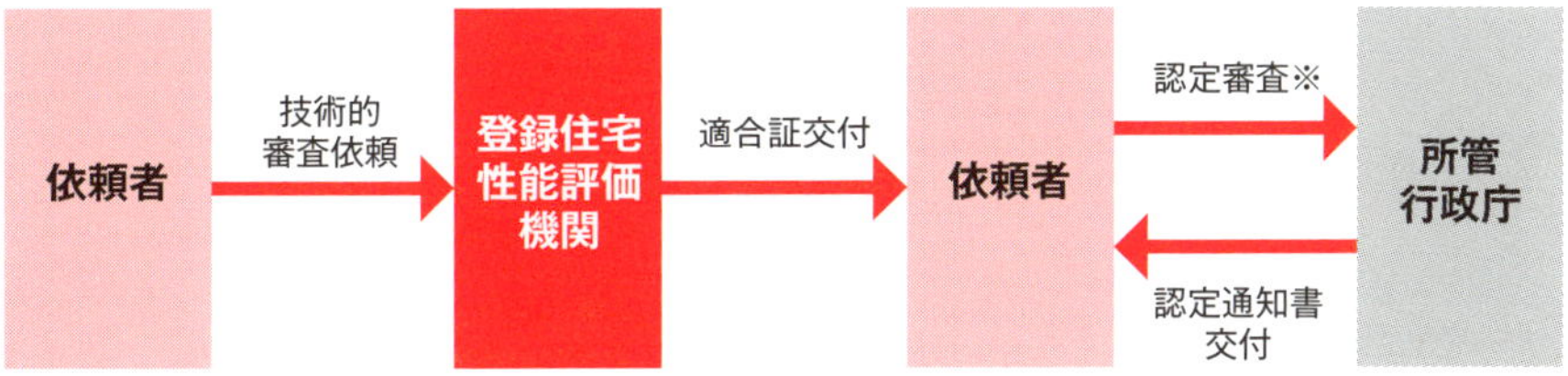

※適合証に記載された認定基準の区分以外の認定基準については、所管行政庁が審査することとなる

表　設備の基準

ZEH・ZEB水準の省エネ性能		
		①外皮性能（誘導基準） ・住宅においては、強化外皮基準 ・非住宅においては、PAL* ②一次エネルギー消費性能（誘導基準） ・住宅においては、省エネ基準から20%以上削減 ・非住宅においては、省エネ基準から用途に応じて30～40%以上削減
その他講ずべき措置		
再生可能エネルギー利用設備の導入（必須項目）		再生可能エネルギー利用設備の導入 （いずれかの再生可能エネルギー利用設備を導入） ・太陽光発電設備 ・太陽熱・地中熱を利用する設備 ・風力・水力・バイオマス等を利用する発電設備 ・河川水熱等を利用する設備 ・薪・ペレットストーブ等の熱利用
		省エネ量と再生可能エネルギー利用設備で得られる創エネ量の合計が基準一次エネルギー消費量の50%以上であること(戸建住宅の場合のみ)
低炭素化に資する措置（選択項目）	節水対策	①節水に資する機器を設置している（以下のいずれかの措置を講じていること） ・設置する便器の半数以上に節水に資する便器を採用している ・設置する水栓の半数以上に節水に資する水栓を採用している ・食器洗い機を設置している ②雨水、井戸水または雑排水の利用のための設備を設置している
	エネルギーマネジメント	③HEMSまたはBEMSを設置している ④ 太陽光等の再生可能エネルギーを利用した発電設備及びそれと連系した定置型の蓄電池を設置している
	ヒートアイランド対策	⑤一定のヒートアイランド対策を講じている（以下のいずれかの措置を講じていること） ・緑地または水面の面積が敷地面積の10%以上 ・日射反射率の高い舗装の面積が敷地面積の10%以上 ・緑化を行うまたは日射反射率等の高い屋根材を使用する面積が屋根面積の20%以上 ・壁面緑化を行う面積が外壁面積の10%以上
	建築物（躯体）の低炭素化	⑥住宅の劣化の軽減に資する措置を講じている ⑦木造住宅もしくは木造建築物である ⑧高炉セメントまたはフライアッシュセメントを構造耐力上主要な部分に使用している
	V2H充放電設備の設置	⑨建築物から電気自動車もしくはプラグインハイブリット自動車（「電気自動車等」という）に電気を供給するための設備又は電気自動車等から建築物に電気を共有するための設備を設置している。 電気自動車等に充電のみをする設備を含む。

表 認定長期優良住宅と低炭素建築物に対する税の特例措置

	長期優良住宅(新築)	長期優良住宅(既存)	低炭素建築物
所得税(住宅ローン減税)	■2024年12月31日までに入居した場合 控除対象借入限度額：4,500万円 子育て世帯または若者夫婦世帯※の場合 控除対象借入限度額：5,500万円 (控除率0.7%、控除期間13年、最大455万円控除) ※19歳未満の子を有する世帯または夫婦のいずれかが40歳未満の世帯	■2025年12月31日までに入居した場合 借入限度額を省エネ基準に適合しない住宅より1,000万円引き上げ (控除率0.7%、控除期間10年間)	■2024年1月1日~2025年12月31日の期間に入居した場合 【新築・買取再販】 控除対象借入限度額：4,500万円 (控除率0.7%、控除期間13年、最大409.5万円控除) 子育て世帯または若者夫婦世帯※の場合 控除対象借入限度額：5,000万円(最大455万円控除) ※19歳未満の子を有する世帯または夫婦のいずれかが40歳未満の世帯で、2024年1月1日～12月31日に入居開始した場合 【既存】 控除対象借入限度額：3,000万円 (控除率0.7%、控除期間10年、最大210万円控除)
所得税(投資型減税※1)	■2024年12月31日までに入居した場合 標準的な性能強化費用相当額の10%(上限：65万円)を、その年の所得税額から控除	−	■2024年1月1日~2025年12月31日の期間に入居した場合 標準的な性能強化費用相当額の10%(上限：65万円)を、その年の所得税額から控除
登録免許税	■2027年3月31日までに新築された住宅 登記に係る税率の引き下げ ①保存登記 0.1% ②移転登記 戸建 ：0.2% マンション：0.1%	−	■2027年3月31日までに新築された住宅 登記に係る税率の引き下げ ①保存登記 0.1% ②移転登記 0.1%
不動産取得税	■2026年3月31日までに新築された住宅 控除額：1,300万円	−	−
固定資産税	■2026年3月31日までに新築された住宅 減税措置(1/2減税)適用期間 戸建 ：1～5年 マンション ：1～7年	−	−
地震保険料の割引※2	■耐震等級割引※3 割引率 耐震等級2：30% 耐震等級3：50% ■免震建築物割引※4 割引率：50%	■耐震等級割引 割引率 耐震等級1：10% 耐震等級2：30% 耐震等級3：50% ■免震建築物割引 割引率：50%	−

※1 住宅ローン減税と投資型減税は、いずれかの選択適用(併用は不可)。控除額がその年の所得税額を超える場合は、翌年分の所得税から控除できる

※2 ほかにも「耐震診断割引」「建築年割引」もあるが、いずれの割引も重複して適用を受けることはできない

※3 住宅の品質確保の促進等に関する法律(品確法)に基づく耐震等級(倒壊等防止)を有している建物であること

※4 品確法に基づく免震建築物であること

索引

ビューローベリタスジャパン株式会社

ビューローベリタス（本社フランス・パリ）は180年以上の歴史を持ち、現在約84,000人のエキスパートスタッフが世界140カ国で業務を展開する、世界最大級の第三者試験・検査・認証機関です。
日本国内における建築認証については、2002年に業務を開始し、国土交通省の指定確認検査機関、指定性能評価機関、登録住宅性能評価機関、登録試験機関、構造計算適合性判定機関、建築物エネルギー消費性能適合判定機関、建築物省エネルギー性能表示制度評価機関として業務を行っております。

総指揮・監修　茂山　文枝（建築認証事業本部　住宅性能評価業務部　部長　兼　省エネ判定部　部長）

辻本　正寿（建築認証事業本部　住宅性能評価業務部　審査部長　兼　技術課課長　兼　省エネ判定部　主任判定員　兼　技術課課長）
片山　隆信（建築認証事業本部　住宅性能評価業務部　評価員　兼　建築確認審査部　主任審査員）
佐野　恭平（建築認証事業本部　住宅性能評価業務部　評価員）

世界で一番やさしい住宅性能評価
2025年大改正対応版

2025年5月2日　初版第1刷発行

著　者　ビューローベリタスジャパン 建築認証事業本部
発行者　三輪 浩之
発行所　株式会社エクスナレッジ
〒106-0032
東京都港区六本木7-2-26
https://www.xknowledge.co.jp/

本書に関する問合せ先
●編集部　TEL：03-3403-1381（平日10：00～18：00　土日祝は電話受付なし）
FAX：03-3403-1345
MAIL：info@xknowledge.co.jp
●販売部　TEL：03-3403-1321（平日10：00～18：00　土日祝は電話受付なし）
FAX：03-3403-1829
・本書記事内容の不明な点に関する質問に限り、メール・FAXにて問合せを受け付けております。